Ringstraßenwelt

J&V

Hellmut Andics

Ringstraßenwelt

Wien 1867–1887 · Luegers Aufstieg

Jugend und Volk Wien München

ISBN 3-224-16520-0
Gestaltung des Schutzumschlages: Haimo Lauth
Farbbild auf dem Schutzumschlag: Franz von Alt, Ansicht der Oper aus der Mappe Wien im Weltausstellungsjahr 1873 (Ausschnitt).
Historisches Museum der Stadt Wien.

 5008–83/1/50
Gesamtherstellung: Wiener Verlag

Inhalt

Als die Monarchie des Hauses Österreich nach dem Zapfenstreich auf dem Schlachtfeld von Königgrätz in den Ausgleich ging, sah Europa für die Königreiche und Länder der Dynastie Habsburg-Lothringen kaum noch eine Überlebenschance. Dieses Europa jedoch irrte, wenn es meinte, auch die alte Kaiserstadt Wien hätte ihre Rolle als Metropole im Donauraum ausgespielt. Gerade in den Jahrzehnten, in denen das Vielvölkerreich seinem Zerfall entgegenging, stieg die k. k. Haupt-und Residenzstadt zu einzigartiger Bedeutung auf. Weder militärische Niederlagen noch politische Krisen konnten das kulturelle Gesamtkunstwerk der Epoche, die Ringstraßenwelt, überschatten. Die Gründerzeit fand mit dem Schwarzen Freitag von 1873 ihr Ende, doch die Ringstraßenwelt erlebte jetzt erst, und jetzt erst recht, ihre Hochblüte.

In dieser Ringstraßenwelt der Prunkbauten und der Walzerklänge, des Börsenkrachs und des Makartfestzugs, des Ringtheaterbrands und des Anarchismus wuchs die neue Generation heran, die das Antlitz der Weltstadt Wien für das 20. Jahrhundert gestaltete, und von der Ringstraßenwelt wurde der Mann geprägt, der dann der nächsten Epoche den Namen gab: Dr. Karl Lueger, geboren 1844 in der Vorstadt Wieden, verstorben 1910 im Wiener Rathaus, dreizehn Jahre lang Bürgermeister der Donaumetropole.

Von den Jahrzehnten, in denen sich Luegers Aufstieg vollzog, der Großbürgerzeit der Ringstraßenvollendung und zugleich dem Aufbruch der Massen, der Kleinbürger und der Proletarier, und vom Leben der Wiener in ihrer österreichischen Umwelt dieser Zeit berichtet dieses Buch.

Kapitel 1 Vorspiel in der Vorstadt

Wer in der zweiten Hälfte der sechziger Jahre des vorigen Jahrhunderts in der Tabaktrafik der Witwe Juliane Lueger auf der Landstraße seine Rauchwaren kaufte, konnte gewiß nicht voraussehen, daß er damit zur Finanzierung der Studien des künftigen Wiener Bürgermeisters beitrug. Nachträgliche politische Heldenlegenden berichten, daß der Sohn der Trafikantin schon als kleiner Bub nicht Lokomotivführer werden wollte wie die meisten seiner Altersgenossen, sondern Bürgermeister.[1] Irgendwelche Aussichten auf einen solchen Aufstieg gab es nicht. Er wurde dem Karl Lueger, wie man zu sagen pflegt, nicht an der Wiege gesungen. Die Wiege stand in einer Hausdienerwohnung des Wiener Polytechnikums auf der Wieden. Lueger war der Sohn eines »Patentinvaliden«, wie die untauglich gewordenen Berufssoldaten hießen, die nicht in Versorgungshäusern Zuflucht nehmen mußten, sondern einer Beschäftigung nachgehen konnten. Josef Lueger, geborener Niederösterreicher, bekam eine Anstellung am Polytechnikum, der heutigen Technischen Universität. Durch emsiges Selbststudium brachte er es schließlich zum Beamten; in der untersten Kategorie zwar, doch er konnte in eine größere Wohnung in der Franzensgasse übersiedeln, und er schaffte es, das begabteste seiner Kinder, den Buben Karl, in Wiens renommiertestes Gymnasium, das Theresianum, zu schicken.[2]

1862 schloß Karl Lueger die Mittelschule ab; ein Jahr zuvor war Margareten, wo die Franzensgasse lag, als eigener Gemeindebezirk von der Wieden abgetrennt worden. Der Bub sollte, Traum jedes kleinen k. k. Staatsdieners, ein höherer Beamter werden. Dazu mußte er Jus studieren. Der Vater starb, bevor der Sohn die Hoffnungen seines Erzeugers erfüllen konnte. Die Witwe bekam die kleine Tabaktrafik im Gemeindebezirk Landstraße zugewiesen.

Die Wiener galten immer schon als starke Raucher. In den Trafiken wechselten Jahr für Jahr Summen über die Ladentische, die rund 18 Prozent dessen ausmachten, was in der ganzen Stadt an Mietzinsen bezahlt wurde. Für das Geld, haben Statistiker errechnet, hätte jeder Wiener, vom Säugling bis zum Greis, Nichtraucher inbegriffen, je nach Saisonpreis vierzehn bis sechzehn Kilogramm Schweineschmalz bekommen können.[3] Die Wiener Backhendlzeit war allerdings auch für die Raucher vorbei; damals hatten die »Münzzigarren« um ein Drei-Kreuzer-Stück als Wohlstandssymbol gegolten. Jetzt waren Trabucos und Virginier in Mode; feine Leute rauchten Regalia Media aus echten Havanna-Blättern; vier Stück in einem Päckchen zu 69 Kreuzern. Weniger feine Raucher mußten sich mit der »Kleinen Inländer« begnügen, die Hunderterpackung um 1 Gulden 35. Wer Zigaretten bevorzugte, drehte sie meist selbst. Für diese »Gewuzelten« kostete der berühmte Pursitschan-Tabak 4 Gulden 40 im Halbkilopaket; wer sparen mußte, bekam den »Siebenbürger« um 10 Kreuzer im 30-Gramm-Päckchen. Das Zigarettenpapier hatte Franz Wertheim in Wien eingeführt, die Symbolfigur der Gründerzeit, ehemals vazierender Handwerksbursche, dann Schwiegersohn eines Papierfabrikanten, später Eisenwarenhersteller, Erzeuger feuerfester Geldschränke, jetzt schon Millionär, Bauherr eines Ringstraßenpalais und ab 1871 sogar Baron. Von einer Tabaktrafik lebte man wesentlich bescheidener; immerhin reichten die Umsätze der Witwe Lueger, um den Sohn weiterstudieren zu lassen. Fabrikmäßig erzeugte Zigaretten setzten sich nur allmählich durch. 1897 wurden in Wien erst 466 Millionen Zigaretten verkauft, neben 281 Millionen Zigarren.[4]

1897 betrieben die Töchter der Witwe Lueger immer noch die Tabaktrafik auf der Landstraße. Ihr Bruder wurde in diesem Jahr Bürgermeister von Wien.

Die Landstraße war Ende der sechziger Jahre keine Proletariergegend, aber auch kein Nobelviertel. Eine Vorstadt der kleinen Leute, später Luegers erste Wählerschaft. Die Vorstädte innerhalb des Linienwalls waren zwar seit 1850 eingemeindet, bisher aber hatten sie viel von ihrer Eigenständigkeit bewahrt. Im Augenblick war die Ringstraßenzone eher noch eine trennende Barriere und keine Verbindung zwischen den beiden Teilen von Wien. Weite Abschnitte des ehemaligen Festungsbereichs, der Basteien und des Glacis, glichen einer Kraterlandschaft. Zwischen tiefen Baugruben und halbfertigem, rohem Mauerwerk ragten einzelne schon bewohnte Privatpaläste mit der strahlenden Helligkeit ihres frischen Verputzes gleich Theaterkulissen in den Himmel. Der Fußmarsch aus den Randbezirken in die Innenstadt war beschwerlich; halbfertige Straßen, Knüppelwege, Holzstege über tiefe Bodenlöcher, Kletterpartien über Bauschutt, Sandhaufen und um Ziegelgebirge herum. Seit 1865 führte der erste Schienenstrang der Pferdetramway vom Schottentor nach Hernals, am Torso der Votivkirche vorbei. Die Türme wuchsen nur langsam; die ursprünglich vorgesehene Bausumme von eineinhalb Millionen Gulden reichte bei weitem nicht aus; 1866 mußte der Wiener Gemeinderat 150.000 Gulden Zuschuß bewilligen, in den folgenden Jahren legte der Staat weitere 600.000 Gulden drauf. 1866 wurde die Trasse der Pferdetramway bis Dornbach verlängert. Erst 1868 gingen weitere drei Strecken in Betrieb; über den Schottenring und den Franz-Josefs-Kai zur Aspernbrücke, vom Schottentor nach Döbling hinaus und über die Mariahilfer Straße zur Linie. Nächtliche Spaziergänge waren kleine Abenteuer; die Straßenbeleuchtung ließ ebenso zu wünschen übrig wie der Tramwaybetrieb. Die Gaswerke waren eine englische, die Pferdetramway eine schweizerische Gründung. Die Wiener Gründer zeigten wenig von ihrem vielgerühmten Unternehmergeist, wenn es um die eigene Stadt ging. Die ausländischen Privatfirmen investierten nur dort, wo sich schnelle und hohe Gewinne erwarten ließen. Wer das Pech hatte, anderswo zu wohnen, um den kümmerte sich niemand. Der Jusstudent Karl Lueger, tagtäglich unterwegs zwischen der bescheidenen Wohnung und der Trafik auf der Landstraße und der Universität in der Innenstadt, lernte den Kummer kennen, den die Wiener mit den privaten Versorgungsbetrieben hatten. Die Versorgung, treffender gesagt die Unterversorgung, mit Gas, Wasser, Verkehrseinrichtungen und später mit Elektrizität entwickelte sich allmählich zum öffentlichen Skandal, während die Ringstraßenpracht an Glanz zunahm.

Im Moment allerdings war vom Glanz noch nicht allzuviel zu bemerken. Die erste Bauherrenbegeisterung war abgeflaut. Die öffentliche Hand war deutlich im Verzug. Das Opernhaus, das längst hätte fertig sein sollen, stand immer noch als eingerüsteter Rohbau da. Technisch allerdings versprach es wahre Wunder. Erster Großbau mit einer Klimaanlage. Der Hochschuldozent Karl Böhm hatte eine Heizung konstruiert, mit 19 Kilometern im Gebäude verlegten Dampfrohren und regulierbarer Feuchtigkeit, die sich im Sommer als Kühlung verwenden ließ. Im Palais Todesco, Ecke Kärntnerstraße und Walfischgasse, hatten übrigens die Architekten Förster und Hansen schon einige Jahre zuvor eine Warmluft-Zentralheizung eingebaut.[5]

Die Ringstraße entstand vor dem Hintergrund stellenweise noch dörflich anmutender Vorstadtviertel. Hinter den niedrigen Häuserzeilen mit den Werkstätten in den Hinterhöfen waren die Kleinbürger zu Hause, die Lueger ab 1887 in der Christlichsozialen Partei zu organisieren begann. Ein letzter Hauch von Biedermeier im Ziegelstaub, den der berühmte Wiener Wind von den Ringstraßenbaustellen herüberwehte. Doch die Handwerkermeister verfluchten die Gewerbeordnung von 1859, die mit ihrer Erwerbsfreiheit die kleinen Leute schutzlos der übermächtigen Konkurrenz fabrikmäßiger Massenproduktion aussetzte.

Als die Baukonjunktur nach 1867 wieder anzog, legte sich über die Baustellen rund um den Stadtkern bald ein Sprachengewirr aus allen Kronländern der Monarchie. Von 1865 bis 1874 stieg die Wiener Bevölkerung innerhalb der Linie, dem heutigen Gürtel, um fast 110.000 auf 670.000 Bewohner an. Am Kindersegen lag es nicht; der Geburtenüberschuß blieb ziemlich gleichmäßig bei 4000 Säuglingen pro Jahr, dafür wanderten in einem Jahrzehnt 70.000 Menschen in das damalige Stadtgebiet zu. Noch stärker war die Zuwanderung in die Vordörfer außerhalb der Linie. Dort lebte man billiger, denn an der Linie wurde immer noch die Verzehrungssteuer für Lebensmitteltransporte in die Stadt eingehoben.

Die neuen Wiener brauchten Quartier. In die Kleinbürgerbezirke und sogar über die Linie hinaus in die Vordörfer schob sich allmählich der neue Baustil vier- bis fünfgeschossiger Gebäude. Außen der Fassadenprunk imitierter Gründerzeitpracht, dahinter oft genug armseliges Massenquartier. Die berüchtigte Zimmer-Küche-Kabinett-Misere der Wiener Bassenahäuser begann sich auszubreiten. Wasserleitung und Klosett »in Indien«, wurde gehöhnt: jenseits des Ganges. Schnell und billig, so lautete die Parole für die Bauspekulation. Die Hausherren waren die kleinen Könige in der großen Kaiserstadt:

»Man war Hausherr wie man Advokat oder Fabrikant war. Die Frau des Hausbesitzers war die Hausbesitzersgattin, der Sohn ein Hausherrensohn. Unter allen Großstadtdrohnen war der Hausbesitzer die stärkste und brutalste. In anderen Städten war ein Haus sichere Kapitalanlage, in Wien oft ausschließlicher Erwerb. Es galt aus einem Haus so viel Profit wie möglich herauszuschlagen, also mit schlechtem Material zu bauen, mit jedem Quadratzentimeter Raum zu sparen, Öfen aufzustellen, die nichts kosteten und auch nicht heizten, die Luft und das Licht in Kabinette zu verwandeln, aus einem Loch, das kaum für eine Speisekammer genügen würde, ein Schlafzimmer zu machen . . . der Typ des neueren Wiener Mietshauses mit finsteren Korridoren, stockdunklen Nebenräumen, abgestohlenen Badezimmern, schäbigem Talmiluxus und einer Fassade voll von abscheulichen, angekleckSten Ornamenten aus Kalk und Mörtel.«[6]

Als der Wiener Publizist Hugo Bettauer Mitte der zwanziger Jahre diese Schilderung der Wiener Wohnverhältnisse niederschrieb, lebten immer noch über neun Zehntel der Wiener Bevölkerung in solchen Häusern, wie sie seit den siebziger Jahren des neunzehnten Jahrhunderts gebaut worden waren.

1870 wertete der Hofsekretär Gustav Adolf Schimmer im Auftrag der k. k. Statistischen Central-Commission die Ergebnisse der Volkszählung von 1870 aus und kam zu durchaus treffenden sozialpolitischen Resultaten: »Aus dem Verhältnisse der mit eigenen Wohnungen Versehenen oder an solchen Anteil Nehmenden zu den Aftermietern und Bettgehern läßt sich ein direkter Schluß auf die mehr oder weniger gedeihliche Entwicklung der betreffenden Erwerbszweige ziehen.«[7] Nicht einmal die Hälfte der Lohnarbeiter besaß damals eine eigene Wohnung in Wien. Der größere Rest mußte sehen, wie er als Untermieter oder Bettgeher durchkam, oder froh sein, wenn der Meister ihm Quartier gab. Das bedeutete doppelte Abhängigkeit vom Arbeitgeber. Die meisten Dienstherren, die zugleich Hausherren waren, fanden sich unter den Wirten, Bäckern und Fleischhauern. In der Inneren Stadt gab es die wenigsten Untermieter und Bettgeher, in Margareten die meisten.

Aus dieser Vorstadtwelt der sechziger Jahre, am Ausklang der Gründerzeit, am Beginn der Ringstraßenperiode, kam Karl Lueger in die Politik. Die Kommunalisierung der Versorgungsbetriebe für eine Millionenstadt sollte sein Lebenswerk werden. Das Wiener Wohnungsproblem hinterließ die Luegerzeit ungelöst der Republik nach 1918.

Karl Lueger war erst 22 Jahre alt, aber schon absolvierter Jurist, als in seinem

Leben die entscheidende Wende eintrat. 1867. Er bekam ein neues Vaterland. Es umfaßte nur noch die eine, diesseits der Leitha gelegene Hälfte des Länder- und Völkerkonglomerats im Donauraum. Bis dahin hatte das Vaterland in seiner Gesamtheit Österreich geheißen, im offiziellen Sprachgebrauch »Österreichischer Kaiserstaat« oder »Österreichische Monarchie«. Die Leute sagten einfach: die Monarchie, und damit waren die zwanzig Königreiche und Länder von Vorarlberg bis Siebenbürgen, von Galizien bis Dalmatien, vom Gardasee bis zur Bukowina gemeint. Der Raum, den die Dynastie Habsburg-Lothringen als ihr Reich betrachtete. Das kleine Stück Land an der Donau, zwischen Enns und Traisen, hatte einem ganzen Weltreich den Namen gegeben, und nach dieser Markgrafschaft aus dem 10. Jahrhundert nannte sich auch die Dynastie: Haus Österreich.[8]

Das neue Vaterland, jener Teil des halbierten Reichs, in dem Wien lag, hieß seit 1867 offiziell: »Die im Reichsrat vertretenen Königreiche und Länder.« Nicht einmal ein Name, nur eine verwaltungstechnische Bezeichnung. Im selben Jahr 1867 bekam dieses so sonderbar behandelte Vaterland auch eine neue Verfassung. Beide, der Staat und die Verfassung, hatten ein halbes Jahrhundert Bestand.

Was 1867 und nachher geschah, ist ohne die Vorgänge von 1866 nicht verständlich. Die Ereignisse der beiden Jahre prägten Lueger und seine Mitbürger für ihr weiteres Leben.

Doch kaum ein Zeitgenosse hat diese Prägung so sichtbar und so nachhaltig in die politische Praxis umgesetzt wie Karl Lueger. Daß die Zeit seinen Namen bekam, hat seine historische Berechtigung.

Kapitel 2 Das neue Vaterland

Im Juli 1866, nach der Schlacht bei Königgrätz, woselbst der preußische Generalstabschef Helmuth von Moltke mit seiner Führungskunst über die Entschlußlosigkeit des k. k. Armeekommandanten Ludwig von Benedek und das preußische Zündnadelgewehr Modell Dreyse über den österreichischen Vorderlader Modell Lorenz gesiegt hatten, rückte der Feind nach Niederösterreich vor. In ihren nächtlichen Alpträumen vermeinten die Wiener schon den Stechschritt der preußischen Knobelbecher auf ihrem Straßenpflaster zu hören.

Eine solche Wirklichkeit gab es erst 72 Jahre später, 1938. Damals, 1866, kamen die Preußen nicht. Am 21. Juli wurde der Waffenstillstand unterzeichnet. Die Cholera, die die preußische Armee mit sich schleppte, ließ sich jedoch durch keine Demarkationslinie aufhalten. Am 26. Juli wurde in Nikolsburg der Vorfriede geschlossen.[1] Am nächsten Tag trat in Wien der erste Cholerafall auf. In den kommenden Wochen gab es über tausend Todesopfer der Seuche.

Da nun einmal feststand, daß die Preußen nicht in Wien einmarschieren würden, traf die Cholera die Wiener härter als der preußische Sieg, obwohl ihre Stadt sich zum Abschied von einem halben Jahrtausend deutscher Herrlichkeit gezwungen sah. Im Artikel IV des Friedensvertrags stand es ausdrücklich: »Seine Majestät der Kaiser von Österreich erkennt die Auflösung des bisherigen Deutschen Bundes an, und gibt seine Zustimmung zu einer neuen Gestaltung Deutschlands ohne Beteiligung des österreichischen Kaiserstaates.«

Es kennzeichnet den politischen Zeitgeist, daß die Zustimmung des Kaiser genügte. Die Untertanen wurden nicht gefragt. Der Mann, der die Friedensbedingungen diktiert hatte, war der preußische Ministerpräsident Otto von Bismarck. Nach seinen Wünschen sollte es schon bald ein neues deutsches Kaiserreich geben, mit dem König von Preußen als neuem deutschem Kaiser und mit der preußischen Hauptstadt Berlin als neuer deutscher Kaisermetropole.

Der auf Rügen geborene Chirurg Dr. Theodor Billroth, Professor in Zürich, war 1866 für eine Berufung nach Wien im Gespräch. Er reagierte abfällig über die ihm zugedachte Ehre: »Mich darum zu bewerben, in Österreich zu leben, das möchte ich nun doch nicht, nachdem die Neuzeit gelehrt hat, daß dieser Staat gar keine Lebensfähigkeit mehr besitzt.«[2]

Auf den ersten Blick hin jedenfalls keine schönen Aussichten für einen jungen Mann wie Karl Lueger, der an der Wiener Universität eben die für eine höhere Beamtenlaufbahn erforderlichen Semester Jus absolviert hatte. Dem Staat, dem er dienen sollte, wurde damals ganz allgemein in Europa der baldige Untergang vorausgesagt.

»Casca il mondo!« rief der Kardinal-Staatssekretär Giacomo Antonelli in Rom entsetzt aus, als die Nachricht vom Ausgang der Schlacht bei Königgrätz eintraf. »Die Welt geht unter!« Die protestantischen Hohenzollern warfen die apostolische Dynastie Habsburg-Lothringen, den Hort des Katholizismus, aus dem deutschen Raum hinaus.

Mit diesem Ereignis konfrontiert, zeigten sehr viele Wiener Bürger ganz andere Empfindungen als der Kardinal in Rom. Als Liberale vergönnten sie dem Kaiser Franz Joseph und seinen »Konkordatssoldaten« die militärische Schlappe, wie sie schon 1859 die Niederlage bei Solferino mit einer gewissen Schadenfreude zur Kenntnis genommen hatten.[3] Dem militärischen Debakel und dem Verlust der Lombardei war der Zusammenbruch des Neoabsolutismus auf den Fuß gefolgt. Nach dem Hinauswurf aus Deutschland und dem Verlust Venetiens mußte sich die Dynastie wohl oder übel zu weiteren Schritten in Richtung Bürgerfreiheit bereit finden.

Der Hinauswurf selbst wog nicht für alle Österreicher gleich schwer. Den nichtdeutschen Völkern bereitete er keinen Kummer; ganz im Gegenteil, sie sahen ihre nationalen Ambitionen im Aufwind. Das Deutschtum in der Monarchie hatte seine Rückendeckung verloren.

Ein halbes Jahrtausend lang hatte das Haus Österreich den deutschen Ländern die römischen Kaiser gestellt. In dieser Epoche war Wien die Hauptstadt des ganzen Deutschland gewesen, unbestritten, in seiner Bedeutung weder von München noch von Berlin jemals erreicht. »Sire, ich bin ein deutscher Fürst«, sagte Franz Joseph noch 1907 zum englischen König Eduard VII. Der nachher so oft zitierte Ausspruch sollte dem Engländer erklären, daß die Monarchie nicht die Fronten wechseln könne, hinein in eine Allianz gegen das Deutsche Reich. 1866 hatte Franz Joseph nicht gezögert, als deutscher Fürst gegen einen anderen deutschen Fürsten Krieg zu führen. 1907 war die Berufung auf das Deutschtum bündnispolitisch orientiert. Der alte Herr eignet sich nicht zum nationalistischen Kronzeugen. Die Niederlage bei Königgrätz und die Zeit danach hatten ihn nicht zum Deutschtümler gemacht. Erst als diese Deutschtümelei einem eigenständigen Österreich die Existenzberechtigung absprach, kam die Peinlichkeit auf, die deutschsprachigen Österreicher als Deutsche zu bezeichnen. Bis dahin hatte es für sie keinen Anlaß gegeben, sich nicht als Deutsche zu fühlen und daher auch keinen Anlaß, sich nicht so zu nennen. Ihr Deutschtum hatte allerdings nichts mit deutschem Nationalismus zu tun. Umgekehrt: Dieser Nationalismus war ein Widersacher.

Sprache und Nation erhielten erst seit Beginn des 19. Jahrhunderts ihre politische Bedeutung. Die feudale Welt kannte kennen Nationalismus. Vom Kaiser abwärts bis zum kleinen Gutsherrn zählte nur Landbesitz; die Sprache der Untertanen und der leibeigenen Bauern war den Herren gleichgültig. Die

Feudalen fühlten sich über alle Grenzen hinweg als verwandte und verschwägerte Internationale. Nationalismus war das Produkt bürgerlich intellektueller Emanzipation. In Johann Gottlieb Fichtes berühmten »Reden an die deutsche Nation« ließen sich die sozialrevolutionären Töne nicht überhören; gegen die Herrschaftsstrukturen im alten Europa. Der volkstümliche deutsche Nationalismus, wie er in den Franzosenkriegen entstand und im Revolutionsjahr 1848 seinen ersten Höhepunkt erreichte, war bürgerlich-liberal und »kleindeutsch«.

Die Donaumonarchie mit ihrer Mehrheit an nichtdeutschen Völkerschaften paßte nicht in das Konzept eines neuen deutschen Nationalstaats. Als die revolutionären Studenten im April 1848 auf dem Wiener Stephansturm die schwarz-rot-goldene Fahne hißten, jubelten sie einem freiheitlichen Deutschland zu, ganz in Fichtes Geist. In einer solchen Gemeinsamkeit, im Anschluß an die Deutschen in Deutschland, sahen sie die Zukunft. In der Donaumonarchie allein empfanden sie die feudalen Agrarstrukturen der nichtdeutschen Kronländer als permanenten Klotz am Bein jeden Fortschritts.

Daß die Mehrheit der Abgeordneten in der Frankfurter Paulskirche sie gar nicht haben wollte – zumindest nicht mit ihrem slawischen, ungarischen, italienischen und rumänischen Anhang –, mußte bitter enttäuschen. Die Frankfurter Mehrheit war nicht nach Wien orientiert, sondern nach Berlin. Im hohenzollerischen Preußen sah man Deutschlands zukünftige Stärke, nicht im habsburgischen Österreich. Der Wiener Anton Ritter von Schmerling, in Frankfurt zum Reichsministerpräsidenten gewählt, legte deshalb sein Amt nieder. Auch ein geeintes Deutschland schien den Abschied von der Donaumonarchie nicht wert. Vor allem die Wiener konnten sich nicht vorstellen, daß sie aus dem Mittelpunkt ihrer schönen großen Welt des Donauraums plötzlich an den Rand eines preußischen Deutschland rücken sollten.

Der Zusammenbruch der Revolution trieb auch die Frankfurter Abgeordneten auseinander. Der Deutsche Bund feierte kurzlebige Auferstehung. Der Machtkampf zwischen Wien und Berlin um die Beherrschung des deutschen Raums wurde 1866 von Moltke militärisch und von Bismarck politisch im kleindeutschen Sinn entschieden.

Wer heute das Leben seiner Vorfahren im letzten Jahrhundert verstehen will, kommt um die deutsche Frage nicht herum. Sie hat die letzten fünfzig Jahre der Donaumonarchie geprägt, und nach dem Zusammenbruch von 1918 hat die Republik sie als unglückseliges Erbe übernommen. Damit wurde diese deutsche Frage auch entscheidend für Wien, zuerst das Zentrum der Monarchie, dann Hauptstadt der Republik, schließlich deutsche Provinz und am Ende wieder Hauptstadt eines unabhängigen österreichischen Staates.

In dem 1866 von Deutschland endgültig getrennten Österreich hörten die Deutschen verständlicherweise nicht von einem Tag auf den anderen auf,

I 1875: Auch die Mode wird von Makart geprägt

II 1889: Haute Couture aus Wien erobert Europa

III 1911: Die elegante Frau zeigt sich im Jugendstil

IV 1918: Nach vier Kriegsjahren trägt die Wienerin Papier

V Apotheose der Makartzeit: »Venedig huldigt Caterina Cornaro«. Das Kolossalgemälde war die Kunstsensation im Weltausstellungsjahr 1873

VI Makart-Festzug 1879: Die Donau-Dampfschiffahrt auf Rädern

VII Makart-Festzug 1879: Die Eisenbahn, in Renaissance kostümiert

VIII Der Brand des Wiener Ringtheaters am 8. Dezember 1881

Deutsche zu sein. Es war die wachsende Existenzangst in einer nichtdeutschen Umwelt, die Teile des deutschen Bürgertums zunehmend national reagieren ließ.

Wien sah die Situation für sich und sein Bürgertum differenziert. Die Stadt war deutsch inmitten eines geschlossen deutschen Siedlungsraums. Auch noch so viele Zuwanderer konnten das etablierte Bürgertum hier aus seiner beherrschenden Position nicht verdrängen. Im Habsburgerreich aber waren die Deutschen nur eine Minderheit, und Wien empfand sich selbst als Zentrum der ganzen Monarchie. Seine Geltung hing von der Ausstrahlung in den ganzen Donauraum ab. Jetzt, da es seine Stellung in Deutschland eingebüßt hatte, sogar noch stärker als zuvor. Die Ausrichtung zielte nach Osten und Südosten. In Wien konnte man ganz einfach nicht deutschradikal sein, wenn man die Aufgabe der Stadt begriff. Das war es denn auch, was die Deutschtümelei den Wienern oft genug zum Vorwurf machte: daß sie es mit der deutschen Identität nicht ernst genug nahmen. Die zahllosen böhmischen Großmütter, die ungarischen Tanten und womöglich gar noch eingeheiratete Juden aus Galizien in der Familie sorgten für das Mißvergnügen aufrechter deutscher Männer und Frauen, wie sie sich zuerst um Georg Ritter von Schönerer und eine Generation später um Hitler sammelten.

In den tschechischen Kronländern Böhmen und Mähren, in den slowenischen Teilen Südkärntens und der Südsteiermark, im slowenischen Herzogtum Krain und in den italienisch-slowenischen Regionen von Görz bis Istrien sahen sich die Deutschen einer anderen Situation gegenüber als die Wiener. In Cisleithanien, dem »Land diesseits der Leitha«, wie man die österreichische Reichshälfte nach 1867 nannte, stellten die Deutschen insgesamt nur knappe 40 Prozent der Bevölkerung. Die Städte allerdings waren auch inmitten des nichtdeutschen Umlands seit Jahrhunderten deutsch geprägt, von Prag bis Laibach. Deutsch war die Kultur des Bürgertums, deutsch waren die Kaufleute und die wohlhabenden Gewerbetreibenden, die höheren Beamten, die Richter und die Advokaten. Die Literaten schrieben, die Theater spielten deutsch. Triest besaß den Schiller-Verein als geistiges Zentrum. Die einflußreichen Zeitungen erschienen in deutscher Sprache; das »Prager Tagblatt« stand an überregionaler Bedeutung kaum hinter den Wiener Presseprodukten zurück. Sogar im transleithanischen Budapest konnte eine deutsche Zeitung existieren, der »Pester Lloyd«. Deutsch waren seit altersher die Universitäten in Prag und Lemberg. Was sich in der jeweiligen Landessprache artikulierte, dem wurde lediglich regionale Bedeutung zugestanden. Dialekt der Unterschichten.

Aus diesen Unterschichten allerdings kamen von Jahr zu Jahr mehr erfolgshungrige Aufsteiger. Nichtdeutsch war das Kleingewerbe, nichtdeutsch war die Bauernschaft und damit das vom Land einsickernde Proletariat. Die Wortführer in den Landgemeinden waren neben den Lehrern an den Elementarschulen vor allem die Pfarrer. In den Dorfkirchen predigten sie in der Muttersprache der Gläubigen, und die Sprache der Gläubigen auf dem Lande war zugleich die Sprache der armen Bauern. Deutsch gegen Nichtdeutsch, das bedeutete zugleich Stadt gegen Land, reich gegen arm, Bürger gegen Proletarier, liberal gegen klerikal. So summierten sich die Konfliktstoffe. Nationalitätenstreit und Kulturkampf waren zugleich Klassenkampf.

Das Stadtbürgertum konnte seine Privilegien bewahren, solange seine ökonomische Position durch keine Gesellschaftsreform angetastet wurde. Die wichtigste Waffe war die Sprache, solange nur Deutsch als Amtssprache bei Behörden und Gerichten, als Unterrichtssprache an den höheren Schulen galt. Sobald jedoch im Königreich Böhmen erst einmal Tschechisch, in Südkärnten und in der Südsteiermark Slowenisch als Amtssprachen zugelassen wurden, verloren die Deutschen ihr Ämtermonopol. Sie hatten es nie für notwendig gehalten, die »Dialekte« der Völkerschaften zu erlernen. Die jungen tschechischen und slowenischen Aufsteiger dagegen beherrschten allesamt Deutsch in Wort und Schrift; sie hatten schließlich an deutschen Universitäten studieren müssen. In einer zweisprachigen Verwaltung hätten nur noch die wenigsten deutschen Richter und Beamten ihre Posten behalten können. Notare, Baumeister, Landvermesser, eine ganze Serie deutscher Berufstätiger mit höherer Ausbildung wären nicht mehr zum Zug gekommen; die meisten deutschen Advokaten wären in einer zweisprachigen Gerichtsverhandlung die Schwächeren gewesen. Das Postenmonopol hätte sich zugunsten der nichtdeutschen Akademikerschaft umgekehrt.

So konzentrierte sich der jahrzehntelange Kampf der Nationalitäten in Österreich auf die Amtssprache. Um jeden Bezirk, um jeden Gerichtssprengel wurde erbittert gerungen. Regierungen wurden reihenweise gestürzt. Böhmen, hauptsächlicher Schauplatz des Sprachenstreits, geriet zeitweise an den Rand des Bürgerkriegs. Der militärische Ausnahmezustand war oft genug das letzte Mittel, den offenen Aufruhr einzudämmen. Als tschechische Reservisten sich in einer organisierten Aktion beim Namensaufruf mit »zde« zu melden begannen statt mit dem deutschen »hier«, brach um die Jahrhundertwende fast eine Staatskrise aus. Der Bahnhofsvorstand in Leitomischl, der sein »Alles einsteigen, Zug fährt gleich ab!« in Zukunft zweisprachig ausrufen sollte, wurde die Symbolfigur in der Diskussion der Zweisprachigkeit; ein Witz mit bitterernstem Hintergrund.

Das Deutschtum in Böhmen, Mähren, Slowenien und den italienischen Regionen benützte die Schulpolitik als Waffe, seine Widersacher auf dem niedrigstmöglichen Bildungsniveau zu halten. Wer aufsteigen wollte, mußte Deutsch lernen. Wer allerdings zum Deutschtum hinüberwechselte, wurde von den eigenen Leuten als Renegat geächtet.[4] Jede neue Schule löste Konflikte aus. Die Universität Lemberg bekam 1871 Polnisch als Lehrsprache. Die Tschechen erreichten erst 1882 die Teilung der Prager Universität. Den Italienern wurde eine Universität in Triest bis 1918 verweigert. Gegen italienische Parallelsemester in Trient protestierten die Tiroler so lange, bis die Regierung in Wien kapitulierte. So mußten die jungen Italiener über die Grenze gehen, wenn sie in ihrer Muttersprache studieren wollten; die Universität Padua wurde zur Hochschule der Irredenta. In der Steiermark sprach ein Drittel der Bevölkerung Slowenisch; auch für die Lehrer an slowenischen Volksschulen gab es nur die deutsche Lehrerbildungsanstalt. Der Plan eines slowenischen Gymnasiums in Cilli brachte zwei Regierungen zu Fall; erst 1895 wurden wenigstens für die Unterstufe Parallelklassen eingeführt. Als die deutschnationalen Reichsratsabgeordneten 1897 einen Budgetposten für den Neubau der Schule entdeckten, lehnten sie den Voranschlag ab. Mitten im Krieg, als es spürbar schon um die Existenz der ganzen Monarchie ging, wurde ein maßvoller slowenischer Kompromißvorschlag immer noch brüsk zurückgewiesen. Dr. Friedrich Funder, Chefredakteur der christlichsozialen »Reichspost«, Luegers publizistischer Vertrauensmann, versuchte sich 1915 erfolglos als Vermittler. Später schrieb er verbittert: »Man hätte eher aus Steinen Brot machen, als die damaligen Potentaten der südsteirischen und der kärtnerischen deutschnationalen Politik zu einem solchen Pakt bestimmen können.«[5]

Die städtischen Bürger deutscher Sprache verbrämten ihren Herrschaftsanspruch mit ihrer Hochkultur, von der sie meinten, sie gegen die unterentwickelten Volkskulturen der Anderssprachigen verteidigen zu müssen. Der aus Kärnten stammende Slawist an der Grazer Universität, Dr. Erich Prunč, ein Wortführer der slowenischen Minderheit in der Zweiten Republik, meinte sarkastisch: »Zuerst schlägt man einem den Kopf ab, dann wirft man ihm vor, daß er ohne Kopf herumläuft.«[6]

Das deutschsprachige Proletariat, zumindest dessen Führerschaft, hatte ebenfalls seine anschlußfreudige Schlagseite. Dr. Viktor Adler kam aus dem deutschböhmischen Bürgertum Prags, Engelbert Pernerstorfer aus dem nationalliberalen Wiener Lager. Man war damit sozusagen eingestimmt, alles, was aus Deutschland kam, hochzuschätzen, und tatsächlich kamen die revolutionären Ideen aus Deutschland nach Österreich, wie schon vor 1848. Als Proletarier blickte man in den sechziger Jahren voll Bewunderung auf die sich mächtig entwickelnde deutsche Arbeiterbewegung, auf August Bebel und Wilhelm Liebknecht, die es sogar geschafft hatten, als Vertreter des Proletariats in den norddeutschen Reichstag einzuziehen, mit denen ein Bismarck sich zu Verhandlungen bequemen mußte. Über Jahrzehnte hinweg träumten österreichische Arbeiterführer von einer gesamtdeutschen Revolution im Verein mit den Genossen jenseits der Grenze. Diese Träume sozialdemokratischer Partei-Ideologen überdauerten sogar den nationalsozialistischen Anschluß von 1938.[7]

Die Wiener Bürger, in ihrer ganz anders gearteten Alltagssituation, empfanden 1866 zwar die Demütigung des Hinauswurfs aus Deutschland, den realen Verlust allerdings schätzten sie richtig ein. Er war gleich Null. Seit Kaiser Franz 1806 die römische Kaiserkrone niedergelegt hatte, war die österreichische Präsenz im Deutschen Bund nur noch eine politische und finanzielle Belastung gewesen. So empfand auch der junge Karl Lueger Königgrätz und die Folgen keineswegs als Katastrophe: »Jetzt sind wir alle Österreicher, und keiner hat länger auf zwei Stühlen zu sitzen. Das hat seinen großen Vorteil, weil wir uns umso fester an Österreich schließen können, um mit geeinter Kraft an seiner Größe mitzuarbeiten.«[8] Lueger unterschied sich schon als Student von der Mehrheit seiner Kommilitonen, die zumeist nationalen Korporationen angehörten, im Geist von 1848. Er war nirgendwo Mitglied, auch bei keiner katholischen Verbindung. Später hieß es von ihm, er sei kaisertreu, »schwarz-gelb bis in die Knochen«[9]. Was der junge Mann aus aus der Vorstadt sich von der Zukunft erwartete, konstatierte ein Jahrhundert später der Historiker Heinrich Benedikt rückblickend als positive Folge des verlorenen Krieges: Die Monarchie, befreit von kostspieligen machtpolitischen Bindungen in Deutschland und Italien, konnte sich nun ganz »dem Aufbau der Wirtschaft, der Entfaltung ihrer reichen Kräfte«[10] widmen.

Die allgemeine Prognose baldigen Zusammenbruchs, wie sie Billroth geäußert hatte, erfüllte sich nicht. In Wien ging es sogar schon sehr schnell wieder sichtbar aufwärts. Der 1865 fast zum Stillstand gekommene Verkauf von Ringstraßenparzellen zog erneut an. 1867 wurden Baugründe um mehr als eine Million Gulden gehandelt. 1870 erreichten die Einnahmen des Stadterweiterungsfonds mit acht Millionen ihren absoluten Höhepunkt zwischen 1860 und 1914. Der Ziegelbrenner Heinrich Drasche konnte die neue Konjunktur von seiner Verkaufsstatistik ablesen. Hatten die Fabriken auf dem Wienerberg 1866 mit 50 Millionen Ziegel ihr Tief zu verzeichnen, so kletterte der Absatz nun wieder steil in die Höhe: fast 170 Millionen Stück im Jahr 1870.[11] Da die Wiener Bürger auch keine Nationalitäten zu fürchten hatten, war keinerlei Katastrophenstimmung zu konstatieren. Das erregte den Zorn des berühmten Barden der Achtundvierziger-Revolution, des nun auch schon in die Jahre gekommenen Ludwig August Frankl. Er beschimpfte die Wiener als »elendes Gesindel«, das sein Schicksal verdiene. Die ob ihrer ungebrochenen Lebensfreude gescholtenen Wiener nahmen in ihrer Mehrheit dieses Schicksal gar nicht so tragisch, wie es dem Dichter Frankl angesichts des Artikels IV im Friedensvertrag mit Preußen vorkam. Hinsichtlich der deutschen Frage hielten sie es mit dem Text zum Donauwalzer: »Was nutzt das Bedauern, das Trauern« und befolgten, in Erwartung weiterer Liberalisierungen im bürgerlichen Alltag, den Rat des Textdichters Josef Weyl: »Drum froh und heiter seid.« Der neue Walzer von Johann Strauß wurde am 15. Februar 1867 zum ersten Male gesungen und gespielt, bei der Faschingsliedertafel des Wiener Männergesangsvereins in den Leopoldstädter Dianasälen.[12] Es war die erste große Walzerpremiere des Vereins: sie erreichte immerhin starken Beifall und die Wiederholung des Werkes, das Strauß dem Verein gewidmet hatte. Den Sängern behagten allerdings die zungenbrecherischen Verse von Josef Weyl nicht, die mit mäßigem Humor Tagesfragen abhandelten. Dieser Text ist heute so gut wie vergessen. Der Walzer gilt immer noch als inoffizielle Nationalhymne Österreichs. Seine Reichweite wurde allerdings schon vierzehn Tage nach der Premiere auf die Hälfte des damaligen Österreich reduziert.

In der anderen Hälfte trat der Rákóczy-Marsch seine Herrschaft an. Am 27. Februar 1867 ernannte Franz Joseph den Grafen Julius Andrássy zum ungarischen Ministerpräsidenten. Die Bestellung einer eigenen ungarischen Regierung bedeutete die endgültige Zweiteilung der habsburgischen Königreiche und Länder. Später Sieg jenes siebenbürgischen Fürstengeschlechts der Rákóczy und so vieler gleichgesinnter Magnaten, die sich fast zwei Jahrhunderte lang mit Gott und dem Teufel, mit dem allerchristlichsten König von Frankreich und dem türkischen Sultan verbündet hatten, um die Herrschaft des Hauses Österreich über Ungarn abzuschütteln.[13] Die rebellischen Ungarn unter Ludwig Kossuth hatten 1848 die Revolution nach Wien gebracht und den Bürgern hier erst den nötigen Auftrieb gegen Metternich gegeben. Nach dem Zusammenbruch der Revolution hatten die kaiserliche Armee und der Neoabsolutismus die Ungarn zwar niederhalten, aber nicht kleinkriegen können. Nach dem verlorenen Italienkrieg von 1859 hatten auch Schmerlings Verfassungsexperimente sie nicht an den Verhandlungstisch gebracht. Nach Königgrätz fühlte sich die Dynastie nicht mehr stark genug, den permanenten Nervenkrieg gegen die Untertanen weiterzuführen. Sie mußte sich wenigstens mit dem deutschsprachigen Bürgertum in Österreich und mit der ungarischen Gentry einigen, mit diesen beiden stärksten Kräften im Vielvölkerreich. Die Einigung ging auf Kosten der anderen Nationalitäten. Das deutsche Bürgertum wurde mit einer neuen Verfassung belohnt, die Ungarn mit dem »Ausgleich« befriedet.[14]

Seit 1867 gab es keinen österreichischen Kaiserstaat mehr, sondern die Doppelmonarchie Österreich-Ungarn. Das System wurde »Dualismus« genannt.

In leicht schönbrunnerdeutschem Tonfall, zärtlich zugleich mit leiser Ironie, hieß die Monarchie späterhin »Kakanien«. Nach der allgegenwärtigen Abkürzung »k. k.«, für kaiserlich-königlich, weil der österreichische Kaiser zugleich König soundsovieler Erbländer war. Nach 1867 hätte es eigentlich »Ka-und-Kanien« heißen müssen. »K. u. k.«, kaiserlich und königlich. Auf das eine kleine Wort legten die Ungarn allergrößten Wert in allen Belangen, die auch ihre Reichshälfte berührten. Was in der Sprachlehre als Bindewort gilt, »und«, kennzeichnete in der staatspolitischen Diktion eine Trennung. Das alte Österreich zu verstehen, war immer schon schwer.

»K. u. k.« stand für gemeinsame Institutionen. Gemeinsam blieben nach dem Ausgleich nur noch die Dynastie, die Außenpolitik, die Armee und die Finanzen.[15]

Schon 1867 haftete dem Pakt zwischen dem Haus Österreich und der ungarischen Nation der Beigeschmack des Provisoriums an. Keine Ewigkeitslösung. Die nationale Unabhängigkeitspartei, von Ludwig Kossuths Sohn Franz angeführt, nahm den Dualismus ohnehin nur als Vorstufe für die völlige Loslösung von Wien. Von den Befürwortern des Ausgleichs bekam man zu hören: »Uns gehört die Zukunft der Monarchie, wir sind die Stärkeren. Und es ist Ungarn, das nach und nach den Schwerpunkt des Kaisertums bilden muß.«[16]

Die feierliche Besiegelung des Friedensschlusses erfolgte am 8. Juni 1867 durch Franz Josephs Krönung zum König von Ungarn. Bis dahin hatten auch loyale Ungarn den Kaiser in Wien nur »Allerdurchlauchtigster Herr« genannt, nicht »Majestät«. Mit der Reichsteilung hatte der 18 Jahre nach seinem Herrschaftsantritt nun endlich gekrönte König einen hohen Preis für diesen Titel bezahlt. Die Zeremonie in der Budapester Krönungskirche, der traditionelle Ritt hinauf auf den Krönungshügel, angetan mit Krone, Mantel und Schwert des heiligen Stephan, war kein Triumph für den Gekrönten. Die Ungarn betrachteten die feierliche Handlung als Franz Josephs Niederlage, und so empfanden sie auch die Begleiter, die mit dem Kaiser aus Wien angereist waren. »Ich bin wütend«, schrieb der kaiserliche Generaladjutant Graf Crenneville aus Budapest an seine Frau, »ich möchte schon lieber tot sein, als solch eine Schmach erleben! Wo werden wir hinkommen?«[17] Franz Joseph war vom Gewicht der Krone und des Mantels schweißgebadet, und Crenneville nannte das ungarische Staatsschauspiel einen »Faschingsmummenschanz«.

Als ungarische Radikale dem Grafen Andrássy vorwarfen, er hätte es trotz allem zu billig gegeben, antwortete der Magnat zynisch: »Der Ausgleich von 1867 sicherte Ungarn bei 30 Prozent der gemeinsamen Lasten 70 Prozent an Rechten.«[18] Die Ungarn akzeptierten nicht einmal einen Reichskanzler als Ober-Regierungschef über die drei gemeinsamen Bereiche. Franz Joseph hatte Friedrich Ferdinand von Beust, der den Ausgleich in zähen Verhandlungen zustande gebracht hatte, mit diesem Titel bedacht. Als Beust 1871 abtrat, wurde kein neuer Reichskanzler mehr ernannt. Der ungarische Historiker Miklós Komjáthy bekannte ein Jahrhundert später: »Die Österreichisch-Ungarische Monarchie soll keine gemeinsame, verantwortliche Regierung haben. Das war das Hauptziel der ungarischen Politiker.«[19]

Es fragt sich also, warum die ungarischen Magnaten und das mit ihnen verbündete liberale Bürgertum überhaupt auf einen Ausgleich eingingen und nicht allesamt in das Lager der Unabhängigkeitspartei einschwenkten. Treue zum angestammten Herrscherhaus kann es wohl nicht gewesen sein; daß der ungarische Adel die Habsburger heiß liebte, läßt sich aus seiner Geschichte von Rákóczy bis Kossuth nicht herauslesen. Die Gemäßigten, mit Andrássy und Franz von Deák an der Spitze, erkannten lediglich ihre Grenzen. Für eine gewaltsame Trennung war Ungarn zu schwach, das hatte die Revolution gezeigt. Man mußte nicht nur mit der kaiserlichen Armee rechnen, sondern ebenso mit dem Widerstand der Minderheiten, der Kroaten, Serben, Slowaken und Rumänen. Um sich inmitten dieser Völker als herrschende Nation zu halten, brauchten die Ungarn immer noch den Schutzmantel der Gemeinsamkeit. Nicht daß Franz Joseph und seine Berater in Wien diese ungarische Zwangslage verkannt hätten. Nur sahen sie die eigene Zwangslage noch drükkender. Der permanente Krisenherd Ungarn mußte stillgelegt werden. Nur so schien das Staatengefüge nach den unglücklichen Kriegen von 1859 und 1866 mit seinen Niederlagen, Landverlusten und politischen Folgewirkungen wieder konsolidierbar.

Der Rest der Welt, der die Vorgänge von außen betrachtete, erwartete keinen Erfolg. Der schweizerische Gesandte berichtete nach Bern, er glaube nicht »an einen Bestand oder an eine stetige glückliche Entwicklung«[20].

Wien, die k. k. Residenz, wurde niemals k. u. k. Die Doppelmonarchie besaß keine gemeinsame Hauptstadt mehr, nur noch eine Residenz. Nicht einmal in dieser Eigenschaft nahmen die Ungarn eine Unterordnung hin. Für sie befand sich in Wien lediglich das »königliche Hoflager«, und dort ließen sie sich durch einen eigenen Minister vertreten, fast wie durch einen Gesandten im Ausland.

Dem jungen Karl Lueger ging es damals wohl nicht anders als den meisten seiner Wiener Mitbürger. Es wäre ihm nicht in den Sinn gekommen, sich als etwas anderes zu fühlen denn als Österreicher, und zwar als ganzer, nicht nur als halbierter. Österreich blieb für ihn zeitlebens die gesamte Monarchie und Wien deren unbestreitbare Metropole. Die Situation war verwirrend genug. Das neue Vaterland, dem Lueger als Beamter dienen sollte, besaß nach dem Ausgleich nicht einmal einen eigenen Namen. Die Ländermasse, die man als Österreich bezeichnete, von Welschtirol bis in die Bukowina, von Schlesien bis Triest, dieses »Cisleithanien« hieß im amtlichen Sprachgebrauch: »Die im Reichsrat vertretenen Königreiche und Länder.« Erst 1915 wurde der Name Österreich für die österreichische Hälfte der österreichisch-ungarischen Monarchie auch offiziell eingeführt.

1915, da war Lueger schon tot. Tot war auch der Mann, der es als seine Lebensaufgabe betrachtet hatte, den Ausgleich von 1867 wieder zu kassieren, der Erzherzog-Thronfolger Franz Ferdinand d'Este. Als Franz Ferdinands Gefolgsmann stand Lueger während seiner letzten Lebensjahre in der ersten Reihe einer Kampfriege, die sich die Neugestaltung der Donaumonarchie zum Ziel gesetzt hatte. »Vereinigte Staaten von Groß-Österreich.«[21]

Das Amt des Reichskanzlers sollte wieder aufleben, und Franz Ferdinand hatte Karl Lueger als Nr. 1 auf seiner Liste. Für die Ungarn war er selbst der Nationalfeind Nr. 1, gleich nach ihm kam schon Lueger.

1867. Da war Franz Ferdinand, ältester Sohn des Kaiserbruders Karl Ludwig, ein vierjähriger Bub. Der neunjährige Kronprinz Rudolf erfreute sich ausgezeichneter Gesundheit. Die Aussichten, Franz Ferdinand könnte einmal Thronfolger werden, schienen noch geringer als die Chancen des jungen Karl Lueger, den Aufstieg zum Wiener Bürgermeister zu schaffen.

1867 fühlten sich die Wiener Bürger mit ihrem neuen Vaterland im Aufwind der Emanzipation. Liberalisierung allenthalben, sogar bei den Friseuren. Jetzt durften lange Haare und wallende Bärte wieder an die Revolution erinnern. Das Armeeoberkommando bewilligte sogar den Heeresoffizieren Backenbärte, wie sie bis dahin den Marineurs vorbehalten waren. Lediglich »eine Länge derselben, welche die Distinctionszeichen unsichtbar machen würde«, sollte vermieden werden.

Wie die Frisur wurde auch die Verfassung liberalisiert. Der nach dem Februarpatent zusammengetretene und dann wieder heimgeschickte Reichsrat erlebte seine Auferstehung.[22] Nachdem nun Ungarn ein eigenes Ministerium besaß, berief Franz Joseph auch für die »im Reichsrat vertretenen Königreiche und Länder« eine Regierung. Das Ministerium Taaffe.[23] Es sollte interimistisch bis zur Fertigstellung der neuen Verfassung amtieren.

Als »Dezembergesetze« unterschrieb Franz Joseph ein Sammelwerk alter und neuer Bestimmungen neun Tage vor dem Jahresende.[24] Das Datum mochte Zufall sein, doch es fällt auf, daß der Kaiser so manche Entscheidung, die den Bürgern zugute kam, unmittelbar vor Weihnachten sanktionierte, als wollte er ein Christkindl bescheren. Am 20. Dezember 1857 hatte er den Abbruch der Basteien bewilligt und damit den Weg zum Ringstraßenbau freigemacht, eine alte Wiener Bürgerforderung. Am 20. Dezember 1859 war die Gewerbefreiheit dekretiert worden, ebenfalls ein dringendes Bürgeranliegen. Nun kam am 21. Dezember 1867 die auf bürgerliche Bedürfnisse zugeschnittene neue Verfassung.

Für die Liberalisierung der Grundrechte, die Anerkennung der Finanzhoheit und für das Versprechen, auch das Konkordat von 1855 zu revidieren, also das Kirchendiktat über Schule und Ehe aufzuheben, verzichtete das Bürgertum auf ein zentralistisches, von Wien aus regiertes Reich und nahm den Ausgleich mit Ungarn in Kauf.

Das Bürgertum wurde im Reichsrat durch die »Verfassungspartei« repräsentiert. Das deutsche Bürgertum, verstand sich. Das Wahlrecht sicherte ihm national und gesellschaftlich die Mehrheit.

Der Jurist Karl Lueger schrieb zu dieser Zeit schon an einer Dissertation, um nach dem Absolutorium auch das Doktorat zu erwerben. Daß er kein verwaltungstechnisches, sondern ein staatsrechtliches Thema wählte, zeigte seine

Absicht an, nun lieber doch nicht Beamter zu werden. Er arbeitete über das allgemeine, gleiche und direkte Wahlrecht. Die unverhüllte Sympathie für den Gegenstand seiner Doktorarbeit war damals einer Karriere als k. k. Staatsdiener sicherlich nicht förderlich.

Das Wahlrecht der Dezemberverfassung von 1867 war weder allgemein noch gleich, noch direkt. Um seine Stimme abgeben zu dürfen, dafür waren Besitz und Steuerleistung Voraussetzung, oder ein höherer sozialer Status, wie ihn Offiziere, höhere Beamte und Pfarrer besaßen. Keine Rede von einem allgemeinen Wahlrecht, das auch Kleingewerbetreibende und Bauern, die weniger als 20 Gulden Jahressteuer zahlten, oder gar besitzlose Proletarier und Dienstboten mit eingeschlossen hätte. Eine Rückkehr zum Revolutionsjahr 1848, als sich die Proletarier unter der Führung der Studenten die politische Gleichberechtigung erkämpft hatten, kam für das Bürgertum nicht in Frage. Es waren kaiserliche Regierungen, die sich jahrzehntelang um eine schrittweise Erweiterung des Wahlrechts bemühten, um durch neue Wählerschichten die versteinerten Mehrheiten im Reichsrat aufzulockern. Erst 1907 wurde das allgemeine Wahlrecht eingeführt. Auch jetzt nur für Männer. Die Frauen erreichten es erst nach 1918.

Das Wahlrecht von 1867 war auch nicht gleich. Gewählt wurde in den sogenannten »Kurien« des Großgrundbesitzes, der Handelskammern, der Städte und Märkte und der Landgemeinden. Wie ein solches Kurienparlament aussah, zeigten dann die Wahlen von 1873: Etwa 5000 meist deutsche und polnische Großgrundbesitzer wählten 85 Abgeordnete, die bäuerliche Millionenbevölkerung der Landgemeinden war durch 131 Abgeordnete vertreten. Städte und Handelskammern, die Repräsentanten des deutschen Bürgertums, besaßen 137 Sitze im Reichsrat.

Auch direkt war das Wahlrecht zunächst keineswegs. Die Abgeordneten wurden von den Landtagen in den Reichsrat nach Wien geschickt. Seit der ersten Wahlrechtsreform von 1873 erfolgte die Wahl zwar direkt, aber immer noch nach dem Kuriensystem. Der Steuermeßbetrag wurde wohl auf 10 Gulden herabgesetzt, aber damit schloß er die überwältigende Mehrheit der Bevölkerung immer noch aus. 1873 waren nur sechs Prozent der Österreicher wahlberechtigt. Da die Nichtdeutschen außerdem nur unter den Großgrundbesitzern und in den Landgemeinden zu Wort kamen, war der Verfassungspartei, dem Sammelbecken des deutschliberalen Bürgertums, nach wie vor die Mehrheit gesichert. Im Staat lebten knappe 40 Prozent Deutsche, im Reichsrat saßen fast 70 Prozent deutscher Abgeordneter.

Im parlamentarischen Sprachgebrauch galten die Deutschliberalen als »Linke«. Sie hielten ihre Mehrheit bis 1879. Die »Rechte«, deutsche Konservative, Klerikale, Tschechen, Polen und Slowenen, stellte nach 1879 die Majorität. In der österreichischen Hälfte des Vielvölkerstaats änderte sich an der tatsächlichen Machtstellung des Deutschtums dadurch nur wenig. Zu fest verankert waren die deutschen Positionen in der Wirtschaft, in der Bürokratie und im Schulwesen. In der Donaumonarchie bildete sich eine völkische Hierarchie heraus, eine Hackordnung zwischen »staatstragenden Nationen« und »Bedientenvölkern«[25]. Da der Einheitsstaat unter deutscher Hegemonie nicht verwirklicht werden konnte, teilte man sich die Herrschaft mit den Ungarn. Um die deutschen Positionen den Tschechen, Ruthenen, Polen, Slowenen und Italienern gegenüber zu halten, überantwortete man die Kroaten, Serben, Slowaken und Rumänen dem magyarischen Chauvinismus.

Der Kaiser war ein Gefangener der Nationalitätenstruktur in seinem Reich. Er sah sich zum Bündnispartner der Deutschen gemacht, weil er an der einheitlichen deutschen Amtssprache und an der deutschen Kommandosprache in der Armee festhielt – Einheitlichkeit der Sprache: das große Dilemma jedes Nationalitätenstaates. Auf die Dauer konnte er jedoch nicht nur für die Deutschen und die Ungarn regieren; und gegen alle anderen seiner Völker. Er konnte seine jeweiligen Regierungen immer nur nach Kompromissen suchen lassen. In dem halben Jahrhundert, das Franz Joseph noch blieb, scheiterten fast alle Bemühungen, die Deutschen zum Einlenken zu bewegen und damit den wachsenden nichtdeutschen Radikalismus einzudämmen.

Die Doktoranden mußten damals die Thesen ihrer Dissertationen in einem Disput mit dem Professorenkollegium untermauern. Zwei von Luegers Thesen mußten auf die akademische Lehrerschaft wie Keulenschläge wirken, als er sie am 20. Jänner 1870 vortrug:

»Alle großjährigen Staatsbürger, welche lesen und schreiben können, sollen aktives und passives Wahlrecht haben«, lautete These 3. Und in These 4 sagte er: »Die Nationalitätenidee ist, zumal im Völkerstaat Österreich, verwerflich und ein Hemmschuh des Fortschrittes der Menschheit.«

Lueger bekam zwar seinen Doktortitel, aber als Beamter hätte er es sicherlich sehr schwer gehabt; er trat in eine Anwaltskanzlei ein. 1872 schloß er sich dem liberalen Bürgerklub auf der Landstraße an. Von seinem Eintritt ins politische Leben bis zu seinem Tode wurde er Zeuge, wie sich die Völker immer weiter vom gemeinsamen Reich und damit von Wien entfernten. So mancher Bürger, der sich enttäuscht sah und getäuscht meinte, weil die Krone nicht kompromißlos seine Partei ergriff, wanderte aus dem deutschliberalen in das deutschnationale Lager ab. Die Tschechen, die Polen, die Südslawen, die Rumänen sahen die nationale Erfüllung schließlich nur noch in der Eigenstaatlichkeit.

Der Glaube des deutschen Bürgertums und der ungarischen Gentry, die Hackordnung zwischen staatstragenden Nationen und Bedientenvölkern könnte Ewigkeitswert haben, war die Dummheit des Jahrhunderts. Der entscheidende Beitrag zur Zerstörung der Donaumonarchie.

Kapitel 3 Die Bürgerfreiheit

Ein typisches Exemplar liberaler Wiener Bürgergesinnung, das berühmteste seiner Zeit, wohnte seit 1849 im 4. Stockwerk des Hauses Spiegelgasse 21 als Untermieter der Schwestern Fröhlich und als ewiger Bräutigam der jüngeren Kathi: der 1856 unter Ernennung zum Hofrat in Pension gegangene Direktor des Hofkammerarchivs, Franz Grillparzer.

Die Petition der Wiener Bürger vom 9. März 1848, die Geburtsurkunde der Revolution, entsprach seinen Vorstellungen von Freiheit. Metternichs Sturz hatte Grillparzer begrüßt, Radetzkys Siege in Italien hatte er gereimt bejubelt, mit dem gleichzeitigen Bedauern, daß nur noch in der Armee »ein Geist in allen« lebe.

Als die Revolution der Bürger und Studenten zum monatelangen blutigen Aufruhr der Radikalen auswucherte, als diese Radikalen ihm sein Hohelied auf die Armee ankreideten, die schließlich gegen den Freiheitskampf der Völker zu Felde zog, hatte Grillparzer verbittert gedichtet:

»Die Knechtschaft hat meine Jugend zerstört,
des Geistesdrucks Erhalter,
nun kommt die Freiheit sinnbetört,
und raubt mir noch mein Alter.
Nicht, als wär' gar so hoch mein Sinn,
ist's, was uns trennt unendlich;
vielmehr nur, daß ich ehrlich bin,
macht mich euch unverständlich.«

Alle irdisch erreichbaren Ehren hatte Grillparzer in den zwei Jahrzehnten seither gesammelt. Er war Ehrenbürger von Wien, Ehrendoktor mehrerer Universitäten. Der Kaiser hatte ihn zum lebenslänglichen Mitglied des Herrenhauses ernannt. Jedweder finanzieller Sorgen war er längst ledig. Er bekam seine Pension, das Burgtheater zahlte ihm Jahr für Jahr mehrere tausend Gulden Tantiemen, das berühmte Verlagshaus Cotta in Tübingen hatte ihm seine Gesammelten Werke für 35.000 Gulden abgekauft, nach heutigen Begriffen ein Millionenvermögen. Die Schwestern Fröhlich umsorgten ihn. Trotzdem blieb er griesgrämig und verdrossen. Den Durchfall seines Lustspiels »Weh dem, der lügt« bei der Burgtheaterpremiere von 1838 konnte er nie verwinden. Seither verbarg er die Stücke, die er fertiggeschrieben hatte, in seinen Schreibtischladen.

Niemand wußte, welche Schätze sich dort ansammelten. »Ein Bruderzwist in Habsburg«, »Die Jüdin von Toledo«, »Libussa«. Die literarische Welt wartete auf seinen Tod. Seine testamentarische Bestimmung, die hinterlassenen Papiere sollten vernichtet werden, nahm niemand ernst.

Glücklicherweise nicht nur aus literarischen Gründen. Seine privaten Aufzeichnungen zur Tagespolitik sind ein unersetzliches Kalendarium bürgerlicher Reflexionen auf die Zeitläufe.

Im Vormärz hatte er unter der Zensur gelitten, obwohl sie ihn, den Berühmten, mit Samthandschuhen anfaßte. Als »Ein treuer Diener seines Herrn« allerhöchstes Mißfallen erregte, wurde das Stück nicht einfach verboten. Kaiser Franz ließ dem Dichter das Angebot machen, die Aufführungsrechte zu erwerben. Grillparzer lehnte ab, und es passierte ihm nichts. Daß sein »König Ottokar« zum offiziellen Nationaldrama aufrückte, ärgerte ihn: »Wer sich unter die volkstümlichen Kleien mischt, dem geschieht recht, wenn ihn die patriotischen Schweine fressen.«[1]

Er blieb auch als berühmter alter Mann ein Wiener Bürger. Den Neoabsolutismus verabscheute er. Um den so ehrenvoll gedachten Auftrag, zur alten Haydn-Hymne einen neuen Text für den jungen Franz Joseph zu dichten, drückte er sich herum. Erfolgreich. Nicht einmal das Ritterkreuz des Leopoldsordens und ein persönlicher Besuch des Fürsten Schwarzenberg, der als Ministerpräsident die vier Stockwerk hohe enge Treppe zur Fröhlichwohnung hinaufkletterte, konnten Grillparzer dem Hof gefügig machen. Feudale und Klerikale waren dem liberalen Bürger zuwider. Das Konkordat von 1855 betrachtete er als »großes Unglück für die Untertanen, weil es die Erziehung, den Unterricht, die Ehe, alle bürgerlichen Verhältnisse mehr oder weniger unter die Herrschaft einer Kirche gebracht hat«. Was aus Rom kam, das waren für Grillparzer »Übergriffe des Papsttums«. Als Pius IX. mit dem Dogma von der unbefleckten Empfängnis Mariä den Fortschritt der Naturwissenschaften aufzuhalten versuchte, ätzte der Hofrat in einem seiner geliebten Vierzeiler:

»Unsere neueste Religion
Ist das Scheitern der Spekulation,
Wenn diese Denkwirtschaft nicht weiter geht,
Macht sie Konkurs aus Religiosität.«

Grillparzer war kein Glaubensloser, doch die öffentlich betriebene Frömmelei widerte ihn an: »In der Kirche singen immer die am lautesten, die falsch singen.« Zu seiner Hymne auf Radetzky und die Armee paßte seine Ablehnung des Nationalitätenstreits: »Der Weg der neuen Bildung geht von der Humanität durch Nationalität zur Bestialität.« Da hätte sich der junge Karl Lueger mit seinen Doktorthesen auf ein großes Vorbild berufen können, wären Grillparzers Tagebuchnotizen öffentlich zugänglich gewesen.

Als ein Dichter, der deutsch schrieb, war sich Franz Grillparzer des kulturellen Hintergrunds seiner Sprache wohl bewußt, doch er fühlte sich dem Deutschtum Goethes und Schillers angehörig, nicht Bismarcks Kleindeutschtum, das er »Preußens Vergrößerungskunst« schimpfte. Daß die deutschsprachigen Österreicher anders als die Deutschen waren, stand für ihn fest: »Deutschland ist weniger, als es meint, Österreich ist mehr, als es scheint.«

Auch in dieser Hinsicht war er ein Wiener Bürger, nämlich Gesamtösterreicher. So sind seine bissigen Randbemerkungen zur Zeit, seine verdrossenen Tagebucheintragungen das Spiegelbild der Wiener Bürgerstimmung, auch dort, wo er sich über diese Bürgerstimmung ärgert.

In Böhmen, Mähren und in den slowenischen Landstrichen der österreichischen Staatshälfte sahen die Deutschen das vordringende Slawentum als ökonomische Bedrohung. Ihr Machtkampf wurde kulturpolitisch national verbrämt. Das Wiener Bürgertum sah das soziale Problem unverhüllt, ohne völkische Verzierung. Die Zehntausenden Zuwanderer in die k. k. Haupt- und Residenzstadt blieben in den unteren Schichten. Bestenfalls arbeiteten sie sich zu kleinen Handwerkermeistern hoch. Das waren die fleißigen, tüchtigen, von der Kundschaft geschätzten böhmischen Schneider und Schuster in den bescheidenen Vorstadtgewölben. Die meisten Neuankömmlinge kamen über den Stand von Handwerksgesellen, Hilfsarbeitern und Dienstboten nicht hinaus. Die böhmischen Köchinnen, die Iglauer Ammen, die slowakischen Rastelbinder, die mährischen Dienstmädchen, die ungarischen Pferdeknechte wurden sprichwörtlich. Proletariat.

Ein latenter Unruheherd, ein ständig glosendes Krisenfeuer, das jederzeit zum Großbrand aufflammen konnte. Die Erinnerung an die blutigen Sommer- und Herbsttage des Jahres 1848 blieb in Wien stets wach, bei den Bürgern ebenso wie bei den Lohnabhängigen. Die Proletarier hatten 1848 erkannt, wieviel sie erreichen konnten. Sie würden ihre beim Zusammenbruch der Revolution verlorenen Rechte nicht auf die Dauer abschreiben.

Die Dezemberverfassung 1867 sollte den Besitzenden vor den Besitzlosen Schutz gewähren. Dafür nahmen die Liberalen in der Verfassungspartei die Einschränkung der Demokratie in Kauf. Für das Kurienwahlrecht bezahlten sie mit einem Teil ihrer Souveränität.

Einst, im März 1849, hatte der allgemein, gleich und direkt gewählte Reichstag der Revolution im ersten Artikel seines Verfassungsentwurfs dekretiert: »Alle Staatsgewalten gehen vom Volke aus.« Der achtzehnjährige Franz Joseph hatte vier Monate nach seinem Regierungsantritt, am 7. März 1849, diesen Reichstag durch ein Bataillon Soldaten auseinanderjagen lassen. Nach achtzehn

Jahren voll Fehlschlägen konnte auch die vorläufig letzte seiner Niederlagen ihn 1867 nicht dazu bewegen, den Grundsatz der Volkssouveränität anzuerkennen.

Die Bürger verlangten es gar nicht. Auch in diesem Punkt war Grillparzer der Kronzeuge: »Die Frage der Volkssouveränität beruht auf einer Art Wortspiel. Die Souveränität setzt eine Einheit der Gewalt voraus, und diese eine Regierungsform, so daß eigentlich nur die Regierung souverän ist und nie das Volk. Es ist damit wie mit der Berühmtheit. Der einzelne für sich allein ist nie berühmt, weil er es durch andere wird; aber er kann sich berühmt machen, und dann ist er es. So ist das Volk nie souverän, aber es kann sich einen Souverän geben, der es aber nur ist, weil man ihn dazu gemacht hat.«

Franz Joseph seinerseits war überzeugt, daß er nur unter dem Druck der Verhältnisse Teile jener Macht aus den Händen geben mußte, die eigentlich ihm von Gottes Gnaden zustanden. Kaiser durch des Volkes Willen wollte er gewiß nicht sein. Die Verfassungspartei handelte auch sicherlich nicht bewußt mit der Absicht, einen Monarchen, der bisher kraft seiner Macht geherrscht hatte, nun ausdrücklich zum Souverän zu machen. Sie, die Bürger, meinten der Krone mit den Dezembergesetzen einige der Juwelen herausgebrochen zu haben, und damit gaben sie sich zufrieden.

Tatsächlich war der Vorgang aber so, wie Grillparzer ihn scharfsinnig durchschaute. Kein totaler Parlamentarismus, der den jeweiligen Mehrheiten die ganze Macht gab. Es hätte schließlich einmal eine Mehrheit der Unterschichten sein können. »Konstitutionalismus«, so lautete die Parole. Der Kaiser behielt die Regierungsgewalt im Rahmen verfassungsmäßig festgelegter Grenzen, die zugleich die Grenzen für Bürgerfreiheiten und Nationalitätenrechte waren. Franz Joseph ließ sich nicht einmal die Bezeichnung »Reichstag« abringen. Das Parlament der Dezemberverfassung blieb ein »Reichsrat«. Der feine Unterschied sollte dokumentieren, daß die Krone das Parlament als beratende Körperschaft einstufte. Der Reichsrat konnte seine Zustimmung zu Gesetzen verweigern, vor allem zum Budget, aber er konnte der Krone keine Gesetze aufzwingen. Der Kaiser behielt die Entscheidungsgewalt und das Vetorecht. Und er behielt als zweite Kammer des Parlaments das Herrenhaus mit den ererbten Sitzen des Hochadels, der Kirchenfürsten und den von der Krone ernannten Mitgliedern. Wie Grillparzer ein solches Mitglied war. Das Herrenhaus war das feudale Korrektiv, um ein allzu forsches Abgeordnetenhaus des Reichsrats im Zaume zu halten. Der Kaiser berief auch die Regierungen; sie blieben ihm verantwortlich, nicht dem Parlament. Eduard Graf Taaffe, der Ministerpräsident der Dezemberverfassung, bezeichnete sich selbst einmal als »Kaiserminister«. Er sagte: »Der Wille des Kaisers muß und wird für mich maßgebend sein . . . Ich betrachte mich im Gegensatz zu einem Parlamentsamte, als Minister der Krone, gleichsam nur als Exekutivbeamter seiner Majestät des Kaisers.«[2]

Ein solcher Kaiserminister verfügte bedarfsfalls auch über den ominösen

Paragraphen 14 des Staatsgrundgesetzes, mit dem er einen widerspenstigen Reichsrat heimschicken und zumindest zeitweise ohne Parlament regieren konnte. Oft genug wurde von diesem Paragraphen 14 in den nächsten Jahrzehnten Gebrauch gemacht. Ohne Reichsrat, mit dem Notstandsparagraphen, ging die österreichische Hälfte der Monarchie dann auch 1914 in den Krieg.[3]

Das deutschliberale Bürgertum, auch im Wien der Ringstraßenzeit die bestimmende Schicht, fand die Dezemberverfassung ausreichend für seine Bedürfnisse und vor allem für seinen Schutz. Die Kontrolle über die Staatsfinanzen blieb den Steuerzahlern gewahrt. Das Staatsgrundgesetz garantierte die Gleichheit aller Staatsbürger vor dem Gesetz, die Freiheit der Person, die Unverletzlichkeit des Eigentums, das Petitionsrecht, Glaubensfreiheit, Lehr- und Lernfreiheit, Meinungs- und Pressefreiheit, Vereins- und Versammlungsfreiheit. Geschworenengerichte und ein Oberstes Reichsgericht schützten vor Willkür der Justiz und der Verwaltung.

Bürgerherz, was begehrst du noch mehr?

Was die Herzen der wahlrechtslosen Kleinbürger, Kleinbauern und Proletarier begehrten, wurde 1867 nicht gefragt. Das neue Vaterland der Österreicher war ein Rechtsstaat, kein Wohlfahrtsstaat. Hundert Jahre später faßte der Historiker Heinrich Benedikt die Staatsidee der Dezembergesetze auch in diesem Sinne zusammen: »Der Rechtsstaat der Monarchie beruhte auf dem Willen, die auf dem Privateigentum fußende Gesellschaftsordnung zu schützen. Die Steuern waren Versicherungsprämien für diesen Schutz und nicht Mittel der ausgleichenden Gerechtigkeit der distributiven Gewalt zugunsten der Lohnempfänger.«[4]

Der zeitgenössische Betrachter Franz Grillparzer hat auch dieses Grundprinzip liberaler Bürgergesinnung mit einem entlarvenden Kommentar versehen: »Im Staat geht es wie in der Welt: Wer nicht schwimmen kann, der ersauft. Der Staat ist eine Anstalt zum Schutz, nicht zur Versorgung . . . Das Gesetz straft die Verbrechen, die Natur die Ungeschicklichkeit.« Der griesgrämige Wiener Dichterfürst mißdeutete Charles Darwins Evolutionstheorie von der Entstehung der Arten offenbar ebenso gründlich wie so viele seiner Zeitgenossen, die aus dem für Amöben und Haifische, Gazellen und Löwen geltenden Naturgesetz von der Auslese auch für den Menschen das »Recht des Stärkeren« herausdeuteten, zu fressen, um nicht selbst gefressen zu werden: »Freie Bahn dem Tüchtigen!« Was der alte Hofrat Grillparzer allerdings rund um sich sah, im Wien der Gründerzeit und der beginnenden Ringstraßenpracht, das ließ bei ihm wohl doch gewisse Zweifel an der Praxis der eigenen Erkenntnis aufkommen: »Die Schurken sind immer praktisch tüchtiger als die ehrlichen Leute, weil ihnen die Mittel gleichgültig sind.«

Als ein Jahrhundert später der sechzigste Geburtstag der Republik Österreich den Anlaß für eine Untersuchung bot, was vom Liberalismus in der alten Monarchie geblieben sei, gab es in der Diskussion den interessanten Schluß, daß alle drei Parlamentsparteien der II. Republik, SPÖ, ÖVP und FPÖ, »für sich in Anspruch nehmen, legitime Erben des Liberalismus zu sein«. Weil nämlich der Liberalismus »die Frage nach der Freiheit des Individuums mit aller Radikalität in die Geschichte der Politik gebracht hat. Das macht seine historische Größe aus. Freilich hat er den Freiheitsbegriff so negativ gefaßt, daß eine Weiterentwicklung notwendig wurde . . .«[5] Das hätten die Liberalen von anno dazumal versäumt, »weil der Liberalismus dort, wo Grenzen und Schwächen seiner Positionen sichtbar wurden, nicht die Kraft und den Mut zur Weiterentwicklung hatte. Das gilt besonders im ökonomischen, aber auch im politischen und rechtlichen Bereich.«[6]

Dem Hofrat Grillparzer sagt die Geschichtsforschung nach, er sei im Alter ein Konservativer geworden. Dem Liberalismus insgesamt ging es kaum anders in der Monarchie, wenn man konservativ als eine Geisteshaltung betrachtet, die den einmal erreichten Zustand bewahren möchte, jedweder Neuerung abhold. Sehr viele Neuerungen kamen dann im Verlauf der nächsten Jahrzehnte aus den Lagern, die man heute wiederum gerne als konservativ zu bezeichnen pflegt, von kaiserlichen Regierungen und von den Christlichsozialen. Die Reform der Gewerbeordnung, die Sozialgesetze, Sprachenverordnungen, die schrittweise Erweiterung des Wahlrechts, das alles mußte den Liberalen abgerungen und abgezwungen werden.

Den Bürgern von 1867 erschien der mit den Dezembergesetzen erreichte Zustand erhaltenswert. In dem nach bürgerlichen Bedürfnissen eingerichteten Staat wurde Franz Joseph trotzdem nie ein Bürgerkaiser. Er tat auch nichts, um populär zu werden. Der Tuchfühlung mit den Untertanen wich er nach Möglichkeit aus. Er gab grundsätzlich nur Hocharistokraten die Hand. Nicht einmal seinen Brüdern, nur seiner Frau und seinen Töchtern erlaubte er, du zu ihm zu sagen. Mit wenigen Ausnahmen berief er nur Angehörige des Hochadels zu Ministerpräsidenten. Die Bürokratie diente als Pufferzone. Eine konservative Beamtenschaft, in den Spitzenpositionen hochfeudal besetzt, hatte die Bürgerfreiheit zu steuern: »Es ist nicht das verliehene Amt an und für sich, sondern das dem Amtsträger geschenkte kaiserliche Vertrauen und seine Zugehörigkeit zur leitenden Oberschichte, welche den hohen Beamten als solchen qualifizieren. Diese Oberschichte, welche sich nicht nur nach dem Grundsatz der Geburt, sondern auch unter Rücksichtnahme auf den Vermögensstand zusammensetzte, schließt sich von den übrigen Staatsangehörigen mit einer gewissen Exklusivität ab, die lediglich notgedrungen bei Anlässen durchbrochen wird, wo auch auf die Mitwirkung dritter Personen mit Verdiensten um Kirche, Staat und Wissenschaft nicht verzichtet werden konnte.«[7]

Nirgends trat diese hochfeudale Abschließung deutlicher sichtbar zu Tage als

1 Glanzstück einer Epoche: das Wiener Hofopernhaus, nicht nur Musiktheater, sondern Schauplatz großartiger Festlichkeiten in der Kaiserstadt

2 Zum ersten Male im neuen Haus: Don Juan-Premiere, 1869

3 Baubeginn an der Neuen Hofburg auf dem Heldenplatz, 1881

4 Vergnügen in der Vorstadt: Zobels Bierhalle in Fünfhaus

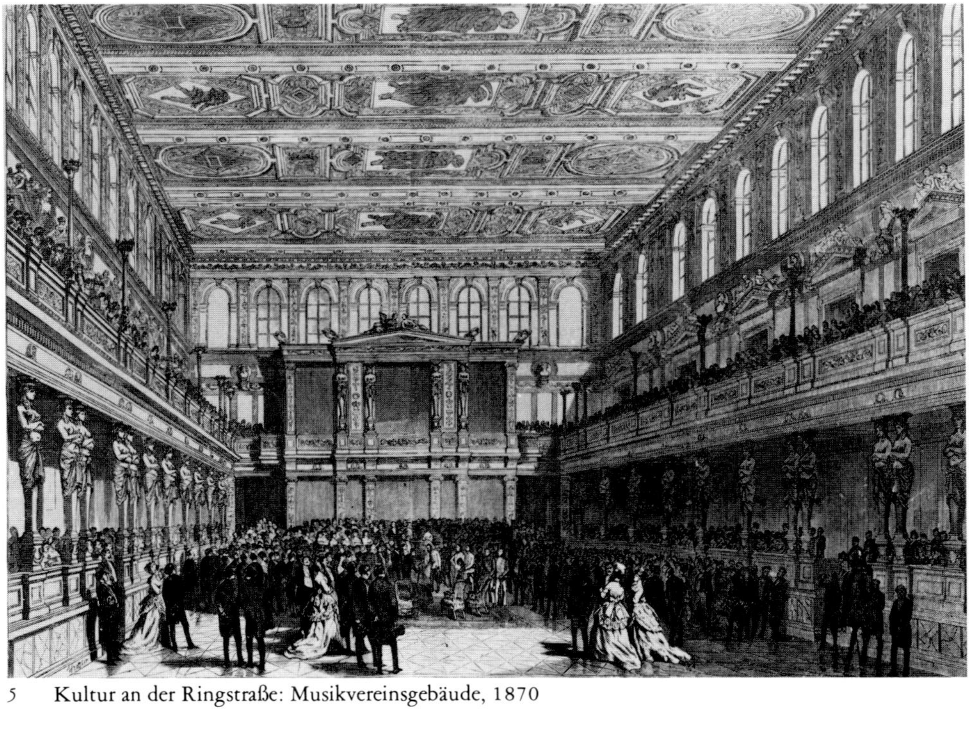

5 Kultur an der Ringstraße: Musikvereinsgebäude, 1870

6 Dichter und Konservativer: Friedrich Halm

7 Dichter und Liberaler: Ludwig Anzengruber

8 Der »Musikant Gottes«: Anton Bruckner

9 Liebling der Musikkritik: Johannes Brahms

10 Johann Strauß, der Walzerkönig

11 Karl Millöcker, der Operettenkönig

12 Jedes zweite Gasthaus: ein Vergnügungsetablissement

13 Zum ersten Male elektrisches Licht: Festbeleuchtung des Hochstrahlbrunnens 1873

14 Fortschritt mit Folgewirkung: die umstrittene Donauregulierung im Wiener Raum

15 Zweckbau aus Eisen: Die Kaiser-Franz-Josefs-Brücke nach Floridsdorf, nur 6 m breit, stand bis 1913

16 Im Ringstraßenstil gemauert: Die 1872–1876 errichtete Kronprinz-Rudolf-Brücke. Mit fast acht Meter Breite genügte sie als spätere »Reichsbrücke« bis 1934 den Wiener Verkehrsbedürfnissen.

17 Der alte Naschmarkt: Trotz Modernisierung im Zuge der Wienflußüberdachung ein hygienisches »Ärgernis«

18 Auch der »Zentralmarkt«, 1865 nahe dem Hauptzollamt eröffnet, konnte den Naschmarkt nicht verdrängen. Als »Großmarkthalle« existierte der Pseudo-Renaissance-Komplex noch bis 1972.

in dem Bildnis, das die k. k. Haupt- und Residenzstadt Wien im letzten Drittel des neunzehnten und im ersten Jahrzehnt des zwanzigsten Jahrhunderts bot. Das Schaugepränge militärischer und ziviler Kaiserfestlichkeiten ließ die Wiener nur als Publikum im Spalier, nicht als Mitwirkende gelten. Die Kultur der Stadt, ihr Lebensstil, wurden vom Bürgertum bestimmt. Die Literatur, das Theater, die Musik, die bildende Kunst, das alles wurde von Bürgern für Bürger gestaltet. Hier waren es der Kaiser und die feudale Hofgesellschaft, die nur als mehr oder weniger interessierte Zuschauer oder Ausstellungsbesucher fungierten. »Gibt es denn in Wien keine Künstler und keine Wissenschafter?« fragte der amerikanische Gesandte John Lothrop Motley fassungslos. Bei Hofe, in den Ministerien, in den Adelspalästen hoher Staatsfunktionäre, mit denen er als Diplomat dienstlich in Berührung kam, hatte er keinen angetroffen.[8]

Die Architekten, die Maler, die Bildhauer, die Schriftsteller, die Komponisten, die berühmten Gelehrten, die der Amerikaner Motley im kaiserlichen Wien vermißte, hätte er in den Salons der reichen Bankiers und Fabrikanten antreffen können. Dort schossen sie wie die sprichwörtlichen Schwammerln aus dem Bürgerboden. Das aber war eben die andere Seite der neugewonnenen Freiheit. Mit der Staatspolitik, die einen ausländischen Gesandten beschäftigte, hatten wiederum die Bürger wenig zu tun. Sie betrachteten diesen Umstand aber nicht als einen Mangel, der sie besonders schmerzte. Der bürgerlichen Welt von damals fehlte nach der Dezemberverfassung nur noch eines zum irdischen Glück: die Aufhebung des Konkordats.

Ein fremder Besucher Wiens hätte damals, als es um die Aufhebung des Konkordats ging, ganz gewiß nicht den Eindruck gewonnen, er hielte sich in einer unchristlichen oder sogar religionsfeindlichen Stadt auf. Im Gegenteil, wann immer katholische Feiertage auf dem Kalender standen, wann immer familiäre Ereignisse die Gelegenheit zum Kirchgang boten, die Wiener Bürger nahmen sie wahr. Vom kleinen Fabrikanten in der Vorstadt bis zum Ringstraßenbaron, soweit sie katholisch waren, wäre es kaum einem von ihnen eingefallen, auf Taufe, Firmung, Hochzeit oder kirchliches Begräbnis zu verzichten, den Nachwuchs vom Religionsunterricht fernzuhalten oder die Fronleichnamsprozession zu versäumen. Und doch ließen dieselben Bürger die Abgeordneten der Verfassungspartei im Reichsrat gegen das Konkordat wettern. Daß in dieser Stadt also der Kampf gegen die geistliche Schulaufsicht und das kirchliche Ehemonopol zur Haupt- und Staatsaffäre werden konnte, mußte auf nicht versierte Kenner der Wiener Volksseele verblüffend wirken.

»In Österreich«, urteilte der Historiker Anton Springer angesichts dieses Widerspruchs, »herrscht zwar nicht überall der katholische Glaube, wohl aber katholische Sitte.«[9]

Friedrich Schlögl, der Feuilletonist des »Neuen Wiener Tagblatts«, hat diese

Sitte in seinen »Kleinen Culturbildern aus dem Volksleben der alten Kaiserstadt an der Donau« in den sechziger und siebziger Jahren des vorigen Jahrhunderts recht drastisch geschildert. Es ging um »die Feiertage des Mittelstandes«, worauf er ausdrücklich verwies, denn: »Die Aristokratie und Geld-Noblesse hat deren alle Tage, die Masse unter dem Wahlzensus hat ihrer Lebtage nicht einen einzigen . . .«[10]

Über die Weihnachtsfestlichkeiten berichtete Schlögl, »es ist dies eine ebenso ohne Unterschied des Alters und Standes empfundene, wie auch konfessionslose Inklination des gesammten egoistischen Menschengeschlechtes, und der spezifisch-christliche Kultus ist in praktischer Erkenntnis der günstigen Situation längst auch schon von anderen Kulturen freudig akzeptiert worden, d. h. insofern er sich auf den löblichen Gebrauch der Empfangannahme von Geschenken (jeglicher Sorte) bezieht. Ich habe gegen diese antiorthodoxe Weihnachtstantieme nichts einzuwenden . . . weil ich es auch vom volkswirtschaftlichen Standpunkt aus nur segnen kann, wenn die gewerblichen Anhänger der allein seligmachenden Kirche wenigstens in dieser Woche gute Geschäfte machen . . . Es gehört nämlich in gewissen Kreisen zum Bonton, gerade mit dem Christkindl, d. h. dem Festgeschenk, so recht in die Augen springend zu brillieren, und ergötzt es die betreffenden Mäzene nicht wenig, ihre Schützlinge mit der Weihnachtsspende in den ersten Tagen öffentlich paradieren zu sehen . . . Welche unkirchlichen Nebenumstände, welch' antiasketische Impulse mögen – wenn auch nur sporadisch – mit der Geschichte solcher Christbescherung verbunden sein!«

Einen ausgesprochen kulinarischen Anlaß für religiös verbrämte Festesfreude bot in Wien immer schon die Firmung: »Der Göd oder die Godel machen es sich zur gewissenhaftesten Aufgabe, dem Firmungsopfer, unbekümmert um die allernächsten Konsequenzen, den Magen vollzustopfen . . . Der Göd und die Godel werfen sich selbst in den prunkvollsten Sonntagsstaat und flunkern mit sämtlichen Kostbarkeiten ihres ›Gläserkastens‹ . . .«

Auch am Allerseelentag hat Friedrich Schlögl, wie er es 1868 im »Neuen Wiener Tagblatt« schilderte, »meist nur leere Äußerlichkeiten, nur ein Rivalisieren im Prunke, ein Überbieten des Nachbars gefunden. Ich glaube nämlich, daß es z. B. die Fleischselcherin Soundso schon lange wurmte, daß die Bäckerin (ihre ›Todfeindin‹) ihrem ›seligen‹ zwei blaue Grablaternen spendierte, und daß Erstere deshalb den ›ihrigen‹ so lange sekierte, bis er einwilligte, daß ihrem ›Ersten‹ drei blaue Grablaternen gesetzt werden.« Auch Allerseelen besaß seinen kulinarischen Aspekt: »Nach dem Gräberbesuch wandert meist ein großer Teil der ›Leidtragenden‹ zum Heurigen . . .«[11]

In einem alten Wienerlied heißt es vordergründig bescheiden:

»I brauch kan Tanz,
i brauch kan Pflanz,
i brauch ka schöne Leich',
i kumm a ohne Kranz
genau so guat ins Himmelreich . . .«

Die Wiener Realität machte den entgegengesetzten Eindruck. Die schöne Leich', der Abschied vom irdischen Dasein, schien in Wien seit altersher wichtiger als das Jenseits. Schon Josef II. empfand den Begräbnisprunk so aufreizend, daß er mit einer Reformverordnung Schlichtheit erzwingen wollte. Erfolglos. »Die Pracht bey Begräbnissen wird vom Aberglauben für gottesdienstlich gehalten«, klagten die Aufgeklärten, doch der Klerus behielt die Oberhand; an den Toten wurde schließlich gut verdient: »Alle kamen darin überein, daß die Begräbnisse der Verstorbenen mancher lebenden Familie in Wien das Brod wegnähmen, die Wirtschaft manches ehrlichen Hausvaters in Unordnung brächten, und daß man sich beinahe mehr für die Beerdigung als für den Tod selbst zu fürchten habe . . . Die Habsucht frißt sich am Mark des Volkes wie Mastvieh satt, das Publikum wird nach und nach geschwächt, und viele Familien gehen durch das zu Grunde.«[12] So geschrieben zu Kaiser Josefs Zeiten. Ein Jahrhundert später, 1871, klagte die »Neue Freie Presse« den Wiener Begräbniskult an: »Die hohen Rechnungen, über die man sich beklagt, sind zum großen Teile dadurch veranlaßt, daß man auch bei solchen Anlässen nicht seinem besseren Gefühle, sondern seiner Eitelkeit über das Maß des Vermögens hinaus Gehör gibt und nicht so sehr den Toten ehren, als sich selbst in Glanz stellen will.«[13]

Auch das Geschäft mit dem Tod hatte in Wien seinen Gründer, den Bestattungswarenhändler Franz Grüll. Ihn machte die von ihm betriebene kommerzielle Leichenbestattung, vornehm französisch »Enterprise des pompes funèbres« genannt, zum reichen Mann. Gegen Ende des Jahrhunderts führten in Wien schon 80 solche »Pumpfineberer«-Firmen einen erbitterten Konkurrenzkampf um jede Leiche. Kein Wunder: Ein Begräbnis der »Pracht-Klasse« kostete 2400 Gulden. Das 1870 gegründete Bestattungsunternehmen »Concordia« auf der Landstraße rief durch große Zeitungsinserate die »Herren Hausbesorger und Portiers« auf, jeden Todesfall sofort in der nächstgelegenen Filiale zu melden, worauf sich die Vertreter der »Concordia« auf die tieftrauernden Hinterbliebenen stürzten. Darf's ein Kerzerl mehr sein, gnä' Frau? Den Herren Hausbesorgern und Portiers winkte für jede schöne Leich' I. Klasse eine Provision von 25 Gulden. Für die Arme-Leute-Bestattung VI. Klasse wurden immerhin noch 2 Gulden Belohnung geboten. Aasgeiern gleich lauerten die Vertreter auch in den Spitälern auf jeden Exitus; es kam oft genug vor, daß die Anverwandten vom Leichenbestatter über das Dahinscheiden informiert wurden, bevor sie noch eine offizielle Mitteilung aus dem Krankenhaus bekamen. Häufig trafen einander die Vertreter mehrerer Bestattungsunternehmen mit ihren prachtvoll illustrierten Musterkatalogen im Trauerhaus; es wird berichtet, nicht selten hätten sie sich's im Kaffeehaus ausgeschnapst, wer das fette Geschäft mit der schönen Leich' machen dürfe.[14]

»Fröstelt Dich, geneigter Leser?« fragte Friedrich Schlögl am Ende eines seiner diesbezüglichen Feuilletons im »Neuen Wiener Tagblatt«. Den jungen Karl Lueger, der in seiner ersten politischen Wirkungsstätte, dem Gemeindebezirk Landstraße, Augen- und Ohrenzeuge solcher Vorgänge wurde, dürfte gefröstelt haben. Die Kommunalisierung der Leichenbestattung nahm später einen wichtigen Platz in seinem Programm ein.

Wenn die Wiener Liberalen gegen das Konkordat Sturm liefen, so wollten sie weder Taufe, Firmung, Hochzeit und schon gar nicht die schöne Leich' abschaffen. Es gab damals keine organisierten Kirchenaustritte und noch keine »Los von Rom«-Bewegung. Los vom Konkordat, das war eine politische Forderung, wie seinerzeit der Abschluß des Konkordats für den Neoabsolutismus politische Motive gehabt hatte: Auswertung des katholischen Glaubens als Herrschaftsinstrument der Obrigkeit. Joseph Othmar von Rauscher, inzwischen Erzbischof von Wien und Kardinal, hatte schon 1836 als junger Theologe in einem Gutachten für den Staatskanzler Fürst Metternich die politische Absicht trefflich formuliert: »Auch der am besten geordnete Staat kann nicht dauern, wenn sich dessen Bürger ein Urteil über die Zweckmäßigkeit der staatlichen Verfügungen anmaßen und sich den ihnen zweckwidrig erscheinenden entgegenstellen. Die Vernunft muß jeden derart Aufsässigen für einen Hochverräter an der Menschheit erklären ... Nur die Religion lehrt den Sterblichen, das Leben als Zeit der Vorbereitung und Prüfung zu betrachten und mildert so die Glut der Begierden und heiligt die Pflichten des bürgerlichen Gehorsams ...«[15] Rauscher kam zu der Schlußfolgerung: »Deshalb stützet der Thron sich in Wahrheit auf den Altar ...«

Nach der Revolution von 1848 schien dem jungen Franz Joseph und seinen Beratern ein Bündnis von Thron und Altar wichtiger denn je zuvor. Das Konkordat von 1855, dessen emsigster Betreiber Joseph Othmar von Rauscher war, unterwarf dann auch den Schulunterricht total der katholischen Glaubenslehre. Pfarrer und Lehrer wurden zu Vermittlern des Untertanengehorsams. Die kirchlichen Ehegesetze dienten als flankierende Maßnahme im familiären Bereich.

Die bürgerliche Protestbewegung gegen das Konkordat datierte von seiner feierlichen Unterzeichnung an. Nach dem Zusammenbruch des Neoabsolutismus waren die Liberalen nicht länger gewillt, sich als »Aufsässige« und »Hochverräter an der Menschheit« einstufen zu lassen, wie Rauscher es getan hatte.

Der Kardinal und sein Konkordat standen gegen das Weltbild einer lebensfrohen Erfolgsgeneration. Die Kinder der Gründerzeit mit ihrem zählbaren, meßbaren und wägbaren Aufstieg betrachteten die Erde nicht als Jammertal der Vorbereitung und Prüfung, sondern als Paradies menschlichen Schöpfungsgeistes. Sie dachten gar nicht daran, sich ihren weiteren Fortschritt von der Kirche madig machen zu lassen. Als Kardinal Rauscher im September 1867 die österreichische Bischofskonferenz in Wien zum Feldzug für die Beibehaltung des Konkordats mobilisierte, brach ein Sturm liberaler Entrüstung los. Die Verfassungspartei im Reichsrat nahm die Bischofskonferenz als Beweis, daß die Kirche nichts, aber schon gar nichts dazugelernt habe. So wurde zum Kulturkampf geblasen. Der Abgeordnete Dr. Mühlfeld, der überwältigenden Mehrheit des Reichsrats gewiß, brachte am 9. Oktober 1867 den Antrag ein, das Konkordat aufzuheben. Zahlreiche Paragraphen des Konkordats standen schließlich im Gegensatz zu den Grundrechten der Bürgerfreiheit, die eben in diesen Wochen zurechtgefeilt wurden.

Es ging dabei auch um die Emanzipation des Judentums, das in der Wiener großbürgerlichen Gesellschaft einen so bedeutenden Platz einnahm. Das Grundgesetz sollte den Juden die Gleichberechtigung als Staatsbürger bringen. Solange das Konkordat aber die Monarchie zu einem gesetzlich geschützten katholischen Staat machte, blieben sie eine diskriminierte Minderheit. Die Schulgesetze wirkten sich auf die Erziehung ihrer Kinder aus, die Ehegesetze verhinderten die Verbindung mit katholischen Familien. Wien hatte sein stadtbekanntes Beispiel. Der Großindustrielle Moritz von Todesco konnte die bekannte Sängerin Jetty Treffz nicht heiraten, weil er seinen jüdischen, sie ihren katholischen Glauben nicht aufgeben wollte. Die beiden trennten sich schließlich voneinander, obwohl sie Kinder hatten. Jetty Treffz, die ein Jahrzehnt lang ohne Trauschein als Baronin Todesco durch die Wiener Gesellschaft gegangen war, heiratete den Walzerkönig Johann Strauß.[16]

Der Kaiser wehrte sich am heftigsten gegen die Lockerung der Ehegesetze. Mischehen oder gar Scheidungen waren ihm ein Greuel. Da sah er die Familie als Stütze des Staates in Gefahr. Seinem Kultusminister, Dr. Leopold Hasner, einem unverhüllten Freigeist, warf er die Liberalität in der Ehefrage besonders vor: »Wenn solche Gesetze dann zum Übel ausschlagen – Sie können gehen, ich nicht!«[17]

Franz Joseph sah die Lage richtig: Er mußte bleiben und seine Niederlage hinnehmen. Seine Haltung im Herbst 1867 war typisch für seine Auffassung vom Herrscheramt. An das Konkordat klammerte er sich, die Aktivitäten der Bischofskonferenz mißbilligte er in einer scharfen Erklärung, weil sie die »dringende Lösung im Geiste der Versöhnung und des Entgegenkommens«[18] erschwerten. Der Kaiser schätzte den Altar als Stütze des Thrones; Eigenbewegungen dieses Stützpfeilers duldete er nicht. Es zeigte sich auch später noch oft genug, daß er gegen die Bischöfe, sogar gegen Rom recht massiv werden konnte, wenn sie ihm nicht dienten, sondern Schwierigkeiten bereiteten.[19] 1867 begriff Franz Joseph, daß er auf verlorenem Posten stand. Beust hatte der Verfassungspartei schließlich die Aufhebung des Konkordats als Teil des Kaufpreises für den Ausgleich mit Ungarn zugesagt. Die Neuordnung des Reiches nach den Katastrophen von Solferino und Königgrätz hing vom Einvernehmen mit dem deutschliberalen Bürgertum ab. Wenn Franz Joseph gegen den Willen des Reichsrats am Konkordat festhielt, waren die Folgen unabsehbar. So bemühte sich der Kaiser, wenigstens Teile des Konkordats im Einvernehmen mit Rom zu erhalten. Schon aus einem Gefühl außenpolitischer Redlichkeit heraus wollte er keine einseitige Kündigung eines internationalen Vertrags. Der Vatikan aber blieb kompromißlos hart, wie stets, wenn es um Konkordate ging: Alles oder nichts![20] So antwortete auch die Verfassungspartei mit dem Antrag des Abgeordneten Dr. Mühlfeld am 9. Oktober 1867: Nichts! Angesichts der deutschliberalen Mehrheit im Abgeordnetenhaus ging die Liquidation des Konkordats Anfang November glatt über die parlamentarische Bühne Erster Instanz.

Nun lag die Entscheidung beim Herrenhaus, das den Beschlüssen des Abgeordnetenhauses zustimmen mußte, bevor der Kaiser als letzte Instanz seine Sanktion erteilte.

Der entscheidende Tag war der 21. März 1868. An diesem 21. März bot Hofrat Franz Grillparzer seinen Wiener Mitbürgern ein ungewöhnliches Schauspiel. Er war mit seinen 77 Jahren ein gebrechlicher Herr, der die Fröhlich-Wohnung nur noch selten verließ. Sogar zu dem kurzen Weg in sein Stammlokal, dem Matschakerhof im Hause Spiegelgasse 4, entschloß er sich schwer. Das Stiegensteigen war sein Problem. An diesem Märztag ließ er sich von kräftigen Männern in einem Lehnstuhl auf die Straße hinuntertragen, in einen Fiaker verfrachten, zum Landhaus in die Herrengasse führen und dort in den Sitzungssaal hinauftransportieren.

Es gab noch kein Parlamentsgebäude in Wien. Die Mitglieder des Herrenhauses tagten im Landtagssitzungssaal. Zur Entscheidung stand das weitere Schicksal des Konkordats. Der alte Hofrat mochte sich während der Fahrt von der Spiegelgasse in die Herrengasse an jenen 13. März 1848 erinnert haben, an dem er aus seinem Büro im Hofkammerarchiv in der Annagasse hieher zum Landhaus gegangen war. Damals, vor zwanzig Jahren, stand die Petition der Wiener Bürger an die Landstände auf der Tagesordnung. So hatte Grillparzer den Ausbruch der Revolution miterlebt. Nun, nach so vielen Enttäuschungen in den vergangenen zwei Jahrzehnten, stand das Schicksal der Bürgerfreiheit wieder einmal auf des Messers Schneide, wie man zu sagen pflegt. Für den Hofrat Grillparzer war die Angelegenheit wichtig genug, um die beschwerliche Art des

Anmarsches auf sich zu nehmen und als ein vom Kaiser ernanntes lebenslängliches Mitglied des Herrenhauses dabei zu sein und seine Stimme abzugeben. Er, der sonst so Menschenscheue, scheute diesmal das Aufsehen nicht, das er erregte.

Schaulustige gab es genug an diesem 21. März 1868 rund um das Landhaus in der Herrengasse. Vergleiche mit dem 13. März 1848 wären übertrieben, doch die Stimmung war erregt wie schon seit Jahren nicht mehr in Wien. Liberale und Klerikale hatten sie mit ihren Zeitungen seit Monaten angeheizt. Im »Vaterland«, dem vom früheren Unterrichtsminister Leo Graf Thun 1865 gegründeten katholisch-konservativen Tagblatt, lasen sich die Parlamentsberichte zum Thema Konkordat wie die Vorschau auf den nahenden Weltuntergang. Die liberalen Zeitungen wiederum, die »Neue Freie Presse« mit ihren 30.000 Abonnenten an der Spitze, malten die Schreckensbilder eines drohenden Rückfalls ins finsterste Mittelalter. Kirchenbesucher und Wirtshausgäste sahen sich zwischen Glauben und Bürgerfreiheit hin und her gerissen. An den Stammtischen der Bürgerklubs wetterten die Politiker, von den Kanzeln der Kirchen donnerten die Priester. Ihr Wortführer war der Tiroler Reichsratsabgeordnete Pater Josef Greuter; das war jener Mann, der schon 1861 das Parlament als »Schlachthaus der Tiroler Selbständigkeit« verdammt und gegen das »Übergreifen des Liberalismus nach dem Erbgut der Väter in Sitte und Gesetz« gepredigt hatte. Im Wien dieser Tage hätte man meinen können, vom Abstimmungsergebnis im Herrenhaus hänge es ab, ob demnächst die Christenverfolgungen wie im alten Rom ausbrechen oder die Scheiterhaufen der Inquisition neu entzündet würden. Gerüchte schwirrten durch die Stadt, in der Hofburg sei eine Palastrevolution im Gange, um den allzu liberalen Kaiser zur Abdankung zu zwingen![21] Das war jedenfalls die Stimmung in Wien an jenem 21. März 1868, an dem Franz Grillparzer sich in das Landhaus tragen ließ, der 80jährige Feldmarschall Heß sich vom Krankenbett aufraffte, um die Abstimmung nicht zu versäumen, und der Seeheld von Lissa, Admiral Tegetthoff, sich äußerte, er werde es »den Kuttenträgern« schon zeigen.

Das Herrenhaus galt als die feudal-konservative Bastion in einer verbürgerlichten Welt. Die großjährigen Erzherzoge, die Kirchenfürsten und der Hochadel bildeten die überwältigende Mehrheit gegenüber den vom Kaiser ernannten, meist liberalen Mitgliedern, wie eben Grillparzer, Heß, Tegetthoff oder dem ehemaligen Staatsminister Schmerling. Feudal-konservativ aber hieß nicht unbedingt klerikal. So mancher Hocharistokrat war immer noch josefinisch. Bei aller persönlichen Religiosität wurde der Geistlichkeit nur die Sorge um das Seelenheil im Jenseits, nicht aber die Einmischung in diesseitige politische Belange zugebilligt. Daneben gab es außerdem profilierte Liberale wie den Fürsten Carlos Auersperg. Ihn hatte Franz Joseph nach Abschluß der Verfassungsarbeit als Nachfolger Taaffes zum Regierungschef eines »Bürgerministeriums« ernannt.[22] Sein Anverwandter Anton Graf Auersperg war unter dem Dichternamen Anastasius Grün schon vor 1848 ein unverhüllter Freigeist gewesen. An den Auersperg zeigte sich, daß die Frontlinie oft genug quer durch die großen Familien ging. Von den Familienmitgliedern im Herrenhaus waren einige gegen das Konkordat, die anderen für dessen Beibehaltung. Auch die Erzherzoge waren nicht einer Meinung; um kein Schauspiel der Zerrissenheit der Dynastie zu geben, kamen sie überein, der Abstimmung fernzubleiben. Der größere Teil der Hochfeudalen begriff damals, daß die Konsolidierung der Monarchie nach den Schicksalsschlägen von 1859 und 1866 und nach der Belastung durch den Ausgleich vom Friedensschluß mit dem liberalen Bürgertum abhing. Die Liquidierung des Konkordats galt nun einmal als Besiegelung. Der Kaiser selbst hatte es, zähneknirschend zweifellos, auch zur Kenntnis nehmen müssen. So schloß sich auch der Obersthofmeister, Fürst Konstantin Hohenlohe, nach einem Gespräch mit dem Grafen Beust und mit Franz Josephs Einverständnis demonstrativ der Ablehnungsfront an. Damit bildete sich am 21. März 1868 die überzeugende Mehrheit von 65 gegen 45 Stimmen, die das Konkordat im Herrenhaus zu Fall brachte. Am 23. März und am 3. April stimmte diese Mehrheit den vom Abgeordnetenhaus verabschiedeten neuen Ehe- und Schulgesetzen zu.[23] Am 24. Mai wurden einige weitere interkonfessionelle Gesetze verabschiedet, die für alle Religionsgemeinschaften galten.

Die Schule wurde nun wieder dem Staat unterstellt. Konfessionelle Privatschulen hatten zwar Öffentlichkeitsrecht, sie mußten jedoch von der Kirche oder den Eltern der Schüler selbst finanziert werden. Der im Konkordat verankerte Grundsatz, daß nichts gelehrt werden dürfe, was der katholischen Glaubenslehre widersprach, galt nicht mehr.

Das neue Ehegesetz gab Brautleuten, die nach dem kanonischen Recht vom Pfarrer nicht getraut werden durften, die Möglichkeit, vor dem Standesbeamten die »Notzivilehe« zu schließen.

Die interkonfessionellen Gesetze legten fest, daß jeder Staatsangehörige vom 14. Lebensjahr an sein Religionsbekenntnis frei wählen durfte. Die bei Mischehen von der Kirche geforderte Verpflichtung der Eltern, die Kinder katholisch zu erziehen, verlor ihre Gültigkeit. Die Ortsfriedhöfe in den Gemeinden mußten allen Konfessionen offenstehen.

Als Franz Joseph am 25. Mai 1868 die neuen Gesetze sanktionierte, ließ er die Minister seines Bürgerkabinetts nicht im Zweifel: Bis hieher und nicht weiter![24] Die Verfassungspartei im Reichsrat gab sich ohnehin zufrieden. Die Liberalen hatten ihren größten Sieg errungen.

Die Kirche betrachtete sich keineswegs als endgültig geschlagen. In Rom nannte Papst Pius IX. schon am 22. Juni 1868 die österreichischen Vorgänge »abscheulich und verdammenswert«. In Wien begann Leo Graf Thun katholische Hocharistokraten für eine Ergebenheitsadresse an den Papst zu sammeln. In Linz predigte Bischof Franz Joseph Rudigier den offenen Widerstand gegen die Staatsgewalt: Er forderte die Priester seiner Diözese auf, die von beiden Häusern des Parlaments verabschiedeten Religionsgesetze zu boykottieren. Die Staatsgewalt ließ nicht mit sich spaßen. Rudigier wurde vor Gericht geladen und, als er nicht erschien, von der Wache vorgeführt. Daraufhin protestierten die von den Kanzeln aufgerufenen Gläubigen in einer eindrucksvollen Straßendemonstration. Der Richter verurteilte den Bischof zu vierzehn Tagen Haft. Franz Joseph erließ Rudigier zwar die Strafe auf dem Gnadenweg, doch auch er zeigte sich über Roms Feldzug gegen jeglichen Fortschritt tief enttäuscht. Sogar der Wiener Erzbischof Kardinal Rauscher begann an der Kirchenpolitik irre zu werden. Wegen der allenthalben spürbar werdenden Zweifel setzte Pius IX. mit einer Mehrheit konservativer, meist italienischer Kardinäle 1870 das Dogma von der Unfehlbarkeit des Papstes durch. Rauscher, im Konsistorium ein Wortführer der Opposition gegen diesen Beschluß, kehrte »erbittert und trostlos« nach Wien zurück, wie Franz Joseph in einer Audienz für seinen alten Lehrer feststellen mußte. »So möchte man an der Zukunft der Kirche verzweifeln«, schrieb der Kaiser an seine fromme bayrische Mutter Sophie, »wenn man nicht fest im Glauben wäre und in der Hoffnung, daß Gott die Kirche vor weiterem Unheil bewahren wird.«[25]

In der »Neuen Freien Presse« schrieb der Feuilletonist Daniel Spitzer: »Die arme Kirche vermag nicht mehr mit dem Henker zu drohen, wie in der guten alten Zeit, sie kann nur noch mit Gespenstern schrecken: die Besitzenden mit der sozialen Frage und die Regierungen mit der Revolution. Aber die soziale Frage existiert längst, und der Hunger der Armen wird durch den Glauben der Reichen an die Unfehlbarkeit des Papstes nicht gestillt werden.«

Franz Joseph hoffte auf den nächsten Papst, doch auch der Nachfolger des neunten Pius, Leo XIII., enttäuschte ihn. Zwanzig Jahre nach den österreichischen Religionsgesetzen erteilte Leo XIII. der Gewissensfreiheit in der Enzyklika »Libertas praestantissimum« immer noch eine massive Absage: »Ein gottloser Staat oder, was schließlich auch auf Gottesleugnung hinausläuft, ein Staat, der, wie man sagt, gegen alle Religionen gleichmäßig wohlwollend gesinnt ist und allen ohne Unterschied die gleichen Rechte zuerkennt, versündigt sich gegen die Gerechtigkeit wie gegen die Vernunft.« Die römische Kirche, die in unserer Zeit im Namen der Menschenrechte für ihre Gläubigen die Religionsfreiheit fordert, war damals jedenfalls nicht bereit, diese Freiheit auch Andersdenkenden zuzugestehen.

Als im selben Jahr 1888, dem Jahr dieser Enzyklika, der junge Grazer Anatom Dr. Emil Zuckerkandl bei seiner Antrittsvorlesung an der Wiener Universität Charles Darwins Evolutionstheorie behandelte, brach ein Sturm katholischer Entrüstung los – die wissenschaftliche Abstammungslehre widersprach der biblischen Schöpfungsgeschichte! Sogar der Unterrichtsminister sah sich veranlaßt, auf kirchlichen Protest hin den neuen Professor zur Rede zu stellen. Zuckerkandl antwortete: »Exzellenz, wozu haben wir dann in einem Land wie Österreich einen anatomischen Lehrstuhl errichtet? Da hätte man doch lieber noch eine Kirche bauen sollen!«[26]

Der Konflikt zwischen dem zweifellos gläubigen, persönlich so frommen, aber auf seinen Herrscherrechten und der Staatsraison bestehenden Kaiser und der politisch agierenden römischen Kirche erreichte Anfang der neunziger Jahre seinen Höhepunkt, als der Vatikan sich gegen Franz Joseph und die österreichischen Kirchenfürsten auf die Seite der jungen christlichsozialen Bewegung schlug.

Die Person des Dr. Karl Lueger rückte in den Mittelpunkt dieses Konflikts.[27]

Der katholische Kirchenrechtler Dr. Max Hussarek, selbst Kultus- und Unterrichtsminister und im Zusammenbruchsjahr 1918 sogar kurzfristig österreichischer Ministerpräsident, hat das Jahr 1868 als Geburtsjahr der christlichsozialen Bewegung bezeichnet und die Linzer Straßendemonstrationen für den Bischof Rudigier als Ausgangspunkt der politischen Organisation der späteren Lueger-Partei.

Wenn die Liberalen geglaubt hatten, die Liquidation des Konkordats sei ihr Endsieg, so sahen sie sich bald getäuscht. Der vermeintliche Triumph war der Beginn ihres Niedergangs. Die antiklerikale Mehrheit im Reichsrat lieferte keineswegs ein getreues Abbild der Volksstimmung. Pater Josef Greuter sagte der Verfassungspartei im Parlament voraus, daß sich die Nationalitäten auf die Seite der Kirche stellen würden, gegen deren deutschliberale Feinde. Der streitbare Tiroler behielt recht, wenn Ursachen und Folgen auch umgekehrt wirkten: Es war die Kirche, die sich auf die Seite der Nationalitäten stellte; es waren die Pfarrer, die in den Landgemeinden Partei ergriffen für die armen, nichtdeutschen Bauern, gegen das wohlhabende, deutschliberale Stadtbürgertum.

Das religiöse und das soziale Feindbild stimmten überein; so bekam die Sonntagspredigt in der Ortskirche, noch dazu in der Muttersprache gehalten, ihr besonderes Gewicht. Auch in den Wiener Kleinbürgervierteln waren die Kirchengänger aufnahmebereit. Für oder wider die Religionsgesetze, das konnte in der Vorstadt wie im Dorf auf arm gegen reich übertragen werden. Den kleinen Leuten gab die neue Freiheit nichts; sie war das Anliegen der Großbürger, der Bankiers und Fabrikanten, und die hatten sich nun also zur wirtschaftlichen auch noch die politische Macht erobert. Der Glaubensfeind war zugleich der Klassenfeind, der die Existenz des gewerblichen Mittelstands bedrohte. Der Bankier, der Großkaufmann, der Fabrikant, das war außerdem oft genug der Jude, so wie im Dorf der jüdische Viehhändler oder Getreideaufkäufer dem Bauern als verhaßter, weil wirtschaftlich stärkerer Widersacher gegenübertrat.

Für die armen Leute galt, was Kardinal Rauscher als junger Theologe einst dem Fürsten Metternich zu bedenken gegeben hatte: Für sie war die Erde kein Paradies der Erfolgreichen, sondern wirklich das Jammertal der Vorbereitungen und Prüfungen. Die Bauern sahen sich machtlos den Naturgewalten ausgeliefert; der Segen für ihre Ernten konnte nur von oben kommen. Die Kleinbürger, im Diesseits ein Leben lang von der Sorge um ihre Existenz gequält, mußten glauben, daß die irdischen Gegenspieler ihnen nun auch noch die Hoffnung auf das Jenseits nehmen wollten. So düngten seit 1868 Existenzangst, Frömmigkeit und Antisemitismus den österreichischen, vor allem den Wiener Boden für das Wachstum der christlichsozialen Bewegung. Karl Lueger brauchte noch zwei Jahrzehnte, bis er den Weg zu ihr fand.

Kapitel 4 Geschichten aus dem Wienerwald

Den Walzer »Geschichten aus dem Wienerwald« komponierte Johann Strauß 1868. Anton Bruckner übersiedelte im selben Jahr als Lehrer für Kontrapunkt an das Wiener Konservatorium. Auch der Chirurg Dr. Theodor Billroth, Professor in Zürich, entschloß sich nun, die Berufung an die Wiener Universität anzunehmen. Nach der Schlacht von Königgrätz hatte er die Zukunft der Donaumonarchie recht pessimistisch bewertet. Dann gefiel ihm die Liberalität, mit der Franz Joseph, der katholische Kaiser und Besiegte von Königgrätz, den protestantischen Preußen in seine Residenz einlud. So sah es nun einmal mit der österreichischen Demokratie aus: Auch die Berufung eines Universitätsprofessors hing letztlich vom Kaiser ab. Schon nach kurzem Aufenthalt revidierte Billroth sein vorher so abfälliges Urteil: »Mag der ganze Kaiserstaat zerfallen, solange ich lebe, wird Wien immer noch eine sehr große und lustige Stadt bleiben.«[1] Der kühle Norddeutsche Billroth hatte gefühlsmäßig jenes Wesen dieser Stadt erfaßt, das die Welt noch oft genug verblüffen würde: Wiens Lebenskraft und Überlebenswille.

Die große, lustige Stadt, die Billroth meinte, war nicht die Vorstadt, in der ein Karl Lueger lebte. Die zahlenmäßige Größe lernte Billroth als Arzt kennen; auf das gar nicht so lustige Leben der kleinen Leute stieß er in den stets überfüllten Sälen des Allgemeinen Krankenhauses. Wiens zentrales Spital war nun auch schon bald hundert Jahre alt; mit seinen Umbauten und Zubauten ein kaum überschaubarer verschachtelter Komplex, längst nicht mehr den Großstadtbedürfnissen gewachsen. Hier hatte Ignaz Semmelweis seinen Kampf gegen das Kindbettfieber begonnen. Um das Jahr 1870 starb in Wien immer noch jedes vierte Neugeborene im ersten Lebensjahr. Die Tuberkulose hatte sich den wenig schmeichelhaften Namen »Wiener Krankheit« verdient. Ein Viertel aller Todesfälle war auf sie zurückzuführen. Solche Statistiken dürften den medizinischen Zuwanderer Billroth nicht überrascht haben; die angeblich so gute alte Zeit war auch in anderen Großstädten nicht besser. In Europa hatten nur London, Paris und Brüssel eine geringere Sterblichkeitsrate als Wien; in Berlin lag sie sogar um ein Drittel höher. Billroth selbst setzte in Wien den ersten modernen Spitalbau durch. Nach seinen Wünschen wurde 1882 mit dem »Rudolfinerhaus« begonnen, einer privaten Stiftung, hauptsächlich als Ausbildungsstätte »zur Hebung des Krankenpflegerinnenstandes«. Die großen öffentlichen Anstalten, das Kaiser-Franz-Joseph-Spital, das Wilhelminenspital, das Lainzer Spital und die Neuen Kliniken des Allgemeinen Krankenhauses kamen hinterher; in ihrem heutigen Umfang erst nach der Jahrhundertwende.

Trotzdem pilgerten schon in den fünfziger und sechziger Jahren Studenten aus ganz Europa, sogar aus Amerika nach Wien. Der Anatom Josef Hyrtl, der Pathologe Karl von Rokitansky waren bei Billroths Ankunft schon weltberühmt. Rokitansky war eben geadelt und zum Mitglied des Herrenhauses ernannt worden; ein unerschütterlicher Liberaler, der schon zu Metternichs Zeiten an jeder Protestaktion gegen den Absolutismus teilgenommen hatte. Die Ehrungen, mit denen er jetzt überhäuft wurde, durften als Beweis für die Wertschätzung intellektueller Leistungen in Wien gelten. Sollte Billroth, wie es damals in Deutschland üblich war, die Kaiserstadt nur als einen ganzjährigen Tanzboden für Straußwalzer gesehen haben, als Schnitzel- und Zwetschkenknödelparadies, dann sah er sich schnell eines Besseren belehrt. Die lustige Stadt hatte ihre ernsthaften Zelebritäten. In Wien führte eben der Internist Josef Skoda seinen für andere Großstädte beispielgebenden Kampf gegen den gesundheitsschädlichen Straßenstaub, gegen die unzulänglichen Desinfektionsverfahren bei ansteckenden Krankheiten, gegen die Gleichgültigkeit öffentlicher Stellen den Tierseuchen gegenüber, und für den allgemeinen Impfzwang.

Das lustige Wien war jenseits der Ringstraßenzone mit ihren Baustellen anzutreffen, meist sogar erst außerhalb des Linienwalls. Der Heurige war laut Feststellung des »Tagblatt«-Feuilletonisten Friedrich Schlögl »die Heimat des Dulliä«, doch Schlögl beklagte auch den sichtbar gewordenen Wandel der Biedermeierstadt zur Weltmetropole: »Der alte, harmlose Spaß, der sich nur des Spaßes wegen gab, ist unter den Massen längst verschwunden; an seine Stelle aber trat nicht etwa der ätzende Witz eines denkenden und kritisierenden Volkes, sondern die brutale Frivolität . . . Wer geht heutigen Tages zum Heurigen? Nicht mehr ausschließlich die Sorte der alleweil Fidelen, der drastischen Typen der unteren Schichten, der klassischen Originale von den entern Gründen.« Schlögl sah unter die Oberfläche lärmender Fröhlichkeit; er wetterte gegen den neuen Wiener Lebensstil, den die Neureichen der Gründerzeit vorführten: »Die Demimonde kam zur Herrschaft und wurde Modesache, liederliche Weiber wurden die gefeierten Heldinnen eines großen Teils unserer Gesellschaft, man machte mit den kostspieligsten Maitressen förmlich öffentlich Staat und brüstete sich mit deren Besitz . . .«[2] Der Moralprediger Friedrich Schlögl konnte sich die Finger gegen diese »Demimonde« wundschreiben, sie in noch so vielen seiner Feuilletons anprangern: die Leser des »Tagblatts« ebenso wie die Leser der Konkurrenz, der »Neuen Freien Presse«, waren genau jene Leute, die Schlögl meinte, doch sie ließen sich ihre Vergnügen durch seine Kritik nicht verderben. Nicht beim Heurigen, nicht beim berühmten Wäschermädelball, den der Feuilletonist als »bittere Ironie« verdonnerte: »Wer war imstande, aus der Unmasse der Grabennymphen die veritablen Ladennymphen herauszufinden? Wem gelang es, in dem wirren Trubel der ›Maschkerirten‹ die Spreu vom Weizen zu sondern, und wessen Gemüt war aber auch so gläubig, selbst in den ungewaschenen ›Debattärs‹ und Jockeys, die sich herum und herandrängten, waschlustige Jungfrauen vom Brünnlfeld und den angrenzenden Revieren zu erblicken? Wohl waren einzelne, und zwar plastisch-robuste Priesterinnen der Laugenessenz, des Bleichpulvers, des Waschblau und der Erdäpfelstärke vorhanden und verbreiteten in der widerlichen Moschus-Atmosphäre einen fast wohltuenden Seifenwurzelgeruch, aber sie waren offenbar in der Minorität . . .« Im Thaliasaal, wo der traditionelle Wiener Wäschermädelball in Szene ging, stellte Schlögl im Februar 1870 wehmütig fest: »Es gibt in aller Ewigkeit keinen ureigentlichen Wäschermädelball mehr, und es ist sogar die Zeit nicht ferne, wo in Folge der fortschrittlichen Entwicklung des Maschinenbaues und der richtigen Benützung der Dampfkraft die Wäschermädeln selbst als supernumerär, d. i. überflüssig, entfallen und allmählich im gesellschaftlichen Status gänzlich aufgelassen werden.«[3]

Die Wiener allerdings betrachteten Friedrich Schlögl nur als Miesmacher und dachten gar nicht daran, seiner Aufforderung zu folgen: »Weint Troer, weint! Übt Euer Aug' in Tränen!« Sie weinten dem hausbackenen Biedermeier-Wien nicht nach, sondern freuten sich ihrer fast pariserischen Lebewelt. Im Theater an der Wien feierte eben Jacques Offenbach mit »Blaubart« und der »Großherzogin von Geroldstein« seine Triumphe.

Der Neuwiener Billroth war allerdings mehr der ernsten Muse zugetan. Er war selbst ein ausgezeichneter Musiker und während seiner Züricher Zeit ein gefürchteter Musikkritiker. Zu seinen engsten Freunden gehörte ein anderer Norddeutscher, der Hamburger Johannes Brahms. Daß Billroth die Berufung nach Wien angenommen hatte, trug viel dazu bei, daß auch Brahms sich in der Donaumetropole niederließ.

Die Größe der Stadt, die Billroth auffiel, zeigte sich im Ringstraßenbereich. Die vielen Baustellen, der Glanz der schon fertigen Großbürgerpaläste verblüffte zweifellos jeden Ankömmling. Was man rund um den alten Stadtkern zu sehen bekam, verriet einen Reichtum und einen Optimismus, die nach dem verlorenen Krieg wohl niemand erwartet hatte. Keine Rede von Zusammenbruchstimmung, wie sie ausländische Zeitungen aus der Donaumonarchie meldeten.

Die neue Universität fand der neue Professor allerdings noch nicht vor. Im ersten, bescheidenen Stadterweiterungskonzept war ein Bau an der Währinger Straße eingezeichnet, im Stil englischer Universitäten. Mit der nachträglich hieher versetzten Votivkirche hätte man eine neugotische Einheit erreicht. Auch auf dem Ende 1859 vom Kaiser bewilligten Ringstraßenplan war die Universität immer noch hinter der inzwischen begonnenen Votivkirche zu finden. Doch ebensowenig, wie die Kirche schon fertig dastand, war für den Hochschulbereich auch nur ein erster Spatenstich getan. Die preisgekrönten Entwürfe, die die Beamten des Stadterweiterungsfonds zu einem Konzept zusammengebastelt hatten, galten längst nicht mehr. Heute sind sie nur noch eine Kuriosität: Außer Opernhaus und Burgtheater kam kein einziger öffentlicher Prunkbau auf den ursprünglich vorgesehenen Platz. Um Standorte und Aufträge war seit Jahren ein nicht immer vornehm geführter Konkurrenzkampf der Architekten im Gange.

Die ersten Opfer fielen 1868. Zermürbt von den jahrelangen gehässigen Attacken auf sein Lebenswerk, das Opernhaus, beging Eduard van der Nüll im April Selbstmord. Sein Partner August Sicard von Sicardsburg erlag einige Wochen später den Aufregungen, die der Tod des Freundes mit sich gebracht hatte.[4] Die Gestaltung künftiger Ringstraßenpracht entwickelte sich mehr und mehr zum Duell zwischen Heinrich Ferstel und Theophil Hansen. In den Wettstreit um die großen Aufträge schaltete sich schon sehr bald auch der junge Carl Hasenauer ein.

Ferstel, Baumeister der Votivkirche, war noch keine vierzig Jahre alt, aber schon ein berühmter Mann, mit Orden, Ehrungen und Aufträgen überhäuft. Das Bankgebäude auf der Freyung – heute Palais Ferstel –, die Paläste für den jüngsten Kaiserbruder, Ludwig Viktor, und den Geldschrankfabrikanten Wertheim auf dem Schwarzenbergplatz zeigten die Handschrift seines Historismus von der Neugotik bis zur Neurenaissance.

Der Däne Theophil Hansen, fünfzehn Jahre älter als Ferstel und seit 1866 österreichischer Staatsbürger, hatte mit seiner Ellbogentechnik schon die letzten Lebensjahre seines Schwiegervaters Förster verdüstert.[5] Nun setzte er seine Durchschlagskraft gegen Ferstel ein, um den Auftrag für die neue Börse an Land zu ziehen. Der Vielbauer Hansen beschäftigte zwei Architekturbüros gleichzeitig. Er hatte auch Pläne für die Neubauten der Hofmuseen eingereicht, den fettesten unter den fetten Brocken der ganzen Ringstraßengestaltung. Hansen sah diesen kulturellen Bereich klassisch, ein kleines Neu-Athen. In Athen hatte Hansen schon in den vierziger Jahren mit seinem älteren Bruder Christian an der neuen griechischen Universität gearbeitet; später lieferte er den Athenern die Pläne für die Akademie der Wissenschaften und die Nationalbibliothek, die jeden heutigen Betrachter sofort an das Wiener Parlament erinnert. Hansens Wiener Museumspläne wurden von Franz Joseph abgelehnt. Der Kaiser wollte keine griechischen Tempel, sondern Renaissance-Paläste; zumindest für Kulturbauten. Damit lag er nach den Kunsttheorien der Ringstraßenzeit auch richtig. Der Historismus holte sich nicht nur die Stilelemente aus der Vergangenheit, sondern auch den kulturpolitischen Ausdruck. Parlamente sollten klassisch sein; schließlich hatten die alten Griechen die Demokratie erfunden. So kam Hansen mit seinen Wiener Parlamentsplänen an. Rathäuser waren gotisch vorgeschrieben; Erinnerung an die große Zeit des selbstbewußten mittelalterlichen Stadtbürgertums. Friedrich Schmidt erfüllte später mit seinem Plan für das Wiener Rathaus genau diese Vorstellung. Was mit Geld und Kunst zusammenhing, berief sich architektonisch auf die Renaissance; die Wertheim und ihresgleichen wollten mit den Medici verglichen werden, als Kaufleute, Bankiers und Kunstmäzene. Ferstel baute in das Palais Wertheim sogar ein Theater ein. Hansens Akademie der bildenden Künste zeigte sich als raffinierte Nachempfindung eines florentinischen Palazzo. Gottfried Semper, 1871 nach Wien berufen, hatte schon anfang der fünfziger Jahre diese Prinzipien des Historismus in seinen theoretischen Schriften verfochten. So nahm er schon vor seinem persönlichen Eingreifen in das Baugeschehen an der Ringstraße spürbaren Einfluß auf die Wiener Architektur.[6]

Den Auftrag für die Universität bekam schließlich Ferstel. Hasenauer gewann den Wettlauf um Burgtheater, Hofmuseen und Neue Hofburg; er mußte sich allerdings auf allerhöchsten Wunsch die kontrollierende Mitarbeit von Gottfried Semper gefallen lassen. Franz Joseph traute Hasenauers Gigantomanie nicht ganz. Hansen machte beim Börsenprojekt den Wettlauf. Als Billroth nach Wien kam und die neue Universität nicht vorfand, mochte es ihn, den Musikbegeisterten, getröstet haben, daß Hansen wenigstens schon an einem Konzertgebäude für den Musikverein arbeitete.

1868: das Jahr der neuen Religionsgesetze, die den beiden Protestanten Billroth und Brahms sicherlich zusagten. Johann Strauß komponierte den Walzer »Geschichten aus dem Wienerwald«. Der neue Kontrapunkt-Professor am Konservatorium, Anton Bruckner, komponierte seine 1. Sinfonie in c-Moll. In Iglau bekam in diesem Jahr das Genie der nächsten Musikgeneration seinen ersten Unterricht: der damals achtjährige Gustav Mahler. Marschmusik und Trompetensignale aus der Kaserne nahe seinem Elternhaus hatten das Talent des späteren Komponisten und Operndirektors geweckt.

Der Bauherr des größten Wiener Mietpalastes, des Heinrichshofs, der Ziegelindustrielle Heinrich Drasche, besaß damals 23 Zinshäuser im Wert von fast fünf Millionen Gulden. Allein seine Ziegelfabriken im Raum um Wien standen mit über drei Millionen zu Buche. Daneben besaß er noch Fabriken in Ungarn, Kohlebergwerke und Transportunternehmungen. Er galt als reichster Mann der Kaiserstadt.

Im selben Jahr 1868 wurde der Advokat Dr. Cajetan Felder Bürgermeister von Wien.

Wenn Karl Lueger wirklich schon als kleiner Bub davon geträumt haben sollte, einmal Wiens Bürgermeister zu werden, so befand er sich jedenfalls auf dem richtigen Weg, als er sich entschloß, Advokat zu werden und nicht die Beamtenlaufbahn einzuschlagen, und als er sich dann 1872 dem liberalen Bürgerklub des Bezirks Landstraße anschloß. Die drei Bürgermeister seit 1848, Johann Kaspar von Seiller, Andreas Zelinka und nun Cajetan Felder, waren auch aus der Anwaltspraxis heraus in die Politik gegangen, und die Liberalen beherrschten das Wiener Rathaus.

Cajetan Felder war, als der Gemeinderat ihn zum Bürgermeister wählte, 54 Jahre alt, in der Josefstadt ansässig, ein hieb- und stichfester Liberaler jenes Typs, der die Revolution von 1848 eingeläutet hatte. Anders als sein Vorgänger Zelinka war Felder allerdings 1850 wieder aus dem Gemeinderat ausgeschieden; dem Neoabsolutismus hatte er nicht dienen wollen. Dem Dr. Zelinka wurde sein Verbleiben später verziehen. Während seiner Amtsführung erwies er sich als ein Mann, der auch dem Kaiser harte Wahrheiten sagte.[7] Das machte ihn populär, denn ganz entgegen dem späteren Operettenklischee war Franz Joseph in Wien nicht sehr beliebt. Zelinkas Lieblingsprojekt war der Stadtpark; er rettete das Areal vor den Bebauungsplänen des Stadterweiterungsfonds. Gegenüber dem Stadtpark, auf den Gartenbaugründen, sollte das neue Wiener Rathaus errichtet werden. Seit Cajetan Felder 1861 in den Gemeinderat zurückgekehrt war, kämpfte er für den Neubau auf dem Exerzier- und Paradeplatz, neben dem Parlament, dem Burgtheater gegenüber, also im Herzstück des Ringstraßenbereichs und nicht fernab von den anderen Staatsbauten. Franz Joseph jedoch hatte das militärische Areal ausdrücklich aus der Planung ausgeklammert. Mitten in der Stadt sollte auch weiterhin die Armee präsent bleiben. Bei Schlechtwetter war der Exerzierplatz allerdings eine Schlammwüste; ein grausiger Anblick, zu Fuß kaum passierbar; die Räder der Wagen versanken im aufgeweichten Lehm. Ein städtebaulicher Schandfleck. Nicht nur darum ging es, sondern auch um Bürgerstolz vor Fürstenthronen. Leute wie Cajetan Felder wollten das allerhöchste Diktat über eine für die Stadt so entscheidende Frage, wie es das Rathaus war, nicht widerspruchslos hinnehmen. Zelinka wagte es nicht, den Kaiser darauf anzusprechen. »Schön wär's, aber gehen wird's nicht«, soll er zu Felder, dazumal Vizebürgermeister, gesagt haben. Die Phantasie für kommunale Zukunftsplanung fehlte Zelinka. Der Bau der Ersten Hochquellenwasserleitung, die vor allem der Internist Josef Skoda aus hygienischen Überlegungen forderte, mußte dem Bürgermeister abgerungen werden. Auch gegen die Donauregulierung wehrte er sich, obwohl die Hochwasserkatastrophe von 1862 bewies, wie unaufschiebbar das Projekt war. Erst 1864 wurde eine Kommission eingesetzt, um die Frage des Hochwasserschutzes zu prüfen. Zelinka und die meisten Liberalen fürchteten die Kosten solcher Riesenprojekte.

Im Bericht dieser Kommission kam dann nicht nur der Hochwasserschutz zur Sprache, sondern Wiens Jahrhundertproblem überhaupt: Wohin mit der Industrie? Es hieß in dem Bericht: »Ist es nicht beklagenswert, daß die Industrie ihre Stätte in den südlichen und südwestlichen Stadtteilen aufschlagen und die Stadt ihre Vergrößerung in dieser unnatürlichen Richtung suchen muß, anstatt an dem herrlichen und den Verkehr an seinen Ufern konzentrierenden Strome sich zu entwickeln, und dort ein neues, eigentümliches, das Übergewicht Wiens auch in der fraglichen Beziehung sicherndes, großartiges Leben zu gestalten, nur weil seit 50 Jahren kein Beschluß über den definitiven Lauf der Donau gefaßt werden konnte, das Inundationsgebiet des verwilderten Stromes jede Industrie von sich scheucht und eine Annäherung unmöglich macht?«[8]

Die Vernachlässigung der Donau war das große Versäumnis der Stadtplanung. Schon Ludwig Christian Friedrich Förster, Vater aller Stadterweiterungsgedanken, hatte in seinem Projekt von 1839 das neue Stadtzentrum mit den wichtigsten öffentlichen Gebäuden an den Donaukanal verlegt, um den Strom mit seinen Transportmöglichkeiten in den großstädtischen Alltag einzubeziehen. Als Förster sich dann 1858 am Wettbewerb für die Ringstraßenplanung beteiligte, hatte er erneut eine Donauregulierung, ein Heranrücken des Stromes an die Stadt vorgeschlagen. Sein Projekt war zwar eines von den drei preisgekrönten; soweit es die Donau betraf, klammerte der Stadterweiterungsfonds Försters Gedanken aus der weiteren Arbeit allerdings aus. Auch das Gutachten der Kommission von 1864 vermochte die Stadtväter rund um Zelinka nicht zu überzeugen. Erst der Krieg von 1866 rüttelte die Gemüter auf. Nach Königgrätz rückten die Preußen bis an den Rußbach in Niederösterreich vor. Der Kommandant der Italienarmee, Erzherzog Albrecht, schaffte zwar das organisatorische Kunststück, das Gros seiner Truppen zur Verteidigung der Hauptstadt innerhalb von zehn Tagen nach Wien zu bringen, doch nun zeigte sich die Unmöglichkeit, die Armee über die Wasserläufe, Tümpel und Sumpfgebiete hinweg auch gegen den Feind aufmarschieren zu lassen. Nun beklagten auch die Militärs, was die Eisenbahningenieure schon seit langem bejammerten: Eine hochwassersichere Verbindung von Wien nach dem Norden fehlte. Die Nordbahn fuhr immer noch über die hölzerne Donaubrücke von 1838 nach Floridsdorf. Mehr als einmal hatten Pioniere die von Hochwasser oder einem Eisstoß bedrohten Brückenpfeiler retten müssen.

So taten sich nach 1866 die Generalität und die Eisenbahn-Industriellen zusammen, um dem Bürgermeister Zelinka im Wiener Rathaus den Beschluß zur Donauregulierung abzutrotzen. 1868, knapp vor Zelinkas Tod, kam der Beschluß zustande. Dem Nachfolger Felder hinterließ Zelinka die Durchführung. Der neue Bürgermeister stellte zunächst einmal fest, daß das städtische Bauamt über keinerlei Unterlagen verfügte, mangels Zuständigkeit. Man hatte sich auf die Regierung verlassen! Das gehörte nun einmal zum Stil der Wiener Rathausliberalen: Sie scheuten öffentliche Großprojekte, die den Steuerzahler Geld kosten würden, auch wenn die Allgemeinheit sie noch so dringend gebraucht hätte. Zelinka blieb zeitlebens der Repräsentant des Großbürgertums. Sein Wahlbezirk lag in der Innenstadt, seine Stimmen bekam er von den millionenschweren Bankiers und den reichen Fabrikanten. Genauso, wie diese Großbürger den Staat nur als Nachtwächter betrachteten, der ihre Geschäfte zu schützen, aber nicht sich einzumischen hatte, so hielt es Zelinka auch mit der Kommunalpolitik. Er griff nur dort ein, wo die Großbürger sich und ihr Geld gefährdet sahen; dort allerdings sehr mutig – wie eben nach der Niederlage von

1866, im Krieg gegen die Preußen, als er dem Kaiser glattwegs ins allerhöchste Antlitz sagte, Majestät mögen sich andere, bessere Minister suchen.

Was nun die Donauregulierung betraf, so übernahm Zelinkas Nachfolger, Dr. Cajetan Felder, selbst den Vorsitz in der Kommission: »Auf einem eigenen, von der Dampfschiff-Gesellschaft beigestellten Dampfer fand die Befahrung der ganzen Strecke und die Besichtigung der in Frage kommenden Uferschutzbauten und Stromarme statt. Um die Stadt Wien nicht allein und als Laie bei diesem Lokalaugenschein zu vertreten, nahm ich den Baudirektor Niernsee mit, der, wie zu einer großen Flußreise ausgerüstet, im Regenmantel erschien, aber schon bei der ersten sich ergebenden Gelegenheit ans Ufer sprang und verschwand. Er entschuldigte sich später mit Unwohlsein; ich glaube jedoch, es hatte ihn die Besorgnis in die Flucht getrieben, er würde um Auskünfte angegangen werden, die er nicht zu geben vermocht hätte.«[9] Erst 1870 wurde die Donauregulierung dann tatsächlich in Angriff genommen. Heute ist man geneigt, die 1870 bis 1875 verwirklichte Lösung als einen Mißgriff zu bezeichnen, dem der Weitblick für zukünftige Entwicklungen fehlte. Weder wurde der Strom an die Stadt herangerückt noch wurden die Siedlungsgebiete am linken Donauufer einbezogen. Im Gegenteil: Zwischen der Stadt und den Ortschaften Floridsdorf, Kagran, Leopoldau und Stadlau entstand mit dem neuen Überschwemmungsgebiet ein Niemandsland, eine Art »Cordon sanitaire«, und jahrzehntelang mieden die Wiener vom rechten Donauufer die transdanubischen Bezirke, als sei dort tatsächlich die Pest daheim. Noch nach dem Zweiten Weltkrieg, als in Floridsdorf, Donaustadt, Kagran und Stadlau neue Siedlungen mit Zehntausenden von Wohnungen errichtet wurden, galt es in den Bürgerbezirken innerhalb des Gürtels als ausgesprochen unschicklich, dort drüben, bei den armen Leuten in »Bretteldorf« und Umgebung zu hausen. In allerjüngster Zeit allerdings und seit auch das Vorurteil gegen »Transdanubien« mehr und mehr abgebaut wird, beginnt man den vermeintlichen Mißgriff von 1870 wieder zu preisen. Durch das Überschwemmungsgebiet und die Alte Donau hat die Großstadt mitten im Steinmeer der Wohnbezirke eine grüne Lunge bekommen, ein einzigartiges Erholungsgebiet und Bäderparadies, wie sie keine andere europäische Metropole besitzt.

Doch daran haben die Planer von 1870 nicht gedacht.

Der neue Bürgermeister von 1868, Dr. Cajetan Felder, hatte seine Wählerschaft außerhalb des Ringstraßenbereichs, unter den wohlhabenden Gewerbetreibenden des Alsergrunds. Er war ein hochgebildeter, weitgereister Mann; Gerichtsdolmetsch für ein halbes Dutzend Sprachen. Zu seiner Klientel gehörten die Erben des Fürsten Montleart; die letzte Fürstin Montleart stiftete das Areal für den Bau des Wilhelminenspitals in Ottakring. Felder war auch Treuhänder für das Bierbrauervermögen der Familie Dreher. Das sollte ihm noch große Sorgen bereiten, weil man ihm wiederholt Bevorzugung des Hauses Dreher vorwarf.

Felder war ein Mann der Mitte, jener Gruppierung im Gemeinderat, die sich selbst »Bürgermeisterpartei« nannte. Die Liberalen, gegen eine Handvoll Konservativer die überwältigende Mehrheit im Wiener Rathaus, waren nämlich keineswegs von einheitlicher Couleur. Es gab »Radikale«, es gab die »Mittelpartei«, und es gab »Demokraten«. Radikal sein bedeutete damals ganz rechts zu stehen, treffender gesagt, zu sitzen, im breiten Spektrum der liberalen Gemeinderatsfraktion jedenfalls. Die Radikalen waren die Repräsentanz der Ringstraßenbarone. Für eine Kommunalisierung städtischer Versorgungsbetriebe war bei ihnen keine Sympathie zu gewinnen. Gerade die Frage der Gaswerke, der Elektrizitätswerke, der Straßenbahnen aber sollte in den kommenden Jahrzehnten zum alles beherrschenden Thema der Gemeinderatsdebatten werden.

Die »Mittelpartei« war etwas gemäßigter, doch auch für sie war am Prinzip der Gewerbefreiheit von 1859, am Primat des privaten Unternehmertums, nicht zu rütteln. Zu Felders Zeiten rechneten sich oft bis zu 80 der 120 Gemeinderäte dieser Mitte zu. Ihre Stärke lag in der Disziplin. Zur Freiheit, wie Liberale von damals sie verstanden, gehörte auch die individuelle Freiheit jedes Mandatars, ganz nach eigenem Ermessen zu entscheiden, wem und wofür er seine Stimme gab. Mit der Kraft seiner Persönlichkeit, seiner überragenden Bildung und seinem taktischen Geschick gelang es Felder, diesen Haufen eigenwilliger und dickköpfiger Individualisten zu einer Fraktion zusammenzufassen, sodaß er sich schließlich auf seine »Bürgermeisterpartei« verlassen konnte. In wichtigen Fragen stimmte sie einheitlich und nach seinen Wünschen.

Die »Demokraten«, die Linken im Wiener Gemeinderat, sahen sich als Interessenvertreter des Mittelstands. Zahlenmäßig waren sie schwach. Ihren Anhang hatten sie außerhalb des Rathauses, bei den Kleingewerbetreibenden, die die 10 Gulden Steuerleistung als Voraussetzung für das Stimmrecht im III. Wahlkörper nicht aufbrachten.[10] So traten die Demokraten für eine Erweiterung des Wahlrechts ein, aber gegen die schrankenlose Gewerbefreiheit und für eine Kommunalisierung der städtischen Versorgungsbetriebe. Karl Lueger wurde Ende der siebziger Jahre zum Fraktionsführer der Rathauslinken; mit der Herabsetzung des Wahlzensus auf fünf Gulden, 1886, wuchs die Bedeutung der Demokraten schlagartig an. Die »Fünf-Gulden-Männer«, wie die neuen Gemeinderäte genannt wurden, stellten den Kader der Christlichsozialen, die schließlich die Liberalen zu Fall brachten.

Fragt man, wer die große Masse der lohnabhängigen Arbeiterschaft repräsentierte, die Hälfte der Bevölkerung – niemand! Am ehesten fand das Proletariat noch bei den Demokraten Unterstützung, denn seine Nöte stimmten vielfach mit den Sorgen des Kleingewerbes überein. Beide hatten das gleiche Feindbild: den Kapitalisten, den Fabrikanten, den liberalen Großbürger.

Dr. Cajetan Felder war jedenfalls der erste Parteiführer. Seine Führerrolle beschränkte sich zwar nur auf die Fraktion im Gemeinderat, aber das war damals schon viel. Im Abgeordnetenhaus blieben die Deutschliberalen in Gruppen und Grüppchen aufgesplittert, auch bei Abstimmungen, wie folgender Spottvers verriet: »Der eine saß, der andere stand, das ist der Nationalverband.« Es gab eben keine liberale Partei, es gab überhaupt keine Parteien im heutigen Sinn mit einer organisierten Anhängerschaft, mit eingeschriebenen Mitgliedern und Beitragszahlungen. Man wählte keine Liste, sondern einzelne Kandidaten, denen man zutraute, daß sie schon das Richtige tun würden. In der Dezemberverfassung wurde sogar ausdrücklich bestimmt: »Die Mitglieder des Hauses der Abgeordneten haben von ihren Wählern keine Instruktionen anzunehmen.« Auch in Wien durfte man natürlich nur wählen, wenn man in das Kuriensystem der drei Wahlkörper paßte. So gab es 1868, als Felder Bürgermeister wurde, in ganz Wien nur 19.666 Wahlberechtigte, im Durchschnitt also nur knappe vier Stimmen für hundert Wiener. Da der Besitz als Voraussetzung politischer Rechte galt, war es nur logisch, jene vom Stimmrecht auszuschließen, die ihre Steuern schuldig blieben. Da die Anzahl der Wahlberechtigten durch diese Bestimmung noch weiter zurückging, ließ man diese Beschränkung 1869 fallen. Daraufhin gab es immerhin schon 27.098 Wahlberechtigte. Der Wahlbezirk Alsergrund bot ein aufschlußreiches Beispiel für die damalige Bevölkerungsstruktur und ihre politische Betätigung. Unter den 60.000 Bewohnern fanden sich nur 5,4 Prozent mit höherer Schulbildung, 3,6 Prozent waren laut eigener Angabe hauptberuflich Haus- und Grundbesitzer. 3728 selbständige Gewerbetreibende beschäftigten 20.960 Lohnabhängige. 7685 Personen waren als Hauspersonal registriert. Von 21.748 Personen hieß es bei der Volkszählung von 1870, sie seien ohne Beruf und eigenes Einkommen, also Familienangehörige.

Wie eine solche Struktur sich politisch auswirkte, zeigte der Werdegang des Advokaten Dr. Julius Newald, auf dem Alsergrund ansässig und 1878 Felders Nachfolger als Bürgermeister. Als Newald 1864 zum ersten Male für den Gemeinderat kandidierte, im I. Wahlkörper, für die Bürger der höchsten Steuerklasse also, gaben in seinem Sprengel insgesamt 44 Wahlberechtigte ihren Stimmzettel ab. 34 Stimmen bekam Newald. Mit ganzen 34 Stimmen also konnte man als Vertreter eines Bezirks mit 60.000 Bewohnern in den Gemeinderat einziehen. Eine solche Vertrauensbasis genügte als Ausgangspunkt für den Aufstieg zum Bürgermeister der k. k. Haupt- und Residenzstadt Wien.

Diesem Wahlsystem entsprach die Wahlwerbung. Männer wie Zelinka, Felder oder Newald kannten jeden einzelnen ihrer Wähler. Sie waren in der Lage, sie höchstpersönlich in ihren Fabriken, Geschäften, Kontoren oder Wohnungen aufzusuchen und sich um ihre Stimmen zu bemühen. Auch Karl Lueger zog viele Jahre lang regelmäßig durch die Gasthäuser des Bezirks Landstraße, um dort an den Stammtischen der Bürger seine Wähler zu werben. Man mußte trinkfest, geduldig und mit einer dicken Haut behaftet sein, denn zum politischen Geschäft gehörte auch, von jedem einzelnen Wähler im Gasthaus, in der eigenen Anwaltskanzlei oder auf offener Straße für jedes im Rathaus gesprochene Wort zur Rede gestellt zu werden. Die Demokratie war bürgernah, zweifellos, aber eben nur für die hauchdünne Bürgerschicht der Wahlberechtigten. Jahrzehntelang weniger als fünf Prozent der Wiener Bevölkerung.

Eine Honoratioren-Demokratie.

Die Honoratioren, Wähler und Gewählte, waren zufrieden. Dafür hatten sie im März 1848 ihre Revolution gemacht. Als die Revolution ihren Händen entglitt, über die Bürgerwünsche weit hinausging, hatten sich die Revolutionäre im Bratenrock vom Aufruhr abgewendet. Wer nun, nach 1867, erneut mehr wollte, als daß Honoratioren für Honoratioren regierten, war der Feind. Eines Tages sollte Karl Lueger dieser Feind werden. An seinem Beispiel zeigten sich die Auswirkungen jener eingeschränkten Demokratie, mit der sich der bürgerliche Liberalismus zufriedengegeben hatte.

Wien war immer noch die Hauptstadt von Niederösterreich. Das brachte nicht nur Ehren und Funktionen, sondern auch spürbare Beschränkung. Der niederösterreichische Landtag stand über dem Wiener Gemeinderat, der Landtag hatte vornehmlich agrarische Interessen, und ganz Niederösterreich, Wien eingeschlossen, wurde nicht etwa von einem Landeshauptmann regiert, den der Landtag wählte, sondern von einem Statthalter, den der Kaiser ernannte. Wie die Ministerpräsidenten waren die Statthalter Vertrauensleute des Kaisers, nicht der Untertanen. Der Statthalter war Beamter; er stand auch über dem frei gewählten Wiener Bürgermeister, und bis zum Ende der Monarchie bedurfte dieser Bürgermeister der Einwilligung des Statthalters und somit der allerhöchsten Zustimmung, um sein Amt anzutreten. Fünfmal mußte der Wiener Gemeinderat zwischen 1895 und 1897 den Dr. Karl Lueger zum Bürgermeister wählen, bis Franz Joseph seine Zustimmung gab. Die sonst so stolzen liberalen Bürger empfanden das mehrfache Veto des Kaisers gegen Lueger sogar als ihren Erfolg und begriffen gar nicht, daß damit der mündige Wähler selbst, als Souverän seiner politischen Selbstbestimmung, zum entrechteten Untertan einer willkürlich handelnden Obrigkeit degradiert wurde. Die Residenz zur reichsunmittelbaren Stadt zu machen, das wurde später eines von Luegers Traumzielen. Er hat es nicht erreicht.

Cajetan Felder erreichte sein größtes Ziel, den Rathausbau gegenüber dem Burgtheater. Der Architektenwettbewerb für ein neues Rathaus endete 1869 mit der Annahme des Entwurfs von Friedrich Schmidt. Der frühere Mailänder Dombaumeister hatte seine neugotische Verwaltungskathedrale noch für das Gelände am Parkring geplant. Die Parzelle war klein, die »Domfreiheit«

mittelalterlicher Kirchen fehlte. Felder wich nicht von seiner Lieblingsidee, den Paradeplatz zu verbauen. Das Aufbegehren der Wiener gegen diesen Schandfleck der Ringstraße – tagsüber eine häßliche Einöde, nachts der Treffpunkt des Großstadtgesindels –, dieses Aufbegehren war so lautstark, daß schließlich sogar Franz Joseph nachgab, gegen alle militärischen Bedenken. Die Generale nämlich sahen den Paradeplatz immer noch als Aufmarschgelände für die Truppen, falls eine renitente Hauptstadt wieder einmal mit Waffengewalt eingeschüchtert werden müßte.

Sofort war Felder mit einer großartigen Idee zur Stelle. Das Areal sollte nicht nur für das neue Rathaus, sondern auch für das Parlament und für die noch immer nicht existierende neue Universität umgewidmet werden. Sogar Felders eigene Bürgermeisterpartei schreckte vor der Kühnheit des Gedankens zurück. Das Konzept des Bürgermeisters warf schließlich den größten Teil der bisherigen Ringstraßenplanung über den Haufen. Ein solcher Vorstoß ins Ungewisse überforderte die Vorstellungskraft biederer Bürgervertreter. Felder selbst verriet später in seinen Lebenserinnerungen, daß er die Zustimmung des Gemeinderats überhaupt nur bekommen habe, weil die Mandatare ohnehin mit der Ablehnung durch den Kaiser gerechnet hätten. Als der Bürgermeister jedoch in einer Audienz am 11. April 1870 mit seinen Unterlagen vor den Kaiser trat, begriff Franz Joseph offensichtlich die ganze Größe der Idee. Erst durch Felders Konzept wurde das »Loch« beseitigt, das die Ringstraße beim Schottentor aufgerissen und dadurch den geschlossenen Charakter des Straßenzugs wohl für immer zerstört hätte. Als am 14. Juni die kaiserliche Zustimmung erfolgte, traf das allerhöchste »Ja« Felders Widersacher »wie eine kalte Dusche«.[11]

Mit ebensolcher Energie für eine kommunale Gasversorgung, für den städtischen Massenverkehr oder gar für die Beseitigung der Wohnungsnot einzutreten, das lag allerdings auch bei Dr. Cajetan Felder außerhalb der liberalen Denkmodelle. Die Honoratioren lebten weiterhin fernab der Massen. Es fehlte der Begriff der sozialen Verantwortung der Regierenden für die Regierten. Die kommunalen Bedürfnisse wurden dem privaten Unternehmertum überlassen, auch dann, wenn es nur noch ein rücksichtsloses Verdienertum darstellte. Die Fürsorge blieb der privaten Wohltätigkeit überantwortet. In Wiens liberalen Jahrzehnten staute sich folgerichtig in allen Bereichen ein gigantischer Nachholbedarf auf, an Verkehrseinrichtungen ebenso wie an Spitälern, Schulen und jeder nur denkbaren Sparte von Gemeindebetrieben bis zur Leichenbestattung. So ist die Überfülle jener Leistungen zu erklären, die heute noch erkennbar sind an den Erinnerungstafeln »Erbaut unter dem Bürgermeister Dr. Karl Lueger«.

Das Versagen des privaten Unternehmertums war der Ausgangspunkt der Luegerzeit.

Kapitel 5 Die Hochverräter

Im Jahr 1869 verwirklichte Heinrich Drasche das längst gehegte Vorhaben, seine Ziegelfabriken in eine Aktiengesellschaft umzuwandeln. Die Gründerzeit der großen Unternehmerpersönlichkeiten ging zu Ende. Kapitalgesellschaften taten sich bei weiterem Wachstum mit Aktienemissionen leichter als der Einzelfabrikant mit Bankkrediten. Das Wiener Börsenfieber hatte eingesetzt. Reißerisch bedrucktes Papier schien so gut wie Gold. Zeigte eine Aktie Firmennamen wie den der Wienerberger Ziegelwerke beispielsweise, dann war sie auch wirklich Gold wert. Das Bankenkonsortium, das die Drasche-Aktien ausgab, zahlte dem Ziegelbrenner für seine Fabriken im Raum von Wien fast 3,2 Millionen Gulden, teils in bar, teils in Aktien der neuen Gesellschaft.

Das von Theophil Hansen damals erbaute Musikvereinsgebäude kostete 785.871 Gulden.

Die Abrechnung für die im selben Jahr 1869 endlich fertiggestellte Hofoper ergab eine Bausumme von 6,1 Millionen.

Drasche machte auch aus seinen Ziegelfabriken in Ungarn und aus seinen Kohlengruben in beiden Reichshälften Aktiengesellschaften. Seine Zinshäuser in Wien und seine Grundstücke zwischen Meidling und Kaiser-Ebersdorf, runde 800.000 Quadratmeter, behielt er im Alleinbesitz. Als er 1880 starb, machte die seinem Sohn hinterlassene Erbschaft offiziell vierzehneinhalb Millionen Gulden aus.[1] Fabriken und Bergbaubetriebe im Kapitalwert von einer Million gaben damals 600 bis 1000 Lohnempfängern Arbeit. In den Kohlengruben bekamen die Hauer, bei Akkordarbeit bis 13 Stunden pro Schicht, maximal 600 Gulden Jahreslohn. Das entsprach einem Stundenlohn von höchstens zehn Kreuzern. Das Kilogramm Rindfleisch kostete damals in Wien durchschnittlich 68 Kreuzer, in den Vordörfern außerhalb der Linie 50 Kreuzer.[2]

Alois Miesbach, der Gründer des Ziegelimperiums, hatte 1820 als Pächter von zwei Brennöfen und drei Trockenstadeln in Inzersdorf begonnen. 1857, bei seinem Tode, hinterließ er seinem Neffen Heinrich Drasche eine knappe Million. Nach Drasches Tod, 1880, wurde die wirkliche Höhe des Familienvermögens auf 25 bis 30 Millionen Gulden geschätzt.[3] Im Verlauf eines Vierteljahrhunderts also konnte ein einzelner Mensch solch ungeheure Werte anhäufen. Legal, im Rahmen allgemein gültiger, ehrbarer Geschäftsmethoden, ordnungsgemäß versteuert. Heinrich Drasche, eine Symbolfigur der Gründerzeit; ein honoriger Mann, wohltätig, als Mäzen ein unermüdlicher Förderer Theophil Hansens, von seinen Standesgenossen als außergewöhnlich sozial denkender Prinzipal eingestuft. Seinen Beamten zahlte er freiwillig Pensionen;

das Kapital des Pensionsfonds, der aus den Einkünften von Zinshäusern gespeist wurde, betrug über 180.000 Gulden. Solange er lebte, hätte sich dieser Heinrich Drasche nicht träumen lassen, daß die Wienerberger Ziegelfabriken ein Jahrzehnt nach seinem Tode zum klassischen Beispiel menschenunwürdiger Lebensverhältnisse des Wiener Proletariats bis in unsere Zeit werden könnten.[4]

Die Löhne im Kohlenbergbau machten zu Drasches Zeiten 17 bis 30 Prozent des Produktwerts der geförderten Kohle aus. Was der Unternehmer als seinen Gewinn betrachtete, bekämpfte die marxistische Lehre als »Mehrwert«. Gegen diesen Mehrwert, gegen eine Gesellschaftsordnung überhaupt, in der aus dem Mehrwert ein Vermögen wie die Drasche-Millionen entstehen konnte, bei zehn Kreuzer Stundenlohn für einen Kumpel in der Kohlengrube, gegen eine solche Welt bildete sich 1869, im Gründungsjahr der Drasche-Aktiengesellschaften, eine revolutionäre Verschwörung von Hochverrätern. So nannte der Staatsanwalt den Vorgang. Die vermeintlichen Hochverräter sprachen von der »Errichtung eines freien Volksstaates«.

Die Verschwörung nahm Quartier in einem Hinterzimmer auf der Wieden. Das Hinterzimmer gehörte zur Wohnung der Witwe Kunigunde Strobl, im zweiten Stockwerk eines Hauses in der Wiedner Hauptstraße. Es besaß nicht nur den Vorteil eines separierten Eingangs, sondern auch noch eine zusätzliche Türe, durch die man über eine Hinterstiege in den Hof gelangen konnte. Hier hielt im März 1869 die Weltgeschichte Einzug in Gestalt des Journalisten Heinrich Oberwinder aus Nassau und des Tischlergesellen Hermann Hartung aus Hannover. Die beiden Männer etablierten als Untermieter im Hinterzimmer der zunächst ahnungslosen Witwe Strobl die Redaktion und den Vertrieb der ersten sozialdemokratischen Zeitschrift der k. k. Haupt- und Residenzstadt Wien. Das Blatt nannten sie »Volksstimme«. Die erste Nummer erschien am 11. April 1869.

Wie Heinrich Drasche ein Musterbeispiel des Gründerzeitmillionärs und Ringstraßenbarons war, so führte die Familie Strobl das typische Leben der armen Leute in der Vorstadt. Der Alltag in der kleinen Wohnung auf der Wieden hätte allein schon genügt, den Redakteuren der »Volksstimme« Anschauungsmaterial für ein Programm zu liefern.

Frau Strobl verlangte von ihren Untermietern 14 Gulden monatlich für das Hinterzimmer. Ein ortsüblicher Preis und zugleich symptomatisch für die Wohnverhältnisse im damaligen Wien. In den funkelnagelneuen Zinspalästen des Ringstraßenbereichs, in Heinrich Drasches »Heinrichshof« etwa, betrug die Jahresmiete durchschnittlich 5 Gulden und 40 Kreuzer pro Quadratmeter. In den Bruchbuden der Vorstadt mußten die kleinen Leute jährlich einen Durchschnittszins von 6 Gulden und 90 Kreuzern pro Quadratmeter zahlen.[5] Und während es gar nicht so leicht war, zahlungskräftige Mieter für die Riesenwohnungen an der Ringstraße zu finden, mußten arme Teufel froh sein, wenn sie überhaupt eine Wohnung ihr eigen nennen durften. Ohne die 14 Gulden monatlich für das Untermietzimmer hätte sich die Witwe Kunigunde Strobl ihre zwei Zimmer nebst Küche auf der Wieden gar nicht leisten können. Eine der beiden Töchter arbeitete außer Haus, das bedeutete: um sechs Uhr früh die Wohnung verlassen, mittags eine halbe Stunde Pause zum Essen, abends erst um neun zurück; tagtäglich, außer Sonn- und Feiertag. So war das; der Elf-Stunden-Tag galt noch lange nicht. Die zweite Tochter, Josepha, arbeitete als Kleidermacherin im Vorderzimmer; vom Morgengrauen an saß sie beim Fenster und nähte. Das war ein weiterer Vorteil für die Untermieter im Hinterzimmer; sobald Josepha von ihrem Platz am Fenster auf der Straße unten Gestalten entdeckte, die nach Polizei aussahen, konnte sie rechtzeitig Alarm schlagen. In einem solchen Fall mußte ein Abort neben der Hintertreppe als Versteck dienen; er war mit Brettern getarnt und als Geheimarchiv in Gebrauch. In einer solchen Umwelt begann der Aufstieg einer politischen Partei, die einige Jahrzehnte später die Mehrheit der Wiener Bevölkerung in ihren Reihen haben sollte und die stärkste Einzelfraktion im Reichsrat.

Die drei Damen Strobl waren einfachen Gemüts. So ganz begriffen sie nicht, was in ihrem Hinterzimmer vor sich ging. Wenn sie von ihren Untermietern und deren zahlreichen Besuchern so im Vorbeigehen Namen wie Marx, Engels, Lassalle, Bebel und Liebknecht zu hören bekamen, wußten sie damit nichts anzufangen. Die wenigsten Wiener Proletarier wußten es in diesen Anfangsjahren ihrer Partei. Für die Witwe Strobl und ihre Töchter aber waren die Untermieter ihresgleichen, einfache Leute, und die Polizei stand auf der anderen Seite.

Der Wiener Heinrich Scheu, der 1870 seine nationalökonomischen Studien in Leipzig abbrechen mußte, um nach Oberwinders Verhaftung und Hartungs Flucht – durch die bewußte Hintertüre – die Redaktion des Parteiblatts in seiner Heimatstadt zu übernehmen, hat eine Schilderung des Hinterzimmers überliefert, »das meine Wohnung, Redaktion und Expeditionslokal, Parteisekretariat und gelegentlich auch Beratungszimmer werden sollte. Einen guten Teil des Raumes füllten Ballen von Zeitungen und primitive Gestelle mit Broschüren und Büchern. Ein unförmiger Kleiderschrank an der einen Wand, ein dürftiges Bett an der anderen, eine angestrichene tannene Kommode neben einer vorsintflutlichen Waschgelegenheit, mehrere Stühle und zwei Tische vollendeten das Inventar. Der eine der Tische war offensichtlich zur Expedition verwendet worden, der andere, der gegenüber dem Eingang vor einer Türe stand, diente als Schreibtisch. Nur das konnte die historische Öffnung sein, durch welche Hartung entwischt war . . .«[6]

Kunigunde Strobl und ihre Töchter fanden nichts dabei, dem Heinrich Scheu, Bruder des damals ebenfalls in Haft sitzenden Andreas Scheu, gegen Weiterzahlung der 14 Gulden Monatsmiete ebenfalls das Hinterzimmer zu überlassen. Das war Anfang März 1870, ein Jahr nach dem Erscheinen der ersten »Volksstimme« und die Zeit, in der Ritter von Schmeidel, k. k. Staatsanwalt, die Anklage für den Wiener Hochverratsprozeß vorbereitete, mit dem der österreichischen Sozialdemokratie der Garaus gemacht werden sollte. Bei Scheu, dem neuen Untermieter der Familie Strobl, erschienen in diesen Tagen zwei junge Herren, Zöglinge des Wiener Schottengymnasiums, und hinterlegten eine Spende für die Inhaftierten. Der eine war der Sohn eines Prager Kaufmanns, der andere der Sohn eines Schneidermeisters aus der Roßau. Ihre Namen nannten sie damals nicht. Erst zwei Jahrzehnte später, beim Weltkongreß der Sozialistischen Internationale in London, erfuhr Scheu, wer ihn damals besucht hatte. Der junge Mann aus Prag hieß Viktor Adler, der Sohn des Schneidermeisters war der nunmehrige Reichsratsabgeordnete Engelbert Pernerstorfer.

Was die Anklage im Hochverratsprozeß betraf, so bescheinigte Scheu dem Ankläger Schmeidel: »Der Mann hatte doch allerhand gelesen, wußte etwas über die Gründung der Internationale, die Kongresse von Nürnberg, Eisenach und Basel, und hätte eine darauf bezügliche Prüfung in Jahreszahlen und Daten und vielleicht auch in Programmsätzen gut bestanden . . .«[7] So las sich die Anklageschrift als kurzgefaßte Geschichte der Arbeiterbewegung nach dem Zusammenbruch der Revolution von 1848.

1864, das Jahr der Gründung der internationalen Arbeiterassoziation in London, der I. Internationale, ging zunächst wirkungslos an Österreich vorüber. Der Neoabsolutismus war zwar schon abgestorben, doch Schmerlings Experiment mit dem Februarpatent 1861 hatte noch lange keinen konstitutionellen Bürgerstaat hervorgebracht. Dem Proletariat gegenüber verhielt sich die Obrigkeit immer noch nach den Erwägungen, die 1863 zum Gründungsverbot für einen Arbeiterbildungsverein geführt hatten: Der »Idee nach sehr löblich und aller Unterstützung wert«, für die Zeit aber, »in welcher weder die inneren staatlichen Rechtsverhältnisse noch auch nur die politischen Parteien im Staate konsolidiert sind, durchaus nicht geeignet!«[8]

Nach diesem Prinzip wurde auch 1866 ein neuer Antrag auf Zulassung eines Arbeiterbildungsvereins abgelehnt. Was jenseits der Grenzen vor sich ging, blieb dennoch nicht unbekannt. Wie schon im Vormärz bezog das Wiener Proletariat sein politisches Wissen und seine erste Schulung hauptsächlich von deutschen Arbeitern, die nach Wien kamen, wie der Hannoveraner Tischler Hermann Hartung einer war, oder von Intellektuellen, wie dem Nassauer Journalisten Heinrich Oberwinder. Die ersten Arbeiterführer.

Die Verzögerung durch diese Politik aus zweiter Hand hatte ihre Vorteile. So blieben dem Proletariat hierzulande die erbitterten Richtungskämpfe der deutschen Arbeiterbewegung großteils erspart; die Auseinandersetzung zwischen dem bürgerlich-liberalen Verfechter genossenschaftlicher Selbsthilfe-Ideen, Hermann Schulze-Delitzsch, und dem sozialistischen Vorkämpfer der politischen Parteibildung, Ferdinand Lassalle. 1867 hatte sich Lassalles »Staatshilfe«-Programm in Deutschland schon so gut wie durchgesetzt. Auch in Wien bekamen die Staatshilfler deutlich mehr Zulauf als die Selbsthilfler.

1867: Nicht nur das Jahr des bürgerlichen, sondern auch des proletarischen Aufbruchs. Die Massen erkannten die Gunst einer Stunde, in der Franz Josephs angeschlagenes Regiment dem inneren Frieden zuliebe konzessionsbereit war wie nie zuvor. Die Deutschliberalen im Reichsrat saßen auch nicht fest genug in ihren Abgeordnetenstühlen, um einen Zweifrontenkrieg zu riskieren, gegen die Nationen und gegen das Proletariat. Eine Flut von Petitionen um die Vereinsfreiheit ging im Sommer 1867 auf den Reichsrat nieder. Bei den Eisenbahnarbeitern und in den Fabriken wurden Tausende Unterschriften gesammelt. Die Liberalen dachten an die Vereinsfreiheit für sich selbst und wohl auch daran, daß legale Arbeitervereine sicherlich leichter unter Kontrolle zu halten wären als ein undurchschaubarer Untergrund brodelnder Unzufriedenheit. Außerdem hoffte man in Verkennung der wahren Stimmung unter der Arbeiterschaft auf einen Sieg der Selbsthilfler; ein waschechter Liberaler fühlte sich mit Hermann Schulze-Delitzsch nahe verwandt.

So bekam Österreich am 15. November 1867, fünf Wochen vor der Dezemberverfassung, sein neues, liberales Vereinsgesetz. Die Arbeiterbildungsvereine schossen nun wie die Schwammerln aus dem taufrisch freisinnigen Boden. Schon im Dezember wurden in Wien die ersten Versammlungen abgehalten; erstes sichtbares proletarisches Lebenszeichen seit zwei Jahrzehnten. Hier führten die Selbsthilfler ihre letzten Gefechte gegen die Staatshilfler.

2000 Arbeiter im »Universum« am Tabor, 3000 Personen in Schwenders »Colosseum«; überfüllte Säle in Zobels Bierhalle in Fünfhaus, dem traditionellen Schauplatz der berühmten Wiener Fiakerbälle. Die ob der Auseinandersetzung um die neue Verfassung und den Ausgleich mit Ungarn ohnehin aufgeregten Bürger mochten sich an die Sturmtage von 1848 erinnert haben. Liefen die Liberalen jetzt wieder Gefahr, von den radikalen Demokraten überrollt zu werden? Ängstliche Gemüter mochten es befürchtet haben angesichts der proletarischen Lautstärke. Am 12. April 1868 wurde in Wiener Neustadt schon der I. Allgemeine Arbeitertag abgehalten. Beim 9. Arbeitertag in Wien, am 30. August 1868, erblickte das erste sozialdemokratische Programm das Licht der aufgeschreckten Bürgerwelt.

Die Polizei war stets in Hörweite. Das Anwesenheitsrecht der Staatsgewalt bei allen Versammlungen stand ausdrücklich im Vereinsgesetz. Dazu gab es noch den Paragraphen 6, gegen staatsfeindliche Tätigkeit. Natürlich stand die materielle Lage der Arbeiterschaft im Mittelpunkt der meisten Versammlungen. Steigende Preise, niedrige Löhne, die durch kein Gesetz beschränkte Arbeitszeit, die elenden Wohnverhältnisse bei astronomisch hohen Mieten. Von den ideologischen Diskussionen bekamen die Polizeiagenten sicherlich nur die klangvollen Schlagworte mit, doch sie reichten, um die bürgerliche Umwelt in Alarmstimmung zu versetzen.

Die Arbeiterbildungsvereine hatten eine Kommission zur Ausarbeitung eines Programms ins Leben gerufen. Der leitende Kopf gehörte dem Historiker Dr. Hippolyt Tauschinsky, Dozent an der Kunstakademie. Die Vereine nahmen ihre Bildungsaufgabe sehr ernst, Tauschinsky hatte sich für historische und kulturelle Vorträge zur Verfügung gestellt. Das unter seiner Leitung ausgefertigte Elaborat atmete Lassalles Geist; es war das erste sozialdemokratische Parteiprogramm in Österreich. Der feinsinnige Historiker Tauschinsky, in seinem Äußeren ganz der bürgerliche Akademiker, war den Arbeitern nicht recht geheuer. So präsentierte Hermann Hartung das Programm auf dem 9. Arbeitertag; und so ging es als »Hartung-Programm« in die Parteigeschichte ein.[9] Die beiden Hauptforderungen waren allgemeines Wahlrecht und Koalitionsrecht zur Bildung von Gewerkschaften. Da hieß es zwar, daß die Partei »auf friedlichem und gesetzlichem Wege, lediglich durch die Macht der öffentlichen Überzeugung« ihr Ziel anstrebe, aber daneben konnte man noch die Forderung nach »Abschaffung aller stehenden Heere« und nach der »Einführung der allgemeinen Volksbewaffnung« lesen, und außerdem kam ein Anschluß an die I. Internationale zur Sprache.

»Allgemeines Wahlrecht« – die Forderung richtete sich gegen das Kuriensystem, wie es die bürgerliche Welt als Schutzwall für ihr politisches Monopol im konstitutionellen Staat aufgerichtet hatte. »Volksbewaffnung«, in Verbindung mit dem Verlangen nach freien Gewerkschaften klang dieses Wort nach Gewalttätigkeit, nach Revolution. Das Wort »Republik« war noch nicht gefallen, doch es lag in der Luft.

In diesen Monaten wurde dem Kaiser und seiner Regierung nichts geschenkt. In Westeuropa ließ der deutsch-französische Streit um das kleine Großherzogtum Luxemburg den nächsten Krieg in greifbare Nähe rücken. Für Franz Joseph in Wien tauchte damit die Schicksalsfrage auf, ob man durch ein Bündnis mit Frankreich die Niederlage von Königgrätz revidieren könnte. »Rache für Sadowa!« lautete die Parole; Sadowa, so hieß ein kleines Dorf bei Königgrätz, im Zentrum der Schlacht. Die Franzosen sagten Sadowa, wenn sie Königgrätz meinten; es ließ sich leichter aussprechen. Auch Napoleon III. in Paris dürstete nach Rache für Sadowa; mit dem Sieg über die Österreicher hatte der Gründungsprozeß des neuen Deutschen Reichs begonnen. In Wien sahen die Militärs eine gewisse Chance, wenn man sich im Kriegsfall den Franzosen anschloß. Bei den Zivilisten in seiner Umgebung stieß der Kaiser auf Ablehnung. Die innere Lage der Monarchie war in der zweiten Jahreshälfte 1868 ohnehin gespannt genug. Mit den ersten Lebenszeichen, die die junge Arbeiterbewegung von sich gab, beschäftigte sich das Bürgerministerium des Prinzen

Carlos Auersperg nur am Rande der größeren Krise. Die Tschechen im Reichsrat lehnten die widernatürliche deutschliberale Mehrheit ab. Sie verlangten einen Ausgleich nach ungarischem Vorbild. Sie beriefen sich auf das alte böhmische Staatsrecht mit seiner Zweisprachigkeit im ganzen Königreich. Am 26. September trat Carlos Auersperg mit seinem Bürgerministerium zurück. Eduard Graf Taaffe, immer zur Stelle, wenn sein Kaiser einen Retter in der politischen Not brauchte, bildete wieder einmal eine Interimsregierung. Die Erregung in Böhmen erhitzte sich bis an den Rand des offenen Aufruhrs. Am 10. Oktober 1868 wurde über das ganze Kronland der Belagerungszustand verhängt. Das war der Beginn einer jahrzehntelangen Dauerkrise, und wie das Bürgerministerium Auersperg stürzten bis in den Weltkrieg hinein die österreichischen Regierungen reihenweise über die tschechische Frage.

1869, am Beginn dieses Katastrophenwegs, schrieb der radikale Revolutionär von 1848, Dr. Adolf Fischhof, längst rehabilitiert und als Arzt in Wien ansässig, eben an seinem später klassisch gewordenen Werk über die Nationalitätenfrage in Österreich:

»Die Zentralisation in Österreich ist ein Anachronismus, eine Versündigung am Geiste der Zeit. Und der Deutsche bedarf dieser Sünde nicht. Er überragt die Mitnationen, auch ohne sich auf das Piedestal des Vorrechts zu stellen; seine moralische Überlegenheit bietet ihm dauerndere Garantien als das künstlich gewonnene parlamentarische Übergewicht. Nicht ein Vormund sei er den Völkern, sondern ein Vorbild . . . Durch Germanisationsversuche erfüllt der Deutsche nicht seine Kultursendung, sondern weckt er den Haß der Nationalitäten . . . Der Deutschösterreicher muß die Völker, welche er großgezogen, nun für mündig erklären und die Sorgen für ihre inneren Angelegenheiten ihnen selbst übergeben . . .«[10]

Taaffes Innenminister, Dr. Karl Giskra, war einer jener Männer, die »einen roten Kopf bekamen«, wenn sie solche Worte hörten.[11] Giskra war maßgeschneidert für eine Karriere in der deutschliberalen Verfassungspartei. Ein Advokat aus Mähren, 1848 ein bürgerlicher Revolutionär, Abgeordneter in der Frankfurter Bundesversammlung und dort großdeutsch ausgerichtet, an der Seite Schmerlings, dann geschockt von der radikalen Wendung der Wiener Revolution, schließlich Bürgermeister von Brünn, 1867 Präsident des Abgeordnetenhauses. Ein solcher Mann überhörte nicht nur Fischhofs Appell an die Vernunft, er überhörte auch die sozialen Signale der Zeit. Als der 9. Arbeitertag das »Hartung-Programm« annahm, schlug Giskra zum ersten Male zu. Die Arbeiterbildungsvereine wurden zwar nicht verboten, aber ihr Verbindungskomitee wurde aufgelöst. Die Mitglieder wanderten ins Gefängnis, auch Dr. Tauschinski bekam 14 Tage Arrest. Für den jungen Dozenten bedeutete diese Haftstrafe das Ende seiner Lehrtätigkeit an der Kunstakademie.

Und ein Deutschliberaler wie Giskra mußte ganz einfach einen roten Kopf bekommen, wenn er nun auch vom Proletariat Parolen zu hören bekam wie in einem in Zobels Bierhalle beschlossenen »Manifest an das arbeitende Volk in Österreich«:

»Der Arbeitsmarkt kennt keine Nationalitätsgrenzen, der Weltverkehr schreitet über alle Sprachgrenzen hinweg. Das überall herrschende Kapital kümmert sich nicht um die vermeintliche Abstammung. In den Werkstätten arbeiten unter den gleichen Bedingungen die Arbeiter der verschiedensten Nationalitäten nebeneinander und müssen sich den gleichen wirtschaftlichen Gesetzen fügen.«[12]

Daß sich das Proletariat jetzt auch noch in die Nationalitätenfrage einschaltete, und zwar massiv gegen die deutschliberale Verfassungspartei, machte Giskra zum unversöhnlichen Feind der jungen Bewegung. Ein für Anfang September 1868 vorgesehenes Verbrüderungsfest sollte die Proletarier aus allen Kronländern der österreichischen Reichshälfte in Wien versammeln. Das war gerade zu dem Zeitpunkt, in dem das Ministerium Auersperg noch ums Überleben kämpfte. Das Fest wurde verboten. Auersperg stürzte; Taaffe übernahm Giskra als Innenminister auch in sein Interimskabinett. Er übernahm damit Giskras Radikalismus.

Der Innenminister wurde durch seine kernigen Aussprüche berühmt, die er von sich gab, wenn Arbeiterdelegationen bei ihm intervenierten. Er ging damit »in das Lachkabinett der Geschichte« ein, hieß es später.[13]

Den Proletariern, die mit ihm zu tun hatten, war allerdings nicht zum Lachen, denn sie sahen sich einem unversöhnlichen Feind gegenüber.

»Allgemeines Wahlrecht?« äußerte sich Giskra einmal. »Blödsinn! Das wird's in Österreich nie geben!« Das allgemeine Wahlrecht sollte auch tatsächlich noch vier Jahrzehnte auf sich warten lassen. Giskra erlebte es nicht mehr; er starb 1879.

1868 ließ er sich zur Wahlrechtsfrage auch noch folgendermaßen vernehmen: »Glauben Sie nicht, daß wir in Österreich die Pöbelwirtschaft einführen werden, wo das Proletariat mit der Mütze auf dem Kopf und der Pike in den Händen in den Sitzungssaal stürzt wie in Zobels Bierhalle.«

Am häufigsten zitiert wird wohl Giskras klassischer Satz: »Die soziale Frage hört bei Bodenbach auf!«

Bodenbach war die österreichische Grenzstation in Böhmen, für Reisende aus Sachsen, und Sachsen war das Zentrum der deutschen Sozialdemokratie. Die soziale Frage ließ sich allerdings auch durch die Paßkontrolle in Bodenbach nicht vom Überschreiten der österreichischen Grenze abhalten.

Hier ist der richtige Ort und der passende Zeitpunkt für den Auftritt des Konfektionärs, Textilhändlers, Exportkaufmanns und Journalisten Sigmund Mayer als Zeuge der Weltgeschichte. 1871 veröffentlichte dieser Sigmund

Mayer eine Broschüre: »Die soziale Frage in Wien.« Er schrieb als Arbeitgeber, wenn auch unter dem Motto »Arbeiter sind wir alle«, und widmete sie dem Gewerbeverein. Das dünne Bändchen blieb bis heute eines der wichtigsten Zeitdokumente aus der Geburtsstunde der Arbeiterbewegung in Wien.

Sigmund Mayers eigenes Leben ist ein Zeitgemälde. Seine Familie stammte aus dem Preßburger Getto. Als Kind kam er, um zu studieren, per Donauschiff nach Wien. Schon an der Anlegestelle erlebte er das jüdische Schicksal. Die Polizeiagenten mußten geschmiert werden, damit sie die für Juden vorgeschriebenen Paßformalitäten reibungslos und weniger demütigend erledigten. Bei einem Onkel in der Leopoldstadt fand der Bub Aufnahme. Über dem schmalen Portal des kleinen Textilgeschäfts stand ein fremder Name. Im Vormärz war die Zahl der »Schutzjuden« in Wien beschränkt und die Abgabe für die wirtschaftliche Zulassung hoch. So mancher glückliche Besitzer eines Schutzbriefes machte sich ein gutes Geschäft daraus, seinen Firmennamen weniger glücklichen Glaubensgenossen gegen eine feste Gebühr zur Verfügung zu stellen. Solche Gewölbe galten dann als Filialen seines eigenen Unternehmens.

Sigmund Mayer studierte Jus, übersiedelte aber dann in die Textilbranche. Die Revolution von 1848 brachte ihm die vorübergehende Befreiung von allen Einschränkungen, die Dezembergesetze 1867 machten ihn endgültig zum vollwertigen Bürger. Mit seinem Textilhandel erlebte er eine Pleite. Er verlegte sich auf die Konfektion, und damit hatte er Erfolg. Er war einer der ersten Konfektionäre, die billige Massenware in die Levante exportierten. Ägypten war sein bevorzugter Markt; er fuhr selbst hin, um die Absatzmöglichkeiten zu studieren und die Verträge abzuschließen. Damals begann auch die Konjunktur der Schuh-Industrie. Der Wiener Fabrikant D. H. Pollak exportierte ebenfalls in die Levante, später sogar nach Amerika. Das Textilviertel zwischen Salzgries und Franz-Josefs-Kai wurde zum internationalen Handelszentrum.

Es waren die sechziger Jahre, die Zeit, in der viele kleine Handwerker sich umstellen mußten; sie arbeiteten nun, oft mit einigen Gesellen, als Stückmeister für große Betriebe. Ein Wintermantel, der beim Schneider in der Stadt 30 bis 40 Gulden kostete, war in den Textilläden der Vorstadt schon um 12 Gulden zu haben. Die Konfektion begann salonfähig zu werden. 1867 eröffnete Philipp Haas das erste Wiener Warenhaus auf dem Stephansplatz; Sicardsburg und van der Nüll hatten es gebaut.

Sigmund Mayer wurde kein Millionär und kein Ringstraßenbaron. Er blieb im »Fetzenviertel« rund um den Salzgries. Ein unauffällig wohlhabender Bürger wie so viele andere auch.

Als sich, anläßlich der Donauregulierung, in der Leopoldstadt ein »Brückenkomitee« bildete, um die bürgerlichen Wünsche an die Techniker heranzutragen, machte er mit. Über das Komitee kam er in den Gemeinderat. Hier schloß er sich zuerst der Linken an. Später wurde er als Liberaler zum erbitterten Gegner

IX Der Stilwandel in den 68 Regierungsjahren des Kaisers Franz Joseph spiegelt sich auf den Briefmarken der Zeit

X Vergnügen der kleinen Leute: »Im Wirtshausgarten« von Felician Myrbach

XI Präsentation der feinen Welt: »Hofball« von Wilhelm Gause

XII Treffpunkt der Gesellschaft: »Rendezvous beim Sirk« von Karl Feiertag

des Dr. Karl Lueger und als Jude ein nicht weniger engagierter Widersacher des Dr. Theodor Herzl, dessen Zionismus er für ein Unglück und für den Auftakt zu einer neuen Judenaustreibung hielt.

Sigmund Mayer war außerdem ein begabter Schreiber. Für die »Neue Freie Presse«, bei der Herzl Feuilletonredakteur war, schrieb er volkswirtschaftliche Artikel. Mehrere seiner Bücher, »Die Wiener Juden 1700 bis 1900« beispielsweise und seine Selbstbiographie, »Ein jüdischer Kaufmann«, geben tiefe Einblicke in die ökonomischen und kulturellen Verhältnisse Wiens.

Mit der Broschüre »Die soziale Frage in Wien« machte er österreichische Parlamentsgeschichte.

Als sich der Reichsrat 1885 mit der Sozialgesetzgebung beschäftigte, holte der Christlichsoziale Egbert Ludwig Graf Belcredi Mayers Elaborat hervor und machte die dort geschilderten Lebensverhältnisse der Wiener Arbeiterschaft zum Thema einer aufgeregten Debatte im Herrenhaus. Dr. Josef Unger, auch Jude wie Mayer, mehrere Jahre lang Minister,[14] dann vom Kaiser zum Herrenhausmitglied ernannt, fragte daraufhin spöttisch: »Wer ist Sigmund Mayer? Mayer ist ein Gattungsname. Ist Herr Mayer wenigstens Jurist?«

Sigmund Mayer antwortete in einem offenen Brief: »Ich habe tatsächlich Jus absolviert und in gar nicht schlechter Gesellschaft, nämlich in der Ihrigen an der Wiener Alma Mater. Von da an haben sich allerdings unsere Wege geschieden: Sie sind Minister geworden, ich Schneider. Ich bin Schneider geblieben, Sie aber leider nicht Minister.«[15]

Ungers spöttische Anfrage im Herrenhaus hatte die ganze Überheblichkeit demaskiert, mit der ein etablierter Großbürger noch Mitte der achtziger Jahre der sozialen Frage begegnete.

Ein Konflikt mit den Stückmeistern seines Konfektionsgeschäfts war seinerzeit Anlaß für den absolvierten Juristen und späteren Schneider gewesen, sich mit den Lebensverhältnissen der Wiener Arbeiterschaft zu beschäftigen. Er trug Zahlenmaterial zusammen, stellte Lohn- und Preisvergleiche in mehreren Branchen an. Schlecht waren seiner Ansicht nach Lebensverhältnisse, »wenn ein Individuum oder eine Klasse eine Reihe von Jahren hindurch auf demselben Grad der Erfüllung ihrer Bedürfnisse stehen bleibt und nicht im Stande ist, qualitativ und quantitativ ihre Lebensweise zu verbessern und zu veredeln«.[16]

Als Sigmund Mayer im Vormärz per Donauschiff nach Wien gekommen war – die Reise von Preßburg in die Hauptstadt dauerte damals sieben Stunden –, betrug die wöchentliche Arbeitszeit der Wiener Schneidergesellen 97 Stunden; an den sechs Wochentagen von 5 bis 20 Uhr, am Sonntag von 5 bis 12 Uhr. Damals galt noch die Conventionsmünze als Währungseinheit. Der Schneidergeselle bekam für seine 97 Wochenstunden durchschnittlich 3,36 Gulden. Auf die 1870 gültige neue Einheit, die »Österreichische Währung« umgerechnet, waren es 3 Gulden und 78 Kreuzer.

Um 1870 lag die Wochenarbeitszeit bei 71 Stunden; der Wochenlohn eines Schneidergesellen bei 10 Golden »ÖW«. Schuhmacher kamen auf 9 Gulden, Tischler auf 12 Gulden, bei gleicher Arbeitszeit wie die Schneider. Stückarbeiter in der Textilbranche und in der Schuherzeugung, die daheim arbeiteten, kamen ebenfalls auf neun bis zehn Gulden wöchentlich. Ein solcher Stückarbeiter mußte, um auf seinen Lohn zu kommen, vier Röcke oder Überzieher anfertigen, der Schuster drei Paar Röhrenstiefel. Es gab noch keine Maschinen.

Die Lohnsteigerungen zwischen 1840 und 1870 schienen beachtlich, doch die Zahlen zeichnen ein falsches Bild. In diesen 30 Jahren hatte sich der Rindfleischpreis verdoppelt, der Weizenpreis war um 50 Prozent gestiegen. Der Proletarier, der um 1840 runde 15 Prozent seines Lohnes für Miete ausgeben mußte, hatte jetzt 25 Prozent für den Zins abzuzweigen.

Mehr Lohn, kürzere Arbeitszeit, höhere Preise – alles zusammengenommen kam Sigmund Mayer unter dem Strich auf eine Verbesserung des proletarischen Lebensstandards seit den Metternichjahren des Vormärz um 40 bis 60 Prozent. Seiner eigenen Auffassung folgend, kam der Konfektionär also zu dem Schluß, daß es dem Proletariat sehr wohl gelungen sei, seine Lebensweise zu verbessern. Und er formulierte folgende klassische Beschreibung des Wiener Arbeiters um 1870: »Er sieht heute am Sonntage in der Mehrzahl aus, wie jeder andere anständige Mensch; was wahrhaftig vor 30 Jahren nicht der Fall war.«

Der Arbeiter um 1870, der am Sonntag so aussah wie jeder andere anständige Mensch, war trotz Mayers statistischem Nachweis über die Besserung seiner Lebensverhältnisse in den letzten drei Jahrzehnten keineswegs der Ansicht, daß es ihm nun schon gut genug ginge. Die Hochkonjunktur der rundum emporwachsenden Ringstraßenwelt ließ ihn das eigene Elend besonders klar erkennen. Er erfaßte den ökonomischen Begriff »Mehrwert« vielleicht nicht, doch er spürte die Auswirkung in seinem Alltag. An genossenschaftliche Selbsthilfe glaubte kaum noch jemand; Hermann Schulze-Delitzsch verlor allmählich seine letzten Anhänger. Dagegen besaß die I. Internationale in Österreich schon über 13.000 Mitglieder. Die im Hinterzimmer der Witwe Kunigunde Strobl redigierte »Volksstimme« war nun schon sechsmal erschienen; allen Polizeischikanen zum Trotz. Sie predigte statt der wirtschaftlichen die politische Selbsthilfe durch allgemeines Wahlrecht und das Koalitionsrecht zu freien Gewerkschaften. Die Grenzstation Bodenbach war für Wilhelm Liebknecht kein unüberwindliches Hindernis, um im Juli 1869 nach Wien zu gelangen. In Massenversammlungen rief er die Arbeiterschaft zur Teilnahme an der Gründung einer deutschen Sozialdemokratischen Partei auf. Die Grenzstation Bodenbach hinderte auch Heinrich Oberwinder und Andreas Scheu nicht, im August zur Teilnahme am Gründungskongreß nach Eisenach zu gelangen. Sie beriefen sich dort auf das Mandat von hunderttausend österreichischen Arbeitern. Das Eisenacher Programm wurde von ihnen mitbeschlossen.

Staatsanwalt Ritter von Schmeidel bestätigte ihnen später, sie hätten in Eisenach eine »hervorragende Rolle« gespielt. Ehrend war diese Einschätzung nicht gemeint, im Gegenteil. Das Eisenacher Programm konnte mit seinen ersten beiden Punkten die Zustimmung der Staatsanwaltschaft wirklich nicht erringen:

»Die sozialdemokratische Arbeiterpartei erstrebt die Errichtung des freien Volksstaates. Jedes Mitglied der Partei verpflichtet sich, mit ganzer Kraft dahin einzutreten, daß die im höchsten Grade ungerechten heutigen politischen und sozialen Verhältnisse mit der größten Energie bekämpft werden.«[17]

In den Augen der k. k. Staatsanwaltschaft konnte mit einem »freien Volksstaat« nur die Republik gemeint sein. Eine Partei zu gründen und zu organisieren, die den Kaiserstaat also in eine Republik umwandeln wolle, war folgerichtig Hochverrat. Paragraph 58b des Strafgesetzes!

Ministerpräsident Graf Taaffe wurde am 13. Dezember 1869 mit den Hochverrätern, wie der Staatsanwalt sie nannte, und die laut Sigmund Mayer wie jeder andere anständige Mensch aussahen, persönlich konfrontiert. In Massen sogar. Die größte Demonstration in den Straßen Wiens seit 1848. Am 13. Dezember 1869 versammelten sich 20.000 Arbeiter auf dem Paradeplatz, jenem Schandfleck Wiens, den Bürgermeister Felder dem Kaiser für den Bau von Rathaus, Parlament und Universität abluchsen wollte. Die Organisation der Kundgebung funktionierte mit perfekter Geheimhaltung. Die Polizei bekam von ihren sonst so emsigen Informanten nicht den geringsten Hinweis. Die Behörden wurden vom militärisch disziplinierten Aufmarsch der Kolonnen restlos überrascht. Jeder Einsatz der Exekutive wäre zu spät gekommen. Er war auch nicht erforderlich. Die Massen marschierten ruhig, mit geradezu gravitätischer Feierlichkeit, zum Reichsratsgebäude, dem immer noch provisorischen Holzbau an der Währinger Straße. Es mußte für die Bürger der Stadt ein unheimlicher Anblick sein, wie 20.000 Menschen innerhalb kürzester Zeit förmlich aus dem Nichts auftauchten, merkbar von einer Zentrale dirigiert und im Zaum gehalten.

Das war kein Pöbel aus Zobels Bierhalle, wie es das verzerrte Bild des Innenministers Giskra glauben machen wollte. Nicht nur Sigmund Mayers Zeugenbericht bestätigte es, auch auf längst vergilbten Fotografien von anno dazumal zeigen sich die Arbeiter keineswegs als Vagabunden. »Ärmlich, aber sauber«, hieß es in den Dienstbotenromanen der Zeit, wenn von solchen Leuten die Rede war. Die Mitglieder der Arbeiterbildungsvereine ließen sich ebenso gerne fotografieren wie die Angehörigen der Bürgerklubs, als Honoratioren ihrer Klasse. Mit Kragen und Krawatte, auch wenn das saubere Hemd vielleicht ihr einziges war. Und mancher trug den Stößer, wenn er sich einer Demonstration anschloß.

Für das Wiener Bürgertum mußte der Anblick deshalb nicht weniger furchterregend gewesen sein. Die Drohung ging von der Zahl aus. 20.000 Proletarier, rund um das Reichsratsgebäude versammelt!

Graf Taaffe, der als Kind mit dem kleinen Franz Joseph gespielt hatte, ein in der Hofgesellschaft des Vormärz aufgewachsener Feudaler, sah sich an diesem 13. Dezember 1869 dem Proletariat zum ersten Male in seinem Leben hautnah gegenüber. Er mochte an die Aprilnacht 1848 gedacht haben, als randalierende Studenten sich einen Spaß daraus machten, seinen alten kranken Vater, den Justizminister Patrick Taaffe, mit Katzenmusik und eingeschlagenen Fensterscheiben zum Rücktritt zu treiben. Die zehnköpfige Deputation, die in das Reichsratsgebäude geschickt wurde, sah anders aus, und sie benahm sich auch anders. Keine Gewalt. Kein Lärm. Eisige Höflichkeit, aber von Unterwürfigkeit keine Spur. Den drei Männern, die Taaffe schließlich zu sich vorließ, waren die Intelligenz, ihr Selbstbewußtsein und der Ernst ihres Anliegens anzusehen.

Es waren die alten Forderungen. Allgemeines Wahlrecht, Koalitionsrecht, Versammlungsfreiheit.

»Was Sie da machen, ist Revolution!« antwortete der Ministerpräsident. Taaffe soll geschlottert haben, doch das entsprach nicht seinem sonstigen Verhalten in Krisensituationen, und in Zwangslagen kam der Vertraute des Kaisers im Verlaufe langer, treuer Dienste oft genug.

Die von der Deputation überreichten Forderungen kündigten jedenfalls an, das Proletariat beabsichtige, »wiederholt und in größeren Massen zu erscheinen, um seinen Willen kundzugeben«.[18]

Staatsanwalt Ritter von Schmeidel sah in dieser Ankündigung den Tatbestand der gefährlichen Bedrohung. Zu einer weiteren Demonstration kam es zunächst nicht. Am 21. Dezember griff die Polizei zu. Die Mitglieder der zehnköpfigen Deputation und einige weitere Arbeiterführer wurden festgenommen. Den Heinrich Oberwinder holte man aus der Wohnung der Damen Strobl. Hartung entkam durch die historisch gewordene Hintertür. Das in der Ein-Zimmer-Redaktion beschlagnahmte Material lieferte Ritter von Schmeidel die Unterlagen für seine Anklage.

Fast sieben Monate nach der Massendemonstration rund um den Reichsrat begann der Prozeß. Vom 4. bis zum 13. Juli 1870 standen 14 Angeklagte vor dem »Galgensenat« des Straflandesgerichts Wien. Den Namen bezog der Gerichtshof von den Paragraphen 58 und 59 des Strafgesetzes, die als Höchststrafe für Hochverrat den Tod vorsahen.

Die Garnison stand in Bereitschaft, in der nahen Alserkaserne hatten die Soldaten scharfe Munition gefaßt. Die Polizei war uniformiert und in Zivil rund um das Straflandesgericht im Alarmzustand. Das Aufgebot erwies sich als überflüssig. Nur ein paar hundert Menschen, die als Proletarier eingestuft und dementsprechend wachsam beobachtet wurden, tauchten vor dem Gerichtsgebäude auf. Die Verhandlung war öffentlich, doch der Zuschauerraum faßte nur knapp fünf Dutzend Personen, vom Richtertisch, den Plätzen der Angeklagten und ihrer Verteidiger sowie den Sesseln für die Journalisten durch eine Holzbarriere getrennt. So fanden die meisten Ankömmlinge keinen Einlaß mehr, verteilten sich auf die Gasthäuser rundum oder ließen sich auf dem Gelände des Paradeplatzes nieder.

Es war ein heißer Hochsommertag, dieser 4. Juli 1870.

Man darf sich nicht vorstellen, daß die Bürgerwelt der Hauptstadt den Beginn des Hochverratsverfahrens spannungsgeladen erwartet, die zehntägige Verhandlung dann erregt über die dort stattgehabten Enthüllungen verfolgt und die Urteile schließlich mit Triumphgefühlen begrüßt hätte. Die Massendemonstration vom 13. Dezember 1869 war ein Schock gewesen, der Prozeß schien nur noch ein Abgesang. Die Staatsgewalt hatte repressiv zugeschlagen und damit den Anfängen gewehrt. So ernst sah die ganze Geschichte jetzt also nicht mehr aus. Mochten die Zeitungen auch spaltenlange Prozeßberichte veröffentlichen, ihre Leser hatten nicht das Gefühl, Zeugen des historischen ersten Auftritts einer neuen, weltbewegenden Kraft auf Wiener Boden zu sein.

Der ganze Prozeß stand ohnehin im Schatten scheinbar größerer Ereignisse. Im deutsch-französischen Spannungsfeld konnten jeden Augenblick die Feindseligkeiten ausbrechen und die Rachegelüste für Sadowa die Monarchie in einen neuen Krieg hineinreißen. Am 6. Juli, dem dritten Verhandlungstag im Hochverratsprozeß, gab der französische Außenminister Gramont in der Pariser Kammer eine Regierungserklärung in so drohendem Tonfall ab, daß nur noch das sprichwörtliche Wunder den Frieden retten konnte.[19] Der französische General Barthélemy Lebrun war schon Mitte Juni in Wien, Feldmarschall Erzherzog Albrecht hatte mit ihm verhandelt, schließlich sogar der Kaiser selbst. Schon wurde im Detail von Truppenstärken und Mobilisierungstagen gesprochen. Die k. u. k. Armee könnte bis zum 1. September eine halbe Million Mann stellen. Die Militärs, mit dem Kriegsminister Franz Freiherr von Kuhn an der Spitze, waren ausgesprochen kriegsfreudig. In Steyr hatte der Armaturenfabrikant Josef Werndl zusammen mit seinem Bruder Franz und dem Werkmeister Karl Holub einen Hinterlader konstruiert, der dem preußischen Zündnadelgewehr gleichwertig schien. Seit 1867 war in Steyr die Produktion von hunderttausend Werndl-Gewehren angelaufen. Das machte den österreichischen Generälen Mut. Albrecht sah sich schon einem französischen Oberbefehlshaber auf einem süddeutschen Schlachtfeld die Hand reichen.

Franz Joseph allerdings zögerte. Die innenpolitische Lage war schlimm. Nicht wegen der proletarischen Massen in seiner Hauptstadt; die bereiteten dem Kaiser in diesem Sommer 1870 die geringsten Sorgen. Böhmen machte ihm angst, der deutsch-tschechische Konflikt. In der ersten Hälfte 1870 hatte Franz Joseph schon wieder zwei Regierungen verbraucht. Im Jänner gab der slawenfreundliche Graf Taaffe seine verzweifelten Bemühungen auf, die Mitarbeit der Deutschliberalen im Reichsrat zu gewinnen. Jetzt versuchte es der Kaiser mit einem neuen Bürgerministerium; Regierungschef wurde der bisherige Kultus- und Unterrichtsminister Leopold Hasner von Artha. Die deutschliberale Reichsratsmehrheit hatte der Tschechenfresser Hasner jetzt zwar hinter sich, dafür verließen nun die slawischen Abgeordneten das Parlament, die Deutschklerikalen schlossen sich dem Exodus an. Hasner, das war schließlich der Mann, der die Hauptarbeit bei der Liquidation des Konkordats geleistet hatte! So hatte Franz Joseph wieder ein handlungsunfähiges Ministerium. Am 4. April trat Hasner zurück.[20] Der Kaiser holte den Grafen Alfred Potocki aus Polen; der bildete ein Ministerium aus hohen Staatsbeamten, das weder mit den Deutschen noch mit den Slawen zu Rande kam. Im Mai wurden der Reichsrat und die Landtage aufgelöst, Neuwahlen ausgeschrieben – in dieser Situation sollte sich Franz Joseph auf das Abenteuer eines neuen Krieges gegen Preußen einlassen?

Daß die Wiener Bürger dem zehntägigen Hochverratsprozeß im Straflandesgericht in solchen Zeiten nicht die gebührende Aufmerksamkeit schenkten, lag auf der Hand. Die Proletarier waren zwar interessiert, doch Zeitungslektüre war damals noch nicht jedermanns Sache in den Arme-Leute-Vierteln von Wien, und die Presseberichterstattung war trotz ihrer Ausführlichkeit nicht dazu angetan, ein proletarisches Leserherz zu erfreuen. Das Verfahren war als politischer Prozeß gedacht, und es blieb ein politischer Prozeß. Von den jämmerlichen Lebensumständen der Arbeiterschaft wurde kaum gesprochen. Zehn Tage lang ging es immer wieder um die Frage, ob ein »freier Volksstaat« nun eine Republik sei oder nicht, ob das sozialdemokratische Programm von Eisenach die Revolution zum Ziel habe, ob die Massendemonstration vor dem Reichsratsgebäude und die Vorsprache bei Taaffe den Tatbestand der öffentlichen Gewalttätigkeit erfülle.

So bekam der Prozeß erst nachträglich seine historische Bedeutung. Das Verhandlungsprotokoll der zehn Prozeßtage liest sich heute noch als geschichtliche Aufbereitung der Geburtswehen der Arbeiterbewegung.[21]

Von den 14 Angeklagten waren zwölf gelernte Handwerker, nur Heinrich Oberwinder und Friedrich Pfeiffer figurierten als Berufsjournalisten. Die meisten waren junge Leute; Oberwinder war 24, Andreas Scheu 26, lediglich der Eisenhobler Josef Schönfelder, Arbeiter in der Westbahnwerkstätte, hatte das 50. Lebensjahr schon erreicht. Drei Angeklagte stammten aus Deutschland, neben Oberwinder noch die besonders aktiven »Hochverräter« Johann Most und Heinrich Gehrke – das gab dem Staatsanwalt die Handhabe, das ganze Unternehmen der ersten sozialdemokratischen Parteigründung in Österreich als einen vom Ausland gesteuerten Umsturzversuch aufzufassen.

Darum ging es schließlich. Um die Parteigründung. Staatsanwalt Ritter von Schmeidel begriff es. Wehret den Anfängen! Die Angeklagten bekannten sich dazu; keiner versuchte, sich herauszureden. Proletarierstolz vor dem Bürgergericht! Wer heute das Verhandlungsprotokoll liest, ist sicherlich überrascht vom Bildungsniveau und von der Redegewandtheit dieser einfachen Arbeiter, die zumeist nur die Elementarschule besucht hatten und die den Studierten im Richtertalar und dem Ankläger in der rotpaspolierten Robe jederzeit und in jeder Hinsicht gewachsen waren.[22] Zur nachträglichen Ehre des in der Literatur der Arbeiterbewegung weidlich gescholtenen »Galgensenats« muß gesagt werden, daß Richter und Staatsanwalt die intellektuelle »Waffengleichheit« respektierten. Das lag schon in der Natur des Prozesses: Wollte man ernsthaft auf Hochverrat erkennen, mußte man die Hochverräter ernst nehmen.[23]

In den Urteilen spiegelte sich schließlich die widersprüchliche Haltung zum ganzen Vorgang. Dem Gericht und dem Staatsanwalt ging es offensichtlich mehr um Verdammnis der Gründung einer Sozialdemokratischen Partei und weniger um die Bestrafung der Gründer. So ging der Senat unter Anwendung des außerordentlichen Milderungsrechts unter die gesetzlich vorgesehenen Mindeststrafen von zehn Jahren herab. Oberwinder bekam sechs Jahre, Andreas Scheu, Johann Most und Johann Pabst je fünf Jahre schweren, verschärften Kerker. Die anderen Angeklagten kamen mit einigen Monaten Kerker relativ billig davon – billig in Relation zur sonstigen Spruchpraxis der Galgensenate.

Das Protokoll vermerkte: »Große Bewegung im Auditorium.«

Der aufmerksame Beobachter Sigmund Mayer begriff die ganze Tragweite des Hochverratsprozesses, wenn er schrieb, das Verfahren habe »die Aufmerksamkeit aller politischen Kreise notwendig gelenkt auf die Arbeiterbewegung in Wien, auf die Erscheinung der sozialen Frage unter uns«.[24]

Die allgemeine Erkenntnis, was da auf die bürgerliche Welt zukam, setzte sich allerdings nur zögernd durch. Die Ablenkung des Augenblicks war zu groß. Sechs Tage nach dem Urteilsspruch, am 19. Juli 1870, begann der Krieg zwischen Frankreich und Preußen sowie dessen verbündeten deutschen Staaten. Die Donaumonarchie erklärte sich neutral, auf massives, fast drohendes Drängen des ungarischen Ministerpräsidenten Andrássy hin. Keine Rache für Sadowa! Nach dem preußischen Siegeszug unter Moltkes Führung war Franz Joseph sicherlich froh über diesen Verzicht.

Der deutsch-französische Krieg blieb dennoch nicht ohne Auswirkungen auf Österreich-Ungarn. Von der Kriegsentschädigung, die Frankreich an Deutschland zahlen mußte – fünf Milliarden Goldfrancs in drei Jahren –, floß auf dem Weg der wirtschaftlichen Beziehungen ein beträchtlicher Teil der ersten Rate nach Wien und heizte das Spekulationsfieber an der Wiener Börse weiter an. Nicht nur französisches Geld floß auf dem Umweg über Berlin an die Donau.

So mancher französische Radikale, der nach dem Zusammenbruch der Pariser Kommune im Mai 1871 flüchten mußte, tauchte hier unter. Bei der Donauregulierung wurde nicht lange gefragt, woher ein Erdarbeiter kam. Mit diesen Kommunarden und ihrer Revolutionsbotschaft aus Paris aber kam zugleich neuer Schwung in das durch den Hochverratsprozeß vorübergehend seiner Führerschaft beraubte Wiener Proletariat.

Kapitel 6 Glücksucher auf allen Wegen

Als Hugo von Hofmannsthal 1893 in den Salon der alten Baronin Sophie Todesco eingeführt wurde, hatte der großbürgerliche Weg nach oben in Wien seinen Zenit erreicht. Hofmannsthal kam gerade zurecht, um das Resultat eines Vierteljahrhunderts in Augenschein zu nehmen. Seit der österreichischen Neuordnung von 1867 hatte der Liberalismus seine ökonomische und seine kulturelle Aufgabe vollendet: die kapitalistische Industrialisierung und den Ringstraßenbau. Die nationalen und die sozialen Aufgaben der Zeit waren unbewältigt geblieben.

Hofmannsthal hatte eben erst maturiert. Nun studierte er Jus an der Wiener Universität. Die Stammgäste des Cafés Griensteidl auf dem Michaelerplatz, die neue Literatengeneration mit Hermann Bahr und Arthur Schnitzler an der Spitze, blickten mit größtem Wohlwollen auf den heranwachsenden jungen Lyriker. Das Griensteidl lag gegenüber dem Kuppelbau der Hofburg, der eben, neubarock, in Fertigstellung war, an Stelle des alten, längst abgerissenen Burgtheaters. Dorthin hatten die Eltern Hofmannsthal, ein Bankdirektor und eine Notarstochter, den hoffnungsvollen Sprößling persönlich gebracht, wie man ansonsten sein Kind einem Handwerkermeister in die Lehre zu geben pflegte. Wenn man, wie die Hofmannsthal, über ausgezeichnete Verbindungen in der Wiener Gesellschaft verfügte, schien es ein natürlicher Vorgang. Der Kritiker Karl Kraus, gleichaltrig mit Hugo Hofmannsthal, ebenso aus gutem Haus und bald darauf ebenfalls Stammgast im Griensteidl, hat dieses erste Auftreten des Jünglings auf der Wiener literarischen Szene später mit ätzendem Spott geschildert.[1] An Mamas Hand, getragen vom väterlichen Geld. Wenn der Bub schon ein Dichter werden will, gibt man ihn ins Griensteidl zu den dort domizilierenden anderen Herren Dichtern. Da kann er was lernen!

Der Bub war damals erst sechzehn; er besuchte das Akademische Gymnasium, die Pflanzstätte großbürgerlichen Nachwuchses. Im Theresianum ging es strenger zu; dort hatte Karl Lueger maturiert. Das Schottengymnasium, die dritte renommierte Anstalt, war den meisten liberalen Bürgern zu klerikal, obwohl die Patres dort sogar Juden aufnahmen, wie den Prager Kaufmannssohn Viktor Adler. Im Griensteidl begeisterte sich Hermann Bahr schon sehr bald an dem heranwachsenden lyrischen Talent Hofmannsthal: »Goethe auf der Schulbank!« Für Karl Kraus war ein solcher verschmockter Vergleich ein gefundenes satirisches Fressen. Der frühe Ruhm des Wunderknaben verblich jedoch keineswegs mit den Jahren. Im Gegenteil. Hugo von Hofmannsthal war jener Wiener Dichter, von dem sich Thomas Mann bei seinem Wiener Aufenthalt 1908 am stärksten beeindruckt zeigte.[2] Der englische Dramatiker John B. Priestley beschäftigte sich 1960 in seinem Buch »Der Europäer und seine Literatur« mit Hofmannsthal als dem einzigen Dichter der Wiener Jahrhundertwende biographisch und werkkritisch; die übrige Wiener Szene tat er summarisch in einem Absatz ab.[3]

Dabei hat Hofmannsthals großer Beitrag zum Zeitgemälde der Ringstraßenepoche die Öffentlichkeit nicht erreicht: Der »Roman des inneren Lebens« wartet im Nachlaß.[4] Er ist ein Fragment und zeigt, daß kein anderer Zeitgenosse so nahe daran war wie Hugo von Hofmannsthal, die Ringstraßen-Buddenbrocks oder eine Wiener Forsythe-Saga zu schreiben.

In den Salon der Baronin Todesco paßte der junge Hofmannsthal schon seiner großbürgerlichen Herkunft nach. Bereits in den sechziger und siebziger Jahren hatte die Dame aus der Bankiersdynastie eine Familientradition fortgesetzt. Bei Eduard Todesco waren schon 1848 die politischen und literarischen Größen ihrer Zeit zu finden gewesen; die Minister Baron Doblhoff und Dr. Alexander Bach, Theodor Hornbostel und Eduard von Bauernfeld. Jetzt war die Witwe Todesco bestrebt, ihren Salon mit zeitgenössischen Berühmtheiten und jungen Genies ebenso verschwenderisch auszugestalten, wie Theophil Hansen das ganze Palais Todesco Ecke Kärntnerstraße-Walfischgasse dekoriert hatte; für die Kunstgeschichte sind Hansens Innenräume in diesem Gebäude die Musterbeispiele für den Ringstraßenstil, wie er der Lebensart hochgekommener Geldwechsler, Ziegelbrenner, Seidenweber, Seifensieder und Bierbrauer entsprach.[5] In diesem Palais Todesco lernte der junge Hofmannsthal, auch nicht gerade aus armem Haus, die Spätblüte der Ringstraßenzeit kennen, die Welt des etablierten Reichtums in einem Ausmaß, wie man sich ihn heute, ein Jahrhundert später, kaum noch vorzustellen vermag. Auf der anderen Seite der Straße, der Oper schräg gegenüber, starb im selben Jahr 1893 in seinem Palais der Bankier Moritz Freiherr von Königswarter unter Hinterlassung eines Privatvermögens von fast 21 Millionen Gulden. Wieviel Geld das war, läßt sich daran ermessen, daß die Gesamteinnahmen im Budget der k. k. Haupt- und Residenzstadt Wien für 1892 knappe 31 Millionen ausgemacht hatten.

Die Königswarter waren über die Wertheimstein, die Associés des Hauses Rothschild, mit den Todesco und den aus Brünn stammenden Gomperz verschwägert. Eduard Todesco hatte Sophie Gomperz geheiratet, Leopold von Wertheimstein deren Schwester Josefine, und Wertheimsteins Schwester wiederum den Moritz Königswarter. Geld hatte sich mit Geld verehelicht; beim Familientreffen saßen an die hundert Millionen Gulden an einem Tisch. Die gesamten Staatsbauten an der Ringstraße hatten 110 Millionen Gulden gekostet. Im Palais Todesco schlug einmal Theophil Hansen bei einem Festbankett Krach, weil ihm das aufgelegte Tischtuch mißfiel. Der Architekt schimpfte über den »scheußlichen Lappen«, den man in »sein Zimmer« gehängt hatte: »Sie verschandeln mir's ganze Lokal«, schrie er den Hausherrn an. Das Tischtuch mußte entfernt werden, um den Künstler zu besänftigen.[6]

Für eine Aufführung von »Lebenden Bildern« im Winter 1893 schrieb Hofmannsthal den Sprechertext. Die Entwürfe für seinen Roman dürfte er der Hausfrau nicht vorgelesen haben. Sie wurde darin als »jüdische Herzogin von Weimar« bezeichnet. Die Verwandtschaftsverhältnisse der verschwägerten Millionärsfamilien, sonst nur für Handelsregister und Verlassenschaftsakten wichtig, lieferten dem jungen Dichter den Hintergrund seines politischen, ökonomischen und kulturellen Zeitgemäldes. Auf einem von Hofmannsthals Zetteln steht als Kennzeichnung für einige der Gestalten, die sich vor seinen aufmerksamen Blicken in der Hansen-Dekoration des Palais Todesco bewegten: »Glücksucher auf allen Wegen.« Mehr als aus den meisten anderen literarischen Hinterlassenschaften dieser Zeit ist aus diesen wenigen Worten das Wesen der Menschen herauszulesen, die im letzten Drittel des 19. Jahrhunderts die Ringstraßenszenerie der Donaumetropole bevölkerten. Die »Glücksucher«: Das revolutionäre Bürgertum vom März 1848, das seine Niederlage von damals mit dem Sturz des Neoabsolutismus, mit der Dezemberverfassung von 1867 ausgelöscht hatte. 1893, als Hugo von Hofmannsthal diese Welt besichtigte, war das Ende des Aufstiegs schon da. Politisch: Zwei Jahre später verloren die Liberalen die Mehrheit im Wiener Gemeinderat; Dr. Karl Lueger wurde zum ersten Male zum Bürgermeister gewählt. Kulturell ebenso: 1894 wurde Otto Wagner als Architekturprofessor an die Wiener Akademie der bildenden Künste geholt. Die Berufung kennzeichnete den Sieg des Jugendstils über den Ringstraßengeist. Gustav Klimt wurde bei der Besetzung der Professur für Historienmalerei noch übergangen, obwohl er primo loco auf dem Dreiervorschlag des Professorenkollegiums stand.

Das Bürgertum mit seinem Liberalismus hatte auch ökonomisch seine Entwicklung abgeschlossen. Wien stand an der Schwelle der Moderne in jeder Hinsicht. Der Philosoph Bertrand Russell schrieb: »Zwei Männer haben in der Erschaffung der modernen Welt Größtes geleistet: Rockefeller und Bismarck. Der eine widerlegte auf dem Felde der Wirtschaft, der andere auf dem der Politik den liberalen Traum vom universellen Glück durch individuellen Wettbewerb; an seine Stelle setzten sie das Monopol und den Einheitsstaat . . .«[7] Russell, Nobelpreisträger von 1950, gestorben 1970, stellte einen Tatbestand fest, begeistert von der modernen Welt war er nicht.

In Wien hielt die moderne Welt im November 1892 Einzug: Das erste Automobil fuhr durch Wien. Gottlieb Daimler stellte sein Produkt den Behörden zur Begutachtung vor. Eine Kommission aus Vertretern des Magistrats, der Polizei und der Bezirksvorstehung des 1. Bezirks kam zu dem Ergebnis, das Fahrzeug könne zum öffentlichen Gebrauch zugelassen werden, zunächst allerdings nur außerhalb des dichtverbauten innerstädtischen Gebiets, »bis das Publikum sich an den Anblick eines so neuartigen Wagens gewöhnt« habe. Ein »Daimler« kostete damals 1800 Gulden; das entsprach dem drei- bis vierfachen Jahresverdienst eines Facharbeiters. Nur in der höchstbezahlten Branche, bei den Pflasterern, hätten zwei Jahresverdienste ausgereicht.

Die Ringstraße war zu diesem Zeitpunkt fast fertig. An Großbauten sollte nur noch das Kriegsministerium nachkommen. Bis 1893 hatte der Stadterweiterungsfonds an private Bauherren Grundstücke im Wert von fast 60 Millionen Gulden verkauft. Seit 1881 gab es Telefon in Wien. Seit 1883 fuhr die Dampftramway. Im Winter wurde schon die Salzstreuung angewendet, um ein Einfrieren der Weichen zu verhindern. Fortschritt auf allen Schienen- und sonstigen Wegen! Jetzt kam auch noch das Automobil als der Glücksucher zukünftig liebstes Kind.

Mehr als ein Vierteljahrhundert war vergangen, seit Siegfried Marcus mit seinem ersten Selbstfahrfiaker in der Mariahilfer Straße ganze 200 Meter bewältigt hatte. Marcus war offenbar selbst nicht von seiner Erfindung überzeugt gewesen; er verzichtete darauf, sie weiter zu entwickeln. Erst 1884, als der Maschinenbauer Nikolaus Otto aus Holzhausen in Nassau die erste elektrische Zündung für flüssige Brennstoffe baute, bekam das Automobil seine Chance, zur Geißel der Menschheit zu werden. Ein Teufelsgeschenk hexenmeisterischen Erfindergeists, das man – einmal in die Welt gesetzt – nicht mehr loswerden konnte. Keine andere Erfindung bis zur Nutzung der Kernenergie hat das Leben der Menschen und das Gesicht ihrer Städte, das Bild der Landschaft so nachhaltig geprägt wie das Automobil. Nikolaus Otto konnte die Folgewirkung seines Produkts nicht voraussehen; dazu reichte die menschliche Phantasie nicht aus. Hätte er andernfalls auf seine Erfindung verzichtet? Die Kernspalter, die die erste Atombombe bauten, waren sich über die Folgen durchaus im klaren; trotzdem haben sie weitergemacht.

In der zweiten Hälfte des 19. Jahrhunderts jedenfalls erträumte sich die menschliche Vorstellungskraft alles noch größer, noch schneller, noch schöner, in der felsenfesten Überzeugung, das Leben würde dadurch noch lebenswerter. Eben kein Jammertal, sondern ein Paradies.

1865, bei der 500-Jahr-Feier der Wiener Universität, klagte der Rektor, der große Anatom Josef Hyrtl, in seiner Festrede den allenthalben immer stärker um sich greifenden Materialismus an. Seine Ansprache löste einen Skandal aus; in der liberalen Presse wurde der Gelehrte heftig attackiert, als Reaktionär gescholten. Hyrtl, der Fortschrittsfeind! Der himmelstürmende Fortschrittsoptimismus war die stärkste Antriebskraft der Glücksucher. Damals trat jener Geist des ökonomischen Materialismus, des wissenschaftsgläubigen Naturalismus und die unerschütterliche Überzeugung die Herrschaft an, daß sich mit Hilfe von Forschung und Technik die Erde tatsächlich in ein Paradies verwandeln ließe.

Das Glück schien nicht mehr zufällig, kein Göttergeschenk, sondern der verdiente Lohn, greifbar für jeden, der nur tüchtig genug war. Das Glück ließ sich erarbeiten, verdienen, bezahlen! Das Vierteljahrhundert bis zu Hofmannsthals Bestandsaufnahme im Palais Todesco legt Zeugnis für diese Geisteshaltung ab.

Als Symbolhandlung konnte die 1870 in Angriff genommene Donauregulierung gelten. Als Folge der Bauarbeiten, zur Erleichterung des Materialtransports auf den Schotterkähnen, wurden zwei Bäder geschlossen. Das »Neue Wiener Tagblatt« schrieb dazu: »Die dem Schüttel nächstgelegenen Bezirke Weisgärber, Landstraße und Erdberg besitzen eine Fabriksarbeiterbevölkerung von mindestens dreißigtausend Köpfen und es war seit Jahren zu beobachten, daß während des Hochsommers täglich Frühmorgens Hunderte von Arbeitern, die den ganzen Tag über in dumpfen Fabrikslokalen zubringen müssen, diese billigen Bäder benützten. Jetzt sind die Schüttelbäder gesperrt und die Leute, die nach Sonnenaufgang dahin kommen, sind von der Notwendigkeit der Schließung durchaus nicht überzeugt, sondern geben ihrem Unmute durch turbulente Szenen Ausdruck . . . Die Bädernot in Wien ist überhaupt ein Gegenstand, dem schon aus sanitären Rücksichten die Aufmerksamkeit der Behörden zugewendet werden sollte . . .«[8]

Die Behörden reagierten nicht auf diesen Appell. Die Polizei zeigte sich lediglich daran interessiert, unter der Arbeiterschaft auf den Baustellen Unruhestifter herauszufinden. Dabei hatte man es besonders auf Zuwanderer aus Frankreich abgesehen, die man für Kommunarden hielt. Die bürgerliche Welt wollte sich ihre Meisterleistung nicht gefährden lassen. Nach Jahrtausenden notorischer Überschwemmungskatastrophen bekam nun die Donau ein neues Flußbett. Menschliche Technik besiegte die Natur!

Der Siegeszug der Industriechemie begann. 1856 war dem englischen Studenten Henry William Perkin die Herstellung der ersten synthetischen Anilinfarbe aus Teer gelungen. 1862 konstruierte der Franzose Ozanam eine Spinndüse zur Erzeugung künstlicher Textilfasern aus gelösten Seidenabfällen. Als 1869 in den Vereinigten Staaten ein Preisausschreiben veranstaltet wurde, um billiges Ersatzmaterial für Elfenbein zur Herstellung von Billardbällen zu finden, experimentierte der Fotograf John Wesley Hyatt mit Kollodium, das damals für Lichtbilder verwendet wurde. Aus gelöster Kollodiumwolle, als »Schießbaumwolle« bekannt, und Kampfer erzeugte Hyatt den ersten wirklichen Kunststoff des Industriezeitalters: Zelluloid.

Das war das Ziel: Massenproduktion von Gebrauchsgütern aus billigem Material. Dem menschlichen Erfindergeist schien nichts unmöglich. Die Naturwissenschaft, seit Darwins Evolutionstheorie dem religiösen Lehrgebäude von der Einmaligkeit der Schöpfung durchaus abhold, hielt sich in dem einen Punkt sehr wohl an ein Bibelwort: »Macht euch die Erde untertan.« Daß man sie nicht zerstören dürfe, lasen die Techniker nicht aus der Heiligen Schrift heraus. Noch im Duden von 1958, 14. Auflage, erster, verbesserter Neudruck, ist das Wort »Umweltschutz« nicht verzeichnet.

Haben unsere Vorfahren, die Glücksucher, die falsche Welt gebaut?

Die Glücksucher und die von ihnen gestaltete Gegenwart der siebziger und achtziger Jahre des 19. Jahrhunderts fanden keinen zeitgenössischen literarischen Niederschlag von bleibendem Wert. Dem Johann Nestroy hatten die Eisenbahn und der Aufstieg der Neureichen noch Stoff für Biedermeierpossen geliefert,[9] aber Nestroy war 1862 gestorben, und zur Bewältigung der nächsten Jahrzehnte reichte die Posse auch nicht mehr aus. Die große österreichische Dichterin dieser Zeit, Marie von Ebner-Eschenbach, suchte sich für ihr Erzähltalent andere Themen.[10] Wien besaß keinen sozialen Realismus wie Paris; die Stadt und ihre Lebensart brachten keinen Balzac und keinen Zola hervor. Die Wiener schienen den Mangel auch nicht so bedrückend zu empfinden. Der »Tagblatt«-Feuilletonist Friedrich Schlögl ging auch auf diesem Gebiet mit den Zeitgenossen hart ins Gericht: »Meine geehrten Landsleute treiben den Büchersport bekanntlich nur in zahmster Weise und die wenigen bibliothekarischen Dilettanten, welche die Metropole des Backhendltums birgt, gehören zu den kulturhistorischen Kuriositäten. Ja selbst die wohlhabendere Klasse des Bürgerstandes findet es meist überhaupt unbegreiflich, für ein Buch Geld auszulegen . . .«[11]

Die Wiener Theaterszene hatte in dieser Periode auch keinen Henryk Ibsen. Zwischen Bauernfelds letzter und Schnitzlers erster dramatisierter Gesellschaftskritik lag ein Vierteljahrhundert. Bauernfelds »Aus der Gesellschaft« wurde 1867 zum ersten Male aufgeführt. Schnitzler begann 1893 die Niederschrift seines Stücks »Armes Mädel«. Der Titel »Liebelei« fiel ihm erst später ein. Die Zeit dazwischen war jenes Vierteljahrhundert, dem Hofmannsthal dann nach seinem Einzug in den Salon Todesco nachspürte. »Aus der Gesellschaft« könnte man heute wohl nicht mehr aufführen. Eine Operette ohne Musik. Der Fürst heiratete die Gouvernante. Der berühmte Adolf Ritter von Sonnenthal spielte den Fürsten, die nicht weniger berühmte Charlotte Wolter die Dame seines Herzens, die der edle Hocharistokrat allen Klassenvorurteilen zum Trotz ehelicht. Die Premiere war eine Sensation, weniger von der literarischen Qualität als vom Thema her. Das Publikum meinte in der Bühnenfigur des Helden den Fürsten Carlos Auersperg zu erkennen, und der Darsteller Sonnenthal gab sein Bestes, diesen Eindruck noch zu verstärken. »Aus der Gesellschaft« war Bauernfelds letzter und zugleich größter Erfolg. Das Stück blieb bis 1900 auf dem Spielplan.[12]

Mit Bauernfelds »Aus der Gesellschaft« ging auch die Ära Laube am Wiener Burgtheater zu Ende. Die bevorstehende Eröffnung des neuen Opernhauses gab dem Obersthofmeisteramt Anlaß zur Bestellung eines Generalintendanten für die kaiserlichen Bühnen. Der Dichter Friedrich Halm wurde auf diesen neuen Posten berufen; Pseudonym für einen Konservativen mit dem klingenden Namen Eligius Franz Joseph Reichsfreiherr von Münch-Bellinghausen, Hofrat und Herrenhausmitglied. Halm schrieb pathetische Mantel- und Degenstücke voll rasselndem Heldentum, mit einem Hauch von Shakespeare, Schiller und Calderon, geschickt adaptierte Gebrauchsware mit publikumswirksamen Rollen – aber nichts, das geblieben wäre.

Laube legte die Burgtheaterdirektion nieder. Er wollte sich von einem Generalintendanten nichts dreinreden lassen. Bei seiner Berufung hatte Franz Joseph höchstpersönlich dem polizeibekannten Freisinnigen aus dem Vormärz Narrenfreiheit zugesichert; das war 1850 gewesen, als sich der Neoabsolutismus eben etablierte; auf der Burgtheaterbühne hatte der Marquis Posa nach Gedankenfreiheit rufen und Wallensteins Kapuziner seine Predigt in den Zuschauerraum donnern dürfen. Es schien, als wollte der Hof sich in der Periode der Reaktion einen Paradeliberalen halten. Jetzt, 1867, hatte der Liberalismus an allen Fronten gesiegt, da schien es wiederum, als sollten wenigstens die Hoftheater ein Hort des Konservativismus sein.

Das neue Opernhaus wurde 1869 mit Mozarts »Don Giovanni« glanzvoll eröffnet. Die Wiener spotteten immer noch über die »eingesunkene Geldkiste«. Eine Anhebung des Straßenniveaus zu einem Zeitpunkt, als die Fundamente schon vorhanden waren, störte die Proportionen und beeinträchtigte die Auffahrt; die Kritik hatte van der Nüll zum Selbstmord getrieben. Auch Franz Joseph hatte nicht mit abfälligen Bemerkungen gespart; die Folgen erschütterten ihn. Seit damals, wird erzählt, soll er bei kulturellen Anlässen nur noch die stereotype Formel verwendet haben: »Es war sehr schön, es hat mich sehr gefreut.«[13]

Die hohen Kosten in Burg und Oper regten damals schon die Öffentlichkeit auf. In der »Neuen Freien Presse« konnte man folgenden ironischen Bericht lesen: »Die vielbesprochenen Finanzkalamitäten der beiden Hoftheater sind als gründlich beseitigt anzusehen; künftighin wird man der teuersten Coloratur-Sängerin alle Ansprüche ohne Bedenken bewilligen können. Sektionschef Radda hat nämlich, wie uns aus verläßlicher Quelle berichtet wird, eine Finanzmaßregel von unberechenbarer Tragweite getroffen, er hat den Taglohn der Theater-Arbeiter von einem Gulden auf 70 Kreuzer österreichischer Währung herabgesetzt. Wenn man trotz der dadurch angebahnten Ersparnisse nicht allen Wünschen des kunstverständigen Publikums genügen sollte, so tragen offenbar nur die unangemessenen Anforderungen der Künstler die Schuld . . .«[14]

Eröffnungsdirektor des neuen Opernhauses war Franz Freiherr von Dingelstedt, ein Hesse, zuvor Intendant der Hofbühnen in München und Weimar. 1870 übersiedelte er in Heinrich Laubes frühere Direktionskanzlei des Burgtheaters. Dort blieb er bis zu seinem Tode, 1881.

War Laube auch auf der Theaterbühne ein Revolutionär, so blieb Dingelstedt ein vorsichtiger Liberaler. Qualitätsbewußt, nicht himmelstürmend. Grillparzer starb 1872. Der hinterlassene Inhalt der Schreibtischladen in der Fröhlichwohnung lieferte die glanzvolle Premiere des »Bruderzwist«. Die »Jüdin von Toledo« folgte, dann feierte Charlotte Wolter als »Libussa« Triumphe. An den schon berühmten Ibsen wagte sich das Burgtheater nur dort heran, wo er ungefährlich war. »Nordische Heerfahrt« wurde wohl aufgeführt, aber zunächst keine »Stützen der Gesellschaft«, kein »Volksfeind«. »Nora« erreichte das Wiener Publikum nicht über das Burgtheater, sondern über das neue Wiener Stadttheater, 1881.

Das Stadttheater in der Wiener Seilerstätte, das spätere Etablissement Ronacher, war Laubes elegante Rache an der Hoftheater-Intendanz. Heinrich Laube und Max Friedländer von der »Neuen Freien Presse« taten sich 1870 zusammen, um dem konservativen Spielplan des Burgtheaters Paroli zu bieten. Der aus Ungarn stammende Bankier Friedrich Freiherr von Schey, Bauherr eines der schönsten und größten Ringstraßenpalais, Goethegasse 3, ein kunstverständiger Mann und Laubes Freund, stellte sich an die Spitze einer Finanzierungsgesellschaft. Während über die Baupläne für das neue Burgtheater noch gerauft wurde, zauberte der routinierte Theaterarchitekt Ferdinand Fellner, Errichter des hölzernen Reichsratsprovisoriums, in knapp zwei Jahren und mit 1,4 Millionen Gulden Aufwand das neue Haus in der Seilerstätte empor.[15] Als Eigentümer fungierte eine Aktiengesellschaft; und die Aktien waren leicht anzubringen. Die Börsianer wollten ihr eigenes Theater haben. Bürgerstolz auch vor Fürstenbühnen. Alles, was bei Hof anstößig, weil zu fortschrittlich war, fand bei Laube Aufnahme und Aufführung, also auch die »Nora«. Der Premiere ging der schlechte Ruf eines moralischen – treffender gesagt eines unmoralischen – Skandalstücks voraus. Der Durchfall war dann total. Ludwig Held, Kritiker des »Tagblatts«, zeigte sich verwundert: »Man wird begreifen, daß der Zuschauer die Figur einfach für unmöglich ansieht und daß ihr Lamentieren über die schlechten Gesetze, die nicht einmal gestatten, daß man aus Liebe Unterschriften fälschen dürfe, sehr ungläubigen Ohren begegnet.«[16] In der »Neuen Freien Presse« war der Rezensent Hugo Wittmann richtig empört: »Wir haben im Laufe der Zeit viele mißratene Frauengestalten über die Bühne hinken gesehen, aber so eine unausstehlich verschrobene und geistig verkrüppelte Person wie diese Nora des norwegischen Dichters ist uns selten vorgekommen.«[17] Das Witzblatt »Die Bombe« machte sich mehr über die Kritik als über deren Gegenstand lustig, als sie folgenden »Leserbrief« veröffentlichte: »Bei der liebenswürdigen Gewohnheit der gemütlichen, neugierigen Wiener, alles Abnorme zu bewundern, glaube ich für die für mich indirekt gemachte Reklame bestens danken zu sollen. Mit freundlichem Knixe – ›Nora‹, geb. Ibsen.«[18]

In den Jahrzehnten, in denen dem Wiener Bürgertum die eigene Welt so erfreulich schien, fand eine Bühnenfigur, die das System in Frage stellte, eben keine begeisterte Aufnahme.

Das Wien-Bild der Ringstraßenzeit wäre falsch koloriert, wollte man das gesamte Bürgertum, die Wohlhabenden, die Reichen und die Superreichen, als eine homogene Gesellschaftsschicht von bildungswütigen, kunstbesessenen Kulturmäzenen darstellen. »Bürger« im damals gültigen Sinne des Begriffs war man, wenn man das Wahlrecht nach dem Kuriensystem besaß; um 1870 eben knappe vier Prozent der Bevölkerung. »Haus- und Rentenbesitzer im engeren Sinne bilden zusammen die vom Schicksal begünstigte Sippe der Kapitalisten, in der Stadt 15.410 und in den Vororten 3652 Köpfe betragend«, hieß es in der offiziellen Auswertung der Volkszählung von 1870 für Wien. »Wenn ma a Büch'l amal g'lesen hat, was tut ma damit?« registrierte Friedrich Schlögl als lokale Lebensregel in der »wohlhabenden Klasse des Bürgerstandes« und zitiert weiter: »'s bleibt a 'nausg'worfen's Geld!« Als Dr. Zelinka starb, gab es in der Wählerschicht der Haus- und Rentenbesitzer eine spürbare Stimmung gegen den selbstverständlich scheinenden Nachfolger Dr. Cajetan Felder: Man wollte keinen »Doktor-Bürgermeister« mehr. Man bekam ihn doch.

Die Ringstraßenbarone bildeten nur eine dünne Oberschicht; die Ausnahme von der Regel, wenn diese Ausnahme auch das Bildnis der Epoche prägte: ein Baron Schey, der ein Theater für das Bürgertum zu seiner kulturellen Aufgabe wählte; der Großindustrielle Friedrich Freiherr von Leitenberger, der den ihm persönlich unbekannten jungen Bildhauer Victor Tilgner in sein Palais lud und ihm Geld für eine Studienreise nach Italien in die Hand drückte; die Todesco mit ihrem Salon; der Rothschild-Kompagnon Leopold von Wertheimstein, der für seine Tochter Franziska die Döblinger Villa aus dem Nachlaß des Tuchfabrikanten Arthaber kaufte, samt lebendem Inventar. Dieses lebende Inventar war Eduard von Bauernfeld, zeitlebens Nutznießer kulturell ambitionierter Kost- und Quartiergeber. Zuerst lebte er im Landhaus in der Herrengasse, in der Dienstwohnung seines Freundes Baron Doblhoff.[19] Dann fand er dauernde Gastfreundschaft bei Rudolf von Arthaber. Als Franziska von Wertheimstein einzog, behielt sie Bauernfeld, und Bauernfeld behielt sein Wohnzimmer bis zu seinem Tode. Sein Erbe als literarisches Inventarstück trat Ferdinand von Saar an. In Hofmannsthals Aufzeichnungen tauchte die gutmütige, wohltätige, aber wirklichkeitsfremde Franziska unter der Charakteristik »lebensunfähig, weiße Wand« auf.

Leitenberger wiederum sammelte Berühmtheiten, wie viele seiner Standesgenossen aus der Ringstraßenaristokratie Kunst sammelten. Er wollte zu seinem vielen Geld auch »die Lieblinge von Wien zu Freunden haben«.[20] Der Baumwollfabrikant und Großgrundbesitzer Nikolaus Dumba, ebenfalls ein Ringstraßenanrainer, betrachtete den Wiener Männergesangsverein als sein liebstes

Kind, sang selbst begeistert Schubertlieder und konnte für sich das Verdienst buchen, daß er im Fasching 1867 die Aufführung des von seinen Sangesbrüdern abgelehnten Straußwalzers »An der schönen blauen Donau« durchgesetzt hatte. Dumbas Baumwollspinnerei in Tattendorf hatte 1873 einen Beschäftigtenstand von 180 Arbeitern; der Gewinn reichte aus, um ein großer Kunstmäzen zu sein.

Als Hofmannsthal 1893 im Palais Todesco hinter die Fassade des Mäzenatentums blickte, notierte er für seinen Roman: »Der alte Todesco häuft das Vermögen auf, baut das Haus. Wie das Haus fertig ist, kommt der Tod. Alles was er mit dem Zauber des Reichtums berühren kann, müssen die Späteren mit der Seele erobern (Adel, Künstler, weite Länder, Indien, christliches Wesen, Probleme, Wissen). Er hoffte für seine Nachkommen ein reicheres, bunteres, tieferes, freieres Leben, als er auch nur ahnen konnte . . .«

So mancher zeitgenössische Beobachter ließ sich vom äußeren Glanz nicht blenden. In der »Neuen Freien Presse«, die schließlich das Blatt dieser Gesellschaftsschicht war, spottete der Feuilletonist Daniel Spitzer, der die Rubrik »Wiener Spaziergänge« schrieb: » . . . Er mag sich mit Orden bedecken und die Empfangsbestätigung über den gekauften Adel auf den Wagenschlag malen und in den Zeitungen seine Bälle besingen und seine Soupers, und Sudelblätter sein Porträt in ihre Ehrenhalle berühmter Zeitgenossen aufnehmen – wir lachen ihn aus!«[21] Boshaft konnte man auch lesen: »Der Baron hat das Haus nicht erbaut, um die Leute zu schinden, sondern um sie zu blenden. Er erwartet davon mehr als Zinsen, er erwartet Credit . . . Wenn es ginge, so würde er zu allen Fenstern zugleich herausschauen.«[22] Auch der hochkommende Antisemitismus wurde natürlich genährt: »Mancher von den Vätern dieser zahlreichen Barone und Ritter ist vor wenigen Jahrzehnten als armer galizischer Jude in Wien eingewandert, ist mit einem Bündel auf dem Rücken von Haus zu Haus gegangen . . .«[23]

Eduard Hanslick, der gefürchtete Musikkritiker der »Neuen Freien Presse«, sah die Welt der Reichen anders: »Die Anziehungskraft ging natürlich von den Frauen aus. Man hat wohl nicht bloß in Wien die Wahrnehmung gemacht, daß in den Familien der jüdischen großen Bankiers die Frauen und Töchter feingebildet, von anmutigem Benehmen und für alles Schöne empfänglich sind, während die Herren ihren Geist meistens nur für die Börse geschult haben und ausschließlich dort verwenden . . .«[24]

Zwischen den Salons in der Ringstraßenzone und den Barockpalästen der Hocharistokratie rund um die Hofburg bestand eine »Chinesische Mauer«, wie der k. u. k. Botschafter in Rom, Heinrich Graf von Lützow, die Trennungslinie nannte, die unüberwindlicher schien als ehedem das Mauerwerk der Basteien: » . . . es wäre kindisch, sie ableugnen zu wollen.«[25] Mit der neuen Welt des liberalen Bürgerstaates wollte man innerhalb dieser chinesischen Mauer nichts zu tun haben, und da Wissenschafter und Künstler diese Welt aufrichteten und ausschmückten, waren sie im »Olymp« der Feudalen nicht gerne gesehen. Sogar der Graf Beust mußte sich entschließen, Gast der Baronin Todesco zu werden, weil er die kulturelle Szene der Gegenwart bei seinen Standesgenossen nicht finden konnte.

»Olymp« – das Wort hatte die Fürstin Aline Dietrichstein-Mensdorff für ihre Soireen im Palais auf dem Minoritenplatz geprägt, wohl die Hochmütigste unter den Hochmütigen des abgehalfterten Feudalismus, der jene »Chinesische Mauer« errichtet hatte, um die Wirklichkeit rundum nicht sehen zu müssen. Bei Aline fanden nur die »Auserwählten unter den Erwählten« Einlaß, und die Ausgesperrten nannten sich selbst teils ironisch, teils bedauernd das »Mezzanin«.[26]

Die erste, die die Mauer durchbrach, war Fürstin Pauline Metternich, Enkelin und zugleich Schwiegertochter des Staatskanzlers, mit dessen Sohn Richard verheiratet. Pauline hatte mit ihrem Mann, Botschafter am Hofe Napoleon III., lange in Paris gelebt und von dort die französische Unbekümmertheit und die Sympathie für das Haus Rothschild mitgebracht – Erbschaft nach ihrem Groß- und Schwiegervater. Sie lud als erste Dame des »Olymp« eine Baronin Rothschild zu sich ein. Die Rothschild waren zwar seit der Gründung der Creditanstalt die Geschäftspartner der Hocharistokratie,[27] einigermaßen akzeptiert wurden sie jedoch erst, als Hans Graf Wilczek, einer der klügsten und gütigsten Menschen seiner Zeit – Mitbegründer der Wiener freiwilligen Rettungsgesellschaft –, dem Baron Nathaniel Rothschild demonstrativ das Duwort anbot. Nathaniel Rothschild, Enkel des Wiener Filialgründers aus der Franzosenzeit, hatte sich sein Palais in der Theresianumgasse bauen lassen, von einem französischen Architekten.[28] Er blieb unverheiratet. Wenn er Empfänge gab, fungierte Pauline Metternich als Hausfrau an seiner Seite. Da konnten auch die Damen aus dem »Olymp« die Einladung nicht gut ignorieren. Die Fürstin nützte ihre einzigartige Position weidlich aus, um ihre Standesgenossen einerseits und die Ringstraßenaristokratie andererseits für jeden nur erdenklichen wohltätigen Zweck zu schröpfen. Eine ihrer Erfindungen, um Geld zu sammeln, war der Blumenkorso in der Prater-Hauptallee. Ein anderes ihrer Lieblingskinder war der Wiener Kunstverein, den sie gemeinsam mit Nathaniel Rothschild protegierte. Die Hocharistokratie, die die zeitgenössischen Künstler ansonsten möglichst fern von ihren Barockpalästen hielt, folgte gehorsam, wenn Pauline Metternich zu den offiziellen Veranstaltungen des Kunstvereins rief: »Die ganze Aristokratie beteiligte sich daran . . . Der Adel stellte sich dabei gewissermaßen zur Schau aus.«[29]

Als der Galgensenat im Juli 1870 die Wiener sozialdemokratischen Parteigründer als Hochverräter und öffentliche Gewalttäter aburteilte, war deren heftigster Widersacher, Dr. Karl Giskra, nicht mehr im Amt. Der am 12. April mit der Bildung eines Beamtenkabinetts beauftragte polnische Graf Potocki hatte seinen Vorgänger, den Grafen Taaffe, als Innenminister gewählt und auf die weiteren Dienste des Brünner Bürgermeisters verzichtet. Giskra ging mit dem befriedigenden Gefühl eines Mannes, der sein Ziel erreicht hatte. Die Arbeiterbewegung schien zerschlagen, die soziale Frage tatsächlich bei Bodenbach zum Stehen gebracht. Über den Verlust seines Ministerpostens tröstete sich Giskra mit der Annahme mehrerer Verwaltungsratsposten hinweg. Sie brachten ihm jährlich rund 40.000 Gulden ein.[30]

Den Grafen Potocki hingegen erwarteten keine rosigen Zeiten. Von der Regierungsbank im Abgeordnetenhaus blickte er auf mehrere Dutzend leere Sitze. Die tschechischen Parlamentarier boykottierten den Reichsrat. Auch der Belagerungszustand über Böhmen konnte sie nicht dazu zwingen, nach Wien zu fahren. Der deutschliberalen Mehrheit war die tschechische Abstinenz nur recht. Worin vorausblickende Männer wie der Dr. Fischhof eine tödliche Gefahr für den Gesamtstaat sahen, das betrachteten Leute wie Giskra als bequeme Methode, die im Reichsrat vertretenen Königreiche und Länder nach ihren Vorstellungen zu regieren. Graf Potocki hatte dem klugen Wiener Arzt ein Ressort in seinem Ministerium angeboten, doch Fischhof zeigte keine Lust, sich in einer zunächst noch aussichtslosen Situation verbrauchen zu lassen. Für ihn galt weiterhin, wie schon seinerzeit 1848, das allgemeine Wahlrecht als einzige mögliche Lösung des österreichischen Dilemmas. Davon aber war man noch weit entfernt.

Den Deutschliberalen schienen die Verhältnisse erhaltenswert. Der Reichsrat präsentierte in seiner damaligen Zusammensetzung nicht nur ihren nationalen, sondern auch ihren ökonomischen Herrschaftsanspruch über die im Hause vertretenen Königreiche und Länder. 46 Abgeordnete hatten 125 Verwaltungsratsposten gesammelt. Sogar die Hocharistokratie fand nichts daran, die »chinesische Mauer« zu überspringen, wenn es um das liebe Geld ging. Auch im Herrenhaus waren 40 Aufsichtsräte von Großbanken und Eisenbahngesellschaften zu finden.[31]

Die Wachablöse der Gründer war im Gange. 1870 starb Philipp Haas, Wiens erster Warenhausbesitzer, der sein Vermögen mit Kleider-, Möbelstoffen und Teppichen gemacht hatte. Berühmtheiten wie Hansen und Ferstel waren für ihn als Designer tätig gewesen. 1871 starb Michael Thonet, den ein Sessel weltberühmt gemacht hatte. In vier Fabriken waren bei ihm zuletzt 4000 Arbeiter beschäftigt. 1872 starb Johann Nepomuk Reithoffer, der Begründer der Wimpassinger Gummiweberei.

Mit der Umwandlung seiner Betriebe in Aktiengesellschaften gab Heinrich Drasche ein Beispiel. Es begann die Epoche der Generaldirektoren und Verwaltungsräte. Die Börse blieb die Spielwiese der Firmenprinzipale von einst. Drasche kam beim Kaiser um die Verleihung des erblichen Adelsstandes ein. Er wies in seinem Ersuchen auf seine Kinder hin, denen ein solches Adelsprädikat die Einheirat in die alte Aristokratie erleichtern würde. Als sein besonderes Verdienst nannte er die vielen Baustellen seines Unternehmens im Ringstraßenbereich. Er hatte im Laufe von einem Jahrzehnt 350 Zinshäuser errichten lassen.

Der Advokat und ehemalige Minister Dr. Karl Giskra wurde Verwaltungsrat von zwei Großbanken und zwei Eisenbahngesellschaften. Die Eisenbahnen brachten den Aktionären in dieser Periode das große Geld.

Die Nordbahn warf 25.000 Gulden jährlich pro Streckenkilometer ab, die Westbahn 10.000 Gulden. Bei der Südbahn war der Jahresgewinn pro Kilometer zwar nur 7000 Gulden; angesichts der Streckenlänge, einschließlich der italienischen Abschnitte, ergab das immerhin auch noch 32 Millionen im Jahr. Auf der Strecke Wien–Triest–Wien verkehrten drei Zugpaare täglich. Seit 1867 wurde der Hafen von Triest großzügig ausgebaut, doch die Konkurrenz von Genua und Venedig machte den Triestinern im Transithandel nach Deutschland schwer zu schaffen. »Triest seufzt in den Fesseln des Südbahntarifs!« hieß es mit Seitenhieb auf das Haus Rothschild, das die Aktienmajorität der Südbahn besaß.[32] Der Gedanke einer zweiten, von Rothschild unabhängigen Südbahnstrecke nach Triest wurde nie realisiert.

Auch eine Orientbahn nach Konstantinopel wurde projektiert. 1869 erwarb der Bankier Moritz Hirsch, ein gebürtiger Baier, die Konzession. Die türkische Regierung stimmte zu; an der Wiener Börse wurden schon die »Türkenlose«, die Aktien dieser Bahngesellschaft, gehandelt. Nur ein bescheidenes Teilstück kam wirklich zustande, die Aspangbahn. Als nämlich ein Jahrzehnt nach der Gründung der Gesellschaft das türkische Reich auf dem Balkan zerfiel, wollten die Nachfolgestaaten von einer durchgehenden Strecke nichts mehr wissen. Man mißtraute ihr als Aufmarschlinie künftiger k. u. k. Truppentransporte.

Die fetten Gewinne wurden keineswegs für nichts und wieder nichts eingestreift. Die Gegenleistung konnte sich sehen lassen. In den sieben Jahren zwischen 1866 und 1873 wuchs das Streckennetz der Eisenbahnen in der Donaumonarchie von 6125 auf 15.579 Kilometer, um imponierende 150 Prozent also. So bahnten sich die Glücksucher sichtbar erfolgreich die Wege in ihre Welt des Fortschritts.

Mit der Nordbahn und mit der in Fertigstellung begriffenen Franz-Josephs-Bahn kamen in diesen Jahren tagtäglich Trupps einer ganz anderen Spezies von Glücksuchern in Wien an. Armselige Gestalten aus den Kronländern zwischen Böhmen und der Bukowina, die ganze Habe oft in ein Tuch eingeknüpft auf dem Rücken. Das Glück, das diese Menschen sich in Wien erhofften, war bescheiden genug: Arbeit. Was sie zunächst empfing, war Obdachlosigkeit. Oft standen und saßen Hunderte solcher Ankömmlinge tagelang rund um die Bahnhöfe herum, kampierten nächtelang im Freien. Die große Stadt hatte sie magnetisch angezogen, nun konnte sie ihnen nicht einmal ein Dach über dem

Kopf geben. In den Zeitungsberichten kam die Empörung über die skandalösen Zustände zum Durchbruch; aus den Gemeinderatsdebatten war eher die Furcht vor dem unkontrollierbaren Zulauf und damit der Verstärkung des Proletariats herauszuhören. Den so dringend benötigten billigen Wohnraum selbst zu schaffen, das ging damals allerdings noch über die Vorstellungskraft der liberalen Kommunalpolitik.

Um 1870 standen in Wien, einschließlich der Vororte, nicht ganz 17.000 Häuser. Der jährliche Zuwachs an Neubauten war noch gering, etwa 250 Gebäude. Das waren allerdings in den meisten Fällen keine Unterkünfte für arme Leute, sondern Zinshäuser mit großen Wohlstandswohnungen hinter Fassaden im Ringstraßenstil. Über die Ringstraße hinaus schoben sich diese Neubauten entlang der Hauptstraßen durch die einzelnen Bezirke bis an die Linie vor. Mitte der siebziger Jahre setzte dann der Bau jener armseligen Massenquartiere mit den berüchtigten Bassenawohnungen außerhalb der Linie ein.

Die Zuwanderer, die die Eisenbahn am Anfang des Jahrzehnts Tag für Tag nach Wien brachte, wurden von den Baufirmen in Baracken zusammengepfercht. Kellerlöcher und Dachböden hatten als Massenquartiere zu dienen. Die erhoffte Arbeit allerdings gab es für die Ankömmlinge. 1872 wurde mit den beiden Hofmuseen und dem Neuen Rathaus begonnen, 1873 mit der Neuen Universität, 1874 mit der Börse und dem Parlament und schließlich auch mit dem Burgtheater. Die Donauregulierung beschäftigte fünf Jahre lang Tausende Arbeitskräfte. Das gigantische Projekt kostete bis zur Fertigstellung 1875 runde 25 Millionen Gulden. Ein Jahrhundert später vermag man sich nicht vorzustellen, wie damals innerhalb so kurzer Zeit und mit primitivstem Gerät eine derart gewaltige Aufgabe bewältigt werden konnte. Ein Jahrhundert später sind allerdings auch die Auswirkungen der damaligen technischen Großleistung sichtbar: »Der raschere Abfluß des Wassers senkte den Grundwasserspiegel des anliegenden Landes, und das wirkte sich geradezu katastrophal auf das Gedeihen der Auen aus . . . man bringt die zunehmende Versteppung des Marchfeldes in ursächlichen Zusammenhang damit . . . Ein Josef Schöffel, der zur genau gleichen Zeit den Wienerwald vor der Vernichtung gerettet hat, ist zur Rettung der Donauauen nicht entstanden.«[33]

Als Johann Strauß 1868 den Walzer »Geschichten aus dem Wienerwald« komponierte, betrieb der Holzgroßhändler Moritz Hirschl schon ein Projekt, das dem Adressaten dieser musikalischen Huldigung ein Ende bereiten sollte. Josef Schöffel, ein ehemaliger Offizier, von seiner Heimatgemeinde Mödling in den niederösterreichischen Landtag entsandt, erfuhr zwei Jahre später, 1870, von diesem heute geradezu wahnwitzig anmutenden Plan: Der Reichsrat stimmte Verträgen zu, mit denen die Finanzlandesdirektion 750.000 Klafter Holz zur Schlägerung freigegeben hatte. Metermaß und Kilogrammgewicht galten in Österreich erst ab dem 1. Jänner 1876. Die 750.000 Klafter, die während der fünf Jahre von 1870 bis 1875 im Wienerwald abgeholzt werden sollten, hätten zweieinhalb Millionen Kubikmeter ausgemacht.

Bis in das 19. Jahrhundert hinein schützte ein Waldamt den Holzbestand vor Raubbau. 1862 übernahm die Finanzlandesdirektion die Verwaltung der Staatsforste. Für diese Behörde stand an erster Stelle immer das Geld, und die Staatskasse litt nun einmal permanenten Mangel. Der Bau der Westbahnstrecke schlug die erste große Schneise in das Waldgebiet; ein immerhin noch vertretbarer Aderlaß für den Baumbestand. Dann aber griff der Unternehmergeist in Gestalt des Holzgroßhändlers Moritz Hirschl zu.

Ein von Hirschl gegründetes Konsortium machte den Finanzbehörden klar, daß man einen Schatz wie den Wienerwald nicht brachliegen lassen dürfe. Zunächst wurden 20.000 Klafter Holz im Raum Purkersdorf-Alland freigegeben, dann folgte 1870 der fette Brocken. Hätte das Konsortium die 750.000 Klafter tatsächlich abgeholzt, ein Viertel des Wienerwalds wäre kahlgeschlagen worden.

Ein Jahrhundert später genügten ein paar Dutzend Bäume, die zugunsten eines Universitätsinstituts gefällt werden sollten, um die Millionenstadt Wien in Aufregung zu versetzen und einen Bürgermeister zu stürzen.[34] Im Reichsrat von 1870, mit seinen Wirtschaftsadvokaten und Verwaltungsräten als beherrschender Lobby, war es dagegen nicht schwer, die Zustimmung zu einem so großzügig dargebotenen und einträglich scheinenden Projekt zu bekommen. Wenn sogar die Donau ein neues Strombett erhielt, warum sollte man nicht auch den Wienerwald abholzen, angesichts des großen Bauholzbedarfs? Fortschritt, Fortschritt über alles!

Den Begriff Umweltschutz gab es noch nicht. Das Wort Naturschutz war im Lexikon nicht zu finden. Schöffel begriff dennoch den Irrwitz des Vorhabens. Als Offizier hatte er eine andere Beziehung zur Landschaft als viele seiner Zeitgenossen, die die Natur nur als Rohstofflieferantin betrachteten. Die Abholzung der Adriaküsten für den venezianischen Schiffbau mochte ihm vor Augen gestanden sein. Als Bewohner eines kleinen Ortes mitten im Wienerwald, wie Mödling es damals war, sah er die geplante Karst-Einöde als schreckliche Zukunftsvision. So meldete sich der Mödlinger Abgeordnete mit seinem Protest im Landtag zu Wort. Er alarmierte die Presse. Einige Zeitungen nahmen seinen Appell zur Vernunft auf, auch wenn dieser Mann in den Augen der jungen Industriegesellschaft als weltfremder Schwärmer erscheinen mußte, ein Überbleibsel aus der Vormärz-Romantik, ein gefährlicher Rückschrittler wie der Anatom Josef Hyrtl, der an der Wiener Universität gegen den Materialismus gewettert hatte.

Schöffels Feldzug muß vor dem Hintergrund seiner Zeit gewürdigt werden. Da stand ein Mann allein gegen das Weltbild der Gründer: Macht euch die Erde untertan! Ein bescheidener Landtagsabgeordneter aus der Provinz nahm den Kampf mit dem stärksten Gegner auf, den man sich damals nur aussuchen konnte: dem Großkapital, das sich unter der Fahne des vermeintlichen Fortschritts und der Wirtschaftsfreiheit auf das schrankenlose Verdienertum eingeschworen hatte.

Der Offizier Schöffel hatte den Mut, sich mit diesem Gegner anzulegen. Zu seinem Erfolg trug sicherlich bei, daß sich viele Großstadtbürger in den Wienerwaldorten und vor allem entlang der Westbahnstrecke angesiedelt oder eingemietet hatten. Rund um Wien war ein ganzer Kranz von Villendörfern im Entstehen. Der Kunsthistoriker Karl von Lützow schrieb 1874 in seinem Vorwort zu dem Sammelwerk »Die Wiener Neubauten« folgenden merkwürdig klingenden Satz: »Der Wiener lebt nur im Winter in der Stadt; den Sommer verbringt er auf dem Lande, und schafft sich so einen Ersatz für das villenartige, von Blumen und Grün umgebende Familienhaus, dessen sich andere moderne Städte in ihren neu angelegten Teilen zu erfreuen haben.«[35]

Wer die Massen jener Hunderttausender Wiener kannte, deren »Wohnen« man nur als ein Vegetieren bezeichnen konnte, stand Lützows Bild vom Wiener wohl fassungslos gegenüber. Der Kunsthistoriker war gebürtiger Deutscher aus Göttingen, seit 1863 lehrte er an der Wiener Kunstakademie, später auch als Architekturprofessor an der Technischen Hochschule. Sein »Wiener«, das war eben der Bewohner der Neubauten, mit denen Lützow sich beschäftigte; der wahlberechtigte Wohlstandsbürger in der Klasse der Steuerzahler. Die proletarischen Massen schienen dem Professor für die kulturgeschichtliche Betrachtung bedeutungslos. Er kritisierte den Palastbau an der Ringstraße, wie schon fünfzehn Jahre zuvor der Kunsthistoriker Rudolf von Eitelberger und der Architekt Heinrich Ferstel ihn kritisiert hatten.[36] Die Ringstraßenpaläste konnten die notorische Wiener Wohnungsnot nicht beseitigen. Hätte man dagegen das Gelände der Befestigungsanlagen und des Glacis für den Wohnbau nach englischem Vorbild genützt, wären hier etwa hunderttausend Wohneinheiten in einem riesengroßen Cottage zwischen Stadtkern und Vorstädten unterzubringen gewesen. Eitelberger und Ferstel hatten diesen Gedanken um 1860 propagiert, Lützow trauerte ihm 1874 nach. Kulturpolitisch, ökonomisch und topographisch eine Utopie. Der Staat brauchte schließlich die öffentlichen Großbauten, und die Grundverkäufe mußten sie finanzieren; Familienhäuser in einer Parklandschaft hätten niemals entsprechende Bodenpreise erzielt. Dazu kam in Wien noch die einzigartige Gegebenheit, daß die Stadterweiterung innerhalb des geschlossenen Siedlungsgebiets erfolgte, nicht wie in anderen Metropolen vom Stadtrand ausgehend hinaus in die Landschaft. Lützow klagte dennoch: »Noch unwiderstehlicher als der ideale Drang machte sich das praktische Bedürfnis der großen Gesellschaftsklassen geltend, welche in der modernen Bauentwicklung die Führerrolle zu übernehmen hatten . . . der zu Reichtum und politischer Bedeutung gelangte Mittelstand erheischte zugleich einen architektonischen Ausdruck seiner neugewonnenen Machtstellung, welcher mit den stolzen Adelspalästen der Adelsgeschlechter aus älterer Zeit wetteifern sollte.«[37]

Nur das war »der Wiener«, den Lützow in seine Betrachtungen einbezog. Er schickte Frau und Kinder samt Dienstpersonal die Sommermonate über nach Gablitz oder Preßbaum, nach Eichgraben oder in die Hinterbrühl und kam über das Wochenende nach. Diese Ferienglücksucher auf allen Wienerwaldwegen wollten sich ihr Urlaubsparadies nicht zerstören lassen. So blieb der Straußwalzer nicht nur Erinnerung an vergangene Naturschönheit. Schöffel erhielt allmählich mehr und mehr Zulauf auch aus der Gesellschaftsschicht, die dem Verdienertum ansonsten gewiß nicht abhold war. 1873 zog die Regierung die vom Reichsrat bewilligte Genehmigung zum Abschluß der Verträge mit dem Hirschl-Konsortium wieder zurück.[38] Als Retter des Wienerwalds ging der mutige Offizier und spätere Bürgermeister von Mödling in die Stadtgeschichte ein. Drei Jahrzehnte nach ihm gab Karl Lueger dem Stadtbauamt den Auftrag, das Projekt eines Wald- und Wiesengürtels als Landschaftsschutzzone rund um Wien auszuarbeiten.

Kapitel 7 Der große Krach

In den Jahren, in denen das Holzhändler-Konsortium auf seine Weise zum industriellen Fortschritt beitragen wollte, waren die Repräsentanten der Glücksucher im Reichsrat so intensiv mit der Erzeugung von Regierungskrisen beschäftigt, daß sie Josef Schöffels Kampf um den Wienerwald sicherlich nicht sehr wichtig nahmen.

Ein Wiener, der damals mit offenen Augen und wachem Sinne durch seine Heimatstadt ging, nicht nur durch den Olymp rund um die Hofburg, nicht nur durch die Ringstraßenzone, nicht nur hinaus in die Kleinbürgerbezirke und die Proletarierviertel, sondern durch das ganze Wien – der junge Dr. Karl Lueger war ein solcher Mensch –, ein Wiener, der tagtäglich Zeitung las, nicht nur die Politik, nicht nur den Ekonomist, nicht nur das Kulturfeuilleton oder die Lokalnachrichten, sondern die ganze Zeitung, ein solcher Wiener mußte den Eindruck bekommen, gleichzeitig in verschiedenen, einander fremden Welten zu leben.

Die Honoratioren, die als Abgeordnete im Reichsrat den Staat an den Rand des Abgrunds politisierten, trieben gleichzeitig als Aktionäre, Verwaltungsräte und Wirtschaftsadvokaten die Industrie zu immer stärkerem Wachstum an; ökonomische Blüte auf einer politischen Schutthalde. Mit Frack und Zylinder angetan, genoß man die Ringstraße, verteidigte die eigene Freiheit als höchstes irdisches Gut und hielt es für das Recht des Stärkeren, alle anderen Freiheiten zu unterdrücken.

Das parlamentarische Ringelspiel links-rechts-links drehte sich wieder. »Links«, das hieß deutschliberales Regiment über einen zentralistisch verwalteten Staat. »Rechts«, das bedeutete einen katholisch-konservativen Föderalismus der einigermaßen gleichberechtigten Nationalitäten.

Franz Joseph, glücklos auf der Suche nach innerem Frieden für seine Völker, wollte den Ausgleich mit seinen Tschechen, aber seine Deutschen hinderten ihn daran. Der polnische Föderalist Graf Potocki, der mit seinem Beamtenkabinett dem deutschliberalen Zentralisten Hasner gefolgt war, gab Anfang 1871 auf. Karl Sigmund Graf Hohenwart bildete das nächste Ministerium. Ein Feudaler aus Krain, Berufsbeamter, zuletzt oberösterreichischer Statthalter. Franz Joseph wählte seine Ministerpräsidenten auch späterhin gerne aus dem Kreise der Landesstatthalter mit verwaltungstechnischer Erfahrung. Hohenwart übernahm die Regierung mit dem ausdrücklichen allerhöchsten Auftrag, die Polen in Galizien für die Krone zu gewinnen und die Tschechen auf deren verwaiste Sitze im Reichsrat zurückzuholen. Auf das Vertrauen seines Kaisers bauend, wollte Hohenwart sich nicht um die deutschliberale Mehrheit im Hohen Hause kümmern. Einen eigenen Landesminister und ein Autonomiestatut für Galizien nahmen die Deutschen noch ohne größeren Widerstand hin; im polnischen Kronland gab es nicht viel zu verlieren. Die galizischen Abgeordneten, meist Großgrundbesitzer, erwarben sich in der Folge den Sammelnamen »Seiner Majestät allergetreuester Polenklub«. Solange ihr eigener Machtanspruch über die ruthenische Bauernschaft nicht gefährdet wurde, konnte der Kaiser sich auf sie verlassen. Als Unterpfand der stillschweigenden Übereinkunft wurde es zur Gepflogenheit, das Finanzministerium möglichst einem Polen anzuvertrauen. Der zeitweilige Friede fand ein schnelles Ende, als Hohenwart auch an die Lösung des tschechischen Problems ging. Bei der Eröffnung des Prager Landtags am 14. September 1871 versprach Franz Joseph, »die Rechte dieses Königreichs« anzuerkennen. Die deutschen Abgeordneten blieben daraufhin den Sitzungen fern. Nun konnten die Tschechen im böhmischen Landtag so verfahren, wie es die Deutschen im Reichsrat praktizierten. Der lästigen Opposition ledig, beschlossen sie, was ihnen paßte. Das waren im September 1871 die 18 Fundamentalartikel einer neuen böhmischen Landesordnung, deren Verwirklichung einem Ausgleich nach ungarischem Vorbild gleichgekommen wäre.

Am 10. Oktober legte Hohenwart seinem Kaiser dieses Produkt des tschechischen Nationalismus vor. Franz Joseph war geschockt. Nach der Zweiteilung des Reichs drohte nun die Dreiteilung. Die Deutschen tobten von Laibach bis Aussig. Nun war ihr Besitzstand wirklich bedroht. »Besitzstand«, so lautete die Zauberformel für alle deutschen Rechte und Vorrechte. Den Ausgleich mit Ungarn hatten die Deutschen noch hingenommen. Einerseits durfte man sich als guter Deutscher darauf verlassen, daß die stolzen Magyaren es ihren slawischen Minderheiten schon tüchtig zeigen würden! Das konnte als Vorbild für Böhmen und Slowenien nur begrüßt werden. Anderseits gab es in der transleithanischen Reichshälfte kaum ein ökonomisch und kulturell dominierendes deutsches Bürgertum; Preßburg und einige siebenbürgische Städte ausgenommen. Die Masse in den vier deutschen Komitaten Westungarns, Preßburg, Ödenburg, Eisenburg und Wieselburg, war armes Agrarvolk, kein Besitzstand, welcher der Verteidigung wert gewesen wäre.[1] Da war die Situation im Königreich Böhmen, in Mähren und Schlesien ganz anders. Die Tschechen schossen über das Ziel der nationalen Gleichberechtigung weit hinaus. Ihr Prager Entwurf hätte eine Aufteilung des Deutschtums in Österreich auf zwei Teilstaaten bedeutet. Im Königreich Böhmen wäre die ökonomische und kulturelle Oberschicht zur wehrlosen Minorität degradiert worden. Wie sich so etwas in der Praxis entwickelte, zeigte sich nach 1918 im tschechoslowakischen Staat: Der Weg in den Nationalsozialismus war die Folge. Die Wurzeln reichen bis in die Hohenwart-Zeit zurück.

Der Krach, den die Deutschen veranstalteten, wurde an der Wiener Universität zum offiziellen Skandal. Bei der Inauguration des Rektors für das neue Studienjahr sahen sich die Gäste mit Sprechchören empfangen. Zwei ausgleichsfreudige Minister, Josef Jireček und Dr. Albert Schäffle, wurden durch das »Pereat«-Geschrei der Studenten aus dem Festsaal vertrieben. Der Außenminister Graf Beust blieb demonstrativ auf seinem Ehrenplatz sitzen; deutlicher konnte er seine Sympathien für die Beschimpfer seiner Ministerkollegen gar nicht zeigen. Hohenwart verlangte empört ein Eingreifen des Kaisers.

In der Audienz am 13. Oktober machte Beust kein Geheimnis aus seiner totalen Ablehnung des tschechischen Experiments. Wenn er nicht nur die Herren in Budapest, sondern nun auch noch die Herren in Prag um Erlaubnis bitten mußte, wie sollte er da Außenpolitik betreiben? In Budapest war man wenigstens noch notorisch deutschfreundlich. In Prag dagegen schielte man deutlich nach St. Petersburg. Und außerdem: Die neue böhmische Landesordnung würde die Deutschen in die unversöhnliche Opposition treiben!

Auch der ungarische Ministerpräsident Graf Andrássy trommelte auf Franz Joseph ein. Beide, Beust und Andrássy, befürchteten vom slawischen Kurs einen weiteren Gesichts- und Gewichtsverlust der Monarchie im Deutschen Reich, und beide steuerten sie schließlich als Grundprinzip ihrer Politik einen deutschen Kurs.

Mit entgegengesetzten Zielrichtungen allerdings. Der »deutsche Kurs« des gebürtigen Sachsen Beust hatte seine preußenfeindliche Schlagseite. Er blickte weniger nach Berlin als nach Dresden, Stuttgart und München. In den Residenzen der deutschen Teilstaaten hatte Bismarcks spektakuläre Reichsgründung im Spiegelsaal von Versailles nicht nur Sympathisanten. Vor allem die dickköpfigen Baiern ließen keine Gelegenheit ungenützt, um die föderalistische Eigenständigkeit ihres Königreichs im neuen deutschen Kaiserreich zu betonen. Die Könige von Sachsen, Bayern und Württemberg und der Großherzog von Baden fühlten sich dem Habsburger an der Donau immer noch näher verwandt als dem alten Hohenzollern Wilhelm an der Spree. Eine geschickte österreichische Politik, die diesen Spannungszustand ausnützte, konnte sicherlich eine Menge erreichen. Sie würde der Monarchie bei ihren schon angelaufenen Bündnisverhandlungen mit Berlin Gewicht geben.[2]

Andrássys »deutscher Kurs« sah anders aus. Der Ungar stellte sich kompromißlos auf Bismarcks Seite. Er wollte ein Schutz- und Trutzbündnis. Gegen den Todfeind der Monarchie auf dem Balkan, den russischen Panslawismus.[3] Das war natürlich mit einem Außenminister wie Beust nur schwer zu realisieren, doch Andrássy hatte ohnehin den Ehrgeiz, selbst Außenminister zu werden. Der ungarische Magnat aber hatte noch ein Motiv, wenn er Hohenwarts böhmischen Ausgleich in Grund und Boden verdammte. Bekamen die Tschechen erst ihre Fundamentalartikel, wurden die Kroaten geradezu herausgefordert, in Budapest die gleichen Ansprüche zu stellen. Dann gab es womöglich schon bald eine viergeteilte Monarchie. Ein nach Nationalitäten föderalistisch aufgegliedertes Reich – das war für einen ungarischen Magnaten eine ebenso schreckliche Zukunftsvision wie für einen deutschliberalen Zentralisten. Mit der deutschen und der ungarischen Herrschaft über die Völker im Donauraum wäre es vorbei gewesen.

Es war schon sonderbar, wer in diesen Oktobertagen 1871 über den inneren Frieden in der österreichischen Reichshälfte entschied, und aus welchen Motiven. Zwei Grafen, die beide keine Österreicher waren. Andrássy, der ungarische Magnat aus uraltem Adel; Beust, der hochgediente sächsische Beamte, der erst drei Jahre zuvor die neunzackige Krone ergattert hatte. Andrássy, der während der Achtundvierziger Revolution in Abwesenheit zum Tode verurteilte und später begnadigte Hochverräter; Beust, der am Abend der Schlacht bei Königgrätz aus Dresden nach Wien gekommene Flüchtling. Dritte in der Riege der Entscheidungsträger war die aus Bayern stammende Kaiserin. Als bayerische Prinzessin hätte sie gleich Beust die Preußen eigentlich verabscheuen müssen; das tat sie auch, aber sie dachte nicht politisch, sie griff nur in die Politik ein, als es um ihren erklärten Liebling Andrássy ging, daran änderten auch dessen Sympathien für Bismarck nichts. Es heißt, sie habe in diesen Oktobertagen 1871 eine wichtige Rolle gespielt, gegen die Tschechen, für die Ungarn, für Andrássy.[4]

Letztlich aber blieb Franz Joseph die Entscheidung nicht erspart. Er selbst hatte schließlich die Doppelmonarchie so eingerichtet, daß die Krone zur Schiedsrichterin zwischen den Völkern berufen war; so mußte er nun die Schiedsrichterrolle spielen. Erweiterter gemeinsamer Ministerrat in der Wiener Hofburg. Zwischen den Zeilen des nüchternen Protokolls läßt sich herauslesen, daß es ein schlimmer Tag im Leben des Kaisers war. Er, der am liebsten nur einzelne Vorträge anhörte und dann vom Schreibtisch aus seine einsamen Entscheidungen traf, sah sich in den Mittelpunkt stürmischer Auseinandersetzungen geschoben. Die Herren wahrten kaum noch die äußeren Formen; von allen Seiten prasselten die Meinungen auf Franz Joseph nieder. »Sinnverwirrend«, wie es dem Teilnehmer Dr. Schäffle schien.[5] Hohenwart und sein Anhang beschworen den Kaiser zu unterschreiben. Beust und Andrássy bedrängten ihn, es nicht zu tun. Was die ungarnfreundliche Kaiserin ihm in trauter ehelicher Zweisamkeit eingeflüstert hatte, wirkte auch noch nach.

So verwarf Franz Joseph schließlich die 18 Fundamentalartikel einer neuen böhmischen Landesordnung. Es ist heute schwer zu sagen, ob er damit eine einmalige Chance versäumt hatte. Die Staatskrise war von damals an jedenfalls ein Dauerzustand. Es gibt keinen dokumentarischen Hinweis, daß Franz Joseph später seine Entscheidung vom 21. Oktober 1871 beklagt hätte. Zum Minister Dr. Schäffle sagte er nur: »Ich bin ein Pechvogel.« Und Schäffle nannte den

Kaiser »einsam, freudlos«, einen »liebenden, nur nicht immer starken Vater seiner bunten und unvergleichlich schwer zu regierenden Völkerfamilie«.[6]

Am 26. Oktober 1871 nahm Graf Hohenwart seinen Abschied. Obwohl er nur acht Monate amtiert hatte, ging er als Symbolfigur verhaßter Tschechenpolitik in die deutschnationale Geschichtsschreibung Österreichs ein. Auch als es längst keinen deutschen Besitzstand mehr zu verteidigen gab, weil die ganze Monarchie zum Teufel gegangen war, behielt Hohenwart seinen Nachruhm als Bösewicht. Während seiner kurzen Amtszeit wurden auch die im Hochverratsprozeß verurteilten Sozialdemokraten begnadigt und enthaftet. Noch ein Grund mehr für die deutschliberale Presse, den Ministerpräsidenten zu verdammen.

Nach dem Föderalisten Hohenwart kam wieder ein deutschliberaler Zentralist, und wieder war es ein Auersperg, diesmal der Fürst Carl Adolf Daniel. Das Karussell aber stand nicht still. In den 47 Jahren, die der Monarchie noch blieben, verbrauchten Franz Joseph und sein Nachfolger Karl weitere 21 Regierungen. Fast alle stürzten sie über den Versuch, das nationale Dauerproblem zu lösen.

Ende 1871, nach Hohenwarts Sturz und dem Amtsantritt des neuen Auersperg-Ministeriums, schien die bürgerliche Welt für den Augenblick wieder in Ordnung. Um dem übrigen Europa zu demonstrieren, daß die ganze österreichische Welt in Ordnung sei, wurde zur Weltausstellung 1873 gerüstet.

Wiens Funktion als Metropole war nie so ausgeprägt wie in dieser Periode von der Gründerzeit bis über die Jahrhundertwende hinaus. Trotz Reichsteilung, trotz dem nationalen Auseinanderstreben der Völkerschaften, trotz kulturellem Erwachen der Muttersprachen in den nichtdeutschen Königreichen und Ländern. Wien war das Zentrum der Hochfinanz, der Großbanken, der Aktiengesellschaften. Für den Unternehmergeist war die Leitha als Trennlinie nicht vorhanden; der Gulden wurde nicht gefragt, ob er aus deutschen oder tschechischen, ungarischen oder kroatischen Geldbörsen kam. Der Gulden floß nach Wien, damit er hier die höchsten Zinsen trug. Die Wiener Börse war der Rendezvousplatz des Großkapitals aus der ganzen Monarchie.

So war die Weltausstellung 1873 gedacht: Selbstbestätigung der fündig gewordenen Glücksucher. Wien, in seinem Ringstraßenglanz, sollte die ungebrochene Lebenskraft des gesamten Habsburgerreichs demonstrieren. Die Monarchie war in den Ausgleich gegangen, aber nicht in Konkurs!

»Crash« ist das englische Wort für Zusammenbruch. Ein galizischer Finanzmakler benutzte es am 9. Mai 1873 an der Wiener Börse. Sein Englisch muß mangelhaft gewesen sein. Er sprach das Wort falsch aus: »Krach«. Worunter man bis dahin nur eine spezielle Art von Lärm verstanden hatte. Nun war ein neuer Begriff geboren.[7] Der 9. Mai 1873 war ein Freitag. Der Tag des großen

Krachs, an dem die Wiener Börse zusammenbrach – »zusammenkrachte« –, hat allen nachfolgenden Katastrophen dieser Art den Namen hinterlassen. Schwarzer Freitag.

In diesen Jahren schien das Herz der Ringstraßenzeit weder in der Hofburg noch im Rathaus, nicht im Außenministerium auf dem Ballhausplatz und nicht im Parlament, nicht in der neuen Oper und nicht im Theater an der Wien so vernehmlich lebensfroh und zukunftsfreudig zu schlagen wie in dem 1872 in aller Eile provisorisch hingemauerten Börsenbau.

Ferstels erstes Wiener Bank- und Börsengebäude, 1856 bis 1860 Ecke Herrengasse-Strauchgasse im Auftrag der Nationalbank errichtet, hatte sich bald als zu klein erwiesen. Der Auftrag für einen provisorischen Neubau am Schottenring war nach hartem Konkurrenzkampf Theophil Hansen zugefallen, doch die Börsianer wollten nicht so lange warten, bis sie in ihr endgültiges Domizil einziehen konnten. Das war eben das kraftstrotzende Selbstbewußtsein der Epoche. Da zauberte man in wenigen Monaten ein protziges Mauerwerk hin, vergipste die Fassade zum Prunkpalais und war schon entschlossen, den ganzen Plunder in ein paar Jahren wieder niederzureißen. Wiener Börse: »Die Menge bewunderte das bunte Farbenspiel, sie gab dem schaumgeborenen Luftschiff Vermögen, Lebensglück und Ehre als Ladung mit für seine Luftfahrt in das Reich der Märchen . . .«, schrieb Daniel Spitzer damals in der »Neuen Freien Presse«.[8]

Ein Jahr nach seiner Eröffnung sollte das bautechnische Provisorium seine Symbolbedeutung für das Innenleben des Hauses gewinnen. Der ganze großartige Fassadenprunk des Börsenglücks bröckelte ab und enthüllte als wahre Wertinhalte einen Haufen von Papierfetzen. Aktien. Crash!

Das Provisorium existiert längst nicht mehr. 1873 sah es aus wie eine Mixtur aus Parlament und Kursalon. Eine zeitgenössische Darstellung hinterließ ein romantisches Bild. Herren mit Zylinder hoch zu Roß; Zweispänner von munter trabenden Gäulen gezogen; die Damen mit dem monströsen »Cul de Paris«, Drahtgeflecht unter dem spitzen- und rüschenbesetzten Rock; spielende Kinder und herumwieselnde Hunde; blühende junge Bäume und munter flatternde Fahnen – doch mit dem düsteren Festungsbau der Roßauerkaserne im Hintergrund. Ein Hauch von Biedermeier; Dekoration für eine Nestroy-Posse. Man konnte den Eindruck gewinnen, das harte Geschäft der Börsenspekulation sei zum amüsanten Spiel geworden, zum Wiener Volkssport.

Es war kein Spiel mehr, es war eine Leidenschaft, die sich gleich einer Seuche ausbreitete: »Alle Leute spielten auf der Börse, vom Erzherzog bis zum Stiefelputzer.«[9] Der Erzherzog war des Kaisers jüngster Bruder, Ludwig Viktor, ohnehin das schwarze Schaf der allerhöchsten Familie. Er soll dann beim großen Krach 200.000 Gulden verloren haben. Der Verlust tat ihm sicherlich nicht sehr weh. Ein prominenter Börsenspieler war auch der Feldmarschalleutnant

Freiherr von Gablenz; der Korpskommandant, der 1866, bei Trautenau, den einzigen Sieg gegen die Preußen errungen hatte. Ihn ruinierte der »Schwarze Freitag«, er mußte sich erschießen.

»Dort am Börsenring standen die gemalten Dörfer des Potemkin, das Spiel als Arbeit, der Schwindel als Aufschwung, das Agio als Wohlstand maskiert«, zog Daniel Spitzer die traurige Bilanz, »kein Asyl für diesen Jammer als das Irrenhaus und das tiefe Wasser.«[10]

Wer trug an dem Jammer die Schuld?

»Die Seifenblase volkswirtschaftlicher Aufschwung«, höhnte Daniel Spitzer.

Dieser volkswirtschaftliche Aufschwung war zunächst keine Seifenblase, sondern erfreuliche Realität. Das militärische Katastrophenjahr 1867, das scheinbar auch politische Katastrophenjahr 1867, beide erwiesen sich in der ökonomischen Praxis als heilsame Wendepunkte. Befreit aus politischen Zwangslagen, die noch dazu viel Geld kosteten, ging es bergauf. Ausgezeichnete Ernten ermöglichten große Getreideexporte nach Westeuropa. Die Transporte trieben das Eisenbahngeschäft vorwärts. Immer noch wurde gegründet. Die spektakulärste Neuerscheinung auf dem Wiener Geldmarkt war 1869 der »Wiener Bankverein«. Die hochvornehme Boden-Credit-Anstalt, die Bank der Staatsdomänen und des hocharistokratischen Großgrundbesitzes, rief diesen Wiener Bankverein ins Leben, damit sie dort die Spekulationsgeschäfte machen konnte, die ihr durch die Statuten im eigenen Haus verboten waren. Der neugegründete Bankverein begann nun auch seinerseits zu gründen. Immerhin standen hinter der Spekulation reale Werte: die Steyrer Waffenfabrik, die das neue österreichische Infanteriegewehr produzierte, die Floridsdorfer Lokomotivfabrik, die Pottendorfer Eisenbahnstrecke, die ungarische Nordbahn.

Der Ausbruch des deutsch-französischen Krieges ließ 1870 die Kurse an der Wiener Börse in die Tiefe purzeln. Was ein vorsichtiger Börsianer war, der verkaufte; man konnte schließlich nicht sicher sein, daß die Monarchie sich in kein neues militärisches Abenteuer einließ. Kaum stand fest, daß es keine Rache für Sadowa geben würde, zogen die Kurse wieder an, stürmischer denn je zuvor.

Geld gab es massenweise: »Das Jahr 1872 stand im Zeichen der Börsenhausse, deren Impuls von Berlin und dem riesigen Geldzufluß der französischen Kriegsentschädigung ausging. Von den höheren Zinssätzen angelockt, floß deutsches Kapital nach Österreich . . . Die Wirtschaftslage rechtfertigte nicht den Optimismus der Börse, denn die Ernte war unzureichend und die Kriegskonjunktur zu Ende.«[11]

Mit dem deutschen Geld etablierten sich Mobilbanken nach Berliner Vorbild in Wien. Diese »Banken« kamen mit den Geschäftslokalitäten eines Greißlerladens aus; sie betrieben auch nicht viel mehr als Aktiengreißlerei. Oft genug amtierte der Bankier an einem Kaffeehaustisch. »Makler-Banken«. Der Makler gründete

19 Die prunkvolle Welt der neuen Bank- und Börsenaristokratie: Interieur eines Wiener Ringstraßenpalais. Um die Jahrhundertwende begann man über den »Palazzo Protzo«-Baustil zu spotten; erst nach dem Zweiten Weltkrieg begriff man die Ringstraßenarchitektur als legitimen Ausdruck einer Epoche und wendete der Restaurierung und Revitalisierung der gemauerten Zeitdokumente größte Aufmerksamkeit zu.

20 Sensation 1873: Eine Dachbesteigung der Rotunde, Höhepunkt jedes Besuchs der Wiener Weltausstellung

21 Treffpunkt Europas: Franz Joseph zeigt dem deutschen Kaiser Wilhelm I. das Rotundengelände

22 Glaube an die Allmacht der Technik: Weltausstellungsgelände 1873

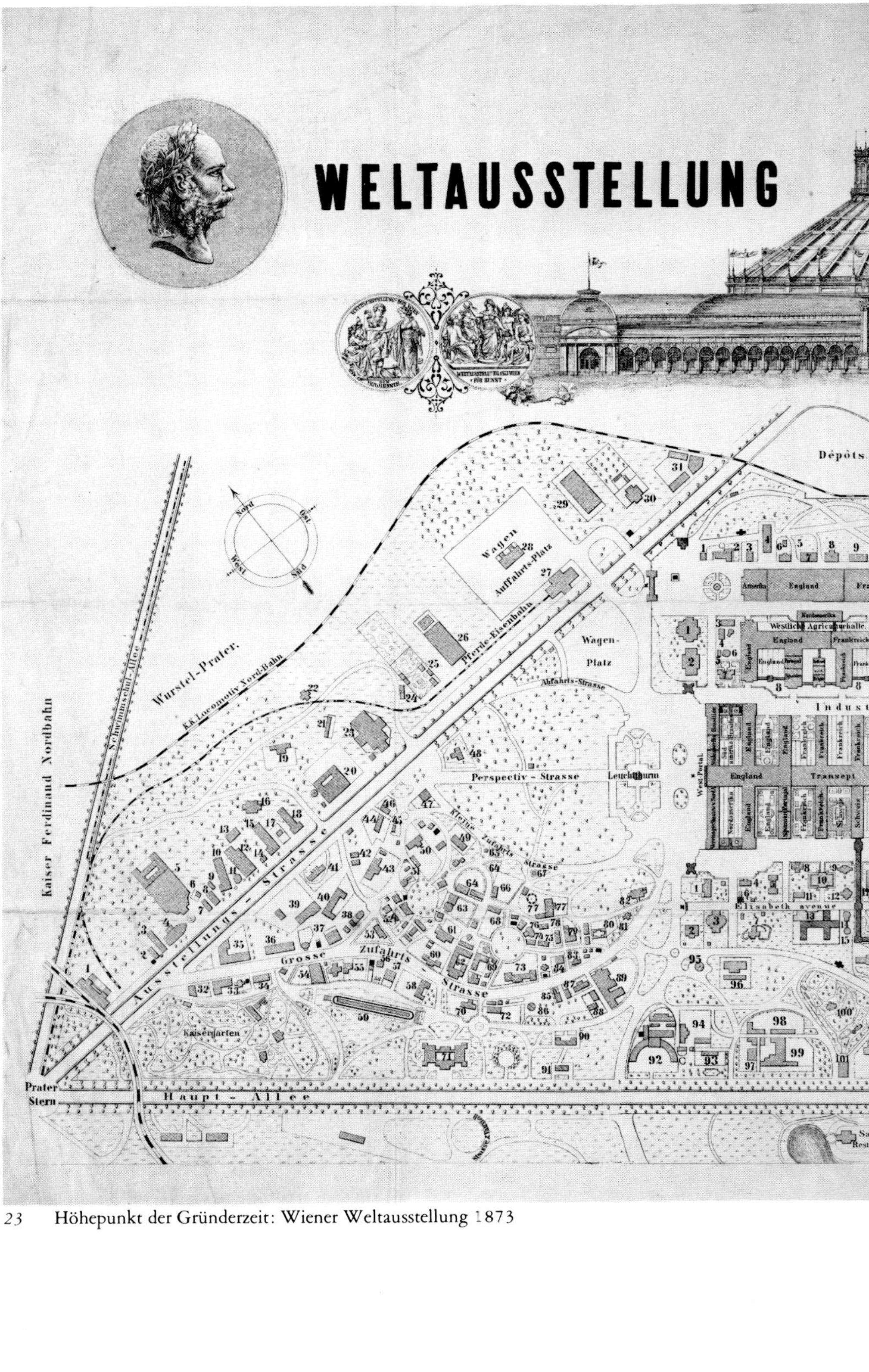

23 Höhepunkt der Gründerzeit: Wiener Weltausstellung 1873

WIEN IM JAHRE 1873.
WELTAUSSTELLUNG 1873 WIEN
DEM FORTSCHRITTE
Zeichenerklärung.
Einfahrt des Allerhöchsten Hofes.
Bureaux der Ausstellungs-Commission.
Bezeichnung der Gebäude.
Gedeckte Gänge und Wachhäuser.
Eingänge für das Publicum.
Toilettes, Water-closets.
Telegrafen-Pavillons für In- und Ausland.
K. k. Tabaktrafiken im Volksprater.
Maſsstab:
4 Mètres=5 Schritte
Mètres.
Central-Bahnhof
K. k. Locomotiv Staats Bahn
ZONE IV
ZONE III
ZONE II
ZONE I
Oestliche Agriculturhalle.
Deutschland
Oesterreich
Ungarn
Rufsland
Rotunde
Ausstellungs-Gegenstände verschiedener Länder
Transept
Türkei
Ost Portal
Nord Portal
Haupt-Portal
Palast
Elisabeth avenue
Kaiser Allee
Haupt Eingang
Haupt-Allee.
Rondo
Wagen Aufstellungs-Platz.
Temporäre addizionelle Pferde und sonstige Thierausstellung schliessen nach Osten an.

24 Die Kuppelhalle der Rotunde bei der Eröffnung der Wiener Weltausstellung 1873

25 Das provisorische Börsengebäude am Schottenring, woselbst die Gründerzeit mit dem »Schwarzen Freitag« Höhepunkt und Ende fand

26 Ein Fest für die Karikaturisten: Börsenkrach 1873

27 Nach dem »Schwarzen Freitag« kam die große Depression

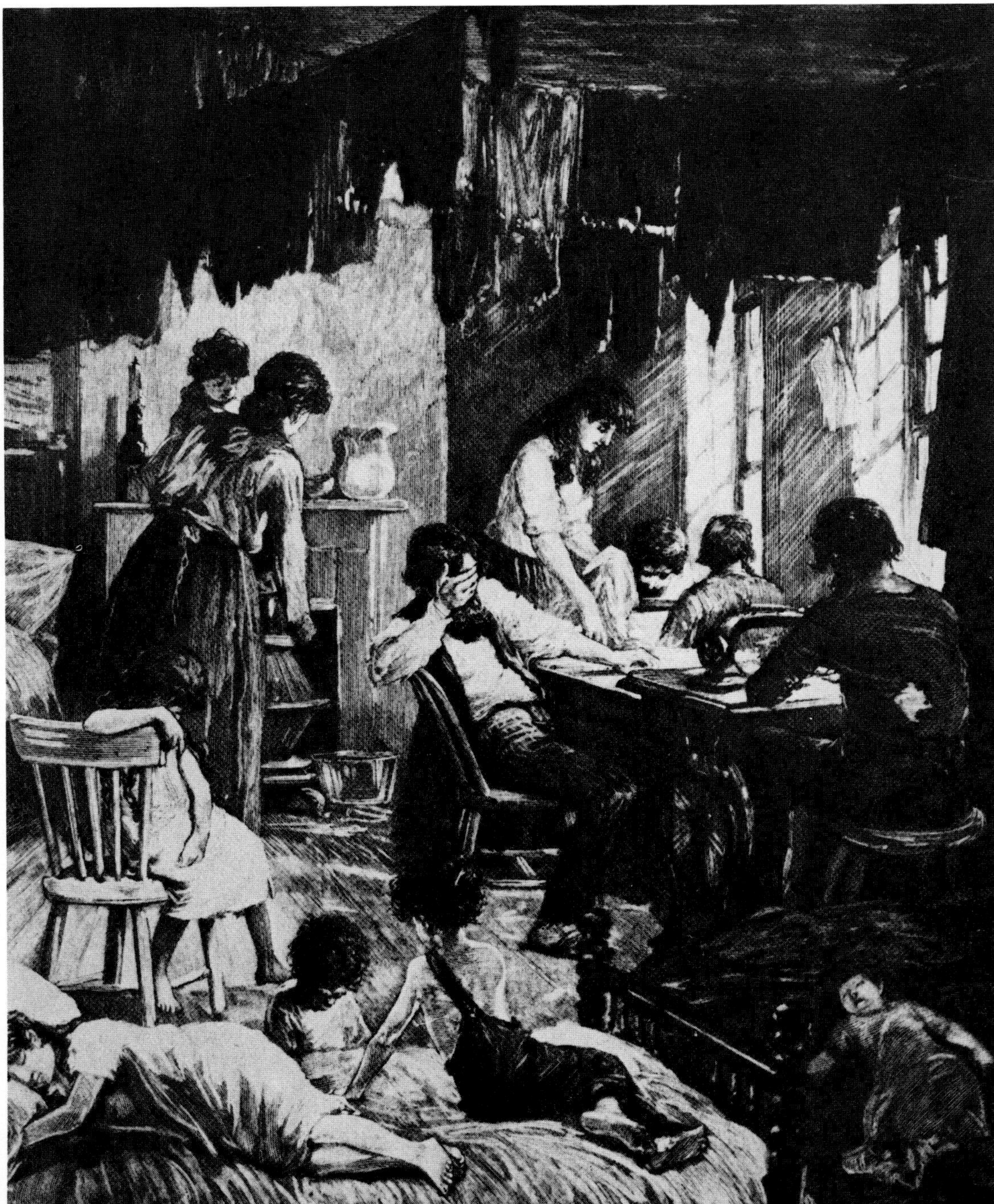

28 Jenseits des Ringstraßenglanzes: der Arme-Leute-Alltag in der Vorstadt

nicht, er vermittelte Kredite zum Ankauf von Aktien, dann nahm er die auf Kredit gekauften Aktien zum Pfand für neue Kredite, mit denen neue Aktien gekauft wurden, und so weiter und so fort . . .

Schön bunt bedrucktes Papier gab es genug. 1872 wurden 530 neue Aktiengesellschaften gegründet; sie überschwemmten die Börse mit drei Milliarden Gulden Papierwert, doch dahinter stand nicht einmal eine ganze Milliarde Gründungskapital. 1867 verzeichnete der Wiener Kurszettel 169 verschiedene Papiere, 1873 waren es schon 605. Die Baukonjunktur heizte das Gründungsfieber am heftigsten an. 1871 kamen Wien und Niederösterreich mit drei großen Baugesellschaften aus, 1872 existierten schon 25, 1873 konkurrenzierten nicht weniger als 44 Unternehmungen um Aufträge.

Die Biedermeiergemütlichkeit zwischen den jungen Bäumen am Schottenring war nur äußerlich. Hinter der Fassade herrschte die Betriebsamkeit des sprichwörtlichen Bienenschwarms. 1867 hatten 867 Börsenbesucher Dauerkarten, 1873 riefen sich schon 2352 Makler die Kehlen heiser. Täglich bis zu 50.000 Abschlüsse![12]

Vom Erzherzog bis zum Stiefelputzer . . .

Für den Erzherzog Ludwig Viktor war die Börse ein Spielplatz, für die Klasse der Stiefelputzer Ort der Hoffnung auf ein winzig kleines Stück vom großen Glück. Der Kommis, der sich an der Ladenkasse vergriffen hatte, der kleine Gewerbetreibende mit ein paar ersparten Gulden, sie trugen ihr Geld zu den Bankiers an den Kaffeehaustischen. Arme Teufel, die sich zuvor nur für den Semmelpreis beim Bäcker interessiert hatten, studierten nun eifrig die Kursblätter in der Hoffnung auf ein paar Prozent Gewinn. Kursverlust bedeutete eine persönliche Katastrophe: »Wer weiß, ob nicht die starke Hand des Arbeiters, die den schweren Hammer geschwungen, nunmehr zitternd das Stück Papier in der Hand hält, das sein Sparpfennig sein sollte.«[13]

Weltausstellung Wien 1873. Die fünfte, seit London 1851 damit begonnen hatte. Damals waren 17.000 Aussteller an die Themse gekommen, 731 aus Österreich. 1867 zählte Paris schon über 33.000 Aussteller, 3072 aus Österreich. Siegfried Marcus bekam dort eine Silbermedaille.

Von der Wiener Weltausstellung 1873 hieß es später, sie werde »mit Recht als die erste eigentliche Weltausstellung bezeichnet«.[14]

Die Schlußbilanz nach sechs Monaten Wiener Weltausstellung registrierte im Oktober 1873 über 7,2 Millionen Besucher für die 42.000 Aussteller, davon 12.208 aus der Monarchie selbst. Das Ausstellungsgelände im Prater umfaßte 116 Hektar, fast dreimal so groß wie 1867 in Paris. Wien schlug alle bisherigen Weltausstellungsrekorde, auch mit dem Defizit. Das ganze Unternehmen kostete über 20 Millionen Gulden; die Ausgaben waren fünfmal so hoch wie die Einnahmen.

Mit den Vorarbeiten hatte eine Kommission schon 1871 begonnen. Der Ministerpräsident von 1860, Erzherzog Rainer, war der Präsident, Baron Schwarz-Senborn der Generaldirektor. Als Chefarchitekten holte die Kommission Carl Hasenauer; der hatte sich sechs Jahre zuvor bei der Pariser Weltausstellung gründlich umgesehen. Sein Wiener Honorar für die gesamte Bauplanung betrug 25.000 Gulden. Die Idee für das Hauptgebäude fand Hasenauer schon vor. Schwarz-Senborn hatte sie dem englischen Schiffsbauingenieur John Scott-Russel abgekauft; ein paar Skizzen für einen auf 32 Säulen stehenden Rundbau, 105 Meter Durchmesser, 80 Meter hoch, im Zentrum von vier im Quadrat angelegten Galerien mit je 190 Metern Länge.[15]

Da die Skizzen des Briten unzureichend waren, mußten Hasenauer und seine Leute erst einen endgültigen Bauplan ausarbeiten. Die eiserne Trägerkonstruktion der riesenhaften Kuppel war das Hauptproblem. Hasenauer besaß Erfahrung mit diesem Material; von ihm stammte schließlich die Tribünenkonstruktion auf dem Rennplatz in der Freudenau. Man hätte nicht in der Ringstraßenzeit gelebt, wäre nicht aus der »Rotunde«, wie das Monstrum hieß, ein Palazzo Prozzo mit dem Anstrich florentinischer Renaissance geworden. Hasenauer war ein raffinierter Dekorateur; von der Eisenkonstruktion blieb so wenig wie möglich sichtbar.

Nicht nur Ringstraßenstil, auch Ringstraßengeist: Wie das Börsengebäude war die Rotunde als Provisorium gedacht und zum späteren Abbruch bestimmt.[16] Der Prachtentfaltung für den Augenblick war kein Preis zu hoch. Der Fortschritt schien ein Perpetuum Mobile. Die Börse mit ihren ständig steigenden Kursen war das Spiegelbild des allgemeinen Optimismus.

Auf der Wiener Weltausstellung 1873 gab es eine Sonderschau, die scheinbar im Widerspruch zu diesem Zeitgeist stand. Verwendung industriellen Abfalls als Rohstoff. Der Widerspruch war nur scheinbar. Es dauerte noch ein Jahrhundert bis zu der Erkenntnis, daß die Erde ein Raumschiff mit begrenzten Vorräten an Bord ist. Was die Sonderschau von 1873 zeigte, war nicht als Notlösung oder Ersatzstoffwirtschaft gedacht, sondern als neue Etappe des Fortschritts. Nichts war unmöglich; sogar Abfall war ein Kapital, das Zinsen trug. Aus alt mach neu, aus Mist mach Gold!

Die Goldmacher von damals wollten die Gelegenheit nützen, auch sich selbst auszustellen; behängt mit ihren funkelnagelneuen Orden und voll Bedauern, daß sie nicht auch die Adelsdiplome, auf denen die allerhöchste Unterschrift kaum getrocknet war, an den Frack heften konnten. Der Ziegelbrenner Heinrich Drasche war nun der Edle von Wartinberg, der Bierbrauer Mautner ein Ritter von Markhof, der Geldschrankfabrikant Wertheim sogar ein Baron.

»Man treibt einen erschreckenden Luxus«, notierte die Hofdame Gräfin Festetics in ihr Tagebuch. »Man wird förmlich geblendet, soviel Brillanten, Perlen, Spitzen . . . Pfui über die Zeit, der eine mästet sich am Verlust des anderen und betrügt, denn er hat nichts zu zahlen, wenn er verliert. Man lebt vom Gewinnst, der den andern zum Bettler macht . . . Die Weltausstellung ist wie ein Ungeheuer, das alles verschlingt, sämtliche anderen Interessen erscheinen verschwunden. Die Sucht, recht toll zu genießen, setzt sich über alles hinweg, als wäre wirklich jeder Ernst verschwunden . . .«[17]

Die Sitzungsperiode des Reichsrats schloß am 24. April, eine Woche vor Eröffnung der Weltausstellung. Der nächste Reichsrat sollte anders aussehen. Die erste Wahlreform nach sechs Jahren Dezemberverfassung. Noch lange kein allgemeines und gleiches, aber wenigstens ein direktes Wahlrecht. Nicht mehr die Landtage, sondern das Volk sollte die Abgeordneten wählen. Die Kurien blieben erhalten, lediglich die Mindeststeuerleistung wurde auf zehn Gulden jährlich herabgesetzt. Das wahlberechtigte »Volk« machte nun immerhin schon sechs Prozent der Bevölkerung aus. Der Kaiser und seine Berater hofften, mit neuen Wählerschichten die nationalen Gegensätze zu mildern. So hielten sich auch die politischen Goldmacher an die Parole: Aus alt mach neu!

In der Thronrede zum Schluß der Reichsratssession erwies sich auch Franz Joseph als Fortschrittsoptimist: »Der Aufschwung des volkswirtschaftlichen Lebens und die stetige Zunahme des Staatskredites geben begründete Hoffnungen auf baldigste und vollständige Regelung des Staatshaushaltes . . . Nur einige Tage trennen uns noch von dem großartigen Schauspiel der Entfaltung aller Kräfte und Bestrebungen der Industrie und Kultur . . . Unter günstigen Verhältnissen tritt das große Unternehmen ins Leben: Der Friede Europas ist ungetrübt und Österreich nach allen Richtungen hin in erfreulichem Aufschwunge begriffen.«[18]

Die Eröffnung der Weltausstellung war für den Tag der traditionellen Praterfahrt, dem 1. Mai, festgesetzt. Die Auffahrt war glänzender denn je an einem 1. Mai. Mit dem Kaiserpaar kamen die Kronprinzen von Deutschland, England, Dänemark und Belgien zur Eröffnung. Der Zug der Kaleschen rollte durch die Einfahrt für den allerhöchsten Hof und die Kaiserallee bis vor die Rotunde. Der Bau, einem gewaltigen Zirkuszelt ähnlich, bot sicherlich einen imponierenden Anblick. Doch dann ging ein Platzregen über die hochansehnliche Festversammlung nieder. Die Herren in goldstrotzenden Uniformen und ordenbehängten Fräcken, die Damen in den neuesten Frühjahrskreationen der teuersten Modellschneider wurden naß bis auf die Haut, bevor sie sich durch das Hauptportal unter Dach retten konnten.

Der Regenschauer zur Eröffnung war nur der Auftakt zu bösen Ausstellungswochen. Wiens eleganteste Herberge, das Grandhotel, hatte gerade rechtzeitig seinen Erweiterungsbau fertiggestellt, am Ring, für die vornehmsten der vornehmen Gäste, doch dann kamen die Abbestellungen, denn als ungeladene Besucherin stellte sich die Cholera ein. Im Weltausstellungsjahr wurden in Wien 2855 Choleratote registriert und 1410 Opfer einer Blatternepidemie. Am heftigsten wütete die Seuche in Favoriten, in den Arme-Leute-Vierteln zwischen der Linie und der heutigen Gudrunstraße. Die Eingemeindung dieses Gebiets als 10. Bezirk war eben erst beschlossen worden; und dieser jüngste Wiener Gemeindebezirk konnte den traurigen Ruhm für sich in Anspruch nehmen, daß hier die Bauspekulation mit den berüchtigten Bassenahäusern am eifrigsten zu Werke ging. In dem Gebiet wohnten 25.800 Menschen in 386 Häusern; die Ziffern zeigen die bedrückende Übervölkerung in den erbärmlich engen Wohnungen. Zwei Drittel der Todesopfer von Cholera und Blattern waren Kinder.

Die Besucher der Weltausstellung kamen nicht in diese wenig erfreuliche Gegend der Stadt. Sie teilten ihr Interesse zwischen der Rotunde im Prater und der Börse am Schottenring. Tausende Gastkarten waren ausgegeben worden. Börsenbesuch als Fremdenverkehrsattraktion. Ein paar Aktien als Souvenir an die Ringstraßenstadt an der Donau!

Die Makler hatten vorgesorgt. Seit 1870 waren allein in Wien 53 neue Banken gegründet worden. Unmittelbar vor dem großen Krach wechselten Papiere im aufgedruckten Wert von 20 Millionen Gulden die Besitzer. Die Spekulanten kauften fürs letzte Geld, und wer nicht mehr liquid war, der kaufte, solange er Kredit bekam. So stiegen die Kurse weiter an, und die Aktionäre fieberten dem Moment entgegen, zu dem sie ihre gehorteten Schätze zu noch höheren Kursen absetzen würden, weil dann der große Ansturm der Weltausstellungsbesucher kommen mußte.

Er kam nur nicht. Die meisten ausländischen Börsenbesucher amüsierten sich nur über das Schauspiel, das ihnen geboten wurde, doch sie kauften nicht.

Sollten die Pessimisten recht behalten, die schon vor Wochen gewarnt hatten? Sogar im Herrenhaus waren die Spekulationsbanken attackiert worden, weil sie schuld seien an dieser allgemeinen Hoffnung auf »reich werden über Nacht«, und der Regierung wurde angeraten, die Steuerschraube stärker anzuziehen.[19] Die »Neue Freie Presse«, die sich als Wortführerin der solcherart Bedrohten verstand, jubelte noch am Eröffnungstag: »Zeit und Ort sind günstig, mögen auch über Schwindel und Korruption eifernde Polterer, welche der Korruption und dem Schwindel selbst die Mittel zur Unabhängigkeit ihres brutalen Urteils verdanken, dem Unternehmen der Wiener Weltausstellung Unheil weissagen.« Gerade in der Redaktion der »Neuen Freien Presse« allerdings, mit ihren Querverbindungen zum Börsengeschäft, hätte man es besser wissen müssen.[20] In der Creditanstalt hatte man schon vorsichtig begonnen, Aktienpakete abzustoßen. Als der Ansturm der Käufer ausblieb, begann die Unruhe unter den Spekulanten, und nach den ersten größeren Verkäufen brach die Panik los. Jeder versuchte, seine Aktienvorräte loszuwerden, sei es auch um den Preis von Kursverlusten, und je mehr Papier auf den Markt kam, um so tiefer rasselten die Kurse talwärts. Im Börsengebäude, vor der Börse, rund um die Börse steigerte sich das Geschrei der Angebote ohne Nachfrage zur Hysterie.

Freitag, dem 9. Mai, vor Börsenschluß, war der Durchschnittskurs der Spekulationspapiere von 339 auf 196 Punkte gefallen.

Das war der Moment, als ein galizischer Börsianer das Wort »Crash« wie »Krach« aussprach und ein Journalist, der es hörte, es am nächsten Morgen in seinem Börsenbericht benützte.

Der große Krach am Schwarzen Freitag von 1873.

Der Tiefpunkt war damit noch lange nicht erreicht. Die »Neue Freie Presse« sprach jetzt von einem »Reinigungsprozeß«, ihr Feuilletonist Daniel Spitzer höhnte über die »geplatzte Seifenblase«. Der vermeintliche Reinigungsprozeß dauerte jahrelang. Der Tiefstand der Börsenkurse wurde erst 1876 erreicht, mit 105 Punkten. Im Weltausstellungsjahr selbst reduzierte sich der Aktienwert an der Wiener Börse um eineinhalb Milliarden Gulden.[21] 60 Industriefirmen, 48 Banken, 8 Versicherungsgesellschaften gingen in Konkurs oder in Liquidation. Die Zahl der Selbstmorde ruinierter Spekulanten ging in die Hunderte. Dutzende Leichen wurden aus der Donau gefischt. Das prominenteste Opfer war der Sieger von Trautenau 1866, Feldmarschalleutnant Baron Gablenz. Die Witwe, eine geborene Baronesse Eskeles aus der 1860 bankrott gegangenen Bankiersdynastie, wurde vom Kaiser empfangen. Nun stellte sich heraus, daß der General seinen Obersten Kriegsherrn in einer verzweifelten Bittschrift um Hilfe gebeten hatte. Der Generaladjutant, Gustav Graf Bellegarde, hatte den Hilferuf nicht weitergegeben, aus Furcht, Franz Joseph könnte von den Börsengeschäften seiner engsten Umgebung bis hinauf zu seinem Bruder Ludwig Viktor erfahren. Bellegarde mußte gehen; das half Gablenz nicht mehr. Ein von der Nationalbank finanziertes »Aushilfs-Comitè« konnte auch nur wenig helfen; mit 80 Millionen Gulden wurden lediglich weitere Zusammenbrüche verhindert, doch der 9. Mai war nicht mehr zu reparieren.

Der seinem Namen nach unbekannt in die Geschichte eingegangene galizische Erfinder des Ausdrucks »Krach« blieb als Modell für die Karikaturisten erhalten. Der lieblich-romantischen Vedute vom bäumchenumwachsenen Börsenprovisorium am Schottenring standen die Zeichnungen in den Witzblättern und satirischen Zeitschriften gegenüber, denen die Börse und ihr Krach ein unerschöpfliches Thema lieferten. Da wurden die Börsianer mit Wohlstandsbauch und Zylinder oder im Kaftan präsentiert, auf alle Fälle aber mit gebogener Nase und Schläfenlocken. Mochte es Rothschild, der Baron Todesco oder der Ritter von Königswarter sein oder eben der Zuwanderer aus Galizien – der Börsianer mit den Aktien war und blieb der Jud!

Seit Hitler, Eichmann und der »Endlösung« ist Antisemitismus mit millionenfachem Mord gleichgesetzt. Damals, in der liberalen Ära Wiens, verbot den Antisemitismus kein Gesetz, und keine Erinnerung an eine grauenvolle Vergangenheit stempelte ihn zum furchtbaren Verbrechen. Auf die Juden zu schimpfen, stand Politikern und Journalisten gemäß ihrer jeweiligen Richtung ebenso frei, wie auf die Tschechen oder die Polen, die Hausherren oder die Fabrikanten zu schimpfen. Antisemitismus galt als salonfähige Meinungsäußerung – mitunter, so schien es, sogar in jüdischen Salons. Der Hauch einer gewissen wehmütigen Selbstironie lag über dem jüdischen Wiener Großbürgertum, als gelte es, zweitausendjährige Verfolgung mit dem bitteren Humor des jüdischen Witzes zu bewältigen. Überdies war so manche emanzipierte jüdische Familie der Zuwanderung von Glaubensgenossen aus den östlichen Kronländern durchaus abgeneigt; in der Befürchtung, daß aus dem zunächst noch harmlos aussehenden Salon-Antisemitismus eines Tages regelrechte Pogromstimmung werden könnte.

Die Zuwanderung war tatsächlich umfangreich, seit die Grundrechte der Dezemberverfassung die letzten Beschränkungen für jüdische Staatsangehörige aufgehoben hatten. 1860 lebten in Wien 6200 Juden, 2,2 Prozent der Bevölkerung. Bis 1870 stieg dieser Anteil auf 6,6 Prozent; 40.200 Juden. 1880 schließlich wurden 72.000 Juden in Wien gezählt, ein Zehntel der Bewohner. Der Andrang junger Juden an den Universitäten war besonders stark; um 1890 ein Drittel der Studentenschaft an der Universität Wien, ein Viertel an der Technischen Hochschule. Es waren nicht die sorglos dahinstudierenden Sprößlinge der Reichen, sondern die erfolgshungrigen Söhne der Armen, die sich kein verbummeltes Semester leisten konnten. »Juden raus!« – das hieß damals schon: weg mit der unliebsamen, weil tüchtigeren Konkurrenz.

Noch war dieser Wiener Antisemitismus am Ende der Gründerzeit nicht mörderisch, doch erste Ansätze dazu verriet er schon. Das klerikal-konservative Blatt des Grafen Thun, »Das Vaterland«, schlug bahnbrecherisch diesen Weg ein. 1871 konnte man im »Vaterland« lesen: »Eine grundfalsche Ansicht ist es, wenn man die Juden als Religionssekte betrachtet. Die Mehrzahl der Juden hat gar keine Religion, am allerwenigsten die Zeitungsjuden. Sie bilden vielmehr ein Volk, die jüdische Nation.«[22]

Also nicht mehr der Jud, sondern die Juden! Nicht mehr, was ein einzelner Jude tat, zählte, sondern nur noch, daß er Jude war. Der Rassenantisemitismus mit seinen Austreibungsparolen kündigte sich an. In einer berüchtigt gewordenen Rede sagte dann später einmal der Dr. Lueger, er wünsche den Tag herbei, an dem man den letzten Wiener Juden im Prater ausstellen würde.[23]

Mit dem Antisemitismus als Kampfruf begann Lueger bald nach dem »Schwarzen Freitag« seinen Aufstieg. Für seine Wählerschaft, die Kleinbürger in der Vorstadt, war der Jude nicht nur der Fabrikant, der die Existenz des biederen Handwerks bedrohte, er war nun auch der Börsenspekulant, der dem ehrsamen Sparer den Notgroschen geraubt hatte. Der Wiener Boden war für die Blüte der christlichsozialen Bewegung gedüngt.

Cholera und Börsenkrach hielten die Ehrengäste vom lang vorbereiteten Weltausstellungsbesuch nicht fern. Die höchsten Herrschaften gaben sich in Wien ein Stelldichein. Für die Wiener war es ein Schauspiel, für den Kaiser ein permanenter Maskenball; um die Gäste zu ehren, mußte er deren Uniformen tragen. Der Fürst Nikita von Montenegro trat als »schöner Räuberhauptmann« in Erscheinung.[24] Der Schah von Persien kam juwelenübersät, als lebendig gewordene Figur aus Tausendundeiner Nacht, nachdem er drei Prinzen vorausgeschickt hatte, um abzuwarten, ob sie die Cholera überlebten. In Wien erzählte man sich, das Oberhaupt der »überwachungsbedürftigen und nur mit Mühe zu bändigenden Horde«,[25] insgesamt 57 Personen Hofstaat, habe dem Kaiser Franz Joseph die immer noch jugendlich schöne Sisi abkaufen wollen. Es kam Zar Alexander II. von Rußland, als ungarischer General kostümiert, »und kein Funke Freundlichkeit belebte sein Gesicht«.[26] Der fünfzehnjährige Kronprinz Rudolf empfing ihn, als russischer Leutnant verkleidet. Es kam der deutsche Kaiser Wilhelm I., der Feind von 1866, und Franz Joseph hob beim Staatsbankett das Glas auf seinen »lieben Freund und Bruder«. Es kam König Viktor Emanuel II. von Italien, der dem Hause Österreich das lombardo-venezianische Königreich und die Herzogtümer Toskana sowie Modena abgenommen hatte. Nicht deshalb allerdings entrüsteten sich die Klerikalen, wieder mit dem »Vaterland« an der Spitze, über den herzlichen Empfang, sondern weil Viktor Emanuel dem Papst den Kirchenstaat enteignet hatte und seither unter dem Kirchenbann stand. Für den vom Außenminister Graf Andrássy geschickt dirigierten Karneval der Fürstlichkeiten aber galt die Parole: »Friede und Freundschaft nach allen Seiten.«[27] Er wob schon die Fäden für sein außenpolitisches Konzept, den späteren Dreibund.

Das Obersthofmeisteramt machte dennoch feine Unterschiede. Wilhelm aus Berlin wurde mit einer sechsspännigen Kalesche eingeholt, Viktor Emanuel aus Rom bekam nur vier Gäule vorgespannt. Entweder merkte es der Italiener nicht, oder er ging schlau über diesen Nadelstich hinweg. Er suchte politischen Anschluß in Wien, wie der deutsche Kaiser auch. Weltausstellung und Ringstraßenpracht hatten ihre Wirkungen nicht verfehlt. Vom angeblich bevorstehenden Untergang des Habsburgerreichs konnte offensichtlich keine Rede sein. Die Donaumonarchie mußte weiterhin als Machtfaktor erster Größe in alle politischen Berechnungen einkalkuliert werden.

Die Börse reagierte auf diese Beobachtung mit dem ihr eigenen Spürsinn für echte und falsche Werte: Inmitten der allgemeinen Talfahrt auf dem Aktienmarkt behielten die Staatspapiere ihre Kurse ohne nennenswerte Einbußen.

Platzregen, Cholera, Börsenkrach, Selbstmordwelle. Die »Seifenblase« (Spekulation mit Industriepapieren) war geplatzt. Der »Reinigungsprozeß« hatte eingesetzt. Die Gründerzeit war endgültig vorbei, der Niedergang des österreichischen Liberalismus begann.

Der Weg des österreichischen Liberalismus in seinen Niedergang begann mit Platzmusik, Wasserspielen und einer Festbeleuchtung, wie Wien sie bis dahin noch nicht erlebt hatte. Die Militärkapellen spielten, als am Abend des 24. Oktober 1873 der Schwarzenbergplatz in gleißend hellem Strahlenglanz schimmerte. Den Festgästen, die dem Schauspiel beiwohnten, muß die Illumination Tausender Glühbirnen jedenfalls als wahres Lichtermeer erschienen sein. Die erste elektrische Beleuchtung in der Stadt. Dann schossen zwischen den Lichtgirlanden Wasserfontänen aus 365 Düsen empor, in der Mitte ein 58 Meter hoher mächtiger Strahl, und die Kaskaden prasselten gleich Sturzbächen glitzernder Diamanten nieder. Wien hatte seinen Hochstrahlbrunnen.

Sozusagen als Höhepunkt und Abschluß der Weltausstellung wurde die Vollendung eines technischen Meisterwerks gefeiert. Erste Wiener Hochquellenwasserleitung. Der Geologe Dr. Eduard Suess, Universitätsprofessor und seit 1863 Gemeinderat, hatte den Dr. Cajetan Felder für die Idee gewonnen, und gemeinsam hatten sie dem Bürgermeister Dr. Adreas Zelinka noch knapp vor dessen Tod die Baubewilligung abgerungen. Als Repräsentant der Wohlstandsbürger zeigte Zelinka eine panische Scheu vor Schulden auf Kosten der Steuerzahler, die schließlich seine Wähler waren. Die Stadt mußte 25 Millionen Gulden Anleihe mit 15 Jahren Laufzeit aufnehmen. 1870 begannen die Bauarbeiten an der 100 Kilometer langen Rohrleitung vom Kaiserbrunn im Raxgebiet bis zum Reservoir auf dem Rosenhügel. Baukosten bis zur endgültigen Fertigstellung: 20 Millionen. Die Hälfte der Kosten wurde aus der Anleihe gedeckt. Die Wassernot war, neben der Wohnungsnot, die größte Sorge der Stadt. Für die Wasserversorgung fühlten sich die Stadtväter der liberalen Ära verantwortlich. Die Wohnungsnot überließen sie weiterhin der privaten Bauspekulation.

Die Hochquellenleitung, die Wien von da an mit dem besten Trinkwasser aller europäischen Großstädte versorgte, hatte der in London ansässige italienische Baumeister Antonio Gabrielli als Generalunternehmer ausgeführt. Der Hochstrahlbrunnen war Gabriellis Geschenk an die Stadt und zugleich seine beste Reklame; Beweis für die Leistungsfähigkeit der Anlage. Die Beleuchtung war als Versuch gedacht. Die Wiener, an trübes Gaslicht gewöhnt, zeigten sich begeistert, die Gemeinderäte weniger, angesichts der Kosten einer elektrischen Straßenbeleuchtung. Der liberalen Grundhaltung entsprechend, kam ohnehin nur eine Privatfirma in Frage. Die Investitionsbegeisterung aber war seit dem Schwarzen Freitag leicht unterkühlt. Todesco allerdings hatte schon wieder mit Aktienkäufen begonnen. An der Börse nannte man ihn den »Indianer«: Er legte das Ohr auf den Erdboden und hörte die Kurse traben.[28] Nur die Spekulation war zusammengebrochen, nicht die Wirtschaft der Monarchie.

Am Abend des 24. Oktober fiel das elektrische Licht vom Hochstrahlbrunnen auch auf das Palais des Eisenbahnindustriellen Viktor Ofenheim von

Ponteuxin, an der Westseite des Schwarzenbergplatzes. Auch der Blick des Handelsministers Dr. Anton Banhans war auf das Palais Ofenheim gerichtet, mit besonderem Interesse für dessen Bewohner.

Seit dem Börsenkrach hallte gebieterisch der Ruf nach Sauberkeit durch die Stadt und nach Bestrafung der Schuldigen. Einer, der sich als Saubermacher aufgerufen fühlte, war Banhans, und als prominentesten Schuldigen wählte er seinen alten Widersacher Ofenheim.

Viktor Ofenheim von Ponteuxin war Gründer schon in zweiter Generation. Sein Vater hatte die erste, später von einem britischen Konsortium übernommene Wiener Gasanstalt ins Leben gerufen. Er selbst hatte Jus studiert, dann im Hofdienst und anschließend als Eisenbahnfachmann im Handelsministerium gearbeitet und sich schließlich selbständig gemacht. Sprachentalent, Fachkenntnisse und Unternehmergeist machten ihn zu einem der gründlichsten Gründer seiner Zeit, der fünfziger und sechziger Jahre. Bei der Gründung der austro-türkischen Bank verdiente er eine Million Gulden, hieß es, bei der Gründung der Mariazellerbahn 800.000 Gulden.[29] Dann gründete er die Lemberg-Czernowitz-Bahn mit Verlängerung bis Jassy in Rumänien. Für dieses Projekt holte Ofenheim 176 Millionen Gulden Auslandskapital nach Österreich, denn die inländischen Spekulanten hielten sich bei Investitionen in diesem unübersichtlichen Grenzstreifen der Monarchie sehr zurück. Mit dieser Eisenbahnlinie erschloß Ofenheim die seit 1861 zu einem rumänischen Staat zusammengefaßten Donaufürstentümer Moldau und Walachei[30] für den Handel mit der Monarchie. Der spätere Innenminister Dr. Karl Giskra war Ofenheims politischer Förderer. Der Tschechen- und Arbeiterfresser Giskra war nämlich kein dummer Mensch; als Bürgermeister von Brünn und Repräsentant der mährischen Handelskammer wußte er die Bedeutung des Bahnprojekts für die Wirtschaft seiner Region zu schätzen. In Galizien mobilisierte der Fürst Leo Sapieha den polnischen Hochadel für das Unternehmen, eine Lebensfrage für das Kronland. Auch die Militärs wußten den Schienenstrang für eventuelle Truppentransporte in dieses permanente Krisengebiet zu schätzen.

Mit Banhans hatte Ofenheim seit Jahren schon Konflikte. Der Handelsminister im Kabinett Auersperg war zuvor Güterdirektor der böhmischen Grafen Waldstein und deren Bevollmächtigter bei der Böhmischen Nordbahn, der Konkurrenz also. Später, als Handelsminister, hatte Banhans sich bei Ofenheim manche Abfuhr geholt, wenn es um staatliche Einflußnahmen auf das private Eisenbahnwesen ging. Ende 1872 blies Banhans im Ministerrat zum Angriff auf Ofenheim. Er behauptete, »es sei ein öffentliches Geheimnis, daß sich das Publikum nur mit Zittern und Beben dieser Bahn anvertraue. Binnen drei Tagen sei der Eilzug zweimal entgleist, so daß sich die Landesregierung in Czernowitz um Einstellung der Eilzüge wegen mangelhaften Zustandes der Bahn telegrafisch an ihn gewendet habe.«[31]

Die Presse griff die Affäre auf. Die Millionen, die beim Eisenbahngeschäft in die Kassen der Gründer flossen, erregten ohnehin schon längst allgemeine Empörung. Der Fall Ofenheim schien die günstige Gelegenheit, mit den Sünden der Gründerzeit abzurechnen. Auf der Strecke Lemberg–Czernowitz–Jassy hatte sich das schrankenlose Verdienertum offensichtlich besonders brutal ausgetobt, wurde behauptet. Um schnell Gewinne einzustreifen, hieß es, sei überhastet gebaut worden, mit schlechtem Schienenmaterial und mangelhaftem Schwellenholz. Nur die »Neue Freie Presse« beteiligte sich nicht an der Kampagne gegen Ofenheim; kein Wunder, der Industrielle war schließlich selbst Aktionär des Blattes.

Als vom Hochstrahlbrunnen her Wiens erste elektrische Beleuchtung auch das Palais Ofenheim erreichte, nannten die Wiener das Gebäude schon spöttisch die »Sorgenburg«. Die Spekulation mit Eisenbahnaktien hatte so manchen kleinen Sparer am Schwarzen Freitag um seine paar Gulden gebracht. Der Ruf nach Verstaatlichung der Eisenbahnen verstummte seither nie wieder. Nun war das Opfer gefunden, an dem sich die allgemeine Empörung austoben konnte. Am 16. Dezember 1873 wurde Viktor Ofenheim von Ponteuxin verhaftet. Wien hatte den schon lange erwarteten Skandal. Der erste Ringstraßenbaron, der von der Polizei aus seinem protzigen Palais geholt und ins Gefängnis abtransportiert wurde!

Was in sehr vielen Fällen sicherlich gestimmt hatte, Betrug und Korruption als Grundlage der Millionen, traf ausgerechnet auf Ofenheim nicht zu, doch das stellte sich erst 1875 heraus, während des Prozesses. Natürlich hieß es auch nachher noch oft genug, die guten Beziehungen hätten Ofenheim gerettet,[32] doch das Gegenteil war richtig. Während der Gerichtsverhandlung brach der Vorsitzende zusammen; dem Druck von oben, gegen seine faire Prozeßführung, hielten seine Nerven nicht stand: »Dieser von regierungs- nicht von rechtswegen geführte Prozeß . . . ist auch ein Muster für den Mißbrauch der Justiz durch die Regierung.«[33] In der Verhandlung stellte sich heraus, daß die Vorwürfe des Handelsministers persönliche Hinterhältigkeiten waren, seine Beamten hatten Beweismaterial präpariert, nicht einmal die angeblichen Unfallziffern auf der Lemberg-Czernowitz-Jassy-Bahn stimmten. Ofenheim wurde durch den Prozeß glänzend rehabilitiert, die Geschworenen sprachen ihn frei, als wahrer Verurteilter blieb der Handelsminister Dr. Anton Banhans. Das geschah jedoch erst mit zwei Jahren Verspätung, und auch der Freispruch änderte nichts an der allgemeinen Stimmung. Sie war massiv gegen die Gründer, gegen die Auswüchse des Kapitalismus, gegen den unbeschränkten Reichtum überhaupt.

Der liberale Wiener Gemeinderat mußte sich gerade in diesem Moment zu einer allgemeinen Steuererhöhung entschließen, um der notorischen Ebbe in der Stadtkasse Herr zu werden. Die Abgaben auf Grundbesitz und Einkommen wurden um 30 Prozent hinaufgesetzt. Die Repräsentanz der Wohlstandsbürger im Rathaus schmerzte dieser Schnitt in das eigene Fleisch zweifellos, doch er paßte zur öffentlichen Meinung der Massen. Auch der Kaiser, von dem während der Weltausstellung so protzig zur Schau gestellten Reichtum ohnehin angewidert, sah sich in seiner persönlichen Abneigung gegen die neue Welt des Liberalismus bestätigt. Banhans besaß zunächst seine volle Zustimmung, als er an Ofenheim ein Exempel statuieren wollte. Dann aber traf der Ausgang des Prozesses nicht einen vermeintlich Schuldigen, sondern die kaiserliche Regierung, das liberale Ministerium Auersperg. Jetzt war Franz Joseph erst recht empört. Der Handelsminister Dr. Anton Banhans mußte zurücktreten. So wuchs die Erbitterung des Kaisers über all das, was die Deutschliberalen ihm antaten. Im Reichsrat verhinderten sie einen Friedensschluß mit den Nationalitäten, mit ihrem Verdienertum verletzten sie sein Gefühl für Anstand und Ordnung, durch Korruption und Skandal schadeten sie dem Ruf der Monarchie im Ausland.

Der Schwarze Freitag stand am Beginn der Zeitwende, und Viktor Ofenheim von Ponteuxin stand als falsche Symbolfigur am Beginn einer folgerichtigen Entwicklung. Nach dem großen Krach ging die Neuformierung der politischen Kräfte vor sich, zum Aufmarsch für den Machtkampf der kommenden Jahrzehnte.

Kapitel 8 Der Aufmarsch

Der Landwirt Georg Ritter von Schönerer, 31 Jahre alt, ein großer, kräftiger, temperamentvoller Mensch, Besitzer von Schloß und Gut Rosenau im Waldviertel, kandidierte 1873, bei der ersten direkten Reichsratswahl, für die III. Kurie, die Repräsentanz der Landgemeinden. In seinem Wahlkreis Zwettl-Waydhofen a. d. Thaya bekam er 274 von 410 abgegebenen Stimmen. Mit diesem Vertrauensvotum ausgestattet, fuhr Schönerer als Abgeordneter nach Wien. Damit betrat der erste der drei Männer, die mit ihren politischen Programmen die kommenden Jahrzehnte prägen sollten, die österreichische Szene.

Im Reichsrat suchte sich Schönerer einen Platz am linken Flügel der Deutschliberalen.

Liberal war auch der Bürgerklub des Wiener Bezirks Landstraße, dem sich der Advokat Dr. Karl Lueger 1872 angeschlossen hatte, und Lueger ließ sich im liberalen Spektrum dieser Zeit ebenfalls links einordnen. Eine hervorstechende Rolle spielte der junge Rechtsanwalt noch nicht. Der Schwarze Freitag und die Demaskierung der liberalen Wirtschaftspraxis hatten ihn geschockt, doch es gab noch keine christlichsoziale Bewegung, die ihn für sich hätte gewinnen können. Der Ideologe der neuen Lehre, Karl Freiherr von Vogelsang, übernahm erst 1875 die Leitung des bis dahin konservativ-klerikalen Wiener Tagblatts »Das Vaterland«. Noch 1883 verteidigte der Advokat Lueger leidenschaftlich und erfolgreich zwei Arbeiter in einem Anarchistenprozeß.

Der Medizinstudent Viktor Adler war Mitglied der deutschnationalen Burschenschaft »Arminia«. Es gab zwar schon eine Sozialdemokratie, doch den Weg zur proletarischen Arbeiterbewegung mußte der intellektuelle Großbürgersohn Viktor Adler erst finden. Zu Sozialdemokraten besaß er zunächst keine andere Verbindung, als daß er 1870, gemeinsam mit seinem Schulfreund Engelbert Pernerstorfer, für die inhaftierten Arbeiterführer Geld gespendet hatte. In den vorgeblichen Hochverrätern sahen die beiden Studenten die Opfer obrigkeitlicher Willkür. Ihr Gewissen empörte sich gegen Männer wie den deutschliberalen Innenminister Giskra, doch für junge Leute ihrer Herkunft und ihres Bildungsstands – und das traf für Lueger ebenso zu – gab es im Moment eben nur das liberale Lager als politischen Anlaufhafen. Noch 1881 waren die später so erbitterten Widersacher Lueger, Adler und Schönerer Seite an Seite als Gründungsmitglieder des deutschradikalen Reformvereins zu finden.

Die politische Landschaft war seit dem Börsenkrach, und durch ihn, in Bewegung geraten. Die neuen Männer marschierten schon auf.

Georg Ritter von Schönerer war ein wohlhabender Mann mit 40.000 Gulden Jahreseinkommen aus seinem Gutsbetrieb und einem Zinshaus in Wien.[1] Erbschaft nach seinem Vater, Matthias Schönerer, einem Eisenbahningenieur und Mitarbeiter Ghegas auf dem Semmering, der es zu Vermögen und einem Adelstitel gebracht hatte. Der Sohn Georg – in Wien geboren, als der Vater noch keinen Gutsbesitz und noch kein Adelsprädikat besaß –, dieser Sohn Georg absolvierte, nach deutlichem Mißerfolg im Realgymnasium, ein landwirtschaftliches Studium und erwies sich anschließend als ausgezeichneter Ökonom. Dem Erdäpfelanbau galt seine besondere Zuneigung. Sein politisches Interesse galt den Kleinbauern rund um seinen Gutshof und den Kleingewerbetreibenden in den Dörfern des Waldviertels. So wurde er schon bald Antisemit: gegen die Vieh- und die Getreidehändler und gegen die Fabrikanten mit ihrer Massenproduktion. Liberal war er, wenn es gegen die Klerikalen ging; schon in der Schule hatte er unentwegt Schwierigkeiten mit dem Herrn Katecheten gehabt.

Als neugewählter Abgeordneter kam er gerade zur Spaltung der deutschliberalen Verfassungspartei im Reichsrat zurecht.

Die erste direkte Reichsratswahl und das Auftreten neuer Wählerschichten hatten die Verfassungspartei zwar angeschlagen, diese aber hatte ohne katastrophale Einbußen überstanden. Unter den 353 Abgeordneten stellte sie mit 219 Mandataren immer noch die absolute Majorität. Gegen sie hatten sich 40 Deutschklerikale, Slowenen und mährische Tschechen zum »Hohenwart-Klub« unter der Führung des ehemaligen Ministerpräsidenten zusammengeschlossen; 49 Angehörige des »Polen-Klubs« und einige Unabhängige bildeten den Rest der Opposition. Dazu gab es noch 33 Tschechen aus Böhmen; treffender gesagt, es gab sie nicht, denn vorderhand kamen die tschechischen Abgeordneten demonstrativ nicht zu den Reichsratssitzungen nach Wien.

Die Zeiten der Geschlossenheit in der Verfassungspartei waren allerdings dahin. Das hatte sich schon bei den diversen Parteitagen in der Vorwahlzeit erwiesen. Da es keine festgefügte Parteiorganisation gab, waren diese sogenannten Parteitage auch nicht viel mehr als bunt zusammengewürfelte Versammlungen dickköpfiger Individualisten. Ihre unterschiedlichen Meinungen ließen sich auch nicht zu einem Programm als Wahlplattform zusammenflicken.

Auf den Parteitagen setzten sich schließlich die »Jungen« durch, weil die »Alten« verärgert weggeblieben waren. Diese »Jungen« waren radikal-national. Sie stammten zumeist aus Böhmen; ihr Führer war der Abgeordnete Dr. Karl Pickert. Ihr Programm faßte der Oberösterreicher August von Göllerich unmißverständlich zusammen: »Der Grundgedanke der Dezemberverfassung ist die Erhaltung der deutschen Grundlage des Staates, ist die Hegemonie des deutschen Gedankens ...«[2] Jedes Problem, verlangten die Jungen, müsse vom Standpunkt der Deutschen in Österreich beurteilt werden; Föderalismus und böhmisches Staatsrecht mit ihrer Zweisprachigkeit kämen nicht in Frage; das hieße, das Deutschtum der slawischen Majorität »preiszugeben«.

Die »Alten«, das waren die Gemäßigten unter der Führung des ehemaligen Justizministers im Bürgerkabinett Carlos Auersperg, Dr. Eduard Herbst. Er ging die Jungen scharf an: »Ich frage, wie mit solchem Grundsatz eine Einigung in Österreich möglich würde? . . . Lassen Sie alle Nationen des Reiches ein solches Prinzip verfolgen, und statt des zu einem Staatsganzen innig vereinigten Völkerbundes sehen Sie nichts als Völkerkampf in Österreich . . .«[3]

Als der neugewählte Reichsrat zusammentrat, sah sich die Wählerschaft schon einer Spaltung ihrer Verfassungspartei in drei Fraktionen gegenüber, und jede dieser Fraktionen nannte sich »links«. 58 Junge bildeten den »Fortschrittsklub«, 54 eher konservative Agrarier, hauptsächlich Großgrundbesitzer, bezeichneten sich als »Linkes Zentrum«, und Dr. Herbst versammelte 88 altgediente Liberale im »Klub der Linken«. Dazu kamen noch fünf Wiener Demokraten – die einzigen, die wirklich »links« im heutigen Sinne waren – sowie 14 Ruthenen, die sich den Deutschen anschlossen, weil sie die Polen verabscheuten. Das waren die 219 »Verfassungstreuen« des Reichsrats von 1873. Ludwig Gumplowicz, Professor für Staatsrecht an der Grazer Universität, hat 1891 die Verfassungstreue der Deutschliberalen folgendermaßen charakterisiert: »Die Verfassungspartei nannte sich selbst die Linke zu einer Zeit, als sie rechts war. Als sie der Verfassung untreu wurde, nannte sie sich Verfassungstreue. Zu einer Zeit, als sie in verschiedene Gruppen zerfiel, nannte sie sich die Vereinigte Linke. Schließlich, als sie Vertreterin eines reaktionären Kapitalismus wurde, gab sie sich den Namen Deutsche Fortschrittspartei.«[4]

Der Jungabgeordnete Georg Ritter von Schönerer schloß sich 1873 dem »Fortschrittsklub« an. Sein Barockschloß Rosenau hatte einst dem Freimaurer Leopold Christoph von Schallenberg gehört. Im ersten Stockwerk des Südflügels befand sich der Tempel seiner Loge. Der Raum wurde später zur Unkenntlichkeit verändert; Schönerer benützte ihn zeitweise ahnungslos als Schlafzimmer. Die Fresken im Stiegenhaus, mit ihrem freimaurerischen Symbolgehalt, blieben intakt, doch der neue Schloßherr schien ihre Bedeutung nicht zu erkennen. Dabei waren gerade die Freimaurer, nebst den Juden, jene Leute, gegen die Schönerer am heftigsten zu Felde zog.[5]

Viktor Ofenheim von Ponteuxin war zeitweise ebenfalls Reichsratsabgeordneter, und er war Freimaurer.

Als der deutsche Kaiser Wilhelm I. die Weltausstellung im Wiener Prater besuchte, wünschte er auch die Kuppel der Rotunde zu besichtigen und vom Dach den Ausblick auf die Stadt an der Donau zu genießen. Wilhelm war schon 76 Jahre alt; die Kletterpartie bereitete ihm keine Schwierigkeiten, oben allerdings schien ihn dann ein leicht mulmiges Gefühl gepackt zu haben. Er erkundigte sich eingehend nach der Tragfähigkeit der Konstruktion. Den Ausstellungskommissär Heinrich Ritter von Maurer wiederum schien in der luftigen Höhe der Teufel geritten zu haben. Er nahm eine für den deutschen Kaiser unverkennbare Körperstellung ein und vollführte mit der rechten Hand jenes Zeichen, mit dem ein Freimaurer dem anderen anzeigt, daß er für ihn sein Leben einzusetzen bereit sei. Der Freimaurer Wilhelm von Hohenzollern erwiderte das Zeichen und sagte schmunzelnd: »Ich wußte es ja, daß ich hier in voller Sicherheit bin . . .«[6]

Die Wiener Herren rundum auf dem Dach der Rotunde, soweit sie den Zeichenwechsel begriffen, mochten für den Moment schreckensstarr gewesen sein. Die Freimaurerei war in Österreich zwar nicht ausdrücklich verboten, aber die Gründung von Freimaurerlogen war untersagt, und wenn es etwas gab, womit sich Franz Joseph auch im liberalen Verfassungsstaat mit seiner Vereinsfreiheit nicht abfinden wollte, so war es die Existenz der Freimaurerei. In Preußen gehörte die Mitgliedschaft des Königs zum Freimaurerbund seit Friedrich dem Großen zur Tradition des Hauses Hohenzollern, wie im englischen Herrscherhaus übrigens auch. Der Ahnherr der Dynastie Habsburg-Lothringen, Kaiser Franz I. Stephan, Gemahl der Maria Theresia, war ebenfalls ein Logenbruder gewesen. Sein Sohn Joseph II. schränkte 1785 die Tätigkeit der Logen ein; durchaus noch im wohlmeinenden Sinne.[7] Der Enkel, Franz II., ließ dann 1793 einige Freimaurer wegen Teilnahme an der angeblichen Wiener Jakobinerverschwörung in einem Geheimprozeß verurteilen. Unter dem Eindruck der Französischen Revolution wurde der österreichischen Freimaurerei überhaupt ein Ende gemacht, und das maurerische Gedankengut blieb für die Dynastie das Schreckgespenst verschwörerischer Geheimbündelei.

Die Freimaurer hielten ihre Erkennungszeichen geheim; daß der Ritter von Maurer den deutschen Kaiser auf dem Dach der Rotunde maurerisch begrüßte, vor fremden Augen, war eigentlich unzulässig. Die Zusammenkünfte vollzogen sich hinter verschlossenen Türen nach einem symbolträchtigen Ritual aus vorchristlichen Mysterien, biblischen Traditionen und mittelalterlichen Steinmetzbräuchen. Diese Begleiterscheinungen gehörten nun einmal zum Lebensstil am Ende des 17. und am Beginn des 18. Jahrhunderts, als die europäische Freimaurerei ihre spätere Form annahm. Damit allerdings schufen die Freimaurer selbst jenen Dunstkreis des Unheimlichen, der ihr Logenleben umgab. Gespenstige Schilderungen von Goldmacherei, Zauberkünsten, Schwarzen Messen, Teufelsbeschwörungen und sogar Menschenopfern lehrten naive Gemüter auch noch am Ende des 19. Jahrhunderts das Gruseln. Leichtgläubige waren bis hinauf in die höchsten Kreise des Klerus und des Staates zu finden. Der katholische Publizist Dr. Friedrich Funder, der sich in der christlichsozialen »Reichspost« mit dieser Geisteshaltung auseinandersetzte, schrieb darüber: »Der Nimbus, der das von seltenen Symbolen durchwirkte, in Geheimnis gehüllte

Logentum umgab, begünstigte das Entstehen einer weit verbreiteten öffentlichen Meinung, die sich gewöhnte, die Ursache für alle brandstifterische Zettelungen mechanisch auf einen gemeinsamen Nenner, die Freimaurerei, zu bringen.«[8] Das traf nicht nur auf den Deutschnationalen Georg Ritter von Schönerer zu, sondern auch auf den Dr. Karl Lueger, der – deutschen Freimaurerquellen zufolge – in seiner Frühzeit erfolglos um Aufnahme in die Loge »Sokrates« angesucht haben soll.[9]

Funder, Chefredakteur der Wiener »Reichspost«, mußte sich 1896 mit der Freimaurerei beschäftigen, als in der Welschtiroler Stadt Trient ein Anti-Freimaurer-Kongreß veranstaltet wurde. Vom Wohlwollen des Papstes Leo XIII. begleitet, nahmen 36 Bischöfe, 50 Prälaten und über 700 sonstige Delegierte an der fünftägigen Monsterveranstaltung teil. Hauptdarsteller dieses von der europäischen Presse leidenschaftlich diskutierten Spektakels war ein Franzose, der sich Leo Taxil nannte. Er gab den hochwürdigen Herren seine Erfahrungen mit Geisterbeschwörungen und Teufelserscheinungen in einer französischen Loge zum besten und reichte zum Schluß sogar das Foto der jungen Dame Diana Vaughan herum, die seines Wissens nach die leibhaftige Tochter eines Satans mit dem wohlklingenden Namen »Bitru« war. Der in Trient stürmisch ob seines Mutes gefeierte Enthüller Leo Taxil hieß in Wahrheit Gabriel Jogand-Pagées und stammte aus der Gascogne, aus welcher Gegend schon der berühmte Cyrano de Bergerac phantastische Abenteuergeschichten vermeldet hatte. Deutsche Jesuiten entlarvten Taxil als geschäftstüchtigen Schwindler, der drei Dutzend Bischöfe und den päpstlichen Segen als Reklame für seine okkultistischen Bücher und Zeitschriften mißbraucht hatte. Funder schloß sich mit der »Reichspost« dieser Enthüllung der »Enthüllungen« des Leo Taxil mutig an. Sicherlich zum Verdruß des Wiener Erzbischofs Dr. Anton Gruscha, der ein Jahr nach der Taxil-Affäre einen großaufgezogenen Wiener Anti-Freimaurer-Kongreß protegierte. Und dies, obwohl inzwischen Leo Taxil selbst unter dem Hohngelächter der Welt seinen Schwindel als großartigen Gascogner-Scherz öffentlich bekannt hatte.[10]

Den ernsthaften Widersachern der Freimaurerei waren die Ammenmärchen nicht unwillkommen, weil sie die allgemeine Stimmung gegen die Logenmitglieder anheizten. Im 18. Jahrhundert waren die Freimaurer Aufklärer und Fortschrittler gewesen, folgerichtig von Kirche und feudaler Obrigkeit verabscheut und verfolgt. Den Wiener Logen am Ende des 18. Jahrhunderts gehörten neben zahlreichen Hocharistokraten auch Maria Theresias Berater Josef von Sonnenfels und Gerard van Swieten an sowie Mozart und Haydn. Der erste österreichische Großmeister war Fürst Dietrichstein-Proskau, Oberstallmeister Josephs II. Die illustre Gesellschaft scheute sich nicht, einen Juden und sogar einen Neger in ihre Reihen aufzunehmen – Hinweis auf eine Geisteshaltung, die dann die Parolen der Französischen Revolution übernahm: Freiheit, Gleichheit, Brüderlichkeit. Im 19. Jahrhundert waren die Wiener Freimaurer dann die Liberalsten unter den Liberalen, Verfechter religiöser, nationaler und politischer Toleranz über Staats-, Volks- und Klassengrenzen hinweg. Grund genug, sie nun tatsächlich als eine Verschwörung gegen die bestehende Ordnung zu fürchten, wie es der gute Kaiser Franz tat, und ebenso Grund für den liberalen Außenseiter der Dynastie, den steirischen Erzherzog Johann, sich ungeniert als Freund der Freimaurer zu deklarieren.[11]

Seit dem Jakobinerprozeß von 1793 hatte nur eine einzige Freimaurerloge ein einziges Mal offiziell in Wien gearbeitet. Das war am Abend des 5. Oktober 1848, im Hause des Grafen d'Harnancourt in der Teinfaltstraße. Der Logengründer, Dr. Ludwig Lewis, Professor an der Ingenieurakademie, hatte beim Innenminister Baron Doblhoff auf Grund des neuen Vereinsgesetzes die Bewilligung eingeholt.

Am nächsten Morgen brachte der Wiener Oktoberaufstand mit der Lynchjustiz an dem Kriegsminister Graf Latour den Anfang vom Ende der Revolution. Damit auch das Ende der eben erst wiedererweckten Freimaurerei. Der Logenmeister Dr. Lewis rettete sich nach Budapest.

19 Jahre später beantragte derselbe Dr. Ludwig Lewis, vertrauend auf die neuen Freiheiten im neuen Vaterland, den im Reichsrat vertretenen Königreichen und Ländern, die Wiederzulassung der Loge »Zum hl. Joseph« in Wien.

Abgelehnt.

Im Jahr darauf wurde der Antrag wiederholt. Nun gab es schon die im Katalog der Grundrechte verankerte Vereinsfreiheit. Die Statthalterei wies das Ansuchen dennoch erneut zurück, »weil nur Mitgliedern einer gerechten, gesetzmäßigen Loge der Zutritt in die Versammlung gestattet werden darf« – die Statthalterei bediente sich der freimaurerischen Ausdrucksweise! – und »somit ein Abgeordneter der Behörde von der Versammlung ausgeschlossen wäre, während es nach § 18 des Vereinsgesetzes der Behörde freisteht, zu jeder Vereinsversammlung einen Abgeordneten abzusenden, und weil ferner die Statuten . . . keine Aufklärung über das Wesen der symbolischen Gebräuche enthalten«.[12]

Dem Ministerrat, der sich mit dem Antrag des Dr. Lewis ebenfalls beschäftigte, teilte Graf Taaffe unmißverständlich mit, daß der Kaiser kein Wiederaufleben der Freimaurerei dulden würde. Er habe dem neuen Vereinsgesetz überhaupt erst zugestimmt, als er sicher sein konnte, daß es ausreichte, Logengründungen zu verhindern. Die Logenbrüder waren die Gefangenen ihrer eigenen Traditionen. Sie hielten unerschütterlich an den Grundregeln der Geheimhaltung fest und lieferten damit den Behörden den willkommenen Vorwand zum Verbot.

Es gab kein Konkordat mehr, doch vor den Freimaurern wenigstens wollte Franz Joseph Thron und Altar sicher wissen. Der Klerus verabscheute die

Brüder wegen ihrer religiösen Toleranz; konservative Kreise fürchteten den extrem liberalen Geist, und für den Kaiser war die Freimaurerei untrennbar mit dem Begriff Revolution verbunden. Der ungarische Nationalheld und Republikaner Ludwig Kossuth, der italienische Nationalheld Giuseppe Garibaldi waren Logenbrüder gewesen; die preußischen Könige waren Freimaurer; was immer die Dynastie an bittere Niederlagen erinnerte, hing mit der Freimaurerei zusammen.

Die Gründung sogenannter »Grenzlogen« allerdings konnte keine Statthalterei in Österreich verhindern. Als Freimaurer mußte man nur über die Leitha fahren, und man befand sich unter dem Schutz des weitaus freisinnigeren ungarischen Vereinsgesetzes. Nichts zeigt deutlicher die Machtlosigkeit der Krone im Spannungsfeld des Dualismus. Zum Unterschied von der Verfassungspartei im Reichsrat ließen sich die Magnaten im ungarischen Reichstag keinen Eingriff des Kaisers in ihre Gesetzgebung gefallen. 1870 wurde die Großloge von Ungarn gegründet. Unter ihrer Patronanz riefen Wiener Freimaurer Grenzlogen in Ödenburg, Neudörfl und Preßburg ins Leben. Als die Errichtung der Ödenburger Loge bekannt wurde, spendete Heinrich Graf Zichy sofort 6000 Gulden zu ihrer Bekämpfung. Das Geld wurde dem Bischof überwiesen.

Die Freimaurerei jedoch hatte unter den ungarischen Adeligen eine tief verwurzelte Tradition, der klerikale Graf Zichy war eine Ausnahme, und der hohe ungarische Klerus dachte nicht daran, sich mit den Freimaurern anzulegen. Als der Bischof von Györ später einmal eine neue katholische Volksschule einweihte, wurde die Ödenburger Loge »Zur Verbrüderung« offiziell zu dem Festakt eingeladen. Als Preßburger Klerikale Logenbrüder aus der Kirchengemeinde ihrer Stadt ausschlossen, verweigerte der Fürstprimas Kardinal Simor die Zustimmung zu dieser Maßnahme.[13]

So arbeiteten die Grenzlogen ungehindert weiter. Besonders die Loge »Humanitas« in Neudörfl erfreute sich regen Zuspruchs. Die Bewohner des kleinen Ortes konnten an einem Sonntag pro Monat ein höchst ungewöhnliches Schauspiel erleben. Mit dem Schnellzug aus Wien kamen Dutzende Herren in Wiener Neustadt an. Die Zylinder verrieten ihren vornehmen Stand, und viele von ihnen waren bekannte Persönlichkeiten. Vor dem Wiener Neustädter Bahnhof bestiegen sie die schon bereitstehenden Fiaker und ließen sich über die Leithabrücke hinüber ins Ungarische kutschieren, nach Neudörfl, um hier in einem Gasthof ihr freimaurerisches Ritual zu vollziehen. In Neudörfl wußte man Bescheid, niemand nahm Anstoß, die Herren waren als zahlungskräftige Gäste gerne gesehen, und die Polizeiagenten, wie die Fiaker pünktlich zur Stelle, berichteten Monat für Monat ihre Beobachtungen nach Wien. Nach außen hin fast eine Posse, wie von Nestroy. Wie solche Polizeiberichte aussahen, zeigt die Meldung eines Agenten, der in Ödenburg den Wiener Realitätenbesitzer Henry

Lustig identifiziert hatte: »Israelit, sehr reich, sittenstreng, sonst Republikaner.« Dieser sittenstrenge, reiche, israelitische Republikaner Henry Lustig, ein in Wien stadtbekannt wohltätiger Mann, war übrigens der Gründer jener Loge »Sokrates«, bei der sich Dr. Karl Lueger erfolglos um Aufnahme beworben haben soll.[14]

Die Grenzlogen gaben ihren Kampf um die Legalität auch diesseits der Leitha nicht auf. Am 24. Oktober 1874 beantragten 24 Abgeordnete im Reichsrat eine Abänderung des Vereinsgesetzes, die die Logengründungen ermöglichen sollte. Ein zweiter Antrag vom 27. Oktober verlangte ausdrücklich die Anerkennung einer österreichischen Großloge. Wortführer waren der Liberale Dr. Foregger, selbst Freimaurer, und Dr. Kronawetter, Angehöriger der kleinen Fraktion Wiener Demokraten. In einer langen Reichsratsrede, in der Foregger seinen Antrag begründete, zog er hauptsächlich gegen die Klerikalen zu Felde: »Ich erinnere nur daran, daß – soviel ich mich unterrichten konnte – Papst Pius IX. nicht weniger als fünfmal die Maurerei verflucht hat, obwohl er, wie Dokumente nachwiesen, dem Bunde einst selbst angehörte . . . wir finden darin die Bestätigung, daß die Freimaurerei die Aufklärung vertritt gegen den Obskurantismus der Jesuitenpartei, daß die Maurerei die irdische Vervollkommnung vertritt gegenüber der jenseitigen Verklärung, verbunden mit irdischer asketischer Vertierung.«[15]

Das Reichsratsprotokoll vermerkte zahlreiche »Hört, hört!«-Rufe. Franz Joseph mußte erst gar nicht eingreifen; die Abänderung des Vereinsgesetzes ging im Reichsrat nicht durch. Die deutschliberale Mehrheit war nun einmal gegen Männer wie Henry Lustig, den »Republikaner«, sie war gegen die Männer in den eigenen Reihen, die ein ausgeprägtes Verständnis für soziale und nationale Gleichberechtigung an den Tag legten, sie war sich einig mit den Katholisch-Konservativen und den aufkommenden Deutschnationalen wie Schönerer, der zwar auch gegen die Klerikalen, aber ebenso gegen Juden und Internationalisten war.

So mußte die Komödie mit den Grenzlogen weitergespielt werden, zum Verdruß aller Widersacher der Freimaurerei, die die Fiakerauffahrt in Neudörfl als permanente Herausforderung empfanden. 1894 schließlich verlangten Christlichsoziale im Reichsrat das Eingreifen der Regierung. Das Ministerium brachte auch prompt einen Gesetzesantrag gegen »die Teilnahme an einer Verbindung, deren Dasein, Verfassung oder Zweck vor der Staatsregierung geheimgehalten werden soll«, ein. Nicht nur die Logengründung also sollte verhindert werden, Freimaurer sein sollte unter Strafe stehen. Bis zu sechs Monaten Gefängnis oder 1000 Gulden. So weit ging der Reichsrat allerdings nicht; der Antrag des Ministeriums wurde abgelehnt.[16]

Die Wiener Freimaurer fuhren weiter über die Leitha. Männer wie Ofenheim, Todesco, Gomperz, Philipp von Schoeller und Eduard Uhl, der von 1882 bis

1889 Bürgermeister von Wien war. Die von Konservativen, Klerikalen und Deutschnationalen befürchteten Umstürze blieben aus. Es war auch schwer, sich diese Honoratioren der Wiener Gesellschaft als Weltverschwörer vorzustellen. Die Wiener Freimaurer etablierten sich nicht als republikanische Partei, die Logen arbeiteten nicht als jakobinische Aktionskomitees. Nach außen hin traten sie nur mit Wohltätigkeitsorganisationen, Fürsorgeeinrichtungen und Reformschulen in Erscheinung.[17] Die Auswirkung ihrer Geisteshaltung zeigte sich in der öffentlichen Tätigkeit der einzelnen Logenbrüder. Franz Schuhmeier, der »Volkstribun von Ottakring«, war Oppositionsführer im Wiener Rathaus gegen den Bürgermeister Lueger, den »Herrgott von Wien«. Ferdinand Hanusch, Schöpfer der Sozialgesetzgebung der Ersten Republik, hat sein Programm schon vor dem Zusammenbruch der Monarchie in seiner Loge »Lessing« vorgetragen. In derselben Loge saß Josef Trebitsch, Präsident der Industriellenvereinigung. Was in der »Lessing« vor sich ging, vom Freimaurerritual begleitet, kann als Vorstufe jener Sozialpartnerschaft gewertet werden, wie sie dann in der Zweiten Republik der Wirtschaftsbundpräsident Julius Raab und der Gewerkschaftsbundpräsident Johann Böhm zu einer weltweit bestaunten österreichischen Institution erhoben. Dem Bundeskanzler Julius Raab wurde es noch in den fünfziger Jahren von katholischer Seite angekreidet, daß er einmal, bei einer Eröffnung, öffentlich die traditionellen drei Hammerschläge ausführte, wie sie schon in den mittelalterlichen Dombauhütten gebräuchlich und von den Freimaurern übernommen worden waren.[18]

Der Neudörfler Aufmarsch der Wiener Freimaurer alarmierte wohl Regierung, Reichsrat und Polizei, doch der Einfluß der Logenbrüder auf das öffentliche Leben ließ sich nicht konkret fassen. Ein anderer Aufmarsch dagegen, gleichfalls in Neudörfl, zeigte sichtbare und spürbare Folgewirkungen für die etablierte Staatsgewalt und für die herrschenden Wirtschaftsliberalen. Im selben Jahr 1874, da die Freimaurerei vergeblich dem Reichsrat die Legalität abzuringen versuchte, wurde in Neudörfl die Sozialdemokratische Partei neu gegründet. Die Arbeiterführer wählten Neudörfl aus den gleichen Motiven wie die Freimaurer; die ungarische Praxis ließ zu, was die österreichischen Gesetze verboten. Der Einfall, die Ortschaft Neudörfl zu wählen, dürfte von Dr. Hippolyt Tauschinski gekommen sein, der den Freimaurern nahestand.[19]

Tauschinski hatte sich nach seiner ersten Verhaftung im Jahre 1868 aus der Arbeiterbewegung zurückgezogen; geschockt auch durch das Mißtrauen, das viele Proletarier ihm, dem bürgerlichen Intellektuellen, so deutlich zu spüren gaben. Nach dem Verlust seiner Dozentur an der Wiener Kunstakademie hatte er Graz als freiwilliges Exil gewählt, doch dort war seine große Liebe zur Arbeiterbildung wieder erwacht. Im Arbeiterverein »Brüderlichkeit« fand er eine neue Wirkungsstätte. Die immer heftiger werdenden Richtungskämpfe innerhalb der österreichischen Arbeiterbewegung trieben ihn dann zum aktiven Eingreifen.

Seit die »Hochverräter« aus dem Gefängnis entlassen worden waren, hatten sich unter den Arbeiterführern zwei rivalisierende Gruppen herausgebildet. Da war auf der gemäßigten Seite Heinrich Oberwinder; schon als Untermieter der Witwe Strobl eher zurückhaltend agierend; die Erfahrungen von 1869 und 1870 bewogen zu einem gemäßigten Kurs, »linksbürgerlich«, in Anlehnung an fortschrittliche Liberale; davon versprach er sich mehr als von einem vermutlich auf Jahrzehnte hin aussichtslosen Kampf gegen die Staatsgewalt; eine Politik kleiner Schritte zur schrittweisen kleinen Besserung der sozialen Zustände.[20]

Der zweite Hauptangeklagte im Hochverratsprozeß, Andreas Scheu, blieb auf der Eisenacher Grundlage der Bewegung; kein Friedensschluß mit dem kapitalistischen Staat, sondern dessen Umwandlung in den »Volksstaat«.

Tauschinski in Graz stand ganz auf Scheus Seite. Von ihm und dem Grazer Verein »Brüderlichkeit« ging die Initiative zu einem gesamtösterreichischen Parteitag, zur Neugründung einer Sozialdemokratischen Partei aus.

In Graz war man immer schon radikaler als in Wien. Ob die Linken oder die Rechten in Bewegung waren, stets machten sie die steirische Metropole zur Stadt ihrer Erhebung: »Es mag wie Romantizismus klingen, aber hier, im Grenzland, sind die Menschen immer schon bis an die Grenze gegangen.«[21]

Die meisten Wiener Arbeiterführer zögerten. Sie »hielten diesen Gründungskongreß für verfrüht und erklärten, daß die Arbeiter noch nicht ausreichend dazu gebildet seien. Der Hauptgrund dürfte eher in der Tatsache liegen, daß die Wiener befürchteten, durch das Aufkommen der starken Länderorganisationen ihren Führungsanspruch über die Arbeiterbewegung zu verlieren.«[22]

Was ein richtiger Wiener war, der trug nun einmal die unausrottbare Überzeugung unter der Haut, daß seine Stadt der Nabel der österreichischen Welt sei. Da gab es zwischen den Vorstadtproletariern in ihren Elendsquartieren und den Ringstraßenbaronen in ihren Palästen kaum einen Unterschied. Der »G'scherte« blieb für beide der »G'scherte«. Zentralismus gehörte zum Wesenszug einer Hauptstadt; noch dazu, wenn sie durch Größe und Bedeutung so dominant war wie Wien im Donauraum. Auch der Strukturunterschied trug zum Gegensatz bei. An der niederösterreichischen Südbahnstrecke, in der Steiermark, in Böhmen, Mähren und Schlesien war die Industriearbeiterschaft der Großbetriebe konzentriert. In Wien herrschte immer noch das Gewerbe mit seinen kleinen und mittleren Unternehmen; hier schien Oberwinders linksliberaler Kompromißkurs erfolgversprechend.

Trotzdem wirkten sich Weltausstellung und Schwarzer Freitag radikalisierend auf die Massen aus, nachdem die Kleinbürger durch die Kursverluste schon ihren Anteil an der Misere abbekommen hatten. Während die Monsterschau in der Rotunde den ganzen Sommer 1873 über von Millionen Besuchern bestaunt wurde, Triumph des technischen Fortschritts allenthalben, verloren in Wien allein 35.000 Menschen ihre Arbeitsplätze. 15.000 Zuwanderer verließen das ursprüngliche Ziel ihrer Hoffnungen, um anderswo vielleicht ihr Glück zu finden. Die Polizei half nach, indem sie Hunderte Neuwiener in ihre Heimatgemeinden abschob. Allen Grundrechten zum Trotz gab es für den österreichischen Staatsbürger noch immer keine unbeschränkte Bewegungsfreiheit; das verbürgte Recht auf Niederlassung hatte man nur dort, wo man »zuständig« war. Ein probates Mittel, unerwünschte Elemente loszuwerden, wenn sie keine Arbeit, kein Obdach nachweisen konnten.

Die Weltausstellung hatte die Lebensmittelpreise in Wien hochschnellen lassen. Unzufriedenheit mit Oberwinders zahmer Haltung war die Folge. Der von Graz ausgegangene Funke zündete. Wiener Neustadt entwickelte sich zum zweiten Zentrum des Radikalismus, rund um die Arbeiterschaft in der Lokomotivfabrik. Hier war Andreas Scheu mit seinem Wochenblatt »Gleichheit« daheim, hier propagierte man den Klassenkampf im marxistischen Sinn. Oberwinder und seine Wiener Organisation »Volksstimme« verlor deutlich an Boden. Der rauschebärtige Kunsthistoriker Tauschinski, persönlich ein esoterisch versponnener Mensch, als Agitator aber mit leidenschaftlicher Energie ausgestattet, schaffte es auch mit mehreren Rundreisen nicht, die nun schon erbittert verfeindeten Gruppen zu einigen. Die Radikalen setzten die Einberufung des Parteitags durch. In den Industriezentren wurden Delegierte gewählt. Sie bekamen numerierte, auf ihre Namen lautende Einladungskarten für den 5. April 1874 nach Baden.

Am 2. April meldete der Badner Arbeiterbildungsverein, vertreten durch den Tischlergesellen Johann Matzl, ordnungsgemäß eine Versammlung an. Die Obrigkeit wußte natürlich längst, was dahintersteckte. Die Delegiertenwahlen in den Betrieben hatten sich nicht geheimhalten lassen. Die Polizeispitzel waren emsig am Werk. Schon am 3. April erging die Weisung, die »projektierte Vereinigung« zu verhindern. Am 4. April wurde die Versammlung in Baden untersagt.

Tauschinski und Scheu hatten mit dem Verbot gerechnet. Im Leithagasthaus in Neudörfl waren schon der große Saal im ersten Stockwerk und ein Extrazimmer reserviert. Der Wirt muß wohl ein Gesinnungsfreund gewesen sein, denn er ließ sich dadurch das aussichtsreiche Feiertagsgeschäft mit den Ausflüglern entgehen. So zahlungskräftig wie die Freimaurer während ihrer Sonntagsbesuche in Neudörfl würden die Delegierten zum Sozialdemokratischen Parteitag bestimmt nicht sein.

Der 5. und der 6. April waren die Ostern des Jahres 1874.

Das bürgerliche Wien, zu dem auch die sonst in Neudörfl so aktiven Freimaurer gehörten, erwartete sich von diesen Ostern 1874 keine politische

Aufregung, sondern kulturelle Genüsse. Für den Ostersonntag war die Premiere der Johann-Strauß-Operette »Die Fledermaus« angesetzt, und aus Eisensteins Uhrenduett hatte der Theaterzensor den Vers gestrichen »Um mich so zu überlisten, muß sie sehr gerieben sein – auch weiß sie wie die Kommunisten nicht zu scheiden Mein und Dein«. Daß die Premierenbesucher im Theater an der Wien durch diese Anspielung zur Eigentumsreform aufgehetzt werden könnten, war allerdings nicht zu befürchten. Das Publikum kam nicht aus jenen Gegenden Wiens, in denen man seit den Preissteigerungen im Weltausstellungsjahr für einen Tageslohn oft nur einen Laib Brot kaufen konnte. Marie Geistinger, Prinzipalin des Theaters an der Wien, hatte sich selbst 15.000 Gulden Jahresgage bewilligt und dazu noch Extrahonorare für jeden Auftritt.

Für den Ostermontag war ein Konzert im Palais Auersperg angesetzt, Franz Liszt sollte Schubert spielen. Ein musikalisches Ereignis, von der Damenwelt mit Herzklopfen erwartet; es wurde ein buntes Programm, in dem zuletzt auch eine Kostprobe aus den »Soirees de Vienne« ihren Platz hatte. Liszt war der eifrig herumgereichte Schwarm aller Salons.

Daß im selben Jahr 1874 in Wien der musikalische Weltrevolutionär Arnold Schönberg geboren wurde, bekam erst ein Vierteljahrhundert später seine Bedeutung. Gustav Mahler lebte noch bei seinen Eltern in Prag; der »rasende Reporter« Egon Erwin Kisch behauptete später, der junge Mann habe im »Salon Goldschmied«, einem berühmten Bordell, nächtelang Klavier gespielt; die Damen des Hauses allerdings seien dabei aus dem »japanischen Zimmer«, in dem der Flügel stand, verbannt gewesen.[23] Für das kommende Jahr 1875 plante Mahler seine Übersiedlung nach Wien, um hier am Konservatorium zu studieren. Auch in der Musik bereiteten sich die Jungen auf den Aufmarsch vor.

Noch herrschten die »Alten«. Strauß war schon 46 Jahre alt, längst der Walzerkönig, als 1871 seine erste Operette aufgeführt wurde, »Indigo«. Jacques Offenbach hatte Strauß gedrängt, sich doch endlich auch in diesem Metier zu beweisen. Der »Indigo«-Erfolg gab Offenbach recht – und die Antisemiten jubelten. Endlich trat ein echter Wiener auf, der dem fremdländischen Juden Offenbach und dessen zersetzender Frivolität Paroli bot! Johann Strauß hütete sich, das Geheimnis seiner eigenen Herkunft zu propagieren: Der Urgroßpapa war ein aus Budapest zugewanderter Jude gewesen![24] Jetzt war die »Fledermaus« da; den Antisemiten zum Hohn diente als Grundlage eine Komödie von Offenbachs erfolgreichen Textdichtern Meilhac und Halévy, und an pariserischer Frivolität ließ sie nichts zu wünschen übrig. Strauß dirigierte höchstpersönlich die Premiere, die Geistinger triumphierte als Rosalinde. Es war schon eine einmalige Zeit des Wiener Theaters: Da sang dieselbe Marie Geistinger die Operettenrollen der Rosalinde und der Schönen Helena und spielte bei ihrem nächsten Auftreten als Tragödin die Medea oder die Maria Stuart. Für die »Fledermaus« war Strauß erst im letzten Moment mit dem Couplet der Adele,

»Spiel ich die Unschuld vom Lande«, herausgerückt, weil die eifersüchtige Diva Geistinger ihrer jungen Konkurrentin Karoline Charles-Hirsch keinen Publikumsschlager vergönnen wollte.[25] Der Erfolg war einzigartig. Nur Chor und Ballett wirkten ausgesprochen schäbig, verglichen mit der Eleganz des Premierenpublikums.

Das zeitliche Zusammentreffen der ersten Wiener »Fledermaus« mit dem Neudörfler Parteitag war zufällig. Der Vergleich der Ereignisse und der jeweiligen Akteure zeigt den Spannungszustand zwischen zwei feindlichen Welten in engster Nachbarschaft. Die gute Wiener Gesellschaft, der die Fracks auf der Theaterbühne nicht nobel genug waren, hätte in diesen Ostertagen 1874 die Gäste des Leithagasthauses in Neudörfl sicherlich mit noch größerem Unbehagen betrachtet. Dort trug man keinen Zylinder; dort fuhr man auch nicht per Fiaker vor, wie es die Honoratioren zu tun pflegten; man kam zu Fuß und sah recht ärmlich aus. Nach der »Fledermaus«-Premiere soll – laut Bericht der antisemitischen »Morgenpost« – ein reicher Börsianer genörgelt haben: »Was hilft mer ä Ballett, wenn ich mer dabei muß zuhalten die Augen?«

Was die Männer in Neudörfl betraf, so hielten sich die besseren Stände die Augen zu. Sie überließen die soziale Frage ihrer Zeit der Polizei.

Als die Behörde am 4. April die Versammlung in Baden untersagte, waren die meisten Delegierten schon aus ihren Kronländern abgereist. Ein Trupp Wiener Neustädter fuhr nach Baden, um die Ankömmlinge nach Neudörfl umzudirigieren. In Baden tauchten aber auch Oberwinder-Leute auf, um die Genossen, hauptsächlich die Tschechen, zu einer Gegenversammlung nach Wien zu lotsen. So wurde rund um den Bahnhof praktisch um jeden Delegierten gerauft. Dazu konnte noch jeden Moment die Polizei auftauchen. Tauschinski hetzte aus Neudörfl noch einmal nach Baden, um die dort ratlos Zurückgebliebenen, die nicht begriffen, was überhaupt los war, wieder auf den rechten marxistischen Weg, nämlich über die Leitha, zu bringen. Das alles hört sich heute ein wenig grotesk an. Damals war es blutiger Ernst, für das hektische Hin und Her gab es weder Auto noch Motorrad, kein Telefon, und so mancher Delegierte mußte sich in Baden erst Geld für die Weiterfahrt nach Wiener Neustadt ausborgen. Schließlich schlugen sich nur sechs Delegierte auf die Seite der Wiener. Daraufhin tauchte ein Beauftragter Oberwinders in Neudörfl auf und versuchte, die ganze Versammlung nach Wien zu holen.

Das Unternehmen mißlang. Als der Parteitag am Abend des Ostersonntags schließlich zusammentrat – zur selben Zeit, als im Theater an der Wien die Ouvertüre zur »Fledermaus« einsetzte –, da hatten Tauschinski, Scheu und ihr marxistischer Kurs über Oberwinders linksbürgerliche Kompromißbereitschaft schon gesiegt. Man soll die Wiener Arbeitervertreter heute nicht schelten, wie es damals geschah. Für sie, vornehmlich Gesellen in Gewerbebetrieben, in denen die kleine Belegschaft noch im engen Kontakt zum Meister lebte, war eine

Kompromißlösung der sozialen Frage eben doch erstrebenswerter als für die Industriearbeiterschaft in der anonymen Fabrikslandschaft.[26]

Nach der Hektik des Tages begann der eigentliche Parteitag in einer Atmosphäre begreiflicher Erregung. 86 Delegierte stellten sich als Repräsentanten von 25.000 Arbeitern vor. Der Beglaubigungsausschuß nahm seine Arbeit peinlich genau; man spürte die Tragweite der bevorstehenden Entscheidungen und wollte jeden Zweifel an der Legalität ausschließen. So wurde zwölf Delegierten das Stimmrecht entzogen, weil ihre Mandate unklar schienen. Der Steirer Jakob Würges führte ein minutiös genaues Protokoll. Warum er sich so große Mühe machte, stellte sich allerdings erst nachträglich heraus: Er verkaufte die Niederschrift um 200 Gulden an die Polizei. Das Präsidium übernahmen Tauschinski, der Deutschböhme Schiller und der Prager Tscheche Pecka. Auch ein tschechisches Protokoll wurde geführt.

Für das Jahr 1874 war es vielleicht die größte Leistung der Arbeiterbewegung, daß sie Deutsche und Tschechen an einen Verhandlungstisch brachte, während rundum die nationalen Haßgesänge in den österreichischen Ohren dröhnten. Ein Grund mehr für die deutschbürgerliche Welt, dieses Proletariat zu verabscheuen, das die geheiligten nationalen Besitzstände bedenkenlos zur Seite schob. Sie waren eben »vaterlandslose« Gesellen, diese Sozialdemokraten, und sie brachten fertig, was kein Kaiser, keine Regierung, kein Parlament vermochten.

Das Ergebnis des Parteitags war ein neues Programm, dessen Forderungskatalog sich von den Eisenacher Beschlüssen und dem Hartung-Programm des Jahres 1868 jedoch kaum unterschied: »Die österreichische Arbeiterpartei erstrebt im Anschluß an die Arbeiterbewegung aller Länder die Befreiung des arbeitenden Volkes von der Lohnarbeit und der Klassenherrschaft durch Abschaffung der modernen privatkapitalistischen Produktionsweise. Sie erstrebt an deren Stelle die gemeinschaftliche, staatlich organisierte Produktion der Güter. In nationaler Beziehung stellt sie das Selbstbestimmungsrecht der Völker als Grundsatz auf, erblickt jedoch in der nationalen Gliederung ihrer Genossen kein Hindernis ihres gemeinsamen Bestrebens nach materieller Befreiung, sondern erkennt im Gegenteil nur in einem brüderlichen Zusammenwirken, welches alle nationalen Arbeiterschaften gleich berechtigt und gleich verpflichtet, die einzige Bürgschaft eines Erfolges.«[27] Als Voraussetzung für die Verwirklichung des Programms wurde die alte Forderung nach einem allgemeinen, gleichen und direkten Wahlrecht aufgestellt, die Einführung des Normalarbeitstages, die Einschränkung der Frauen- und die Abschaffung der Kinderarbeit, progressive Einkommenssteuer und staatliche Förderung des Genossenschaftswesens.

Im Neudörfler Leithagasthaus waren ein paar Dutzend einfache Leute versammelt; Tauschinski war der einzige Akademiker; alle anderen hatten, was sie wußten, mühevoll genug dazugelernt. Kein Advokat beriet sie, aber sie hatten ihren Karl Marx gelesen. Das so sonderbar grotesk anmutende Vorspiel in Baden, die Rangelei um jeden einzelnen Delegierten, das war eben keine Vereinsmeierei, kein Stammtischstreit wichtigtuerischer Wirtshauspolitiker. Ob den Neudörflern bewußt war, daß sie die Weichen für das nächste Jahrhundert der österreichischen Arbeiterbewegung stellten, läßt sich heute wohl kaum zweifelsfrei entscheiden. Tatsächlich war es so. In Neudörfl vertraten 86 Delegierte 25.000 Arbeiter; 74 Delegierte waren stimmberechtigt. Die 25.000 Arbeiter, die sich in der österreichischen Hälfte der Doppelmonarchie an der Vorbereitung des Parteitags beteiligt hatten, waren zahlenmäßig nur ein winzig kleiner Bruchteil der proletarischen Massen, doch sie repräsentierten deren Situation. Das war der Irrtum der Staatsgewalt und der bürgerlichen Welt, als sie nach der Neudörfler Versammlung, mit dem handschriftlichen Protokoll des Jakob Würges bewaffnet, darangingen, dem vermeintlichen Spuk, dem verschwörerischen Treiben einiger Rädelsführer ein Ende zu bereiten: Man glaubte ganz einfach nicht an die zwingende Notwendigkeit einer Reform. Jetzt setzte die Verhaftungswelle ein, jetzt wurden die meisten Arbeitervereine aufgelöst, die Wochenblätter verboten. Daß man die für den Moment mundtot gemachten Verfolgten damit nur noch stärker in den Radikalismus trieb, bedachte man offenbar nicht. Sozialreformen, wie die Beschränkung der Arbeitszeit, ließen noch ein Jahrzehnt auf sich warten, die Wahlrechtsreform noch viel länger.

Auch Heinrich Oberwinder und sein Wiener Anhang gaben nicht auf. Nach der temporären Ausschaltung der marxistischen Gegner durch die Polizei riefen sie im Oktober 1874 zur Neugründung eines »Allgemeinen Österreichischen Arbeitervereines« auf: »Wir stellen uns auf den Boden der realen Tatsachen und überlassen es Phantasten und Unzurechnungsfähigen, Luftgebilden nachzujagen . . . Wir suchen unsere Macht vorerst in dem Willen, die große Masse der Arbeiter aus den demoralisierenden Verhältnissen, in denen sie sich befindet, zu befreien und durch Bildung und Sitte den Gemeinsinn zu wecken . . .«[28]

So schieden sich die Geister in den einzelnen sozialen Bewegungen, die am Ende der Gründerzeit aufmarschierten. Kam die Befreiung des Arbeiters, des werktätigen Menschen überhaupt, nur durch die Abschaffung des Kapitalismus, oder war der Kapitalismus humanisierbar? Der norddeutsche Nationalökonom Lorenz von Stein, vom Grafen Thun 1855 an die Wiener Universität berufen, lehrte hier immer noch – bis 1885, dann ging er in Pension; er glaubte an die Humanisierbarkeit durch ein System, das man heute Sozialpartnerschaft nennt. Die Neudörfler, auf das Eisenacher Programm eingeschworen, glaubten nicht daran. Das blieb die Grundfrage für die Richtungskämpfe innerhalb der sozialistischen Strömungen und die Auseinandersetzung der Sozialdemokraten mit den Christlichsozialen, ein Jahrhundert lang, bis in unsere Gegenwart.

Für den 1. November 1874 stand die Eröffnung des neuen Wiener Zentralfriedhofs auf dem kommunalen Veranstaltungskalender. Baukosten einschließlich Grundkäufe 3 Millionen Gulden. Die neuen Religionsgesetze bestimmten, daß die Ortsfriedhöfe die Toten aller Konfessionen aufzunehmen hatten; also beschloß der Gemeinderat, keine kirchliche Einweihung zu »veranlassen«. So hofften die Stadtväter, sich aus dem Zank der Konfessionen herauszuhalten. Dann aber bekamen die Israeliten eine eigene Gräberabteilung zugestanden, und nun machte sich die katholische Empörung in lautstarken Protesten Luft, weil man »uns Katholiken mit Dieben, Mördern, Selbstmördern und Konfessionslosen gemeinsam verscharren« wollte![29]

Die Wiener Liberalen hatten ihre Friedhofspolitik allerdings ohne die Konservativen in der niederösterreichischen Statthalterei gemacht. Das Friedhofsgelände lag schließlich auf niederösterreichischem Gebiet, und so wurde dem erzbischöflichen Ordinariat über die Köpfe im Rathaus hinweg eine religiöse Zeremonie bewilligt. Einen offenen Konflikt durch einen demonstrativen Kraftakt wollte jedoch auch Kardinal Rauscher offenbar vermeiden. Also gab es keine spektakuläre kirchliche Präsenz. Nur der Domdechant fuhr mit kleinstem Gefolge per Fiaker im Morgennebel des 31. Oktober 1874 hinaus nach Simmering. Dort war am Abend zuvor schon ein bescheidenes Eisenkreuz aufgestellt worden, jetzt schlug man schnell noch vier Holzkreuze in die Ecken des Friedhofsgeländes und zündete ganze siebzehn Kerzen an. Daß sogar diese Zahl registriert und damit der Nachwelt überliefert wurde, zeigt allein schon, wie intensiv sich die Wiener mit ihrem neuen Friedhof beschäftigten. Offizielle Vertreter des Gemeinderats erschienen nicht. Die kirchliche Weihe der künftigen Nekropolis sollte sich so unauffällig wie möglich vollziehen, doch gerade diese auffällige Unauffälligkeit sorgte für eine wochenlange Pressekampagne. Der »Neuen Freien Presse« war sogar die bescheidene Feier zuviel an Religiösität. Sie wetterte, daß »die Engherzigkeit der Religions-Parteien Scheidewände aufrichtet zwischen den Toten«. In deutschen Städten pflegten die Konfessionen bei Friedhofseröffnungen gemeinsame Feiern zu veranstalten, doch dazu hatte sich der Wiener Klerus nicht herbeigelassen. Es gab keinen ökumenischen Gedanken, es gab nur die Konfrontation mit dem liberalen Staat und der noch liberaleren Gemeinde Wien, durch die sich der Katholizismus seiner Vorrechte beraubt sah. Den gläubigen Katholiken erschien die demütigende Heimlichkeit der Friedhofsweihe ein kränkendes Schauspiel, und auch die nicht ganz so Gläubigen, denen nur die »schöne Leich'« eine Art folkloristisches Herzensbedürfnis war, zeigten sich verärgert. Die architektonische Schlichtheit der Gebäude sorgte noch für zusätzlichen Unwillen. »Der Dornbacher Bahnhof der Pferdeeisenbahn ist im Vergleich ein monumentaler Prachtbau«, höhnte das »Illustrierte Extrablatt«. Drei lange Eichentische mit je sechs Stühlen in der Eingangshalle wurden auch sofort wienerisch kommentiert: »Wann ma lang auf d'Leich warten muaß, daß ma tarockieren kann.« Am Eröffnungstag, dem 1. November 1874, wurden in der ersten halben Stunde sieben Bestattungen durchgeführt: »Für den Anfang ein schöner Erfolg, auf jeden Fall aber ein Geschäft ... Die Leidtragenden selber mußten sich mit ihrem Schmerze ziemlich kurz fassen ... weil bereits ein neuer Toter hereingebracht wurde, und neue Leidtragende kamen, die auch weinen und auch Erdschollen hinabwerfen wollten.«[30] Keine schöne Leich' also, und damit taten die Stadtväter den Wienern Schlimmes an.

Zu den ökonomischen Tiefschlägen, die das Großkapital dem Kleinbürgertum am laufenden Band versetzte, kam die liberale Intoleranz, die unter dem Deckmantel der Freisinnigkeit größte Teile der Bevölkerung verbitterte. So wurde der Boden der Bezirke rund um den Ringstraßenbereich systematisch für den christlichsozialen Aufmarsch geebnet. Die Eröffnung des Zentralfriedhofs mit ihren Begleitumständen symbolisierte einen lokalpolitischen Zustand, der zur Mobilmachung einer Opposition herausfordern mußte. Während die Sozialdemokratie zuerst in den Industriegebieten außerhalb der Hauptstadt Fuß faßte, war die Christlichsoziale Bewegung eine Wiener Erscheinung, vom großstädtischen Kleinbürgertum in die österreichische Welt gesetzt und erst später in das Bauernland rundum hinausgetragen.

Österreich bezog seine Ideologien aus Deutschland und von dort schon aus zweiter Hand. England und Frankreich lieferten die Grundlagen. Der Deutsche Friedrich Engels, später mit Karl Marx im Kielwasser, hatte während seines jahrelangen Aufenthalts in Manchester aus den politischen und ökonomischen Zuständen im Mutterland der Demokratie und in der Vaterstadt der hochkapitalistischen Industrialisierung seine Schlüsse gezogen. Die christlichen Sozialpolitiker in Deutschland bauten auf französische Vorleistungen auf. Die Französische Revolution mit ihren laizistischen und atheistischen Tendenzen hatte nach der Restauration der Bourbonen den katholischen Geist mobilisiert; die nachfolgende Gründerzeit mit dem Bank- und Börsenkaisertum Napoleon III. weckte das soziale Gewissen. Gegen das Großkapital und gegen den sozialistischen Materialismus gleichermaßen – und mit deutlicher antisemitischer Tendenz. Richard von Kralik, Chronist der Wiener Lueger-Christlichsozialen, nannte das kommunistische Manifest »eine mehr unbewußte als bewußte Aktion des mit dem revolutionären Sozialismus verbündeten Judentums. Scheinbar war dieses Manifest von der Wende des Jahres 1847 zu 1848 ein Kampfruf gegen das Kapital, in Wirklichkeit ein instinktiver Versuch, das durch die bürgerliche Revolution noch nicht getroffene Kapital mit Hilfe des organisierten Arbeiterproletariats dem Bürgertum abzunehmen und zu kommunisieren, d. h. den jüdischen Führern der Sozialdemokratie in die Hand zu spielen.«[31]

Dagegen erkannte, laut Kralik, »der katholische Sozialismus einerseits den religiös-sittlichen Grundcharakter der sozialen Frage, anderseits die Notwendigkeit eines Neuaufbaues der durch Liberalismus und Kapitalismus zerstörten christlichen Gesellschaftsordnung«.[32]

Der katholische Sozialismus machte seine der Sozialdemokratie vergleichbare Entwicklung durch. Mußten bei der Linken die Parteigänger Ferdinand Lassalles und seines Staatssozialismus erst Schultze-Delitzsch und dessen Selbsthilfe-Lehre überwinden, so standen einander im katholischen Lager der Bischof und die Universität von Angers in Frankreich und die Gruppe um den Bischof von Lüttich in Belgien gegenüber. Bischof Freppel von Angers verfocht, Schultze-Delitzsch vergleichbar, freiwillige Arbeiterkorporationen und freie Arbeitsverträge, Bischof Doutreloux von Lüttich forderte, deutlich weiter links stehend, Arbeiterschutz und Sozialreform von Staats wegen. In Deutschland hatte der Mainzer Bischof Wilhelm Emanuel Freiherr von Ketteler schon 1864 in der Schrift »Die Arbeiterfrage und das Christentum« die Theorien vertreten, wie sie dann die »Schule von Lüttich« propagierte. Der streitbare Mainzer Bischof, 1871 deutscher Reichstagsabgeordneter, wurde darob im Parlament von den deutschen Liberalen auch als verkappter Sozialdemokrat verketzert.

Eine Entscheidung zwischen den beiden katholischen Richtungen fiel für den österreichischen Raum erst 1883 auf Schloß Haid in Böhmen, wohin Fürst Karl von Löwenstein katholische Sozialpolitiker zur Erarbeitung eines Programms geladen hatte. Dort setzte sich ein katholischer Sozialismus durch, den die »Schule von Angers« und ihr deutscher Anhang als »Staatssozialismus« ablehnten, während seine Verfechter diesen Begriff nicht gelten lassen wollten: »Sozialismus müssen wir haben, aber wir wollen nicht Staats-Sozialismus, sondern ständischen Sozialismus . . . einheitliche Ordnung des Wirtschafts- und Gesellschaftslebens müssen wir haben, aber die Ordnung soll sich vollziehen durch gute ständische Organisation der Selbstverwaltung.«[33] Richard von Kralik resümierte, daß »der heidnische, absolute Eigentumsbegriff des römischen Rechts überwunden und durch eine soziale Rechtsordnung abgelöst werden sollte, in der das Eigentum in einer öffentlich-rechtlichen ständischen Gesellschaftsordnung dem Geist des christlich-germanischen Lehensrechtes gemäß an soziale Pflichten gebunden sein sollte«.[34]

Unter »Ständen« waren die in Korporationen zusammengefaßten Berufsgruppen zu verstehen; nach Branchen, nicht nach Klassen; keine horizontale Gliederung der Gesellschaft in Arbeitgeber und Arbeitnehmer, Besitzende und Besitzlose, sondern eben eine vertikale Gliederung nach Berufsständen, die Arbeitnehmer und Arbeitgeber gleichermaßen in einer Korporation zusammenschlossen.

Der Zeitpunkt für das Treffen auf Schloß Haid war nicht zufällig. 1883 stand die Reform der Gewerbeordnung zur Diskussion; bei einer privaten Gewerbe-Enquete forderten die Prinzen Aloys und Alfred Liechtenstein die Reduktion der Arbeitszeit auf den 10-Stunden-Tag und das Verbot der Feiertags- und Kinderarbeit. Es war der Moment, da sich der junge Kronprinz Rudolf für einen Staatssozialismus begeisterte und über die beiden Prinzen spottete; es war zugleich die Periode eines anarchistischen Terrorismus in Wien.[35]

Dr. Karl Lueger spielte noch keine Rolle bei diesen ersten christlichsozialen Formulierungen auf österreichischem Boden; seit 1875 saß er zwar im Gemeinderat, er war ein Antiliberaler und Antisemit, doch ohne das Rüstzeug einer Ideologie; ein politischer Praktiker des Kleinbürgertums. Die beherrschende Gestalt auf Schloß Haid war Karl Freiherr von Vogelsang; ein Mecklenburger Protestant, 1850 in Innsbruck zum Katholizismus konvertiert, seit 1864 ständig in Österreich ansässig, 1875 vom Grafen Thun als Leiter der Tageszeitung »Das Vaterland« nach Wien geholt. Vogelsang machte aus Thuns katholisch-konservativem Blatt das Sprachrohr der heraufkommenden Christlichsozialen. Er entwickelte die Vorstellungen des Mainzer Bischofs Ketteler weiter. 1883 wurde das »Haider Programm« für die Christlichsozialen, was für die Sozialdemokratie das Eisenacher Programm war: Grundlage künftiger Politik. Vogelsangs ständische Gesellschaftsordnung verlangte die Bindung des Besitzes an die Arbeit und zugleich die Übertragung der katholischen Familienstruktur auf die Wirtschaft. Eine patriarchalische Ordnung, die den Meister mit dem Familienoberhaupt gleichsetzte, mit vergleichbaren disziplinären Rechten und sozialen Pflichten für Gesellen und Lehrlinge. Der Hinweis auf die nötige »gute religiöse und fachliche Ausbildung« als Aufgabe des Meisters seinen Leuten gegenüber fehlte nicht. Der gewerbetreibende Mittelstand beherrschte Vogelsangs Weltbild. Die liberale Gewerbefreiheit sollte abgeschafft werden, dafür wurden der Befähigungsnachweis und der Innungszwang für Meister und Gesellen gefordert. Den Mitgliedern der Innung sollte das Monopol für den Verkauf handwerklicher Produkte zustehen. Für die Industrie wurden ebenfalls Korporationen gefordert, für die Arbeiter Gewinnbeteiligungen und Arbeiterkammern als Interessenvertretungen.[36]

Im Mittelpunkt der von den Vogelsang-Ideen beherrschten Haider Konferenz blieb aber das Handwerk; seine Wiederbelebung, sein Schutz beschäftigten die Delegierten weit mehr als die industrielle Zukunft der Wirtschaft. Trotzdem wäre es verfehlt, aus dem Haider Programm nur den reaktionären Zug zum mittelalterlichen Zunftzwang herauszulesen. Die katholischen Sozialpolitiker waren von den Auswüchsen des Liberalismus erschreckt, die Inhumanität der heranwachsenden Industriegiganten malte eine beängstigende Zukunftsvision. Das Streben nach kleinbürgerlich-überschaubaren Einheiten wirkt heute wie der Vorgriff auf den ein Jahrhundert später so verbreiteten Slogan: »Small is beautiful«.

Wenn das Haider Programm auch grundsätzlichen Charakter haben sollte, so waren Beratungen und Resultate doch merkbar von den Wiener Verhältnissen und der Wirtschaftsstruktur der Metropole geprägt.

Während die Sozialdemokratie zuerst in den Industriegebieten außerhalb der Hauptstadt Fuß faßte, war die Christlichsoziale Bewegung ein Wiener Produkt, vom großstädtischen Kleinbürgertum in die österreichische Welt gesetzt und erst später in das Bauernland rundum hinausgetragen. Beide, Sozialdemokraten und Christlichsoziale, traten auf gegen das liberale Dogma vom unbeschränkten Recht auf Nutzung des Eigentums. An der Eigentumsfrage selbst aber trennten sich auch schon die Wege. Für die Sozialdemokratie auf marxistischem Boden war damals die Abschaffung der Ausbeutung des Arbeiters nur durch die Abschaffung des Eigentums an Grundbesitz und Produktionsmitteln denkbar; Ausschaltung von Eigentümern aus der Wirtschaft. Die Christlichsozialen sahen den Schutz des Arbeiters vor Ausbeutung durch die Kontrolle des Eigentums; das Eigentum selbst sollte nicht angetastet werden. Der Proletarier ist eigentumslos; sein einziger Besitz ist seine Arbeitskraft, und sie ist mobil. Das Bürgertum dagegen ist durch Besitz gekennzeichnet – auch ein Beamtenposten, eine höhere Schulbildung sind »Besitz« –, Gefahr bedeutet alles, was den Verlust des Besitzes mit sich bringen könnte. Der Besitz ist an den Ort gebunden, deshalb ist dem Bürgertum der Patriotismus eigen, der Lokalpatriotismus speziell; es ist staats- und systemerhaltend, um seinen Besitz zu sichern. So war und ist es immer das Ziel katholischer Sozialpolitik, kleinbürgerlichen Besitz zu schaffen; als Existenzsicherung für den Einzelmenschen, als Ordnungssicherung für die Gemeinschaft. Die späteren christlichsozialen Parteiprogramme zeigten den Haider Beschlüssen gegenüber keine grundsätzlichen Unterschiede.

Karl Kraus, von dem in diesem Buch noch oft die Rede sein wird, hat Wien einmal eine Versuchsstation für Weltuntergänge genannt. Das Gegenteil trifft zu: Im letzten Drittel des 19. Jahrhunderts war Wien die Versuchsstation für Zukunftsvisionen zur Befreiung des Menschen aus der kapitalistischen Gefangenschaft. Auf Wiener Boden wurden die importierten Ideen zu unverwechselbaren Sonderformen weiterentwickelt; zuerst zur christlichsozialen Praxis der Lueger-Kommunalpolitik im Gegensatz zum Freiheitsbegriff des Liberalismus; dann zum demokratischen Austromarxismus im Gegensatz zur kommunistischen Diktatur. Glücksucher auf ideologischen Wegen. Wien darf für sich auch in Anspruch nehmen, der einzige historische Schauplatz nach 1918 zu sein, auf dem die Ideologen dann im menschenmörderischen Bürgerkrieg von 1934 aufeinanderprallten. Das war in dem Moment, da Engelbert Dollfuß die ein halbes Jahrhundert zurückliegende Haider Vision vom katholischen Ständestaat verwirklichen wollte: »Der erste und höchstwahrscheinlich letzte Versuch im 20. Jahrhundert, das Reich Gottes zu errichten . . .«[37] Unter Rückgriff auf die »Civitas Dei« des hl. Augustinus und die Enzyklika »Rerum novarum« des Papstes Leo XIII.; mit dem Instrumentarium des Faschismus: Ausschaltung des Parlamentarismus, Polizeiherrschaft und militärische Gewalt.

Davon konnten 1883 die Delegierten auf Schloß Haid gewiß keine Ahnung haben, und auch für einen Lueger wäre eine solche Voraussicht wohl undenkbar gewesen. Der Vorgriff auf künftige Entwicklungen hat dennoch in der historischen Darstellung seine Berechtigung. Wenn man weiß, was daraus geworden ist, wenn man also mehr weiß, als die agierenden Personen einst wissen konnten, erst dann gewinnt die Betrachtung eines geschichtlichen Vorgangs ihre ganze eindringliche Brisanz.

1874, als sich die Arbeiterführer in Neudörfl auf die marxistische Linie des Eisenacher Programms festlegten, gab es die Christlichsozialen noch nicht. Ein für die spätere Bewegung bemerkenswertes Ereignis war in diesem Jahr allerdings zu registrieren: Der 31jährige Priester Dr. Josef Deckert aus Drösing in Niederösterreich bekam die Wiener Pfarre Weinhaus in Währing zugewiesen. In die Wiener Chronik ging Deckert dann als einer der rabiatesten Antisemiten ein, die die christlichsoziale Bewegung hervorgebracht hat. Er griff in die untersten Laden primitiven Judenhasses, indem er die Ritualmord-Legenden längst verflossener Zeiten zu seinem Schlachtgeschrei im politischen Tageskampf der Luegerzeit machte.

Ein Jahr nach Deckerts Amtsantritt in die Pfarre Weinhaus übernahm Karl Freiherr von Vogelsang die Redaktion des Wiener »Vaterland«. Das »Vaterland« hatte schon unter der Leitung seines Gründers, des ehemaligen Unterrichtsministers Leo Graf Thun, antisemitisches Gedankengut in die Auseinandersetzung mit den Liberalen gebracht. Vogelsang betrachtete den Antisemitismus als »notwendiges Zwischenstadium in der Enwicklung eines christlicheren Geistes«.[38] Er und seine Mitstreiter, wie die beiden Prinzen Liechtenstein, suchten die »Ursache allen Übels der Gesellschaft in der Abkehr vom Christentum durch die Christen. Der jüdische Geist habe nur ein Vakuum gefüllt. Die Juden verdienten lediglich den Vorwurf, als Agenten einer unchristlichen liberalen Zersetzung der Gesellschaft und als Ausbeuter der Arbeit anderer zu fungieren . . .«[39]

Was den Dr. Karl Lueger betraf, der den Antisemitismus auch schon sehr bald zu seiner politischen Waffe machen sollte, so hatte er 1874 eine eigene Kanzlei als Hof- und Gerichtsadvokat eröffnet. 1875 wurde er zum ersten Male in den Wiener Gemeinderat gewählt. Die nächsten zehn Jahre, in denen sich sein Aufstieg vollzog, wurden auch später noch nicht mit seinem Namen verbunden. Kein Politiker, sondern ein Künstler prägte das Antlitz der Ringstraßenstadt Wien.

Makartzeit.

XIII Das Ende der Gründerzeit: Die Wiener Rotunde bei der Eröffnung der Weltausstellung 1873

XIV Ausklang der Vergangenheit: »Die Allee des Teplitzer Schloßparks« von Rudolf Alt, 1876

XV Beginn einer neuen Zeit: »Allee im Schloß Kammer« von Gustav Klimt, 1912

XVI Höhepunkt der Ringstraßen-Epoche: Arbeitszimmer des Großindustriellen und Kunstmäzens Konstantin Dumba

Kapitel 9 Spaziergang durch die Makartzeit

Daniel Spitzer, Jurist, Beamter der Handelskammer, schon in Jugendjahren nebenher journalistisch tätig, schrieb seit 1865 in der »Presse« und anschließend in der »Neuen Freien Presse« unter dem Strich. Der Strich ging im unteren Drittel des Blattes quer über die erste Seite und setzte sich oft auf Seite zwei und gelegentlich sogar auf Seite drei fort. Unter dem Strich fand der Leser eine Wiener Zeitungsspezialität, das Feuilleton.

Der Strich hatte die Aufgabe, das Feuilleton von der Berichterstattung deutlich abzugrenzen. Symbolhaft zeigt er an, daß darunter Tatsachen, Meinungen, Kritik und Assoziationen eines Beobachters zum Zeitgeschehen addiert wurden. Unter dem Strich stand die Bilanz. Das Feuilleton war an den Rand der Zeit geschrieben, für den Tag bestimmt. Daniel Spitzer, 1835 in Wien geboren, 1893 gestorben, schrieb ein paar Hundert Feuilletons. Seine »Wiener Spaziergänge«, wie er sie nannte, durch die ausklingende Gründerzeit und die anschließende Makartzeit zeichneten das Wiener Panorama für die Nachwelt eindringlicher, als es noch so viele und präzise Zeitungsmeldungen vermochten. Spitzer schrieb über alles, was anfiel, und er durfte über alles schreiben, was ihm gerade dazu einfiel. Narrenfreiheit von der Kunstkritik bis zur Kriegsberichterstattung. In Spitzers Glanzzeit, den siebziger und den achtziger Jahren, warteten jede Nacht Hunderte Wiener in den Kaffeehäusern auf die noch druckfeuchten Exemplare der »Neuen Freien Presse«, mit der Frage beschäftigt: Was wird er heute wieder schreiben? Spitzer war der Begründer jener Feuilletontradition, die über Alfred Polgar dann bis Rudolf Kalmar reichte. Feuilleton: das literarische Spitzenprodukt des Journalismus.

Dem echten Wiener Feuilleton durfte der Humor nicht fehlen; der böseste Zynismus aber, die bitterste Ironie mußte immer noch einen Hauch von Charme haben. Das Feuilleton, die literarische Erscheinungsform des Wiener Schmähs. Spitzer selbst über seine Profession: »Ein Artikel, der nicht in die Zeitung gehört und doch darin steht, ist ein Feuilleton . . . Der Feuilletonist nimmt vielleicht ein neues Ballett zum Vorwande, über die Politik zu plaudern, und er vergleicht möglicherweise den Minister mit dem Tänzer, der, wenn ich mich darwinistisch ausdrücken darf, den Übergang bildet vom Zirkusschimmel zum lyrischen Tenor. Das gehört doch wahrhaftig nicht in ein ernstes Blatt, und deshalb lesen es alle und die ernsten Leute am liebsten.«[1]

Über eine Ausstellung im Wiener Künstlerhaus, in der die vom Unterrichtsministerium in Auftrag gegebenen Porträts ehemaliger Minister gezeigt wurden, schrieb Spitzer: »Man sieht, daß der häufige Ministerwechsel, der bei uns so beliebt ist, der Malerei sehr zu statten kommt, und als aufrichtige Freunde der Kunst glauben wir, daß es hohe Zeit wäre, auch das gegenwärtige Ministerium endlich einmal zum Porträtmaler zu schicken.«[2] Der langjährige Unterrichtsminister Leo Graf Thun, auf dem Porträt in seiner Bibliothek mit Schweinslederbänden dargestellt, reizte Spitzer zu den Feststellungen: »Der edle Graf sitzt in einem Lehnstuhle, er trägt graue Beinkleider, hat ein graues Gesicht und denkt an die schöne graue Feudalzeit. Er scheint laut zu denken, denn man gähnt, wenn man eine Weile hinsieht. Die Hände sind dem Maler bis zum Demokratischen mißlungen. Sie könnten einen auf die Vermutung bringen, der Graf habe die Bücher aus Prahlsucht ausgestellt, weil er sie selbst eingebunden habe.«[3] Über ein Porträt von Hans Makart in dieser Ausstellung hieß es: »Das Porträt verrät alle Fehler und Vorzüge des Meisters, oder, um uns weniger fachmännisch auszudrücken, es sieht dem Original nicht im mindesten ähnlich.«[4] Wenn ein Feuilletonist wie Daniel Spitzer sich als Rezensent der Balkanwirren betätigte, so war die Lektüre seiner ironischen Betrachtungen oft wesentlich entlarvender für den Gegenstand seines Interesses als alle wichtigtuerischen Leitartikel über dem Strich. So beispielsweise anläßlich der serbisch-bulgarischen Scharmützel im Spätherbst 1885: »Da die serbische Armee auf ihrem Vergnügungseinfalle in Bulgarien von einem plötzlichen Heimweh ergriffen wurde und im Sturmlaufe nach Hause zurückkehrte, soll König Milan, wie die Londoner Times meldet, von seinem treuen Volke zur Abdankung gedrängt, den Entschluß gefaßt haben, den Thron, ohne die sonst übliche vierzehntägige Kündigung einzuhalten, zu verlassen . . .« Vom erfolgreichen Gegner des serbischen Milans, dem bulgarischen Fürsten Alexander Battenberg, dem unbotmäßigen Schützling der Russen, vermeldete Spitzer, der Zar habe ihn nach seinem militärischen Triumph »zur Strafe aus der Liste der russischen Generale gestrichen, die durch den Namen eines siegreichen Feldherrn an Abwechslung nur gewonnen hätte«.[5]

In den Wiener Zeitungen durften die Feuilletonisten eben auch die hohe Kunst und die noch höhere Politik ungestraft vom vergoldeten Thronsessel holen, sie der hermelinverbrämten Selbstüberschätzung entkleiden und auf den Nachttopf ihrer menschlichen Unzulänglichkeit setzen.[6] So wog das Feuilleton in seiner scheinbar oberflächlichen Leichtigkeit oft genug schwerer als der tiefschürfende Leitartikel. In der Donaumonarchie konnte ein Leitartikel der »Neuen Freien Presse« einen Ministersessel ins Wanken bringen. Das Feuilleton konnte einen Minister nur lächerlich machen, doch ein lächerlicher Minister war oft schlimmer dran als ein gestürzter.

1874 beschäftigte sich die »Neue Freie Presse« auch mit Neudörfl, allerdings nur mit den dort arbeitenden Freimaurern. Als der Reichsrat sich mit den Logengründungen befaßte, trat das Blatt für deren Zulassung ein. Der sozialdemokratische Parteitag dagegen schien für eine Berichterstattung nicht bedeutsam genug; die »Neue Freie Presse« hielt es wie das liberale Bürgertum insgesamt: Mit der Polizeiaktion gegen die Arbeitervereine schien die Sache ausgestanden. Auch für Daniel Spitzer waren die Arbeiterführer keineN Wiener Spaziergang über die Leithabrücke wert. In das Visier seiner Spottlust nahm er die Klerikalen; dem waschechten Liberalen schienen sie die größere Bedrohung bürgerlicher Freiheiten. In seinem Jahresrückblick auf 1874 schrieb er: »Die ›Kirchenzeitung‹, ein Organ, welches sich die Erheiterung geselliger israelitischer Kreise zur Aufgabe gestellt hatte, ist aus Mangel an Teilnahme eingegangen. Man war allgemein überrascht, daß der Redakteur dieses klerikalen Journals, Monsignore Wiesinger, den Termin nicht hinausgeschoben und nicht die jüdischen Ostern abgewartet hat, um dann das Blatt unter dem Vorwand, die Juden hätten es heimlich abgeschlachtet, verschwinden zu lassen.«[6]

In diesem Jahr 1874 forderte Daniel Spitzers scharfer Blick für die Schwächen prominenter Zeitgenossen ein berühmtes Opfer, den Maler und Akademieprofessor Anselm von Feuerbach. Feuerbachs Niedergang markierte zugleich den Beginn der Makartzeit.

Diese Makartzeit mit einer bestimmten Jahreszahl zu terminisieren, ist sicherlich unzulässig. Wie die Luegerzeit schon vor Luegers Amtsantritt als Wiener Bürgermeister begann, so gab Hans Makart seinen Namen für einen kulturellen Zustand, der sich über einen weit größeren Zeitraum erstreckte als das Jahrzehnt, in dem Makart seine Wiener Triumphe feierte. Dennoch: Die Konfrontation mit Feuerbach war ein entscheidendes Ereignis.

Hans Makart, 1840 in Salzburg geboren, kam als Achtzehnjähriger aus der kulturträchtigen Atmosphäre des Schlosses Mirabell nach Wien. Sein Vater war dort Aufseher und zugleich Amateurmaler. An der Wiener Akademie fiel der junge Mann dem Maler Christian Ruben, damals Rektor, durch so große Talentlosigkeit auf, daß er schon nach einem Semester wieder fortgeschickt wurde. Zumindest gab Makart selbst diese Geschichte später immer wieder zum besten.[7] Die altmeisterliche Zeichenkunst, wie sie an der Akademie verlangt wurde, gehörte auch wirklich nicht zu Makarts Stärken. Er verließ Wien jedenfalls erfolglos und enttäuscht. In Salzburg wollte er dann Graveur werden, doch Erzbischof Maximilian von Tarnoczy finanzierte ein Studium in München, zuerst bei Josef Schiffmann, dann bei Karl von Piloty.

Piloty, berühmter Historienmaler seiner Zeit. Historien, großflächige »Schinken« mit möglichst klassischen Sujets, war die stark gefragte Kunstware der Epoche, in München wie in Wien und auch sonst überall dort, wo das Repräsentationsbedürfnis der neuen Reichen und die Baubesessenheit der Stadterweiterer nach der effektvollen Dekoration riesenhafter Säle und prunkvoller Stiegenhäuser riefen. Bei Piloty in München kam Makarts Talent zur farbenprächtigen Gesamtkonzeption eines Bildes zur Geltung. London, Paris und zwischendurch immer wieder Italien waren bis 1869 seine Stationen. Wien blieb sein Ziel, schon zur Selbstbestätigung.

Die Leuchtkraft seiner Farben machten Makart schnell bekannt, vor allem sein dunkles Rot. Er erreichte die Wirkung durch die Beimischung von Asphalt in die Farben. Die Technik war jedoch nicht ausgereift, die Bindemittel waren unzulänglich, die Lasur bekam Sprünge, und das so bewunderte Makart-Rot wurde nach einiger Zeit stumpf und braun. Erst nach jahrelangen Experimenten bewältigte Makart dieses Problem.[8]

Eines der Unglücksbilder aus dieser Periode war die »Julia« – die scheintote Julia Capulet auf der Bahre, frei nach Shakespeare. Schon die Wahl solcher Motive verrät den Zeitgeschmack. Historismus: Rückgriff auf verklärte Größe der Vergangenheit.

Die Farbenpracht der »Julia« hat den Obersthofmeister des Kaisers, Konstantin Fürst Hohenlohe-Schillingfürst, so beeindruckt, daß er Franz Joseph auf den jungen Maler aufmerksam machte. Das Gemälde wurde für die kaiserliche Sammlung angekauft.

Als die vielbewunderte »Julia« die ersten Sprünge bekam und das leuchtende Rot sich in ein unansehnliches Braun verwandelte, war der Schöpfer des Bildes längst auf der Höhe seines Ruhms. Das Bild, mit dem sein Wiener Aufstieg begann, galt später als eines seiner schwächsten Werke. Zahlreiche Arbeiten aus der Frühzeit des Künstlers sind durch die Zersetzung der Asphaltfarben überhaupt zerstört worden.

Fürst Hohenlohe bewog Makart zur Übersiedlung nach Wien. Der aufgehende Stern am europäischen Kunsthimmel sollte für die Residenz gewonnen werden. Elf Jahre nach seinem ruhmlosen Abgang als Student kam nun der 29jährige wieder zurück, als allerhöchster Protegé. An der Akademie gab es immer noch den alten Rektor Christian Ruben. Makarts Triumphgefühl läßt sich vorstellen.

Die Kunstakademie war immer noch im desolaten Gemäuer eines alten Klosters in der Annagasse eingemietet. Theophil Hansens Neubau auf dem Schillerplatz stand erst auf dem Skizzenpapier. Rudolf von Eitelberger, Professor an der Akademie und Kunstpapst seiner Zeit, arbeitete allerdings schon an der neuen Studienordnung. Makart war das lebende Beispiel für die Dringlichkeit der Reform. Künstlerische Neuerer sollten nicht gehemmt, sondern gefördert werden.

In Makarts Wiener Antrittsjahr, 1869, gab die Fertigstellung des Opernhauses das Signal zum Generationswechsel. Karl Heinrich Rahl und Franz Dobiaschofsky, die wichtigsten Ausschmücker der Hofoper, erlebten die Eröffnung nicht mehr. Moritz von Schwind, der schon den Schubert Franzl bei der Landpartie ins Grüne skizziert und die Wandgemälde in der Opernloggia geschaffen hatte, war ein alter Mann. Die Ablöse allerdings schien nicht nur eine Altersfrage. Die abtretende Generation kam noch aus der Romantik, von einem Hauch gutbürgerlicher Biedermeierbescheidenheit begleitet. Die Ringstraßenwelt verlangte nach einer anderen, ihrem aufwendigen Lebensstil entsprechenden Repräsentation. Die großen Staatsbauten – Hofburg, Hofmuseen, Burgtheater, Akademie der bildenden Künste – bedurften einer ganzen Generation junger Künstler. 1869, als Makart nach Wien übersiedelte, erhielten Gottfried Semper und Carl Hasenauer den Auftrag für die Hofmuseen; im Jahr darauf kam noch das neue Burgtheater dazu. Gewaltige Aufgaben auch für die Innenausstattung; ein vielversprechendes Talent wie Hans Makart nach Wien zu holen, war also ein Gebot kulturpolitischer Zukunftsplanung. Fürst Hohenlohe, als Obersthofmeister Repräsentant der Bauherrschaft, nahm diesen Teil seiner Pflichten sehr ernst.

Auch Eitelberger schätzte Makart, dringender aber als ein noch so hoffnungsvoller junger Maler wurde eine dominierende Persönlichkeit an der Akademie benötigt. Außer Ruben gab es noch Josef von Führich, den großen Kirchenmaler, doch Führich war schon siebzig, und auch sein Stil hatte sich überlebt. So setzte Eitelberger die Berufung von Anselm von Feuerbach zum Leiter der Meisterklasse für Historienmalerei durch. In den Augen der Kunstexperten schien der international anerkannte Feuerbach für den Moment noch der Größte. 1872 erfolgte seine Berufung, 1873 kam er nach Wien.

Rudolf von Eitelberger spielte auf der von so vielen schillernden Figuren bevölkerten Ringstraßenbühne eine einzigartige Schlüsselrolle. Auch er war ein »Gründer«: Das Kunstgewerbemuseum, die Kunstgewerbeschule und die Zentralkommission für Kunst- und Denkmalpflege verdankten ihr Entstehen seiner Initiative und seiner Betriebsamkeit.

Der »Kunstpapst« besaß selbst kein abgeschlossenes Studium. Einst hatte Leo Graf Thun, als er noch Unterrichtsminister war, dem jungen Mann aus Olmütz eine Dozentur für Kunstgeschichte an der Akademie anvertraut; das Fach gab es vorher nicht. Nun konnte Eitelberger andere lehren, was er selbst nicht hatte offiziell lernen können.

Von da an hatte Eitelberger seine Finger ein Menschenalter lang in so gut wie jeder künstlerischen Entscheidung; Franz Joseph ernannte ihn schließlich sogar zum Herrenhausmitglied. In gewisser Weise trat er die Nachfolge jenes Hofbaurats Paul Wilhelm Eduard Sprenger an, dessen Diktatur über die Kunst im Vormärz er selbst erbittert bekämpft hatte.[9] Während Sprenger neben allem, was man ihm vorwerfen konnte, bemerkenswerte Baudenkmäler hinterließ – Hauptzollamt, Hauptmünzamt, die Statthalterei in der Wiener Herrengasse und die Donauverbauung in Budapest –, während er seine Auffassungen also in der Praxis dokumentierte, blieb Eitelberger ein Theoretiker; unerbittlicher Kritiker dessen, was er für falsch hielt, erfolgreicher Organisator jener Dinge, die ihm richtig und wichtig schienen. Zusammen mit seinem Freund Heinrich Ferstel hatte er das Gesamtkonzept der Wiener Ringstraße kritisiert. Die beiden begriffen schon 1860 das Sozialproblem der katastrophalen Wohnungsnot. Sie legten ein Konzept zur Verbauung der Stadterweiterungsgründe mit zinsgünstigen Familienhäusern in Gartenanlagen vor; die Zinspalastarchitektur lehnten sie ab.[10] Hansens »Heinrichshof« erschien Eitelberger als Prototyp solcher verfehlter Baugesinnung; er hat ihn auch in Grund und Boden verdammt. Ferstel allerdings führte in den folgenden Jahren mehrere derartige Aufträge aus.

Was der Musikkritiker der »Neuen Freien Presse«, der Universitätsprofessor für Musikgeschichte, Dr. Eduard Hanslick, in den Konzertsälen war, das war Eitelberger in den Galerien und vor den Architekturdenkmälern. Ihr Lob schuf Berühmtheit, ihr Tadel konnte vernichten. Es gehörte schon das Genie eines Anton Bruckner dazu, Hanslicks gehässige Kritik jahrzehntelang auszuhalten, und die brutale Durchschlagskraft eines Theophil Hansen, um über Eitelbergers Meinung einfach hinwegzugehen.

Eitelberger und Hanslick – keine selbsternannten, wichtigtuerischen Instanzen, sondern wirkliche Autoritäten, auch wenn sie irrten. Ohne Eitelberger ist die Ringstraßenkunst, ohne Hanslick das Wiener Musikleben bis zur Jahrhundertwende nicht denkbar. Den Einfluß, den sie besaßen, kann man sich heute kaum noch vorstellen. Er war durch die Struktur der Gesellschaft bestimmt, in der sie sich mit ihren Auffassungen bewegten. Die Kunstkonsumenten, die Auftraggeber der Künstler, besaßen zwar viel Geld, aber daneben nur selten auch den guten Geschmack und die Bildung für ein selbstsicheres Urteil. Man war ängstlich bemüht, sich nicht zu blamieren; das Mäzenatentum sollte schließlich Sozialprestige verschaffen. So machten der verfügbare Reichtum und die Flut der Aufträge die Autoritäten zu kleinen Kaisern in der großen Kaiserstadt. Dazu kam noch die Demokratisierung der Staatskunst durch Ausschreibungen und Wettbewerbe; die Beamten hielten sich an die Autoritäten. Der Kaiser selbst allerdings gab oft dem eigenen Geschmack nach und schob Gutachten und Empfehlungen beiseite; er griff damit selten daneben.[11]

Das Weltausstellungsjahr 1873 konfrontierte den vom Hof protegierten Hans Makart mit dem von Eitelberger geschätzten Anselm von Feuerbach.

Anselm von Feuerbach kam 1873 nach Wien, 44 Jahre alt, in Speyer geboren, Sohn eines Archäologen, Enkel des berühmten Strafrechtlers und Kriminalisten Anselm von Feuerbach, Neffe des nicht weniger berühmten Philosophen und Vorläufers des marxistischen Atheismus, Ludwig von Feuerbach. Ein sensibler, schon in seiner Jugend leicht melancholischer Mensch, voll knabenhaft sentimentaler Zuneigung zu seinen Modellen. Die Damen seines Herzens, zuerst die berühmte Römerin Nanna, dann Lucia Brunacci, tauchten idealisiert auf seinen Bildern auf und strahlten bemerkenswert wenig Erotik aus. Als

Künstler war Feuerbach von der venezianischen und der florentinischen Renaissance fasziniert. Von der Thematik her war er Historist, ganz ein Produkt seiner Zeit; während seiner vielen Italienaufenthalte näherte er sich mehr und mehr antiken Vorbildern. Er hatte Erfolg, er wurde berühmt, oft bekam er 5000 Gulden für ein Bild. Eitelberger in Wien beobachtete interessiert seine Fortschritte. Feuerbach war ein hervorragender Zeichner, darin übertraf er Makart um Klassen. Die gewaltige Formensprache eines Michelangelo mit der Farbenpracht eines Tizians zu verbinden, wovon er träumte, gelang ihm nicht. Makarts Mut zum Farbenrausch fehlte ihm; doch das sollte erst so richtig bei der Konfrontation der beiden Künstler in Wien deutlich werden. Auch vom Charakter und vom persönlichen Gehaben her ließen sich kaum größere Gegensätze denken: Der temperamentvolle Makart mit seiner überschäumenden Lebenslust – und der schwermütige Feuerbach mit seiner schließlich fast krankhaften Empfindlichkeit.[12]

Bei seiner Übersiedlung nach Wien brachte Feuerbach die in Rom gemalte »Amazonenschlacht« mit, ein Kolossalgemälde, fünf mal acht Meter groß.

Makart arbeitete an dem ebenso kolossalen Bild »Venedig huldigt Caterina Cornaro«, vier mal zehn Meter. Das Duell, wer von den beiden Großen der Größte war, konnte beginnen.

Die auf Makarts Bild dargestellte Cypern-Königin Caterina Cornaro war Amalie Roithmayr, die schöne Tochter eines Münchner Fleischhauermeisters, die der Maler ein Jahr vor seiner Berufung nach Wien geheiratet hatte. Das Gemälde entstand über Auftrag der beiden Wiener Kunsthändler Hugo Miethke und Carl Wawra, die dem Vernehmen nach die Unsumme von 80.000 Gulden zahlten.[13] Schon dieser gigantische Betrag, in der Presse lanciert, sorgte für Neugierde auch bei Leuten, denen die zeitgenössische Kunst sonst ziemlich gleichgültig war. Wenige Wochen vor Eröffnung der Weltausstellung feierte Makart die Vollendung seiner Schöpfung in seinem Atelier in der Gußhausstraße.

Die Beistellung eines Staatsateliers hatte er sich ausbedungen; ein recht forsches Vorgehen für einen jungen und noch keineswegs weltberühmten Künstler. Die Räume lagen im Gebäudekomplex einer alten Erzgießerei, in der schon der Bildhauer Anton von Fernkorn die beiden Reiterstandbilder des Prinzen Eugen und des Erzherzogs Carl für den Heldenplatz geschaffen hatte – unter ständiger Aufsicht von zwei Irrenwärtern, die den zeitweise geistesgestörten Künstler überwachten. Der kleinbürgerlichen Umwelt in der Gußhausstraße muß damals wohl auch der neue Mieter Hans Makart nicht ganz normal vorgekommen sein. Am 31. März 1873 schien die alte Erzgießerei das Ziel eines verspäteten Faschingszuges. Eine Nacht lang erwachte das Venedig der Renaissance zum gespenstig-ausschweifenden Leben. Wiens Kunstwelt erschien in der auf dem Bild dargestellten Kostümierung, um der Münchner Weißwurstkönigin Amalie in der Prunkrobe der Caterina Cornaro zu huldigen, bis in die frühen Morgenstunden.

Schloß Mirabell, wo Makart herkam, hatte einst die Festesfreude sehr weltlicher Salzburger Erzbischöfe erlebt. Dem Maler mit dem wuchernden schwarzen Vollbart und dem hypnotisch wirkenden Blick aus dunklen Augen lag sie ebenso im Blut. Ein Feuerbach kam da nicht mit. Es war nicht so sehr eine Frage künstlerischer Qualität, es war eine Frage des Stils; Kunst- und Lebensstil zugleich.

Mit Beginn der Weltausstellung wurde die »Caterina Cornaro« in einem Saal des Künstlerhauses der Öffentlichkeit vorgeführt. Feuerbach fühlte sich schon bei der Präsentation als der Geschlagene. Deprimiert schrieb er: »Schon unter dem Portal, von der Marmortreppe aus, sieht man die Katharina leuchten. Der Zuschauerraum ist durch ein schwarzes Tuch ganz verdunkelt, so daß das Oberlicht haarscharf wirkt. Das Bild müßte durch die raffinierte Aufstellung, selbst wenn es schwach in der Farbe wäre, immerhin eine magische Wirkung erreichen . . . Ich habe mich eines niedergeschlagenen Eindrucks nicht erwehren können, wenn ich bedachte, daß zwanzigjähriges Kämpfen und Ringen einen Menschen innerlich aufreiben muß, während einem andern, mag er mehr oder weniger Talent haben, vergönnt ist, rasch zur runden und vollen Erscheinung zu kommen. Dennoch möchte ich hier nicht auf einen Tausch eingehen. Mit brillanter Farbe die Unkenntnis des menschlichen Körpers bedecken, ist auch keine Freude. Mein bescheidenes Glück ist, daß meine Figuren Füße haben, zu gehen, und Hände, um etwas anzufassen . . .«[14]

Dem Publikum war es egal, ob Amaliens Hände und Füße auf dem Bild den anatomischen Anforderungen entsprachen oder nicht. Für das Vorbild der Caterina Cornaro übrigens bedeutete die Ausstellungseröffnung im Künstlerhaus das letzte glückliche Ereignis ihres Lebens. Wenige Wochen später starb sie an Tuberkulose. Die Wiener begeisterten sich weiter an ihrem Bildnis.

Am 11. Mai 1873, zwei Tage nach dem Schwarzen Freitag, war die Kritik in der »Neuen Freien Presse« erschienen. Während durch den Rest des Blattes das Heulen und Zähneknirschen der Börsianer klang, jubilierte die Kulturredaktion: »Makart hatte das Glück, einen Vorwurf zu erhalten, der seinem Genius den höchsten Flug gestattete. Wunderbar erhebt er sich in die Lüfte zu seinem Ruhm und zu unserer Freude . . . ein neuer Veronese.«[15]

Dann kam, ebenfalls im Künstlerhaus, Anselm von Feuerbach mit seiner »Amazonenschlacht«. Während die Welt der Börsianer nach dem großen Krach unterzugehen schien, Hunderte ihre Existenz, Tausende ihre Ersparnisse verloren, während die große Depression über die Stadt und das Land kam, verfolgte die Wiener Kunstwelt fasziniert das Duell Makart–Feuerbach, als gäbe es für die Kaisermetropole an der Donau nichts Wichtigeres als den Zweikampf zwischen jeweils vierzig Quadratmetern bemalter Leinwand. In Wien, wo heute noch der Streit um einen Opernkapellmeister Leute in Aufregung versetzt, die ihr Leben lang nicht in die Oper gehen, war es damals, in der Ringstraßenzeit, mit der bildenden Kunst nicht viel anders. Die Kunstkonservativen gaben Feuerbachs »Amazonenschlacht« und deren sauberer Klarheit den Vorzug. Das waren die Leute, die den Glanz der Ringstraßenbarone als Talmi verachteten, mochten die Brillanten der neuen Baroninnen auch noch so echt sein. Nach dem Zusammenbruch der Börse warnten die breiten Sprünge in der protzigen Fassade ohnehin schon vor der Einsturzgefahr für die Luftschlösser. War also Makarts Triumph kein Anfang, sondern ein Ende, kam nun, nach dem Platzen der Seifenblase, doch noch die ordentliche, seriöse Feuerbach-Zeit?

Der Streit der Meinungen beschäftigte noch monatelang die Kunstbegeisterten. Im Februar 1874 unternahm auch Daniel Spitzer einen Spaziergang in das Künstlerhaus, denn »die Amazonenschlacht Feuerbachs erregt dort noch immer Aufsehen«. Der Feuilletonist der »Neuen Freien Presse«, der eine Menge von Kunst verstand, traf mit seinem bissigen Bericht Feuerbachs wunden Punkt: »Das Wetter ist düster, und man sieht es dem Himmel an, daß es bald Schokolade regnen wird. Wahrscheinlich hat es sogar schon geregnet, denn die armen Amazonen sind so schmutzigbraun, daß sie bis auf die Haut naß geworden zu sein scheinen. Das Meer jedoch ist ein Philosoph, es nimmt von dem schokoladefarbigen Himmel keine Notiz und ist in seliger Erinnerung an den gestrigen blauen Himmel von einer rührenden Bläue. Weder die Krieger noch die Amazonen geben einen Laut von sich, keiner öffnet den Mund – so habe ich mir in meinen Träumen immer eine Schlacht in einem Taubstummeninstitut vorgestellt ... Ob Roß und Reiterin mit Öl gemalt sind oder mit Karlsbader Sprudel, wage ich nicht zu entscheiden ...«[16]

Feuerbach fühlte sich zutiefst verletzt. Seiner Mutter schrieb er: »In der Presse standen die gemeinsten Schimpfartikel ...« Die Schuld an der schlechten Aufnahme der »Amazonenschlacht« gab er der Konkurrenz, die bei den Zeitungen gute Freunde hatte. Die Konkurrenz: Makart, der allgemeine Liebling. In den wenigen Jahren seit seinem Einzug in die Gußhausstraße hatte der Salzburger es verstanden, sich überall Freunde zu schaffen. Seine Lebenslust und seine Fröhlichkeit, die die Mitmenschen für ihn einnahmen, waren echt; seine Atelierfeste waren keine Zeitungsreklame, sondern Ausdruck seiner Freude am Dasein. In den Kaffeehäusern auf der Wieden konnte man ihn Schach spielen sehen, in die Wirtshäuser ging er Kegel scheiben. Ein Introvertierter wie Feuerbach kam da nicht mit. So ergoß sich über den erfolgreichen Widersacher sein ganzer Zorn: »Makart malt täglich acht Stunden ... Dieses diarrhoeartige Produzieren in seiner asiatischen Trödelbude mißfällt mir, und wird er auch außer Kurs kommen ...«[17] Eitelberger und Semper versuchten ihn aufzumuntern; erfolglos: »Wenn solches hier erlaubt ist, dann erlaube ich mir sehr bald meinen Abschied.«[18] Solches war nicht erlaubt, sein Abschiedsgesuch wurde abgelehnt. Trotz des Mißerfolgs der »Amazonenschlacht« war Feuerbach ein großer Künstler, das wußten die Experten ganz genau. Er blieb noch bis 1877 in Wien. An Großaufträgen mangelte es ihm nicht. Er sollte den großen Saal von Hansens Akademie-Neubau ausschmücken, doch Hansen fand keinen Gefallen an den Entwürfen, besonders das große Mittelfresko, den »Titanensturz«, lehnte der Architekt ab. Der erfolggewohnte Däne betrachtete die Malerei nur als Erfüllungsgehilfin seiner Architektur; Feuerbach sollte seine Wünsche erfüllen. Schließlich entschied das Ministerium für Feuerbach und gegen Hansen. Der »Titanensturz« wurde gemalt. Vieles, was heute an der Wiener Ringstraße so selbstverständlich dasteht, als könnte es gar nicht anders sein, so manches weltberühmte Kunstwerk wie der »Titanensturz« in der Akademie beispielsweise, der die Saaldecke schmückt, als wäre niemals etwas anderes in Frage gekommen, alles das hat seine oft abenteuerliche Entstehungsgeschichte, von Meinungsstreit, Ehrgeiz, Mißgunst, Konkurrenzneid geschrieben. Als Feuerbach sich dann auch noch mit dem Ministerium zerstritt, wurde sein Entlassungsgesuch schließlich bewilligt. 1880 starb er in Venedig.

Hans Makart war inzwischen keineswegs »außer Kurs gekommen«, wie es Feuerbach seinerzeit hoffnungsvoll prophezeit hatte. Im Gegenteil: 1878 hatte er bei der Ausstellung seines neuesten Kolossalgemäldes, »Einzug Karl V. in Antwerpen«, im Wiener Künstlerhaus seinen zweiten phänomenalen Erfolg. Im selben Jahr wurde er endlich selbst Professor; nun übernahm er die von Feuerbach verlassene Meisterklasse für Historienmalerei an der Akademie, jetzt bereits in Hansens Neubau untergebracht. Die Ringstraßenbarone rissen sich um ihn. Er bemalte die Decken im Arbeitszimmer des Industriellen Nikolaus von Dumba und im Speisesaal des Baumeisters Anton von Ötzelt, eines der erfolgreichsten Grundstückspekulanten seiner Zeit. Die Damen der Gesellschaft stürmten sein Atelier; Makart konnte die vielen Porträtaufträge kaum bewältigen. Seine »Vorzüge und Fehler«, daß die Porträtierten »dem Original nicht im mindesten ähnlich« sahen, störte die Auftraggeberinnen nicht.[19]

Das Atelier in der Gußhausstraße, die »asiatische Trödelbude«, wie Feuerbach gehöhnt hatte: der große Rudolf von Alt hat es 1885 noch schnell gemalt, vor der Nachlaßversteigerung. Diesen Rudolf von Alt, den einstigen Radierer und Aquarellisten aus dem Biedermeier, gab es immer noch. Seine kleinen Formate eigneten sich nicht für das Kolossalbedürfnis der Ringstraßenzeit, doch seine Skizzen und Veduten blieben als ihr Tagebuch. Als er Makarts Atelier malte, war der 73jährige selbst über den Makartstil schon längst hinaus; einzelne seiner Gemälde ließen bereits in den siebziger Jahren die kommende Entwicklung zum Jugendstil ahnen.[20]

Das Makartatelier, wie Rudolf von Alt es festgehalten hat: Einrichtungsmuster für die bürgerliche Wohlstandswohnung. So manches gute Stück von damals ist heute noch zu finden – oder schon wieder. Makart-Stil des Ringstraßenalltags: Palmwedel und Straußenfedern, Plüsch und schwere Draperien, das Sofa mit Quasten, die bestickten Kissen, die gedrechselten Stühle, gepreßte Lederbezüge, das Monstrum einer altdeutschen Kredenz, kunstvolle Schnitzereien. Stilkopien in einzigartiger handwerklicher Perfektion. Der Tischlermeister Heinrich Irmler aus Seitdorf in Mähren begann 1871 in Wien mit der Produktion seiner Stilmöbel; er wurde zum Einrichtungskönig der Paläste. Neugotik für das Rathaus, Renaissance für die Universität, Klassik für das Parlament – Irmler lieferte hervorragende Qualität, die den Stil- und Gebrauchsstürmen eines Jahrhunderts bis heute standhielt. Makart sollte übrigens auch im Neubau des Wiener Rathauses malen; die Auftragsvergabe scheiterte an seiner exorbitanten Honorarforderung. Er verlangte 120.000 Gulden.

Nachkommende Generationen haben am Makartstil kaum ein gutes Haar gelassen. Der Kulturhistoriker Egon Friedell, geistiges Produkt der Jahrhundertwende, sprach von der »Lust am Unechten . . . das Buttermesser ist ein türkischer Dolch, der Aschenbecher ein preußischer Helm, der Schirmständer eine Ritterrüstung, das Thermometer eine Pistole. Das Barometer stellt eine Baßgeige dar, der Stiefelknecht einen Hirschkäfer, der Spucknapf eine Schildkröte, der Zigarrenabschneider den Eiffelturm. Der Bierkrug ist ein aufklappbarer Mönch, der bei jedem Zug guillotiniert wird . . . und als Krönung und Symbol des Ganzen das verlogene und triste Makartbukett, das mit viel Anmaßung und wenig Erfolg Blumenstrauß spielt.«[21]

Der Jugendstil riß die Samtvorhänge von den Karniesen, schnitt dem Sofaplüsch die Quasten ab und machte Makartbilder schwer verkäuflich. Mit der Ringstraßenarchitektur gingen dann die Bomben des Zweiten Weltkriegs zu Gericht. So mancher Wiederaufbauer demonstrierte seine Modernität, indem er Gesimse und Kapitäle abschlug – verachtenswerter Gips! – und eine trostlos glatte Fassade mit unproportionierten Löchern als Fenster zurückließ. Der schmuckfeindliche Funktionalismus unserer fünfziger Jahre brachte zuerst das Jugendstildekor und später den Ringstraßenhistorismus zu neuem Ansehen. Die Wiener Kunsthistorikerin Renate Wagner-Rieger sorgte in den sechziger und siebziger Jahren unseres Jahrhunderts für die Rehabilitierung der Ringstraße als Gesamtkunstwerk einer Epoche.[22]

Heute wird die Ringstraßen-Dekoration wie die wiedergefundene Tochter gehegt und gepflegt, renoviert und gefärbelt; so zeigt auch so manches Bürgerhaus in der Wiener Vorstadt seinen unvergleichlichen Reiz.

Vielleicht, weil wir ein Jahrzehnt lang in einer neuen Gründerzeit gelebt haben. Vielleicht auch, weil der Mensch eben mehr braucht als die klaglose Funktion der Technik. Die Ringstraßenzeit mit ihrem technischen Fortschrittsoptimismus scheint diese Wahrheit schon vor einem Jahrhundert erkannt zu haben.

Die Planung der Monumentalbauten an der Ringstraße kam am Beginn der Makartzeit zum Abschluß. Als das Maler-Duell Makart gegen Feuerbach in aller Öffentlichkeit ausgetragen wurde, hatte der Architektenkampf um den größten Ringstraßenbrocken, den Residenzbereich Hofburg-Hofmuseen, schon seine Entscheidung gefunden. Parallelen zur Konfrontation der Caterina Cornaro und der Amazonenschlacht sind nicht zu übersehen.

Schon 1866 waren vier Architekten eingeladen worden, Entwürfe vorzulegen. Hansen, Ferstel, Hasenauer und Löhr. 2000 Gulden Honorar für jeden. Ferstel und Hansen schieden im ersten Durchgang aus, Hansen vor allem, weil Franz Joseph keinen griechischen Tempelbezirk wollte, wie der Däne ihn skizziert hatte. Der Kaiser war der Bauherr, die Ringstraße war sein liebstes Kind in Wien; nach allen den außenpolitischen und innenpolitischen Schlägen, die er hatte einstecken müssen, bekam die Ringstraße mit ihrer imperialen Ausstrahlung für ihn besondere Bedeutung. Renaissance schien ihm die Symbiose von Macht und Kultur. Franz Joseph hatte alle vier Bewerber zu sich bestellt; jeder konnte seinen Entwurf im Detail erklären.

Der Ingenieur- und Architektenverein protestierte gegen die Vorgangsweise, die auf eine subjektive allerhöchste Entscheidung hinauslief, verlangte einen international ausgeschriebenen Wettbewerb. Das war aber kein Bürgerstolz vor Fürstenthronen, nur blanker Konkurrenzneid, und es war nicht das letzte Mal, daß in Wien Architekten Sturm liefen, wenn eine oberste Instanz über die Neidgenossenschaft kleinkarierter Ehrgeizlinge hinweg eine Entscheidung traf.

Im Residenzbereich kamen die Mittelmäßigen nicht zum Zug. Hasenauer trat zum Protest gegen den Protest aus der Berufsvereinigung aus. Franz Joseph war letztlich mit keinem der Entwürfe ganz glücklich. Hasenauer und Löhr erhielten nochmals 800 Gulden für die Überarbeitung ihrer Vorschläge. Das Duell um das Kolossalprojekt – spätere Bausumme 34 Millionen Gulden – war ebenso wie später die Makart-Feuerbach-Konfrontation ein Zweikampf der Charaktere und der Stile.

Moritz von Löhr, hoher Baubeamter im Ministerium, gehörte schon 1858 zum Komitee, das den Grundplan für die Stadterweiterung ausarbeitete. Ein präziser Arbeiter, technisch perfekt, mit gutem Raumgefühl und klaren Grundrissen, und – was bei Staatsaufträgen wichtig war – ein gewissenhaft sparsamer Rechner. Hatte Hansen zu des Kaisers Mißfallen Anleihen bei der Athener Akropolis gemacht, so erinnerte Löhrs vorwiegend klassizistischer Residenzentwurf ein wenig an das Forum Romanum. Was Löhr fehlte, war der Schwung, die so gefragte Lust an der Dekoration.

Da war Hasenauer der Meister. Die klare Gliederung fehlte, sparsam ging er mit den Baugeldern auch nicht um, doch der Anblick seines Entwurfs mußte die Ringstraßen-Zeitgenossen begeistern. Ein Traum in Neo-Renaissance. Franz Joseph war in seinem Geschmack ein Zeitgenosse.

Es stand schließlich der phantasiebegabte, effektvolle Dekorateur Hasenauer, der sich großzügig über manche technische Bedenken hinwegzusetzen verstand, gegen den bis ins letzte Detail verläßlichen, aber unprätentiösen Baumeister Moritz von Löhr. Als penibler Staatsbeamter fühlte Löhr sich im Nachteil; der freischaffende Künstler Hasenauer konnte bedenkenlos über Hintertreppen und in Vorzimmern und über die Presse intervenieren und intrigieren, und das tat er auch. So schwankte die Bauherrschaft von Hasenauer zu Löhr und von Löhr wieder zu Hausenauer zurück.[23] Der Kaiser und das Obersthofmeisteramt machten sich die Entscheidung nicht leicht, im Bewußtsein, daß es hier um das Jahrhundertschicksal der ganzen Ringstraße ging. Wer im Residenzbereich pfuschte, verpfuschte die Stadterweiterung überhaupt. So kam der Gedanke auf, eine internationale Autorität als Schiedsrichter nach Wien zu holen. Die Wahl fiel auf Gottfried Semper, den großen Theoretiker des Historismus.

Semper, ein Hamburger, war schon 67 Jahre alt; er hatte das Hoftheater und das Museum in Dresden errichtet und sich dabei als großartiger Platzgestalter erwiesen. In Zürich baute er dann das Polytechnikum, dort war er nun Professor, als der Oberstkämmerer Graf Crenneville ihn über Auftrag des Kaisers nach Wien holte. Franz Joseph hatte sich damit neues Kopfzerbrechen eingehandelt, denn Semper kam mit eigenen Ideen und wollte selbst bauen. Der Kaiser hatte aber vom Planungswirrwarr genug. Der neue Mann sollte sich für eines der beiden Projekte entscheiden und es ohne grundsätzliche Änderungen gemeinsam mit dem Verfasser realisieren. Semper lehnte zuerst ab, dann reizte ihn die einmalige Aufgabe aber doch, und er nahm an. Er entschied sich für Hasenauer. Er sollte es später noch oft genug bedauern. Hier kam eine vom ersten Moment an menschlich schwer belastete Arbeitsgemeinschaft zustande. Semper fühlte sich gehemmt, weil er Hasenauers Grundkonzept akzeptieren mußte, und der harte Bursche Hasenauer war nicht gewillt, sich aus Respekt vor dem großen alten Mann dieses Konzept verändern zu lassen. Schon gar nicht von Semper: Er erzählte zwar überall herum, er selbst hätte Semper erst als Berater vorgeschlagen, in Wahrheit fühlte er sich gekränkt, weil man ihm einen Aufpasser vor die Nase gesetzt hatte.

Unter solchen unerfreulichen Vorzeichen wurde schließlich 1870 der Auftrag für Hofburg und Hofmuseen erteilt und durch das Burgtheaterprojekt noch erweitert. Seit Beginn der Planung waren nun schon vier Jahre vergangen. Die Gleichzeitigkeit von staatspolitischen und kulturpolitischen Entscheidungen ist bemerkenswert. Im ersten Planungsjahr war Königgrätz, und während vier Architekten sich Gedanken über einen neuen Residenzbereich für die Metropole der Donaumonarchie machten, fragten sich viele Leute, ob diese ganze Monarchie nicht demnächst untergehen würde. 1867 wurde das Habsburgerreich zweigeteilt; die Baukünstler zeichneten unbeeindruckt weiter am Herzstück einer gemeinsamen Hauptstadt. Dann demonstrierten die Massen vor dem Reichsratsgebäude, vermeintliche Hochverräter wurden verhaftet, der Kaiser wechselte seine Regierungen, verhängte Belagerungszustände über ganze Kronländer, erwog mit seinen Generälen einen neuen Krieg gegen Preußen und fand gleichzeitig die Nervenkraft, mit Architekten, Hofbeamten und Fachberatern tagelang Baupläne, Stilfragen und Kunstprobleme zu diskutieren. Nachträglich hat man den Eindruck, daß er sich umso intensiver mit dem Wiener Residenzbereich als äußerem Symbol habsburgerischer Größe beschäftigte, je düsterer die machtpolitische Situation der Dynastie aussah. Als er am 17. Juli 1870 seinen Namen unter die endgültige Auftragsvergabe an Semper und Hasenauer setzte, tat er es unter der Last einer der schwersten Entscheidungen seiner ganzen Regierungszeit: Für den kommenden 18. Juli war der Kronrat angesetzt, bei dem man sich endgültig klar werden mußte, ob man an Frankreichs Seite in den Krieg gegen Preußen marschieren sollte.

Die Entscheidung fiel gegen den Krieg. Der Residenzbereich wurde gebaut. Der Kaisertraum von damals blieb unvollendet. Das Kolossalkonzept sah eine gigantische zusammenhängende Anlage vor, zwei Flügel einer neuen Hofburg bogenförmig um den Heldenplatz, mit den beiden Museen durch gewaltige Triumphbogen verbunden, die die Ringstraße überspannen sollten. Der große Rudolf von Alt wurde gewonnen, dieses von Gottfried Semper entworfene »Kaiserforum« als Zukunftsvision zu malen, damit man sich vorstellen konnte, wie es einst aussehen würde.

Franz Joseph war ein praktisch denkender Mensch. Er erkundigte sich eingehend, ob die Triumphbogen kein Verkehrshindernis bilden würden. Die Detailpläne entkräfteten diese Bedenken: Es waren drei Durchfahrten vorgesehen, und auf jeder der Fahrbahnen hatten zwei Fiaker nebeneinander Platz.

Das »Kaiserforum«, als geschlossener Residenzbereich gedacht, blieb ein Torso. Nur der eine Flügel der Neuen Hofburg wurde errichtet – Fertigstellung erst 1914 –, und dadurch blieb die ganze Weite des Heldenplatzes und des Volksgartens bis zum Parlament, Rathaus und Burgtheater hin offen. Auch die Triumphbogen kamen nicht zustande. Die beiden Museen stehen ohne Verbindung mit der Hofburg auf der anderen Seite der Ringstraße; dadurch auch hier die offene Weite. So behielt die Straße den Charakter, der ihrem Namen gerecht wurde, nicht unterbrochen durch einen burg-, fast festungsartig wirkenden Riesenkomplex, der zwar den abgeschlossenen Residenzbereich betont, die einzigartige Harmonie der Prunkbauten rund um den alten Stadtkern aber zerstört hätte.

Im selben Jahr 1870, als die Auftragsvergabe für den Residenzbereich erfolgte, inmitten der Hochspannung am Rande eines neuen Krieges, bewilligte Franz Joseph auch die Verbauung des Paradeplatzes und machte damit den Weg frei für die Gestaltung der zweiten großen Ringstraßenregion rund um das Rathaus. Daß Franz Joseph seiner Hauptstadt zu wenig Beachtung schenkte, konnte man wirklich nicht behaupten; er ging bis ins Detail der Verkehrsflüssigkeit. Auch an solchen scheinbaren Nebensächlichkeiten ließ sich der selbstsichere Zukunftsoptimismus erkennen, in Momenten tiefster Depression, am Rande weltbewegender Ereignisse.

1872, auf dem Höhepunkt der Gründungskonjunktur und in der Siedehitze des Spekulationsfiebers, begannen die Arbeiten auf den Bauplätzen des Rathauses und der beiden Museen. Dann kam der Schwarze Freitag, doch der große Börsenkrach markierte nur eine Zäsur. Kein Ende. Die Wirtschaft brach nicht zusammen. Nur aus der Perspektive der vorangegangenen Jahre nahmen sich die Folgen als Katastrophe aus. In Wahrheit wurde das spekulativ aufgeblähte Wachstum auf normale Dimensionen zurückgeschraubt.[24] Das seriöse Unternehmertum arbeitete weiter. Die Großen hatten nur Geld verloren, nicht die Existenz.

Zu Opfern wurden die Kleinen. Sie waren es, die nun aufmarschierten.

Wer das Wien dieses Jahrzehnts auch dort kennenlernen wollte, wo der Aufmarsch der Unterdrückten und Ausgebeuteten, der in ihrer Existenz Gefährdeten und in ihrer Menschenwürde Gekränkten stattfand, der mußte seinen Spaziergang über das Stadtzentrum hinaus ausdehnen. Auch die Vorstadt hatte ihre Beobachter. Ein Wiener Feuilletonschreiber mußte nicht nur Humorist, sondern auch Moralist sein. Daniel Spitzer in der »Neuen Freien Presse« war der wirtschafts- und kulturpolitische Moralist der besseren Stände. Das »Neue Wiener Tagblatt«, fortschrittlicher und realitätsnäher als die hochvornehme »Neue Freie Presse«, schickte seine Feuilletonisten über den Ringstraßenbereich in die Kleinbürgerbezirke und Proletarierviertel. Friedrich Schlögl, der Moralist des Volkslebens, zeigte der Leserschaft mit seinen kleinen Kulturbildern »Wiener Blut« die andere Seite der Makartzeit, an die keiner der Akdemieprofessoren und kein historienmalender Palastausstatter eine Kolossalleinwand verschwendete. Die Periode der großbürgerlichen Salonmalerei hatte keinen Waldmüller und keinen Fendi. Nur Rudolf von Alt, mit dem schwarzen Stößer auf dem struppigen eisgrauen Haar, die ausgebeulten Taschen seines abgetragenen Rocks voll Zeichengerät, war draußen zu finden, irgendwo auf einem beim nächsten Greißler geborgten Stuhl, die schwachen Augen dicht am Skizzenblock, an einer Hausecke auf dem Spittelberg oder im Hinterhof einer Werkstätte in der Josefstadt.

Neben Friedrich Schlögl schrieb sich allmählich Eduard Pötzl mit seinen »Wiener Skizzen« in die erste Reihe der Wiener Feuilletonisten; ein Jurist und früherer Eisenbahnbeamter, der für das »Neue Wiener Tagblatt« die Figur des »Herrn Nigerl« erfand, des gschaftlhubernden kleinbürgerlichen Wichtigmachers. Der Herr Nigerl war der Vorläufer des weit berühmter gewordenen »Herrn Adabei«, den dann der Feuilletonist der »Volkszeitung«, Vincenz Chiavacci, in die wienerische Welt setzte. Chiavacci war auch der literarische

Erzeuger der bis in unsere Zeit populären »Frau Sopherl vom Naschmarkt«, jener unsterblichen Bezirkstratschen, die so manche bittere Wahrheit von sich gab.

Die Wiener Feuilletonisten der Generation der Schlögl, Pötzl und Chiavacci sagten solche Wahrheit mit jenem Humor, der stach, nicht mit dem vernichtenden Zynismus eines späteren Karl Kraus, und deshalb tat die inhaltliche Härte der Aussage den Mächtigen wohl auch nicht weh genug. Nicht nacktes Elend wurde mit brutaler Offenheit geschildert; es waren die kleinstbürgerlichen Alltagssorgen des Herrn Adabei und der Frau Sopherl, die mitunter eine fast gemütliche Armut vortäuschten. Nachfolgende Generationen lasen aus diesen Feuilletons nur die gute alte Zeit heraus, in der sogar die Not ihren Wiener Charme nicht verlor. So schlimm kann's also nicht gewesen sein! Wenn man eben die Schwindsucht als »Wiener Krankheit«, die Kindersterblichkeit, die Wohnungsnot, den zwölfstündigen Arbeitstag als »nicht so schlimm« gelten läßt. Anfang der achtziger Jahre, bei der stürmischen Diskussion um die Reform der Gewerbefreiheit, kam diese andere Seite der Makartzeit dann ohne humoristische Versöhnlichkeit zur Sprache.

Der theaterinteressierte Spaziergänger, der aus dem klassischen Repertoire des Burgtheaters, aus der historischen Dramenwelt eines Halm, den Lustspielsalons Adolfs von Wilbrandt und aus Noras Puppenheim in Laubes Stadttheater ausbrechen wollte, mußte seit Beginn der siebziger Jahre gar nicht weit marschieren. Aus der Ringstraßenwelt der neuen Hofoper und des Heinrichshofs am Bauplatz der Kunstakademie vorbei zum Theater an der Wien. Auf derselben Bühne, auf der die frivole Adele zur Musik des Walzerkönigs die Unschuld vom Lande mimte, bohrte gar nicht frivol, sondern drastisch-scherzhaft der G'wissenswurm in den Seelen mancher Schuldigen an ländlicher Not. Seit 1870 hatte das Theater an der Wien einen neuen Hausdichter. Ludwig Anzengruber. Der damals 31jährige kam wie Lueger aus der Kleinbürgerwelt und aus dessen nächster Nähe: Anzengrubers Mutter, Witwe nach einem kleinen Hofbediensteten, betrieb eine Pfeidlerei auf der Wieden. Johann Nepomuk Anzengruber hatte sich in seiner Jugend als Theaterdichter versucht.[25] Der Sohn Ludwig absolvierte die Buchhändlerlehre und fazierte dann jahrelang als Mitglied von Wanderbühnen kreuz und quer durch die deutschsprachigen Provinzen und Garnisonsorte der Monarchie. Er war kein besonders guter Schauspieler, und die Theatergruppen, mit denen er durch Kleinstädte und Dörfer zog, bis nach Slawonien, boten armselige Schmiere. Dennoch waren es die Lehrjahre, die dem jungen Mann das Handwerk des Bühnenautors beibrachten, mit einer geradezu nachtwandlerischen Sicherheit dafür, womit man das Publikum zum Lachen und zum Weinen bringen konnte, ohne daß es sich später dafür genieren mußte. Im Theater an der Wien ist später kaum jemals so herzlich gelacht und so ergriffen geweint worden wie bei Anzengruber, ohne daß die Darsteller mit

29 So sahen es die Zeitgenossen: das Neue Rathaus, mit fast 14 Millionen Gulden Baukosten Wiens teuerstes Gebäude im 19. Jahrhundert

Bürgermeister von Wien von 1868 bis 1919:

30 Dr. Cajetan Freiherr von Felder

31 Dr. Julius Ritter von Newald

32 Eduard Ritter von Uhl

33 Dr. Johann Prix

34 Dr. Raimund Grübl

35 Josef Strohbach

36 Dr. Karl Lueger

37 Dr. Josef Neumayer

38 Dr. Richard Weiskirchner

39 Staatsgewalt hoch zu Roß: Seit 1870 hatte Wien eine berittene Polizei

40 Versorgungsprobleme im Ringstraßenbereich: die 1874 eröffnete Markthalle in der Zedlitzgasse

41 Die Katastrophe bei »Hoffmanns Erzählungen«: Beim Ringtheater-Brand 1881 kamen Hunderte Menschen um ihr Leben

42 Beim Brand von Heinrich Laubes »Stadttheater« in der Seilerstätte waren keine Todesopfer zu beklagen

43 Gaslicht und Schatten: Triumphbogen der in Wien verhaßten Gasgesellschaft zur Kronprinzenhochzeit, 1881

44 Die neue Energiequelle: Auch die Stromerzeugung lag in den Händen privater Gesellschaften

45 Dr. Jaromir Freiherr von Mundy

46 Krankentransport durch die Freiwillige Rettungsgesellschaft

47 Der Pathologe Dr. Karl Freiherr von Rokitansky

48 Mäzen und Philantrop: Hans Graf Wilczek

49 Geologe im Gemeinderat: Dr. Eduard Suess

50 Der Chirurg Dr. Theodor Billroth

51 Der »elektrisierte« Haushalt: Wiener Küchenmodell auf der »Elektrischen Ausstellung« 1883

52 Der Kohleherd blieb trotz Elektrizität in Betrieb: Wiener Küche nach der Jahrhundertwende

billigen Effekten arbeiten mußten. Gerade wegen der Wirksamkeit geriet Anzengruber später einigermaßen in Mißkredit, nachdem sich nämlich die Laienbühnen seiner bemächtigt hatten und ihn zum Bauerntheater verblödelten oder zur Heimatrührseligkeit verkitschten. Die Literaturgeschichte fand in den Anzengruber-Volksstücken das Spiegelbild der Zeit: den liberalen Kampf gegen die klerikale Intoleranz, das Aufbegehren gegen die soziale Ungerechtigkeit, den Protest gegen die Scheinheiligkeit der Selbstgerechten. Ibsens spätere »Stützen der Gesellschaft« im Dorfmilieu. Beileibe keine »grüne« Sentimentalität, die dem Althergebrachten nachweinte, im Gegenteil, ein fortschrittsgewisser Naturalismus, in dem sich sogar ein Niederschlag von Darwins Evolutionstheorie aufspüren läßt. Das Theater an der Wien spielte in den siebziger Jahren den exemplarischen Anzengruber, der damals aufregend modern, geradezu revolutionär wirkte; die Direktion und der Autor hatten so manchen Kampf mit der Theaterzensur auszufechten.[26]

Der junge Mann hatte 1868 sein Hungerleiderdasein als Provinzschauspieler mit dem Hungerleiderdasein eines Schriftstellers vertauscht; um durchzukommen, arbeitete er zeitweise sogar als Kanzleischreiber bei der Polizei. Sein erstes Stück schickte er unter dem Pseudonym »Ludwig Gruber« an das Theater an der Wien. Dort regierte seit 1869 die berühmte Marie Geistinger als Prinzipalin, an ihrer Seite der Direktionssekretär Maximilian Steiner, ein Mann mit unglaublichem Fingerspitzengefühl für künftige Erfolge. In den sieben Jahren ihrer gemeinsamen Direktion spielte sich das Duo Geistinger-Steiner quer durch die gesamte Bühnenliteratur, von Donizettis »Don Pasquale« bis zu den Strauß- und Millöcker-Operetten, von Offenbach bis Franz von Suppé und wieder zurück zu den Opern von Charles Gounod und Giacomo Meyerbeer; die berühmte Adelina Patti gastierte als Flotows »Martha«; die Sprechstücke reichten von Shakespeare über Raimund bis Grillparzer. Von 1869 bis 1875 nicht weniger als 2145 Inszenierungen.[27]

Als Steiner 1870 das Erstlingswerk des Kanzleischreibers »Ludwig Gruber« in die Hände bekam, spürte er sofort die Theaterpratzen des Unbekannten. Am 5. November 1870 wurde »Der Pfarrer von Kirchfeld« zum ersten Male gespielt. Der Erfolg war phänomenal, und von da an lieferte Anzengruber fast jedes Jahr einen neuen Kassenreißer ab. 1871: »Der Meineidbauer«, 1872: »Die Kreuzelschreiber«, 1874: »Der G'wissenswurm«, 1876: »Der Doppelselbstmord«, 1877: »Der ledige Hof«, 1878: »Das vierte Gebot«.

Ludwig Anzengrubers letzter großer Erfolg, der »Fleck auf der Ehr'«, wurde im Deutschen Volkstheater aufgeführt, einem neuen Haus an der Lastenstraße. Es sollte die Nachfolge nach Heinrich Laubes Stadttheater an der Seilerstätte antreten, das 1884 ausgebrannt war, als Schauspielhaus des Wiener Bürgertums, im bewußten Gegensatz zum höfischen Burgtheater. Das Architektengespann Helmer & Fellner, das kreuz und quer durch die Monarchie technisch perfekte

Theater nach dem gleichen Schema baute, hatte das Volkstheater errichtet. Am 14. September 1889 wurde es mit dem »Fleck auf der Ehr'« festlich eröffnet. Keine drei Monate später, am 10. Dezember 1889, starb Anzengruber, erst 50 Jahre alt, an einer Blutvergiftung.

Wer noch eine andere Seite der Makartzeit kennenlernen wollte, der mußte seinen Spaziergang an Anzengrubers Wirkungsstätte vorbei bis in die Nähe der Linie und darüber hinaus ausdehnen. Dort waren die Volkssänger zu Hause.

Das waren jetzt nicht mehr die ruppigen Gesellen aus dem Vormärz, denen der Wirt eine ausgehängte Türe oder ein paar Bretter als »Bühne« auf vier Bierfässer gelegt hatte und die, nach oft recht derber Kurzdarbietung, vom alkoholisierten Anhang grölend begleitet, singend und musizierend durch die nächtlichen Straßen zum nächsten Beisl zogen. Den schlaftrunkenen Bürgern und der Polizei ein permanentes Ärgernis. Jetzt, in den siebziger Jahren, besaßen eine ganze Reihe recht ordentlicher Lokale in den Bürgerbezirken hinter den Schankräumen große Säle mit richtigen Bühnen-Podien, auf denen die Abendunterhaltung stattfand. Diese Unterhaltung war lustig, selbstverständlich, aber deshalb nicht immer vergnüglichen Inhalts, trotzdem aber wurde sie mit Vergnügen angenommen, mit stürmischem Beifall bedankt. Was hier geboten wurde, war keine weinselige Heurigenmusik, sondern Kabarett, Brettl, wie immer man es nennen will; Humor, Witz, Satire – mit der Zeit wurde hart ins Gericht gegangen, wenn auch wienerisch-musikalisch verpackt. Das ging den kleinen Leuten im Saal unter die Haut, wenn es Lieder zu hören gab wie den damals berühmten Schlager:

»A Hungriger geht in die Volkskuchel h'nein,
Doch tut's in a jeder das Nämliche sein,
Am Montag a Kraut und am Dienstag Salat,
Am Mittwoch ein Kohl und am Freitag Spinat:
Drum bleibt er jetzt ganz von der Volkskuchel weg,
Und kauft sich beim Greißler a Wurst oder an Speck.
Der Mensch, der Mensch, der Mensch is ka Krawat, Krawat,
Er lebt nicht nur allani vom Salat, Salat!
Er muß ein gutes Pipi-Papi hab'n, ja hab'n,
Sonst haut er auf die Letzt no' alles z'samm, ja z'samm!«

Protestsong, würde man heute sagen. Die Liedermacher und Sänger von damals taten sich zu »Kompanien« zusammen. Anton Amon, einer der ersten und berühmtesten, bekam 1870 eine »ambulante Singspielhallen-Konzession«, damit konnte man sich von Lokalbesitzern engagieren lassen oder selbst einen Saal mieten. Was die Kompanien darboten, das »hat ka Goethe g'schrieb'n, das hat ka Schiller dicht«, wie Wilhelm Wiesberg formulierte, das stammte von volkstümlichen Literaten, wie Wiesberg selbst einer war, wohl der erfolgreichste Texter seiner Zeit. Er schrieb schon als 13jähriger für die Witzblätter »Figaro«, »Kikeriki« und »Floh«, dann auch Theaterstücke und zahllose Texte für Anton Amon und dessen Gegenstück Ignaz Nagel und etablierte sich schließlich 1874 im »Goldenen Widder« in der Leopoldstadt selbst als Volkssänger, textete nebenbei weiter für Amon und Nagel und tat sich schließlich mit Amons zeitweiligem Partner Wenzel Seidl zu einer eigenen Kompanie im »Grünen Tor« in der Josefstadt zusammen.[28]

Die Musik zu Wiesbergs meisten Liedern steuerte Johann Sioly bei, ein am Konservatorium ausgebildeter Orchestermusiker. Antonie Mansfeld, mit Emilie Turecek, der berüchtigten »Fiaker-Milli«, eine der beiden Königinnen des vorstädtischen Nachtlebens, bevorzugte den Pianisten Sioly zeitweise als Klavierbegleiter für ihre Gesangsdarbietungen nicht immer feinster Art. Die Demimonde war damals hauptsächlich in der Leopoldstadt angesiedelt, in den Vergnügungslokalen für die wohlhabenden Herren besserer Stände, dem »Sperl« und den »Dianasälen«. Friedrich Schlögl verdammte sie als »Lustasyle, wo sich jenes männliche Publikum aufhält, das mit einem solchen weiblichen Publikum sich zu unterhalten gewohnt ist«.[29] Diese Demimonde grenzte hart an die Welt des Volkssängertums, und sie zog ihr elegantes Publikum dorthin mit, mit spürbarer Schadenfreude, daß die feinen Herrschaften einmal ihre wahren Gesichter in dem Spiegel sahen, den die »Kompanien« ihnen vorhielten, zum Gaudium der um sie herum versammelten kleinen Leute. Da bekamen die Besucher aus den Ringstraßenpalästen dann Lieder zu hören wie Wiesbergs berühmteste Nummer von den Hausherrnsöhnen: »G'lernt ham ma nix, san stets arrogant, denn unser Vater is a Hausherr und a Seidenfabrikant!«

Dieses Lied wird heute immer noch gespielt und gesungen, doch was als wehmütige Erinnerung an das alte Wien gilt, war vor einem Jahrhundert aggressiv politisch; gegen die Hausherren überhaupt, die den kleinen Leuten als Zinsgeier gegenüberstanden; gegen die Söhne, die die sauer verdienten Groschen der Mietsparteien im Eckhaus des Herrn Vaters verpraßten; und noch dazu ein Stich in die Herzen so mancher Gründer, die ihr mühsam zusammengerafftes Vermögen unter den Händen der Jeunesse d'oré der Makartzeit zerfließen sahen. Wenn den Wienern etwas unter die Haut ging, dann war es alles, was mit Wohnungsnot und Hausherrenmentalität zusammenhing.

Es gab überhaupt kein zeitgenössisch heißes Eisen, das die Volkssänger nicht angefaßt hätten; für die Mansfeld war nicht einmal das Zölibat heilig, das sie zotig aufs Korn nahm. Es gab keinen Nestroy mehr; die Volkssänger traten in mancherlei Hinsicht seine Nachfolge an. Aus dem Wien im letzten Drittel des 19. Jahrhunderts sind Amon und Nagel, Wiesberg, Seidl, Sioly und noch manche andere nicht wegzudenken.

Pop-Musik ihrer Zeit. Unprätentiös. Der Kontrast zu manchem Liedermacher von heute drängt sich auf, mit dem tierischen Ernst seiner musikalischen Weltverbesserung und vor allem dem Anspruch, Stimmen und Texte vergoldet zu bekommen. Die Volkssänger von anno dazumal bezogen keine fetten Tantiemen für ihr Aufbegehren gegen Armut und Unterdrückung; sie mußten am Tage von dem leben, was sie am Abend zuvor eingenommen hatten, und so mancher von ihnen starb in bitterster Not.

Man darf die Wiener Volkssänger natürlich nicht ausschließlich als politische Kabarettisten, als musikalische Gesellschaftskritiker sehen. Das waren sie auch, diese Nummern waren die Glanzlichter ihrer Programme, zunächst aber hatten sie die Abendunterhaltung für die Vorstadt zu liefern, Humor zu Bier, Wein, Gulasch und Würsteln als Beilage, sie sangen in den Wirtshaussälen beim Klirren der Gläser und beim Klappern der Messer und Gabeln auf den Tellern, und das Publikum sang den Refrain mit. Für eine Zeit ohne Radio und Fernsehen waren sie erstaunlich populär. Die sprichwörtlichen Schusterbuben pfiffen ihre Schlager auf der Straße, wenn sie die gedoppelten Stiefel auslieferten, und die Hocharistokraten summten sie bei den Ausritten im Prater.

Wer Ohren hatte zu hören, der konnte dennoch das unterirdische Grollen in den Vorstädten vernehmen. Wie Gustav Schöpl es in seiner Verhöhnung der Volkskuchl-Wohltätigkeit anklingen ließ: »Sonst haut er auf die Letzt no' alles z'samm, ja z'samm!«

Die Jahre 1874 und 1875 waren für Wien in vieler Hinsicht bemerkenswert durch das Zusammentreffen von scheinbar unzusammenhängenden Ereignissen.

1874, das Premierenjahr des »G'wissenswurm«, war das Jahr des Neudörfler Parteitags und des Einzugs von Dr. Karl Lueger in die eigene Anwaltskanzlei. Makart konnte seinen Triumph über Feuerbach in der »Neuen Freien Presse« nachlesen, doch die Ablösung für die Repräsentationskunst historisierender Kolossalmaler stand schon bereit. Im selben Jahr 1874 gab Claude Monet in Paris mit seinem Bild »Impression soleil levant« einer Kunstrevolution seinen Namen. Ein Pariser Journalist verspottete Monet und seine außerhalb der renommierten Kunstsalons der französischen Hauptstadt ausstellenden Kollegen Degas, Cézanne, Renoir, Pissarro und Sisley als »Impressionisten«.

Im Theaterjahr 1874 spielte die Geistinger in der »Fledermaus« die Rosalinde und im »G'wissenswurm« die Hoarlacher Lies, und ein junger Grazer übernahm die Rolle des Dr. Falk in der »Fledermaus« im Theater an der Wien und »führte sich in bester Weise als jugendlicher Gesangskomiker ein«, hieß es in einer Zeitungskritik über den bis dahin wenig bekannten Alexander Girardi. »Sein oder Nichtsein meiner Operetten hängt nur von ihm ab«, schrieb schon sehr bald Johann Strauß an Maximilian Steiner. Beim nächsten Strauß-Werk, »Cagliostro in Wien«, spielte und sang Girardi bereits bei der Erstaufführung, 1875.

1875 starb der Wiener Erzbischof Othmar Kardinal von Rauscher. Der Wiener Spaziergänger Daniel Spitzer widmete dem Kirchenfürsten in der »Neuen Freien Presse« einen bösartigen Nachruf: »Der Verblichene hat sich eine bleibende Stelle unter den österreichischen Staatsunglücken durch den unter dem Namen ›Concordat‹ bekannten Handelsvertrag erworben ... wodurch der Import an Jesuiten und Schulschwestern zwar in ansehnlicher Weise zunahm, dagegen aber auch unser Export von Peterspfennigen nach Rom eine früher nie geahnte Höhe erreichte. Seine Hirtenbriefe waren von staatsmännischer Langweiligkeit und behandelten meistens das anregende Thema, daß es weit zweckmäßiger für die Menschheit sei, an Fasttagen gebackene Karpfen mit Erdäpfelsalat zu essen, als das ganze Jahr hindurch Philosophie zu studieren. Er war ein eifriger Gegner des Fortschritts und aller Aufklärung, allein er benützte dennoch die Eisenbahn zu seinen Sommerausflügen ...«[30]

Heute wäre ein solcher »Nachruf« auch im schlimmsten Revolverblatt undenkbar; vor einem Jahrhundert stand er so gedruckt in der »Neuen Freien Presse«, damals die renommierteste Zeitung der Donaumonarchie. Indiz für die kaum noch vorstellbare, haßerfüllte Schärfe der politischen Auseinandersetzung im angeblich so gemütlichen Wien der angeblich so guten alten Zeit. Die Deutschliberalen – und die »Neue Freie Presse« war ihr Blatt – beherrschten zwar immer noch den österreichischen Reichsrat und den Wiener Gemeinderat, doch sie spürten wohl, daß ihre Zeit zur Neige ging. Der Börsenkrach von 1873 hatte sie zwar wirtschaftlich nicht ruiniert, aber moralisch demaskiert. Zwei Jahre später, 1875, hatte der Ofenheim-Prozeß zwar die Schuldlosigkeit des Eisenbahnindustriellen als Person ergeben, am Großkapital insgesamt aber blieb ein Makel haften. Ein halbes Dutzend Minister mußte als Zeugen vor Gericht über »Provisionszahlungen« – sprich: Schmiergelder – aussagen, der Handelsminister Dr. Banhans mußte zurücktreten. Die »Verfassungspartei« der Deutschliberalen, so urteilte der prominente deutsche Historiker Heinrich Waentig, »war im Grunde nichts anderes als eine einseitig großkapitalistische Interessenvertretung und handelte darnach. Von nie gestilltem Gelddurste gepeinigt, erwies sie sich unfähig, das öffentliche Leben mit großen Ideen zu befruchten oder gar sozialpolitische Reformen höheren Stils durchzuführen, wie sie die Zeit verlangte.«[31]

Auch das war eine von den vielen Seiten der Makartzeit. Der Friedhofskrieg um die Jahreswende 1874/75 schuf den Wiener Liberalen wenig Freunde unter den kleinen Leuten; gehässige Ironie, wie sie Daniel Spitzer dem toten Kardinal Rauscher ins Grab nachschickte, empörte sicherlich nicht nur die Klerikalen. So war 1875 wie geschaffen als Zeitpunkt für den Auftritt des Dr. Karl Lueger auf der Wiener kommunalpolitischen Bühne.

Kapitel 10 Der schöne Karl

Sein weiblicher Anhang nannte ihn den »schönen Karl«. Die Frauen verstand er schon in seiner politischen Frühzeit zu begeistern, der Junggeselle Dr. Karl Lueger, die Bürgerfrauen auf den Märkten und in den Greißlerläden des Bezirks Landstraße und die Gerichtssaaltanten, wenn er kleine Übeltäter verteidigte, der k. k. Hof- und Gerichtsadvokat. Geheiratet hat er nie; er fand auch ohne Ehe seine private Bequemlichkeit; seine Schwestern umsorgten ihn, zuerst in der Wohnung bei der mütterlichen Tabaktrafik, Marokkanergasse 3, später in der Bürgermeisterwohnung des Neuen Wiener Rathauses. Er war ein großgewachsener, stattlicher Mann mit vollem, gewelltem Haar und gepflegtem Bart, eine elegante Erscheinung, der Frack saß ihm wie angegossen, die Bürgermeisterkette schien für ihn gefertigt, wie ein Kleinbürger aus der Vorstadt hat er nie ausgesehen. In der Erinnerung blieb er der schöne Karl, wie er beim Blumenkorso im Fiaker durch die Hauptallee fuhr, umjubelt, ein bunter Traum vom alten Wien, auch als er schon weißhaarig war, auf den Krückstock und auf seinen Kammerdiener Pumera gestützt, schwer krank und fast erblindet. Er war ein Trafikantensohn, auf die Zigarre hat er nie verzichtet, auch als er am Ende seines Lebens von Schmerzen gequält dahinsiechte. Er war erst 66 Jahre alt, als er starb; da lagen 35 Jahre Wiener Kommunalpolitik hinter ihm.

In den Gemeinderat kam er zum ersten Male bei der Nachwahl des Jahres 1875, mit Unterstützung des Landstraßer liberalen Bürgerklubs. Obmann war dort der alte Vizebürgermeister Franz Ritter von Khunn, und der junge Advokat erfreute sich seines Wohlwollens.

Lueger kandidierte im II. Wahlkörper; »Intelligenz-Wahlkörper«, wie er genannt wurde, weil dort neben den Haus- und Grundbesitzern mit 100 bis 500 Gulden jährlicher Steuerleistung die Offiziere, Pfarrer, Lehrer, höheren Beamten und absolvierten Akademiker wahlberechtigt waren. Lueger erhielt eine deutliche Mehrheit.

Mehrheiten ließen sich damals allerdings schon mit ein paar Dutzend Stimmen gewinnen. 1875, als 46 Gemeinderäte neu gewählt wurden, hatten in der Stadt mit ihren 700.000 Einwohnern ganze 3,8 Prozent das Stimmrecht, 24.927 Bürger.[1]

Der Gemeinderat, in dem Lueger zum ersten Male auftrat, tagte noch im Alten Rathaus in der Wipplingerstraße. Den Sitzungssaal hatte Bürgermeister Seiller Anfang der fünfziger Jahre von Ferdinand Fellner, dem Vater des später so produktiven Theaterarchitekten, prunkvoll ausgestalten lassen, Beispiel des frühen Historismus in Wien. Der repräsentative Aufwand, den die Stadtväter trieben, erregte den Unmut der Bürger, die ihn bezahlen mußten. Der Gemeinderat Lueger äußerte später einmal ähnlich klingenden Unmut über das Neue Rathaus. Als man ihm und seinen Freunden daraufhin kulturelles Banausentum vorwarf, konterte er: »Wir unterdrücken nicht den Sinn für das Schöne und Edle, wir unterdrücken nur den Sinn fürs Schuldenmachen.«[2]

Als Lueger 1875 in den Gemeinderat einzog, hatte die Stadt an die 50 Millionen Gulden Schulden. Nach der 25-Millionen-Anleihe von 1867 wurden 1874 weitere 40 Millionen aufgelegt; Wien brauchte damals, um Geld zu borgen, die Zustimmung der niederösterreichischen Statthalterei. Aus der neuen Anleihe flossen 10 Millionen in den Rathausbau, über 12 Millionen in die Wasserversorgung, fast 4 Millionen in den Schulbau; seit dem Reichsvolksschulgesetz von 1868, das die geistliche Schulaufsicht ablöste, müßten die Gemeinden für die Elementarschulen sorgen.

Bis 1890 hielt sich der Schuldenstand der Stadt ziemlich gleichmäßig auf der 50-Millionen-Höhe. Die Jahreseinnahmen lagen 1890 bei 30 Millionen; in der Budgetdebatte dieses Jahres wetterte Lueger gegen so ziemlich jeden Ausgabenposten. In seinem letzten Lebensjahr, 1910, erreichten die Einnahmen 210 Millionen in der neuen Kronenwährung; zwei Kronen für einen Gulden. In den dreizehn Bürgermeisterjahren des schönen Karl hatte die Stadt vier Anleihen in der Höhe von 735 Millionen Kronen aufgenommen. 1919, am Ende der christlichsozialen Ära, betrugen Wiens Schulden fast 1,4 Milliarden.[3]

Der Bürgermeister, der als Oppositionsführer den Sinn fürs Schuldenmachen unterdrückt sehen wollte, ging als größter Schuldenmacher seiner Zeit in die Gemeindebuchhaltung ein. Er hatte begriffen, daß eine Generation allein nicht die Lasten von Investitionen tragen konnte, die die Kinder und Enkel noch ein Jahrhundert genießen würden. Die zwischen 1898 und 1902 aufgenommenen Anleihen für den Bau der Städtischen Gaswerke und der 2. Hochquellenwasserleitung sowie für die Kommunalisierung von Elektrizitätswerken und Straßenbahnen machen sich heute noch bezahlt.

Aus der Kleinbürgerwelt des gewerblichen Mittelstands, die noch an den unvernarbten Wunden vom Schwarzen Freitag laborierte, kam Lueger 1875 in eines der Herrschaftszentren jener, die er für die Schuldigen an so viel Unglück hielt. Im Rathaus regierte der Bürgermeister Dr. Cajetan Felder als Herr der Mittelpartei, einer ihm untertänigen Abstimmungsmaschinerie. Was der Ofenheim-Prozeß eben erst für die liberale Regierung aufgedeckt hatte, ein korruptes Provisionswesen, witterte Lueger auch in der liberalen Stadtverwaltung. Schon das System mußte solchen Verdacht aufkommen lassen: Der Bürgermeister war zugleich Vorsitzender des Gemeinderats; der Magistrat als Verwaltung und der Gemeinderat als Kontrollorgan befanden sich damit in der Hand ein und desselben Mannes. In dieser Doppelfunktion sah Lueger die Wurzel aller kommunalen Mißstände. Ihr wollte er ein Ende bereiten; mit der Parole der

Antikorruption setzte der junge Vorstadtdeputierte von der Landstraße zum Sturm auf die großbürgerliche Bastion in der Wipplingerstraße an. Die Konfrontation mit dem majestätisch herrschenden Stadtoberhaupt war absehbar.

Vizebürgermeister Khunn versuchte zu kalmieren: »Er ist halt noch junger, ungegorener Wein, aber ein guter Jahrgang.« Felder aber erkannte den Feind: »Schon nach den ersten von mir angestellten Charakterproben erkannte ich in Lueger das inkarnierte böse Prinzip!«[4]

»Es gibt wohl kaum einen Bürgermeister, dessen Anhänger und Gegner ein so differenziertes Bild von seiner Persönlichkeit entwerfen«, konstatierte Felix Czeike, wohl der beste Kenner Wiener Kommunalgeschichte, und fügte sein eigenes Luegerporträt an: »Es muß fast zwangsläufig im Wesen eines Politikers vom Charakter Luegers liegen, daß er, auf das ihm von einem Großteil der Wähler entgegengebrachte Vertrauen gestützt, bemüht war, sich völlig auf diese einzustellen und ›dem Volk auf den Mund zu schauen‹. Dies hatte allerdings auch die oft störende Nebenerscheinung, daß er, den unsteten Meinungen der Wiener folgend, auch selbst zu einer Änderung seiner Ansichten gezwungen war.« Czeike kam zu dem Schluß, daß »Lueger sich der Kraft seiner Persönlichkeit bewußt war, daß er versuchte, im jeweiligen Zeitpunkt das Richtige zu tun und daß er von der Notwendigkeit überzeugt war, mit seinen Anhängern ein der liberalen Verwaltung die Stirne bietendes ›neues Wien‹ zu schaffen«.[5]

Als er 1910 starb, schickte ihm seine jahrzehntelange schärfste Widersacherin, die »Arbeiter-Zeitung«, den Nachruf ans Grab, »daß er zum Bürgermeister den längsten Umweg nahm, die alten Parteibildungen des Bürgertums zersprengte, eine große Massenbewegung entfesselte, daß von seinem persönlichen Ehrgeiz große politische Wirkungen ausgingen: das unterscheidet ihn von Dutzendstrebern und sichert ihm einen Platz in der Geschichte«. Friedrich Austerlitz, der Schreiber dieses Nachrufs, nannte Lueger »den ersten bürgerlichen Politiker, der mit Massen rechnete, Massen bewegte, der die Wurzeln seiner Macht tief ins Erdreich senkte«.[6]

Dr. Karl Renner, Staatskanzler von 1918 und 1945, Schöpfer zweier österreichischer Republiken, schrieb über den großen Gegner seiner eigenen politischen Jugendjahre: »Wahr ist wohl, daß Dr. Karl Lueger, in seinem schwierigen Wettkampf mit den deutschnationalen Vorkämpfern gegen das jüdische Element und für den Anschluß an Deutschland damals bei seiner Agitation insoweit dem gegnerischen Standpunkt Konzessionen machte, daß er ›seine Wiener‹ gegenüber dem fremdartigen Element herausstrich, daß er so weit ging, als Bürgermeister den Grundsatz zu proklamieren: ›Juden und Sozialdemokraten werden nicht angestellt‹, dabei aber in seiner jovialen Art meinte: ›Wer ein Jude ist, bestimme ich.‹ Im übrigen ist in der ganzen christlichsozialen Ära Wiens keinem Juden ein Leid geschehen und das jüdische Element in der Presse, in der

Literatur, im Theaterwesen, im Geschäftsleben gewaltig vorwärtsgekommen, viel weiter als je vorher . . .«[7]

Gleichzeitig und gemeinsam mit Lueger machte sich anfangs der siebziger Jahre ein zweiter junger Mann auf den Weg in die Politik: Dr. Ignaz Mandl, ein Arzt, aber ohne Startkapital für eine eigene Praxis; so verdingte er sich als Erzieher in einem Bankiershaushalt, heiratete die Bankierstochter, doch die Ehe scheiterte schnell, offenbar an den Standesunterschieden. Diese Erfahrung machte den von den Reichen gedemütigten jungen Menschen »zum grimmigsten Feinde der oberen Zehntausend, zum Parteiführer des ›kleinen Mannes‹ und vor allem zum Korruptionsriecher«.[8] Mandl war Jude, doch zu diesem Zeitpunkt stieß sich Lueger noch nicht an einem solchen Schönheitsfehler.

Im dritten Wiener Gemeindebezirk, wo die beiden sich aufmachten, Wien zu erobern, spiegelte sich das politische Spektrum der Stadt in den drei Vereinen, die einem engagierten Bürger offenstanden. Da gab es zunächst eine kleine Gruppe von »Demokraten«, doch ihr Rückhalt im Gemeinderat war gering. Es existierte ein klerikal-konservatives »katholisch-politisches Kasino«, und solchen Umgang wünschte der junge Lueger damals nicht. Der Sammelpunkt der etablierten Gewerbetreibenden, der liberale »Bürgerklub«, repräsentierte die im Gemeinderat herrschende Mittelpartei. Die Demokraten hätten Lueger gesinnungsmäßig gepaßt, doch es schien wenig aussichtsreich für einen ehrgeizigen jungen Advokaten, dort mitzumachen. So schloß er sich eben dem liberalen Bürgerklub an, um ihn gewissermaßen demokratisch zu unterwandern.

»Demokratisch«, wie Lueger es verstand, das bedeutete, für die Erweiterung des Wahlrechts und gegen die Herrschaft der Honoratioren zu kämpfen, um das Kleingewerbe vom Druck des Großkapitals zu befreien und die Lebensverhältnisse der Lohnabhängigen zu verbessern. Demokratisch hieß sozial, aber noch lange nicht christlich-sozial und schon gar nicht sozial-demokratisch – für Lueger.

So zogen Lueger und Mandl 1875 in das Wiener Rathaus ein, und von da an geschah Außergewöhnliches, noch nie Erlebtes. In den Prunk des Historismus, in den ganz auf großbürgerliches Geltungsbedürfnis herausgeputzten Sitzungssaal brach ein Sturmwind aus der Vorstadt ein. Die steife Würde gestärkter Frackbrüste sah sich plötzlich der hemdärmeligen Respektlosigkeit zweier vorlauter Außenseiter gegenüber, die den bisher sorgsam unter den Teppich gekehrten Schmutz aufwirbelten. Die Stützen der Gesellschaft waren zuerst entrüstet, dann verstört. Der alte Ritter von Khunn merkte schnell, welches Kuckucksei er da im liberalen Spatzennest der Landstraße ausgebrütet hatte. Lueger und sein Freund Mandl etablierten sich als Zwei-Mann-Antikorruptionsfront.

Lueger war ein guter Jurist, doch Mandl war sicherlich der umfassender

Gebildete, der wesentlich intellektuellere Typ. Ihm fehlte allerdings, was man »Charisma« nennt. Lueger besaß es; er war von Anfang an die stärkere Persönlichkeit; schon äußerlich, eben der »schöne Karl«. Ein blendender Redner, schlagfertig, witzig, vor allem furchtlos. Ein unbändiges Selbstbewußtsein. Er hatte nichts zu verlieren, zum Unterschied von so manchem anderen Advokaten im Gemeinderat, weder fette Aufsichtsratsposten noch eine reiche Klientel.

Mandl war ein hervorragender Generalstabschef, aber eben kein General – das war Lueger. Und Lueger hatte »Fortune« – Fortune gehörte dazu. Luegers Glück war, daß er zweimal in seinem Leben auf genialisch veranlagte Mitstreiter stieß, zuerst auf den Arzt und Demokraten Dr. Ignaz Mandl, ein Jahrzehnt später auf den Universitätsbibliothekar und Christlichsozialen Dr. Albert Geßmann, den »rührigen Generalstabschef künftiger kommender Siege«.[9] Zuerst von dem unscheinbaren kleinen Juden Mandl, dann von dem spießbürgerlich wirkenden Beamtentyp Geßmann bezog Lueger die Grundlagen so mancher bahnbrechender Ideen, doch um sie zu realisieren, war eben ein Mann wie der schöne Karl nötig.

Ihren ersten spektakulären Auftritt hatten Lueger und Mandl mit Enthüllungen über zwei Straßenkehrer. Mandl kam nämlich beim Studium kommunaler Lohnlisten dahinter, daß zwei in dieser Liste als Ausübende solcher nützlichen Tätigkeit geführte Männer, Kirch und Mayr, in Wahrheit nur eine Person waren, ein Herr Kirchmayr. Der Mann war Abkömmling einer zugrunde gegangenen Fabrikantenfamilie, und die früheren Standesgenossen im Rathaus hatten ihm durch diese Art von Pesönlichkeitsspaltung ein doppeltes Gehalt verschafft. Der Fall war sicherlich nicht weltbewegend und der alte Herr Kirchmayr, der bessere Tage gesehen hatte, ein armer Teufel, doch an seiner Person wurde ein System entlarvt. Lueger und Mandl hatten dem autokratischen Bürgermeister Dr. Cajetan Felder noch so manchen weit aufregenderen Korruptionsfall auf den Tisch zu knallen. Ehrenwerte Gemeinderäte und hohe Magistratsbeamte waren in üble Geschäfte mit kommunalen Aufträgen verstrickt, die Gerichte bekamen Arbeit, die Presse bekam aufregendes Material. Es gab einen »Sandsackelprozeß«, einen »Wassermesserprozeß«, es gab Unterschleife bei der Anlieferung von Baumaterial für den Zentralfriedhof. Lueger und Mandl wurden spöttisch als »Schotterpartei« abgetan, einige Affären ließen sich bereinigen, doch der Korruptionsgeist im liberalen Lager ließ sich nicht mehr wegleugnen. Die diversen Enthüllungen waren die Vorbereitung für Luegers Großangriff auf Felder. Er beantragte die Trennung des Bürgermeisteramts als oberste Magistratsbehörde vom Vorsitz im Gemeinderat als deren Kontrollorgan. Das war ein ungeheuerlicher Ausdruck des Mißtrauens. Felder, der so etwas nicht für möglich gehalten hätte, schlug gehässig zurück. Er kanzelte Lueger in offener Sitzung wie einen dummen Buben ab und griff schließlich zu politischer Gewalt:

Der Landstraßer liberale Bezirksausschuß, die Brutstätte des Aufruhrs, wurde aufgelöst. Daraufhin trat Lueger als Gemeinderat zurück.

Das war kein Verzicht, keine Kapitulation, sondern eine wohlüberlegte Demonstration: Als Opfer korrupter Willkürherrschaft ging Lueger daran, eine neue Anhängerschaft zu mobilisieren. Nicht mehr die im Gemeinderat so rückgratschwache Intelligenz des II. Wahlkörpers, sondern nunmehr die kleinen Gewerbetreibenden, die die geringe Steuerleistung in den III. Wahlkörper verbannte.

Lueger, mit Mandl im Kielwasser, wanderte Abend für Abend durch die Gasthäuser der Landstraße, bis hinaus ins düstere Erdberg. Er war trinkfest, er rauchte billige Zigarren, er stand an der Theke und saß beim Stammtisch. Sein Auftritt im Gemeinderat und noch stärker sein Rücktritt hatten ihn populär gemacht. Bald kannte ihn jeder Handwerkermeister, jede Hausfrau im Bezirk. Der schöne Karl war ihr Mann!

Die negative Sicht seines Erfolgs schrieb einer seiner Kollegen aus dem Gemeinderat nieder, der schon erwähnte Textilkaufmann Sigmund Mayer: »Lueger war immer flach, seine Gedanken bewegten sich auf dem Boden, seiner Rede fehlte überhaupt jede geistige Distinktion. Dafür aber besaß er im vollen Maße die physischen Bedingungen zum Volkstribun: Groß und kräftig gebaut, übersah er mit einem scharfen Blicke jede Versammlung, bemerkte jeden Wechsel der Stimmung in ihr, imponierte den Hörern durch ein starkes feuriges Organ und beherrschte sie durch eine geradezu schauspielerische Verwendung eines Temperaments, dem freilich jeder Kenner das Gemachte ansehen mußte. Sein Charakter war durchaus nicht böse, im Gegenteil, es wohnte in ihm eine gewisse Gutmütigkeit, aber anderseits war er, wenn sein Interesse – darunter verstehe ich natürlich kein materielles, in dem Punkte war er unbezweifelt – in Frage kam, ohne jedes Gewissen; buchstäblich fehlte ihm hier die Unterscheidung von Recht und Unrecht, er schlachtete für seine Ziele alles . . . Lueger kam in seinem Streben, auf die Volksmasse zu wirken, sich von ihr tragen und emporheben zu lassen, noch ein zweites Moment außerordentlich zustatten; er gehörte seinem Wesen nach zu ihr, er brauchte nicht zu ihr hinabzusteigen . . . Er gehörte innerlich nicht zu ›den Gebildeten‹, überhaupt nicht zur ›Gesellschaft‹, das zeigte sich in seinem ganzen Leben.« Sigmund Mayer fügte noch hinzu: »Eine Zeitlang aß ich nach den Sitzungen der gemeinderätlichen Rechtssektion mit ihm regelmäßig beim seither demolierten ›Roten Igel‹. Ich kann mich nicht erinnern, daß sein Mittagsmahl jemals aus etwas anderem bestanden hätte, als aus einer Suppe, einem Rindfleisch mit Gemüse und einem Viertel Wein . . . Er war eben ein Kleinbürger, und konnte sich niemals über die Anschauungen des Kleinbürgertums erheben . . . Er war unzweifelhaft ein enthusiastischer Wiener, aber er konnte sich kein anderes Wien denken, als eines, worin die Kleinbürger regieren . . .«[10]

Im März 1878 waren Neuwahlen für den Wiener Gemeinderat. Diesmal zogen Lueger und Mandl als Vertreter des III. Wahlkörpers in das Stadtparlament ein. Der alte Cajetan Felder hielt der zweiten Offensive der Antikorruptionsfront nur drei Monate lang stand. Der geschickte Jurist Lueger trieb ihn mit Verfahrensfragen und verwaltungsjuristischen Interpellationen systematisch zur Verzweiflung, bis er die Nerven verlor und aufgab. Am 28. Juni 1878 trat Dr. Cajetan Felder nach 10 Bürgermeisterjahren zurück. Er hinterließ drei über ein Jahrhundert hinweg bis heute bedeutsame Schöpfungen: Die I. Hochquellenwasserleitung, die Donauregulierung und das Neue Rathaus. Sein Abgang fand nicht den Widerhall, den das Bürgermeisterdrama in anderen, friedlichen Zeiten sicherlich gefunden hätte. Die Zeiten waren nicht friedlich.

1878 führte die Monarchie ihren letzten siegreichen Krieg.

1875, als Lueger und Mandl in den Wiener Gemeinderat einzogen, alarmierten blutige Aufstände in den türkischen Balkanländern die europäischen Staatskanzleien. Wetterleuchten eines neuen Krieges.

Während die »Schotterpartei« des schönen Karl und seines Freundes aus dem doppelten Tageslohn des Straßenkehrers Kirchmayr eine kommunale Haupt- und Staatsaffäre machte, einigten sich der österreichische Kaiser und der russische Zar über die »orientalische Frage«, wie das Balkanproblem damals genannt wurde. Der Zusammenbruch der türkischen Herrschaft war nicht mehr aufzuhalten; nun kam es darauf an, in wessen Einflußbereich die künftigen Nationalstaaten fallen würden. Franz Joseph versprach Neutralität im bevorstehenden russisch-türkischen Krieg; Zar Alexander III. überließ der Monarchie dafür die türkischen Provinzen Bosnien und Herzegowina. Die Abmachung vom Juli 1876 blieb ein streng gehütetes Geheimnis. So konnten die Wiener ihr ungetrübtes Interesse den Korruptionsaffären im Alten Rathaus zuwenden, und die Ringstraßenwelt erfreute sich der Makartzeit – deutlich sichtbar an den Baufortschritten beim Neuen Rathaus, den Hofmuseen, dem Burgtheater, der Kunstakademie und der Börse. Sogar die Votivkirche schien endlich vor der alsbaldigen Fertigstellung.

1877 brach der türkisch-russische Krieg dann aus. Die Russen kamen bis in die Nähe von Konstantinopel. Ein uralter Zarentraum: die Beherrschung der Meerengen des Bosporus und der Dardanellen und damit die Ausfahrt aus dem Schwarzen in das Mittelländische Meer. Diesmal hofften die Russen ihr Ziel zumindest teilweise auf dem Umweg über ein ihnen höriges Großbulgarien zu erreichen, das ganz Mazedonien bis an die Ägäis umfassen sollte. Das war nun wieder zuviel des russischen Sieges für die übrigen europäischen Großmächte. Die Briten wollten die russische Flotte nicht im Mittelmeer, und die Monarchie wollte die russischen Truppen nicht auf dem Balkan sehen. Im März 1878 bestand plötzlich die Gefahr, daß aus dem russisch-türkischen ein gemeinsamer österreichisch-britisch-türkischer Krieg gegen Rußland werden könnte.[11] Da griff das Deutsche Reich ein; Bismarck lud die Großmächte zu einem Kongreß nach Berlin.

Der Wiedereinzug des Dr. Karl Lueger in den Wiener Gemeinderat vollzog sich im Schatten dieser europaweiten Spannung. Damals ging auch der Stern der »Schrammeln« auf: Josef und Johann Schrammel und Anton Strohmayer, zwei Geiger und ein Gitarrist, bildeten zeitweise mit dem Klarinettisten Georg Dänzer ein Quartett. Die instrumentale Zusammensetzung war für Wien ungewohnt, doch sie kam sofort an. Vor allem Dänzers »piksüaßes Hölzl«, wie die Klarinette genannt wurde, begeisterte die Zuhörer. Die Lokale, in denen die Schrammeln aufspielten, erfreuten sich größten Zuspruchs. Die vier waren ausgezeichnete Musiker; die beiden Schrammel-Brüder hatten am Konservatorium studiert; sie spielten ihre Tanz' mit professioneller Virtuosität, aber zugleich mit dem »Herz von an echten Weaner« – so der Titel ihrer berühmtesten Nummer. Schrammelmusik – allerdings mit der Ziehharmonika statt mit der Klarinette – wird heute noch gespielt, auch im letzten Viertel des 20. Jahrhunderts noch ein wienerisches Herzensbedürfnis; die »orientalische Frage« des Jahres 1878, in dem das Quartett gegründet wurde, dürfte nicht so gegenwärtig sein.

1878 beschäftigte sich Wien sicherlich intensiver mit der Kriegsgefahr als mit dem Rücktritt seines Bürgermeisters. Als Felder im Juni abging, blickte Europa hypnotisiert nach Berlin, wo der Reichskanzler Fürst Bismarck, mit dem k. u. k. Außenminister Graf Andrássy als Juniorpartner, das vom Fürsten Metternich auf dem Wiener Kongreß austarierte europäische Gleichgewicht retten wollte. In Berlin mußte sich Rußland unter dem Druck der übrigen Großmächte mit Bessarabien und einigen Eroberungen in Vorderasien begnügen. Bulgarien wurde wieder auf ein kleines, den Türken weiter tributpflichtiges Fürstentum zurückgestutzt.[12] Die neuen souveränen Nationalstaaten Serbien, Montenegro und Rumänien sahen sich in engen Grenzen gehalten. Die Türken bekamen Mazedonien zurück.

Für die Rettung vor dem Zaren mußte der Sultan die englische Königin Viktoria mit Cypern bezahlen. So mancher Wiener, der sich bis dahin ohne nähere Geschichtskenntnisse für die ölgemalte Cypernkönigin Caterina Cornaro begeistert hatte, sah sich nun endlich über die strategische Bedeutung der jahrhundertelang umkämpften Mittelmeer-Insel informiert.[13] Von Gibraltar über Malta und Cypern beherrschten die Briten nun die Zufahrt zum Suezkanal und damit den Seeweg nach Indien. Nutznießer eines Krieges, den andere geführt hatten. Imperialistische Machtpolitik, wie sie das 19. Jahrhundert auszeichnete. Bei der großen Berliner Verteilung ging auch die Monarchie nicht leer aus. Sie erhielt das Recht zur Besetzung der türkischen Provinzen Bosnien, Herzegowina und Novipazar.

Das Zähneknirschen in St. Petersburg über den gestohlenen Sieg war in Wien bis 1914 hörbar. Es war Josef Stalin, der während und nach dem Zweiten Weltkrieg das von den Zaren erträumte großrussische Balkan-Imperium errichtete.[14]

Im Wiener Rathaus wurde Dr. Julius Ritter von Newald, Erbe des Tuchhändlervermögens seines Schwiegervaters, zum Bürgermeister gewählt. Daß er sich sehr schnell der »Linken« näherte, obwohl er Repräsentant des I. Wahlkörpers war, der ganz Reichen also, ging zunächst unter im allgemeinen Lärm rund um die Okkupation. Im Reichsrat protestierten die Deutschliberalen. Noch mehr Slawen in der Monarchie, noch größere Gefahr für das Deutschtum als staatstragende Nation! Und wieder einmal eine Kapitulation des Hofes vor den Ungarn. Andrássy, der »Gewinner« von Berlin, hatte tatsächlich eine ungarische Entscheidung getroffen. Die Bewohner von Bosnien und der Herzegowina waren zwar großteils Mohammedaner, aber der Nationalität nach Serben – zumindest reklamierten die Bürger des neuen souveränen serbischen Staates sie als ihre Stammesbrüder; schon deshalb, weil Serbien durch die Herzegowina an die adriatische Küste gelangt wäre. Genau so aber sah der ungarische Alptraum aus; an den Grenzen von Dalmatien, Kroatien und Slawonien, in der Nachbarschaft der unterjochten südslawischen Minderheiten wollte Budapest keinen mächtigen serbischen Nationalstaat dulden.

Die Okkupation, die der Berliner Kongreß der Monarchie zubilligte, erwies sich als eine militärische Aktion voll peinlicher Überraschungen. Andrássy hatte gemeint, eine Kompanie mit Regimentsmusik würde genügen. Der Generalstab stellte vier Divisionen bereit; mit größeren Kampfhandlungen wurde trotzdem nicht gerechnet. Die Bosnier, glaubte man in Wien, würden froh sein, das türkische Joch loszuwerden. Der Chef des Generalstabs, Anton Freiherr von Schönfeld, war gerade krank; der Chef der kaiserlichen Militärkanzlei, Friedrich Beck, übernahm die Leitung des Unternehmens. Kommandant der Okkupationstruppen wurde Feldzeugmeister Joseph Freiherr von Philippović, ein Kroate. Wiens größte Sorge war, mit 60 Millionen Gulden auszukommen, und Beck verlangte außerdem eine »friedliche Aktion«.

Serbische Freischärler und türkische Soldaten sorgten dafür, daß aus der friedlichen Aktion ein regelrechter Krieg wurde, und so kam Philippović auch mit den 60 Millionen nicht aus. Am Ende stand eine ganze Armee mit 175 Bataillonen, 24 Schwadronen und 276 Geschützen im Einsatz.[15] Bei Jaice gab es eine richtige Schlacht, Sarajevo mußte erobert werden, am 19. August, und erst am 16. Oktober nahmen die Kaiserlichen auch Mostar ein. General Beck bekam den Kronenorden I. Klasse und die Erhebung in den Freiherrnstand; niemand ahnte wohl, daß er damit für den letzten Krieg belohnt wurde, den die Monarchie siegreich beendete. Der muselmanische Freischarführer Hadschi Loja, ein fanatisch-grausamer Kämpfer, wurde zum Wiener Kinderschreck, mit dem gequälte Eltern ihre aufsässigen Sprößlinge einzuschüchtern versuchten. Der Name des Okkupationsgebiets kam zweifach in der Metropole zur Bedeutung: Die »Bosniaken« stellten später eines der Wiener Hausregimenter,[16] und als »Bosniaken« bereicherte ein neues, aus dünklerem Mehl hergestelltes Kleingebäck den Wiener Speisenzettel.

Was die Gesamtmonarchie betraf, so wurde das Okkupationsgebiet keiner der beiden Reichshälften angegliedert, sondern als dritter Reichsteil der Verwaltung des gemeinsamen Finanzministers unterstellt. Die k. u. k. Armee aber hatte einen bisher unterschätzten Gegner respektieren gelernt. Wer mit halbwilden Ziegenhirten in den Gebirgsgegenden und korrupten Bakschisch-Empfängern in den Städten gerechnet hatte, sah sich plötzlich einem tapferen, kampflustigen, todesmutigen und zugleich jederzeit zu politischen Abenteuern, wilden Verschwörungen und blutigen Aufständen bereiten Volk gegenüber. Ein Stachel im Fleisch, der zum tödlichen Dorn werden konnte.

Und wurde. 36 Jahre später, 1914. Der Mann, dessen Ermordung in Sarajevo am 28. Juni 1914 den Ersten Weltkrieg und damit den Untergang der Donaumonarchie auslöste, der Erzherzog Franz Ferdinand, war 1878 ein 15jähriger Bub, einer von den drei Neffen des Kaisers Franz Joseph.[17] Der Kaisersohn, Kronprinz Rudolf, war 20 Jahre alt. Daß Franz Ferdinand elf Jahre später an Rudolfs Stelle zum Thronerben vorrücken könnte, war nicht vorhersehbar.

1878: Die Schuld am militärischen Opfergang, der soviel Blut und soviel Geld gekostet hatte, wurde dem Grafen Andrássy zugemessen. Sogar seine Schutzpatronin, die Kaiserin Elisabeth, rückte von ihm ab. Nicht nur zu seinem ungarischen Außenminister, auch zu seinem österreichischen Ministerpräsidenten, dem Fürsten Adolf Auersperg, hatte Franz Joseph das Vertrauen verloren. Mit den deutschliberalen Tschechenhassern, mit den großkapitalistischen Wirtschaftsadvokaten ließ sich die österreichische Hälfte der Monarchie offensichtlich nicht regieren. Daß nicht nur staatspolitische, sondern auch sozialpolitische Reformen dringend nötig waren, begriffen die Konservativen früher als die Liberalen, und mit den Tschechen schien der Staat eher konsolidierbar als mit der angeblich so staatstragenden Nation.

Ende 1878 bat Fürst Auersperg den Kaiser um seine Entlassung. Wenig erfreuliches Vorspiel für das Jubeljahr 1879, in dem das Reich die Silberhochzeit des Herrscherpaars feiern sollte.

Für den 25. Hochzeitstag, dem 24. April 1879, war die Weihe der Votivkirche vorgesehen. Am 2. Hochzeitstag, 1856, hatte der junge Franz Joseph den Grundstein gelegt; die Kirche sollte in zwölf Jahren fertig sein, mit eineinhalb Millionen Gulden Baukosten. Nun, nach 23 Jahren, war das neugotische Prachtwerk endlich fertig; die Ausgaben hatten sich zu mehr als vier Millionen summiert. Am Tag nach der Kirchenweihe stand ein Festzug über die Wiener

Ringstraße auf dem Programm.[18] Er war als Geschenk der Residenz an das allerhöchste Jubelpaar gedacht. Hans Makart übernahm die künstlerische Oberleitung.

Makart war nicht nur berühmt als Maler, er war in Wien populär als Persönlichkeit; sein Name war längst auch Leuten geläufig, die der Kunst sonst in großem Bogen auswichen. Er sorgte immer wieder für Aufsehen. Nach dem Duell mit Feuerbach, in dem seine Caterina Cornaro die Amazonen des Widersachers besiegt hatte, errang er seinen zweiten großen Erfolg mit dem Ölgemälde »Einzug Karl V. in Antwerpen«. Die Presse leistete die Vorreklame, das Künstlerhaus ließ für die Präsentation des Bildes Plakate drucken, und der Gesellschaftstratsch sorgte für die Sensation. In den Salons hörte man, Makart habe den Frauen von Antwerpen, die Karl V. begrüßten, die Gesichter stadtbekannter Wiener Schönheiten gegeben. Der Kunstkritiker Karl von Lützow, ein Beckmesser seiner Zeit, war enttäuscht von dem Bild, denn wieder einmal zeigte es Makarts Schwächen; zeichnerische Mängel, fehlerhafte Perspektiven. Was störte es – der Gesamteindruck war phänomenal, als das »Skandalbild« 1878 gezeigt wurde. Das Künstlerhaus wurde überlaufen; fast 35.000 Besucher innerhalb weniger Tage. Im Gedränge vor der fünf mal zehn Meter großen Leinwand wurde emsig nach der Ähnlichkeit der Antwerpner hüllenlosen Schönen mit Damen der Wiener Gesellschaft gesucht. Auch Daniel Spitzer lenkte im Auftrag der »Neuen Freien Presse« seinen Spaziergang in die Ausstellung, entdeckte so manches bekannte Antlitz, allerdings idealisiert; da »Makart da, wo der Zahn der Zeit sich als gefährlicher Stockzahn erwiesen hat, dessen Verwüstung mit galantem Pinsel verwischt hat ...« Makart malte eben nicht nur, er sorgte für Aufsehen, und Daniel Spitzer kam zu dem Schluß: »Wenn man aber alle diese modernen Gesichter und Menschen in mittelalterlichen Prachtgewändern sieht, dann könnte man als Wiener glauben, Karl V. halte nicht seinen Einzug in Antwerpen, sondern auf einem unserer Kostümbälle während des Faschings.«[19]

Der Auftrag, den Festzug zum allerhöchsten Silberjubiläum zu gestalten, gab Hans Makart Gelegenheit, den größten Kostümball aller Zeiten zu organisieren. Noch hundert Jahre später ist er unvergessen.

Das Programm sah eine Huldigung der Berufsstände vor, keine zum Leben erweckte Geschichte der Dynastie, wie man hätte erwarten können, sondern einen Triumphzug des Gewerbefleißes, des Fortschritts und des Unternehmergeistes. Die Bürgerstadt wollte sich selbst in dieser kommerzialistischen Zeit präsentieren.

Makart hatte die Skizzen für die Wagen und die Kostümentwürfe für die Teilnehmer innerhalb weniger Wochen fertig. Er wählte seine Lieblingszeit, die deutsche Renaissance, als Stil. Das brachte natürlich gewisse Probleme mit sich, denn die Technik des 19. Jahrhunderts durfte nicht fehlen, einen Makart konnte

53 Die Silberhochzeit des Kaiserpaares bescherte den Wienern die Weihe der Votivkirche und den Makart-Festzug sowie eine der seltenen Gelegenheiten, bei denen die Hauptstadt auch Elisabeth, die »seltsame Frau«, zu sehen bekam

54 Gruppenbild stadtbekannter Wiener Schönheiten: Hans Makarts Kolossalgemälde »Einzug Karls V. in Antwerpen«

55 Der Sieger: Hans Makart, der König seiner Epoche, als Rubens kostümiert, beim Jubiläumsfestzug 1879

56 »Schlacht in einem Taubstummeninstitut«: Anselm von Feuerbachs Kolossalgemälde »Die Amazonenschlacht«

57 Der Besiegte: Im Zweikampf der Künstler auf Wiener Boden unterlag der sensible Anselm von Feuerbach

58 Lueger als Student

59 Lueger als Verteidiger in Strafsachen

60 »So tanzt man in Wien«: Vorstadt-Amüsement 1887

61 Ein »demokratisches« Vergnügen: arm und reich, beim Wäschermädelball vereint

62 Zeitkritik auf der Pawlatschen: Volkssänger im Prater

63 Der »Kleistermeister« als Botschafter des Kulturlebens einer Stadt

64 Der Sport der guten Gesellschaft: Wiener Eislaufverein um 1880

der Widerspruch jedoch nicht entmutigen. So sahen die Wiener die Donaudampfschiffahrtsgesellschaft schließlich als spanischen Segler aus Columbus' Zeiten auf Rädern dargestellt, und die Eisenbahnen präsentierten sich als gewaltiges Flügelrad, mit dem Feuergott Hephaistos und einigen leichtgeschürzten Wassernixen bevölkert. Und das alles als altdeutsche Weinstube stilisiert. Das mußte einem Künstler zuerst einmal einfallen. Makart fiel es ein, und er besaß den Mut, diese Einfälle auch zu realisieren. Sein Selbstbewußtsein kapitulierte vor keiner Schwierigkeit.

Der Festzug war der Höhepunkt in Makarts Leben; nicht nur äußerlicher Erfolg, auch Akt der Selbstverwirklichung. Seine Phantasie, bisher auf die zweidimensionale Leinwand beschränkt, konnte sich nun dreidimensional in lebenden Bildern austoben; seine Atelierfeste in der Gußhausstraße wurden zur gigantischen Aktion mit zehntausend Mitwirkenden aufgeblasen. In den Schneiderwerkstätten legte er gelegentlich selbst Hand an.[20]

Die Dekoration vor dem Burgtor, wo das kaiserliche Jubelpaar den Festzug empfangen sollte, entwarf der damals 38jährige Architekt Otto Wagner.

Wagner, seit 1865 selbständiger Architekt, stammte aus Penzing bei Wien; Sohn eines königlich-ungarischen Hofnotars, Schützling von Hansen, an der Akademie Schüler von Sicardsburg und van der Nüll. Er baute in seiner Frühzeit zahlreiche Wohnhäuser für das Ringstraßen-Wien, die er später als mißratene Kinder seiner Jugendmuse verleugnete. Jener Otto Wagner, den man heute als den größten Baukünstler seiner Zeit feiert, trat erst 1883 in Erscheinung, mit dem Neubau der Länderbank in der Hohenstaufengasse. 1879, beim Festzug, hielt er sich noch in Makarts Rahmen, auch wenn er von sich selbst sagte, er habe »dem ewigen Kirmeßstil mit Tannenreisig etc. den Todesstoß versetzt«.[21]

Der Aufmarsch war für den Tag nach dem Silberjubiläum, den 25. April 1879, angesetzt. Es regnete in Strömen, als wollte der Himmel gegen die Orgie an Kitsch protestieren. So wurde das Fest auf den 28. April verschoben. An diesem Morgen war der Himmel strahlend blau, und nun konnte nichts mehr dem Spektakel Einhalt gebieten. Pünktlich um elf Uhr nahm das Kaiserpaar unter Otto Wagners Festdekoration Platz, und Hans Makart konnte den größten Tag seines Lebens feiern. Hoch zu Roß, in Renaissancetracht gehüllt. Leider beherrschte er die Reitkunst nicht; obwohl man den ältesten und frömmsten Gaul aus dem Theresianum für ihn geholt hatte, bereitete ihm die Bändigung des alten Kleppers größere Schwierigkeiten, als es die künstlerische Umsetzung der Maschinenindustrie in altdeutsches Ambiente getan hatte. Das Tier machte, was ihm gefiel; Makart sah seinen Hut, ein mächtiges Gebilde nach dem Rubens-Vorbild, davonsegeln, der Degen rutschte aus der Scheide, und böse Neider behaupteten später, der stolze Künstler sei schließlich verkehrt auf dem Pferd sitzend an den Majestäten vorbeigetrottet. Das stimmte nun doch nicht, aber einen heroischen Anblick bot der Gestalter des Prunkzuges kaum.

Die Menschenmassen entlang der Ringstraße zeigten sich begeistert. Sie hatten zu Tausenden schon in der Nacht Posten bezogen, und tüchtige Geschäftsleute hatten sogar im Astwerk der Ringstraßenbäume Sitzgelegenheiten montiert und teuer vermietet. Schwierigkeiten waren eigentlich nur bei der Kostümgruppe des Jagdwesens aufgetreten. Makarts Entwurf hielt sich an das Jagdbuch des Kaisers Maximilian, und das Gestaltungskomitee für diesen Berufsstand wollte nur der hochfeudalen Nachkommenschaft damals schon existierender Jagdherren-Familien die Ehre der Teilnahme zukommen lassen. Aber es gab den Baron Albert Rothschild, dessen Vorfahren nun gewiß nicht zur Jagdgesellschaft des letzten Ritters gehört hatten, auch wenn der millionenschwere Börsenaristokrat sicherer auf dem Pferd saß als Makart. Rothschild wollte unbedingt mitmachen, überdies finanzierte er einen beträchtlichen Teil des Aufwands. Also mußten sich die Fürsten und Grafen dazu bequemen, den Urenkel des Geldverleihers aus dem Frankfurter Getto in ihren Reihen zu dulden.

Ansonsten ging es, dem Motto des Festzugs entsprechend, gutbürgerlich zu: »Alle Zünfte ziehen nacheinander vorbei; die Bäcker mit einer Brezel, von der sich noch die Bewohner des zweiten Stockes eines Ringstraßenhauses ein Stück abbrechen könnten, die Zuckerbäcker mit einer riesigen Hochzeitstorte von einem Meter Durchmesser, die Wirte mit einem ungeheuren Weinfaß, auf dem weithin zu lesen steht: ›Weit besser krähet jeder Hahn, so er die Kehle feuchten kann‹ . . .«[22]

Auf einem Triumphwagen, nach einer Zeichnung von Dürer angefertigt, hatte Makart die schönsten Wienerinnen plaziert, die er auftreiben konnte, einschließlich einiger junger Schauspielerinnen. Eine gewisse Katharina Schratt war auch dabei; Franz Joseph schenkte ihr damals noch keine spezielle Aufmerksamkeit.

Der deutsche Maler Franz von Lenbach, der sich das Schauspiel auf der Ringstraße nicht entgehen ließ, war hingerissen, denn »nie und nirgends auf der Welt könne man gleich Herrliches und Schönes schauen«.[23]

Zwei Jahre später, 1881, bekam Hans Makart endlich die große Aufgabe im Ringstraßenbereich, für die ihn der Obersthofmeister Fürst Hohenlohe schließlich nach Wien geholt hatte. Er sollte das Stiegenhaus des neuen kunsthistorischen Museums ausschmücken. Doch Makart hatte seinen Höhepunkt überschritten, künstlerisch und als Mensch. Das Ende seiner Spannkraft und damit seiner Schaffenskraft kündigte sich an. Seit dem Tod seiner Frau hatte er mit seiner Gesundheit Raubbau betrieben. Zuviel gearbeitet, zuviel gefeiert, zuviel getrunken, zuviel geraucht – von allem zuviel. 1882 heiratete er zum zweiten Mal. Jetzt war er 42 Jahre alt, die neue Frau Makart war um zehn Jahre jünger: Bertha Babitsch, früher Tänzerin unter dem Künstlernamen Bertha Linda. Der Gesellschaftstratsch sagte ihr einen zweifelhaften Ruf nach. Für einen Künstler wie Hans Makart, der so bewußt im Rampenlicht öffentlicher Neugierde lebte und zum beträchtlichen Teil auch von ihr, kam diese Ehe einem gesellschaftlichen Selbstmordversuch gleich. Die elegante Ringstraßenwelt, die ihn bis dahin vergöttert hatte, zog sich zurück. Sogar gute Freunde begannen sein Atelier zu meiden, weil sie mit der neuen Dame des Hauses nicht zusammentreffen wollten. Bertha führte später bittere Klage über die vielen bösen Briefe, mit denen sie bombardiert worden sei. Makart war Wiens Liebling gewesen, in den Ringstraßenhimmel gehoben. Seine Umwelt ließ ihn wieder auf die Erde zurückfallen, als er dem Götzenbild nicht mehr entsprach, das seine Anbeter und Anbeterinnen sich von ihm gemacht hatten. Er malte immer noch wie ein Besessener, jetzt erst recht, als hätte er um das nahe Ende gewußt. 1884 starb er, erst 44 Jahre alt. Auch die Nachrufer nahmen auf die junge Witwe keine Rücksicht: ». . . die rastlose Tätigkeit und die Verschwendung seiner Kräfte nach jeder Richtung hin, die zuletzt in einer sehr unpassenden Heirat gipfelte, erschöpften diese feine Natur vor der Zeit.«[24]

Daniel Spitzer, dem ansonsten auch Tote nicht heilig waren, nicht einmal ein toter Kardinal, wie sein Nachruf auf Erzbischof Rauscher demonstrierte, dieser Wiener Spaziergänger im Feuilletonteil der »Neuen Freien Presse«, verlor seinen ätzenden Witz, den der lebende Makart oft genug zu spüren bekommen hatte, am Grabe des Verstorbenen: »Die Moralisten, diese Frühaufsteher, waren – wie gewöhnlich – wieder die Ersten, die an dem Sarge des Dahingeschiedenen ihr begeistertes ›Hip! Hip! Hurrah! Es lebe die Moral!‹ erschallen ließen. Vielleicht bedauern es einige wenige mit mir, daß Jene diesmal in ihren hochherzigen Bestrebungen so weit gingen, die Gattin des toten Künstlers, die allerdings vorher Ballettänzerin war, zu beschimpfen. Wenn die Moral das Opfer einer Frauenehre erforderte, dann hätte man doch nicht den Augenblick hiefür wählen sollen, da der Einzige, der sie beschützen konnte, in das Grab gesenkt wurde.«[25]

Hans Makart, höchstbezahlter Künstler seiner Zeit, hinterließ die beiden Kinder aus erster Ehe unversorgt und seine zweite Frau ohne einen Gulden Ersparnis. Erst die Versteigerung seines Nachlasses erbrachte 156.000 Gulden.

Makart: Der Festzug von 1879 war Ausdruck des Lebensstils der herrschenden Gesellschaftsschicht neureicher Großbürger. Höhepunkt der Zeit, die seinen Namen trug, Apotheose der Ringstraßenwelt. Ein zeitgenössischer Chronist des Historismus, der aus Dresden stammende Bildhauer Ernst Julius Hähnel, Schöpfer des Wiener Schwarzenberg-Denkmals, schrieb einmal, es komme weniger darauf an, was ist, als auf das, was sein könnte.[26] Makart hat in seinem Leben und in seiner Kunst versucht, das Erträumte seiner Generation zu verwirklichen. Das macht seine Bedeutung aus, unabhängig davon, wie spätere Epochen seine Bilder werteten oder abwerteten.

Das Jubeljahr des Kaiserpaars, 1879, war zugleich das Trauerjahr des Liberalismus in Österreich. Zwei Monate vor dem Festzug, im Februar, hatte Franz Joseph den schon Ende Oktober 1878 erbetenen Abschied des Ministerpräsidenten Adolf Fürst Auersperg genehmigt. Einer seiner Minister, Karl von Stremayr, wurde zum provisorischen Regierungschef bestellt; er sollte Neuwahlen für den Reichsrat durchführen. Diese Neuwahlen brachten im Juni und Juli 1879 auch das vom Kaiser erhoffte Ende der deutschliberalen Mehrheit. Sie bildete mit ihren Fraktionen zwar immer noch die stärkste Gruppierung, doch Deutschkonservative und Nichtdeutsche verfügten zusammengezählt über eine knappe Majorität.

Zum ersten Male, seit es in der österreichischen Reichshälfte wieder ein Parlament gab, trat der Reichsrat in Wien vollständig zusammen. Diesmal kamen auch die Tschechen. Auf dieser Basis war ein neuer Ministerpräsident bereit, das Wagnis einer neuen, antiliberalen Regierungsbildung auf sich zu nehmen. Dieser neue Mann war ein alter Bekannter auf der politischen Bühne: Eduard Graf Taaffe, der Vertrauensmann des Kaisers.

Am 12. August 1879 übernahm er mit seinem »Versöhnungsministerium« die Amtsgeschäfte. Der Name, den die neue Regierung bekam, umriß ihre Aufgabe: Ausgleich zwischen den Nationen der im Reichsrat vertretenen Königreiche und Länder.

Taaffe blieb bis 1893 Regierungschef; vierzehn Jahre, länger als jeder andere Ministerpräsident vor und nach ihm. Taaffe stützte sich auf den »Eisernen Ring«, wie die im Reichsrat verbündete »Rechte« der Konservativen, Klerikalen, Tschechen und Polen genannt wurde. Die Versöhnung mit der in die Opposition gedrängten »Linken« der Deutschliberalen und Deutschnationalen gelang nicht. Taaffe erfand das berühmt gewordene Wort »fortwursteln« für sein Regierungssystem. Das »Versöhnungsministerium« scheiterte an beiderseitiger Unversöhnlichkeit, und nach Taaffe sollte noch ein weiteres halbes Dutzend Versöhnungswilliger scheitern. Das Verhängnis des Vielvölkerstaates und seines Monarchen ließ sich durch Wahlresultate nicht aus der Welt schaffen. Franz Joseph konnte nicht nur mit den Nichtdeutschen regieren, auch wenn sie parlamentarische Mehrheiten besaßen, und gegen sie schon gar nicht, und ebensowenig konnte er nur mit der deutschen Minderheit über die anderen Völker herrschen.

Politisch gelangten die Deutschliberalen während der ganzen francisco-josephinischen Ära nie wieder an die Regierungsmacht. Ökonomisch und kulturell blieben sie dennoch die herrschende Klasse. Im Wiener Gemeinderat hielt sich die liberale Mehrheit noch bis 1895. Das ökonomische und kulturelle Antlitz der Metropole prägten die Ringstraßengeneration und ihre Kinder auch noch nach dem Sturz der liberalen Rathausherrschaft bis zum Untergang der Monarchie. Wiens Bildnis wurde von diesem sonderbaren Dualismus gezeichnet: Das christlichsoziale Kleinbürger-Regiment des Dr. Karl Lueger schuf den äußeren Rahmen für die Millionenstadt des 20. Jahrhunderts, in dem erst die deutschliberale Nachkommenschaft ihre Kulturrevolution zur Moderne vollziehen konnte.

Den technischen Fortschritt, die weitere Industrialisierung durch das Großkapital in den Aktiengesellschaften, den Höhenflug des Zukunftsoptimismus, das alles hatte der Schwarze Freitag nur unterbrochen, nicht beendet, und auch der politische Niedergang der Liberalen im Reichsrat bedeutete keinen ökonomischen Schlußstrich.

Im Jahr 1981 gab es in Österreich fast 2,4 Millionen Telefonanschlüsse. Die ersten 154 Anschlüsse wurden hundert Jahre zuvor, Ende 1881, in Wien in Betrieb genommen. Die »Wiener Privat-Telegraphen-Gesellschaft« erhielt am 3. Juni 1881 die Konzession. In einem kreisförmigen Gebiet rund um den Stephansturm, mit 30 Kilometer Durchmesser, durfte die Gesellschaft ein Telefonnetz installieren. Ein zweites Kabelnetz innerhalb dieses Areals war für Interessenten vorgesehen, die ihre Kontore direkt mit der Börse verbunden haben wollten.

Diesen p. t. Interessenten wurde die neue Einrichtung in großen Zeitungsinseraten angepriesen, als »ein Apparat, der dem Besitzer desselben die Möglichkeit bietet, auf große Entfernung mit anderen Personen, die den gleichen Apparat besitzen, so zu sprechen, daß die Betreffenden sich nicht nur vollkommen gut verstehen, sondern einander auch an der Stimme erkennen«.[27]

Mit dem Telefon war zugleich ein Beruf für junge Damen erfunden. Arbeit war in gewissen Kreisen nicht unbedingt standesgemäß; in der Telefonzentrale konnte sich das »Fräulein vom Amt« den Lebensunterhalt verdienen, ohne dabei gesehen zu werden. Diese erste Wiener Telefonzentrale war im Hause Friedrichstraße 6 untergebracht, wo sie »die Korrespondenz in der Weise vermittelt, daß wenn z. B. Abonnent A mit Z sprechen will, derselbe zuerst das Central-Amt anruft und demselben diesen Wunsch kundtut, worauf letzteres die Leitung des A mit der des Z verbindet und die Korrespondenz sofort beginnen kann«.[28]

Abonnent A, der erste im ersten Wiener Telefonbuch, war ein Herr Leopold Abeles, während als Abonnent Z ein Herr Wilhelm Zierer am Ende der Liste figurierte.

Die meisten Wiener betrachteten das Telefon – soweit sie überhaupt glaubten, daß es funktionieren könnte – vorerst eher als Spaß. Es war allerdings ein kostspieliger Spaß: Ein Anschluß samt Benützungsgebühr in einem Umkreis von zwei Kilometern von der Zentrale kostete 100 Gulden pro Jahr; für jeden weiteren Kilometer Entfernung kamen 25 Gulden dazu. Wer also über der Linie wohnte und trotzdem ein Telefon haben wollte, der mußte unter Umständen mit über 400 Gulden jährlich rechnen. Dafür stand das Fräulein vom Amt vollkommen gut verständlich und an der Stimme erkennbar im Sommer von sieben und im Winter von acht Uhr früh bis neun Uhr am Abend zu Diensten.

Das erste »Telefonbuch« wurde im Oktober 1881 veröffentlicht; ebenfalls per Zeitungsinserat erschien die Liste der bis zu diesem Zeitpunkt angemeldeten Abonnenten. Von Leopold Abeles angefangen bis Wilhelm Zierer, wie schon erwähnt. Außerdem ließen sich Bahnhöfe, Banken, Zeitungsredaktionen, Hotels und Theater aus der Liste als glückliche Telefonbesitzer ersehen. Die Creditanstalt leistete sich sogar den Luxus von drei Anschlüssen. Die erst in diesem Jahr 1881 neugegründete Länderbank gab sich mit einem Anschluß zufrieden. Unter den Abonnenten war auch Herr Franz Jauner zu finden, Direktor des Ringtheaters. Das Theatergebäude selbst besaß ebenfalls einen Anschluß. Der Telefondienst wurde am 1. Dezember 1881 aufgenommen. Eine Woche später hätte der Anschluß im Ringtheater vielleicht eine Katastrophe verhindern können, doch in der Liste der Abonnenten fand sich niemand, den man zur Verhinderung dieser Katastrophe hätte anrufen können. Weder das Rathaus noch die Polizei oder die Feuerwehr.

Am 8. Dezember 1881 brannte das Ringtheater.

386 Menschen kamen um ihr Leben. Eine Rettungsgesellschaft, die sich der Verletzten angenommen hätte, gab es nicht.

Das Ringtheater, Schottenring 7, wurde 1874 fertiggestellt. Die Pläne stammten von Emil von Förster, dem Sohn des Ringstraßenplaners.[29] Bauherrschaft war eine Aktiengesellschaft, die Baukosten betrugen 930.000 Gulden. Der Architekt hatte bei der Planung mit Platzmangel zu kämpfen; das Grundstück war nur 882 Quadratmeter groß, die Bauherrschaft wollte 1700 Sitzplätze unterbringen, um auf ihre Kosten zu kommen. Förster mußte ein sieben Stockwerke hohes Gebäude schaffen; der Zuschauerraum war ein Schlauch, aber geschickt gestaltet, sodaß man auch auf dem »Juchhe« der obersten Galerie nicht das beängstigende Gefühl schwindelerregender Höhe bekam. Im Katastrophenfall allerdings waren die Fluchtwege aus den oberen Etagen zu lang, zu eng, doch wer dachte schon an eine Katastrophe! Die Baubehörde jedenfalls fand bei der Eröffnung des Hauses als »Komische Oper« im Jahr 1874 nichts zu beanstanden.

Am 7. Dezember 1881 war die Premiere von Offenbachs »Hoffmanns Erzählungen«. Ein großer Erfolg. Franz Jauner, der Chef des Hauses, konnte zufrieden sein. Er war so zufrieden, daß er bei der ausverkauften Vorstellung am nächsten Abend nicht in seinem Theater anwesend war, wozu er verpflichtet gewesen wäre. Er hätte allerdings auch nicht viel retten können, als am Abend des 8. Dezember, bei der zweiten Offenbach-Aufführung, unmittelbar vor Beginn, im Bühnenhaus das Feuer ausbrach.

Franz Jauner, ein Wiener, Sohn eines Graveurs mit eigenem kleinen Betrieb,

Musikstudent, dann Schauspieler, Regisseur, dann Direktor; ein genialer Theatermensch. Vom Carltheater in der Leopoldstadt holte ihn das Obersthofmeisteramt in die Operndirektion; Jauner brachte zum ersten Male den ganzen »Ring« auf die Bühne sowie die erste deutsche »Carmen«. Den dringenden Wunsch der Hoftheaterintendanz, das hohe Defizit der Oper zu reduzieren, gelang ihm ebensowenig wie allen seinen Vorgängern und Nachfolgern. Die Kosten der Hoftheater waren damals schon Stein des Anstoßes.

Der künstlerische Erfolg blieb Jauner treu. Als Mensch hat er nie Glück gehabt; ein Leben lang kämpfte er mit Geldnöten; er inszenierte ganz einfach zu teuer. Nach dem Ringtheaterbrand wanderte er ins Gefängnis. Nach der Entlassung aus der Haft war sein Name jahrelang verfemt; anonym arbeitete er im Theater an der Wien. Seine Strauß- und seine Millöcker-Aufführungen markierten die Glanzzeit der goldenen Wiener Operette; die »Zigeunerbaron«-Premiere war der Höhepunkt seines Schaffens. 1889 rehabilitierte ihn der Kaiser persönlich durch die Erhebung in den Adelsstand. Noch einmal versuchte sich der nunmehrige Franz Ritter von Jauner als Prinzipal, doch der finanzielle Mißerfolg trieb ihn schließlich 1900 zum Selbstmord in der Direktionskanzlei des Carltheaters.[30]

Als am Abend des 8. Dezember 1881 im Ringtheater die ersten Flammen hochschlugen, herrschte hinter dem noch geschlossenen Vorhang Konfusion. Das Publikum im hellerleuchteten Saal merkte zunächst nichts; im Bühnenhaus irrte das Theaterpersonal verstört umher und wußte nicht, wie es das Feuer eindämmen sollte. Niemand war auf den Ernstfall vorbereitet. Dann wurde plötzlich der Brandgeruch im Zuschauerraum spürbar, der Vorhang fing Feuer, Sekunden später schlug eine einzige lodernde Fackel sieben Stockwerke in die Höhe bis zur Decke. Panik, Schreckensrufe, ein Drängen und Stoßen zu den Ausgängen. Doch die Türen gingen nach innen auf, die ersten Flüchtenden wurden von den Nachstürmenden gegen die Türfüllungen gepreßt, andere wurden niedergetrampelt. Zu allem Unglück erlosch noch die Gasbeleuchtung; Notlichter waren nicht eingeschaltet. Nur das Flammenmeer von der Bühne her erleuchtete die grausige Szene. Die Flucht aus den oberen Galerien über die viel zu engen Stiegenabgänge wurde zu einem mörderischen Schieben, Stoßen und Niederrennen in die Tiefe und in die Finsternis.

Und die Feuerwehr? Das Feuermeldesystem war nicht in Funktion. Das Wiener Telefon war an diesem Abend erst eine Woche alt. Ob in der allgemeinen Panik überhaupt jemand an den Apparat in der Direktionskanzlei gedacht hatte? Die Feuerwehr stand auch nicht im Verzeichnis. Es gab eine Berufsfeuerwehr; sie unterstand der städtischen Baudirektion, seit 1862 existierten sogar Stützpunkte für Löschtrupps in den einzelnen Bezirken, doch die Mannschaften reichten nicht aus; gesetzlich waren die Bürger zur Löschhilfe verpflichtet. Am Abend des 8. Dezember 1881 half kaum jemand; als die ersten Löschwagen ankamen, war es zu spät. Auch einen mobilen Sanitätsdienst für Katastropheneinsätze besaß die Kaisermetropole mit ihren 700.000 Einwohnern nicht. Der Ringtheaterbrand entlarvte die kommunalen Versäumnisse auf die schrecklichste Weise.

Die Bilanz: 386 Tote. Verbrannt, von herabstürzenden Trümmern erschlagen, niedergetrampelt.

Franz Joseph und Elisabeth waren zur Jagd in dem ungarischen Revier Gödöllö. Am späten Abend – der Kaiser saß noch beim Essen, die Kaiserin hatte sich schon zurückgezogen – traf die telegrafische Nachricht vom Brand des Ringtheaters im allerhöchsten Jagdschloß ein. Absender: Ministerpräsident Graf Taaffe. Er meldete, daß das Gebäude in Flammen stehe, die Besucher aber mit dem Leben davongekommen seien. Dieses »Alles gerettet« blieb an dem »Fortwurstler« Taaffe hängen bis zu seinem Ende, über die Brandkatastrophe hinaus als Symbol, wie immer und überall in der Donaumonarchie Situationen falsch eingeschätzt, die bitteren Wahrheiten nicht zur Kenntnis genommen wurden.

Am nächsten Tag trafen einander in der Wiener Innenstadt drei bemerkenswerte Persönlichkeiten. Der eine war Eduard Graf Lamezan, Vizepräsident des Straflandesgerichts. Gezeichnet vom Grauen der Katastrophe. Lamezan hatte zu den Theaterbesuchern gehört, nach Ausbruch des Brandes war er einer der wenigen gewesen, die die Nerven behielten; bis in die Morgenstunden hatte er mit ein paar Helfern nach Verletzten gesucht, Überlebende aus den Trümmern geborgen, verkohlte Leichen ins Freie getragen.

Der zweite Herr war Hans Graf Wilczek, ein reicher Großgrundbesitzer und Philantrop, immer zur Stelle, wenn es galt, Gutes zu tun, mit eigenem Geld und mit seinen Verbindungen zum Hochadel der Monarchie. Er war der erste Wiener Aristokrat, der einem Baron Rothschild demonstrativ das Du-Wort anbot, er hatte die Finanzierung des Makart-Festzuges organisiert, er war Bauherr der Burg Kreuzenstein als lebendiges Museum des Mittelalters.

Der dritte Mann war ein düster anzusehender Geselle namens Jaromir von Mundy, stets schwarz gekleidet, mit Pelerine und hohen Röhrenstiefeln, den Schlapphut tief in ein finster blickendes Gesicht gezogen. Dieser ein wenig unheimlich wirkende Mann war Arzt, einer der Großen seiner Zeit, ein Wohltäter der Menschheit. Jaromir von Mundy stammte von einem Schloß in Mähren, er war zuerst Berufsoffizier, studierte dann Medizin, spezialisierte sich auf Geisteskrankheiten. 1859 sah er auf dem Schlachtfeld von Solferino das Grauen des Krieges; er wurde zu einem der Mitarbeiter des Schweizers Henri Dunant bei der Gründung des Internationalen Roten Kreuzes. Von da an war Dr. Mundy auf allen erreichbaren Kriegsschauplätzen zu finden, wo man Verwundeten helfen konnte. 1866 organisierte er auf dem Schlachtfeld von Königgrätz den Abtransport der Verwundeten. 1870/71 war er im belagerten Paris, als Arzt in französischen Lazaretten. In den Balkanwirren 1876/77 organisierte er den »Roten Halbmond«. In Wien predigte er seit Jahren die Notwendigkeit eines kommunalen Rettungsdienstes bei Unfällen oder plötzlichen Erkrankungen. Bis zum Ringtheaterbrand predigte er allerdings tauben Ohren.

Am Tag nach der Katastrophe gründeten Jaromir von Mundy, Eduard Graf Lamezan und Hans Graf Wilczek die »Wiener freiwillige Rettungsgesellschaft«. Mundy wurde ihr Chefarzt; im Krieg von 1866 hatte er Krankentragen, Sanitätswaggons, ganze Lazarettzüge improvisiert; im Paris von 1870/71 leitete er einen Verbandplatz mitten in der Stadt – das war seine Grundidee auch für die Rettungsgesellschaft: Erste Hilfe an Ort und Stelle. Um Ideen war Dr. Mundy nie verlegen: Die Außenstellen der Rettungsgesellschaft in den Vorstädten wurden durch einen Brieftaubendienst mit der Zentrale verbunden. Als erste Zentrale stellte Graf Wilczek sein Palais in der Herrengasse zur Verfügung, dann wurde die Rettungsstation im Hof eines Hauses am Fleischmarkt eingerichtet. Mundy, weiterhin ganz in Schwarz und mit Stiefeln, saß gegenüber im Kaffeehaus, stets einsatzbereit mit dem von ihm konstruierten Pferdewagen, dessen Seitenwand geöffnet werden konnte, sodaß sich ein Patient auf der Tragbahre hineinschieben ließ. Sanitäter und Kutscher trugen breite rote Bänder um die hohe Kappe, mit einem Pfeiferl gaben sie durchdringend schrille Signale. Die Ärzteschaft war der neuen Rettungsgesellschaft nicht hold. Mundy hatte nämlich einige Kollegen dazu bewogen, einen nächtlichen Notdienst einzurichten; eine blaue Laterne an der Haustüre des Arztes wies den Hilfesuchenden den Weg. Für mittellose Patienten bezahlte die Rettungsgesellschaft das Honorar, bei dringenden Haubesuchen sogar den Fiaker. Das Wiener medizinische Ärztekollegium, die Standesvertretung, protestierte gegen diese Konkurrenz, die durch kostenlose Hilfe für die Armen das Geschäft verdarb. Mundy mußte den nächtlichen Notdienst bald wieder einstellen. Die amtlich bewilligten Statuten der Rettungsgesellschaft ließen nämlich nur eine Hilfeleistung auf offener Straße oder in öffentlichen Gebäuden zu, nicht aber in Privatwohnungen.[31]

So blieb die Rettungsgesellschaft unter der liberalen Rathausmehrheit eine Einrichtung privater Wohltätigkeit. Sie lebte von Spenden, die Wilczek und seine Freunde auftrieben, von einer kaiserlichen Zuwendung, von Veranstaltungen, bei denen die Fürstin Metternich dafür sorgte, daß die reichen Gäste ordentlich geschröpft wurden, und von den Kreuzern der kleinen Leute, die bei Straßenkollekten zusammenflossen. Die Stadtväter sahen auch nach dem Ringtheaterbrand keine Notwendigkeit, einen kommunalen Rettungsdienst zu organisieren. Die liberale Parole, leben und leben lassen, bedeutete mitunter auch: leben und sterben lassen!

Franz Joseph betrachtete im Dezember 1881 den Ringtheaterbrand nicht als Grund, den Jagdaufenthalt in Gödöllö zu unterbrechen und nach Wien zurückzukehren. Die Wiener nahmen es übel. Die allerhöchste Popularität zeigte wieder einmal sinkende Tendenz. Zwei Jahre vorher hatte der schweizerische Gesandte in seinem Bericht nach Bern den Makartfestzug noch als Beweis für die innige Verbundenheit zwischen Dynastie und Volk bezeichnet. Nach dem Ringtheaterbrand war von einer solchen Verbundenheit in der Residenz nicht viel zu bemerken. Graf Taaffes Telegramm, »Alles gerettet«, machte die Runde.[32] Wie immer bei solchen Katastrophen machten die Massen die Obrigkeit verantwortlich. Wenn so etwas geschehen konnte, dann mußte am System was falsch sein.

Auch die Staatsanwaltschaft machte sich auf die Suche nach Schuldigen. Mit dem unglücklichen Franz Jauner allein begnügte sich die Gerechtigkeit nicht. Die Baudirektion war für den Feuerschutz zuständig, also mußten auch im Rathaus Verantwortliche zu finden sein. Und so sollte die Katastrophe schließlich auch für den Gemeinderat Dr. Karl Lueger schicksalhafte Bedeutung gewinnen. Im Gefolge des Ringtheaterbrands sah es ganz so aus, als sei die Karriere des schönen Karl zu Ende.

Kapitel 11 Die neuen Fronten

Anfang März 1882 stimmte das Herrenhaus der vom Abgeordnetenhaus des Reichsrats beschlossenen Erhöhung des Kaffeezolls zu. Daraufhin gingen, wie Daniel Spitzer in der »Neuen Freien Presse« zu berichten wußte, »die Kaffeesieder sofort mit patriotischem Eifer auf die hohen Intentionen der Regierung ein, indem sie mit ihren schwachen Kräften den Zoll auf die geehrten Herren Gäste überwälzten und den Preis einer Tasse Kaffee um zwei Kreuzer erhöhten«.

Die Briten besetzten Ägypten, um ihrer Flotte die Durchfahrt durch den Suezkanal zu sichern. Die Italiener führten in Wien und Berlin streng geheime Verhandlungen über ein Bündnis mit der Monarchie und dem Deutschen Reich, den späteren »Dreibund«. Fürst Milan Obrenović nahm in Belgrad den Titel eines Königs von Serbien an. Was war das alles im Vergleich zur Preissteigerung für den Kaffee! Da dieser seit den Tagen des Georg Franz Kolschitzky bekanntlich zu den Wiener Grundnahrungsmitteln zählte[1] und vornehmlich die Wiener Literatur ohne Ausschank desselben in den Kaffeehäusern niemals ihren hohen Standard erreicht hätte, war die Aufregung begreiflicherweise groß. Im Parlament meinte ein Debattenredner der rechten Regierungskoalition, in dieser Frage seien alle Frauen mit den Gegnern der Zollerhöhung einverstanden und stünden deshalb auf Seite der oppositionellen Linken. Robert Koch entdeckte in diesem Jahr 1882 den Erreger der Tuberkulose, der berüchtigten »Wiener Krankheit«. Wenn es etwas gab, was die Wiener in diesen ersten Monaten des Jahres 1882 noch mehr bewegte als die Erhöhung des Kaffeezolls, dann waren es zwei Prozesse.

Zuerst, im März, gab es ein Verfahren nach jenen Paragraphen im XII. Abschnitt des Strafgesetzbuches, die üblicherweise als Folge von Bassenastreitigkeiten für das Amüsement der Kiebitze im Kleinen Bezirksgericht sorgten: Ehrenbeleidigung. Die Zentralfigur der ganzen Angelegenheit machte den Prozeß zur Sensation. In diesem Strafverfahren mußte der k.k. Hof- und Gerichtsadvokat Dr. Karl Lueger vom gewohnten Platz des Verteidigers zu einem Sitz auf der Anklagebank hinüberwechseln. Er hatte zwei seiner Gemeinderatskollegen der Korruption bezichtigt.

Einige Wochen später, am 24. April 1882, begann der Strafprozeß gegen wirkliche oder vermeintliche Schuldige an der Brandkatastrophe im Ringtheater. Der Name des Gemeinderats Dr. Karl Lueger stand diesmal auf der Zeugenliste. Auf der Anklagebank saß neben dem Theaterdirektor Franz Jauner der Wiener Bürgermeister Dr. Julius Ritter von Newald.

Schauplatz war der Große Schwurgerichtssaal des Grauen Hauses in der Alserstraße. In diesem Raum leisteten die Strafsenate oft genug Vorarbeit für die Historiker, und die Protokollführer schrieben die Rohfassung für so manches Kapitel der österreichischen Geschichte. Hier standen nicht nur Mörder und Räuber, sondern ebenso Minister und Revolutionäre unter Anklage, und mitunter fällte die Historie später ein anderes Urteil als die zeitgenössische Justiz.

Der Saal sieht auch heute noch nicht viel anders aus als vor einem Jahrhundert. Die marmorgetäfelten Wände strahlen Kälte aus. 1947 mußte der Hochverratsprozeß gegen Dr. Guido Schmidt, den letzten Außenminister des autoritären Schuschnigg-Regimes, in einen anderen Raum verlegt werden, weil es nicht genug Kohle gab, um den großen Saal ausreichend zu beheizen. Die Fenster hoch oben unter der Decke lassen an trüben Tagen zu wenig Licht in den Raum; dann müssen schon am Morgen die Lampen eingeschaltet werden. So verbreitet dieser Große Schwurgerichtssaal, 1872 an den aus dem Vormärz stammenden Hauptkomplex angebaut, jene graue Düsterkeit, die dem Zweck und dem Namen des Hauses gerecht wird. Zur mächtigen Richterestrade führen halbkreisförmig Stufen empor. Die Gerechtigkeit wünscht sichtbar weit über der armseligen Menschheit zu residieren; daran hat auch die Demokratisierung der Justiz in den letzten hundert Jahren nichts geändert. Nur das Kaiser-Franz-Joseph-Porträt wurde nach 1918 durch einen männlichen Akt abgedeckt. Nackt, wie Gott dich schuf, stehst du hier vor deinen Richtern!

Über einige Treppen und durch finstere Korridore erreicht man von hier die Armensünderzelle und die Kapelle, auf deren Altar jenes Kruzifix steht, das schon im 18. Jahrhundert den Delinquenten zum Galgen vorausgetragen wurde. Die letzte öffentliche Hinrichtung in Wien gab es am 28. Mai 1868; bei der Spinnerin am Kreuz draußen wurde der Raubmörder Georg Ratkay gehenkt. Ein grausiges Spektakel, zu dem Tausende Wiener damals schon in der Nacht hinaus auf den Wienerberg pilgerten, um sich ein gutes Plätzchen zu sichern. Geschäftstüchtige Unternehmer errichteten Würstelstände, die Brezelbuben schleppten die Körbe mit frischem Backwerk herbei, und das zahlungskräftige Publikum kam im Fiaker an und nahm die reservierten Plätze auf roh zusammengezimmerten Holztribünen ein. Am 28. Mai 1868 brach ein solches Brettergestell unter der Last der Sensationshungrigen zusammen; es gab Dutzende Verletzte.

Seither wurde die Todesstrafe im Galgenhof des Landesgerichts vollstreckt, zum ersten Male an dem Raubmörder Enrico Francesconi am 16. Dezember 1876. Das Jahr allerdings blieb aus anderen Gründen bis heute in der Wiener Erinnerung: 1876 eröffneten Eduard Sacher und seine Frau Anna, eine Fleischhauerstochter, an der Stelle des 1868 abgerissenen Kärntnertortheaters ein Hotel; später die nobelste Unterkunft der Kaisermetropole, gleichermaßen berühmt durch die Leidenschaft der Frau Anna für dicke Zigarren wie durch die dort hergestellte Torte, die es zum ersten Male in der Delikatessenhandlung von Eduard Sachers Vater gegeben haben soll.

Mit Julius Newald stand im April 1882 zum ersten Male seit Jahrhunderten ein Wiener Bürgermeister vor den Richtern. 1408 hatte Bürgermeister Konrad Vorlauf als Opfer des Streites zwischen den Habsburgerbrüdern Leopold und Ernst sein Leben auf dem Richtblock lassen müssen; 1463 wurde Bürgermeister Wolfgang Holzer auf dem Platz Am Hof gevierteilt, ebenfalls ein Opfer habsburgischen Bruderzwists; 1522 schließlich ließ Erzherzog Ferdinand den Bürgermeister Dr. Martin Siebenbürger hinrichten. Den Angeklagten im Ringtheaterbrandprozeß von 1882 drohte keine Todesstrafe, Newald empfand das Verfahren trotzdem als seine Hinrichtung.

Julius Newald, Sohn eines Tuchmachers aus Mähren, Schwiegersohn eines reichen Textilhändlers vom Wiener Alsergrund, Advokat, dann im juristischen Staatsdienst, seit 1864 im Gemeinderat, dieser Julius Newald bewarb sich schon 1868, nach Andreas Zelinkas Tod, um das Bürgermeisteramt. Der Gemeinderat wählte Cajetan Felder, Newald mußte sich mit dem Posten eines Vizebürgermeisters begnügen. Er war ein ehrgeiziger Politiker, aber keine Kämpfernatur, eher ein vorsichtiger Taktiker. Felder machte den Konkurrenten zum Fraktionsobmann seiner »Mittelpartei«, um Newald einigermaßen zufriedenzustellen und zugleich dessen Fleiß, dessen Tüchtigkeit als Verwaltungsjurist auszuwerten. Dem Tuchhändlersohn aus Mähren fehlte Felders glänzende Persönlichkeit; er war ein stiller Mensch, doch sein Ehrgeiz, Bürgermeister zu werden, blieb wach. Newald erkannte früher als die anderen Liberalen die kleinbürgerliche Linke als Partei der Zukunft und suchte ihre politische Nähe.

Die »Linke« im Wiener Gemeinderat war nun keineswegs ein geschlossener Block, sondern eine Ansammlung von Kleinbürgern höchst unterschiedlicher Fortschrittlichkeit. Ihr stärkster Mann war der Gastwirt Johann Steudel aus Favoriten; er hatte die Felder und Wiesen rund um sein Wirtshaus für viel Geld an Grundstücksspekulanten verkauft, die hier primitivste Proletarierquartiere bauten, die Prototypen der berüchtigten Bassenahäuser. Steudel nannte seine Fraktion zwar die »Äußerste Linke«; er betrachtete sich als »Demokraten«, weil er für die Gleichheit des Wahlrechts agitierte, doch diese Gleichheit sollte nur den Kleinbürgern zugute kommen; ein allgemeines Wahlrecht auch für Proletarier lehnte er gemeinsam mit seinem Parteifreund Franz Löblich entschieden ab: »Die Gesinnung beider war so undemokratisch, als sich nur denken läßt, beide haßten die Arbeiter und die Arbeiterbewegung. Der eine wie der andere hatte abgelehnt, bei einer Enquete zusammen mit Arbeitern am grünen Tisch zu sitzen.« So klassifizierte ihr Gemeinderatskollege Sigmund Mayer, zeitweise ein Mitglied dieser »Linken«, die beiden Anführer des vorstädtischen Kleinbürgertums.[2] Zur Linken zählte auch die Zwei-Mann-Fraktion der Doktoren Lueger und Mandl, der »Anti-Korruptionisten«. Daß es Lueger gelungen war, den allmächtig scheinenden Bürgermeister Dr. Cajetan Felder zum Rücktritt zu treiben, gab dem jungen Advokaten von der Landstraße mächtigen Auftrieb. Primitive Typen wie Steudel und Löblich konnten sich mit dem »schönen Karl« nicht messen. An Luegers Führerschaft kam auch die »Äußerste Linke« nicht mehr vorbei. Sie schloß sich mit dem Duo Lueger-Mandl zu einer neuen Fraktion unter der Bezeichnung »Liberale Wirtschaftspartei der Vereinigten Linken« zusammen. Ein Wahlbündnis aller dieser linken Gruppierungen verhalf dem Dr. Newald mit überwältigender Mehrheit auf den von Cajetan Felder verlassenen Wiener Bürgermeisterstuhl.

Der neue Bürgermeister wußte, mit wem er zusammenzuarbeiten hatte, wenn er nach seiner ersten Amtsperiode wiedergewählt werden wollte. An der Spitze aller linken Forderungen stand die Wahlreform, also machte sich Newald zu deren Fürsprecher. Steudel wollte die Wahlkörper abschaffen; das System, das ein paar Dutzenden Reichen im I. Wahlkörper ebenso große politische Rechte gab wie ein paar Hunderten Intellektuellen im II. und ein paar Tausenden Kleingewerbetreibenden im III. Wahlkörper. Newald, der seine eigene Wahl genau diesem System verdankte, zeigte sich einverstanden, zum Verdruß seiner großbürgerlichen »Mittelpartei«. Luegers Forderungen gingen noch einen Schritt weiter: Er verlangte das allgemeine und gleiche Wahlrecht für alle Steuerzahler in der Reichshauptstadt.

Trotz Newalds Wohlwollen kamen die Linken mit diesem Demokratisierungsprogramm nicht durch. Noch besaß die Rechte die Mehrheit im Gemeinderat. Luegers Gruppierung verfügte 1878 über 48 Mandate; durch Zuzug aus der »Mittelpartei« wuchs sie bis 1880 auf 58 von 120 Gemeinderäten an. Am 15. Mai 1880 wählte die »Vereinigte Linke« den 36jährigen Dr. Karl Lueger zum Obmann.

Zum Bürgermeisterstuhl schien es nur noch ein Schritt. »Lueger und Mandl waren eigentlich schon damals die Herren Wiens«, behauptete Sigmund Mayer.[3]

Die »Herren« Wiens – da hat der gute Sigmund Mayer die von ihm beklagte Entwicklung stark übertrieben. Wien besaß damals keinen »Herrn«, der in der Lage gewesen wäre, die Massen zu mobilisieren und der Stadt solcherart seinen politischen Willen aufzuzwingen. Ein solcher Mann war Lueger erst an der Jahrhundertwende.

Die Sozialdemokratie hatte 1868 gezeigt, daß sie das Proletariat auf die Straße schicken konnte, doch seit Neudörfl war die Partei zersplittert; auch ein Kongreß in Atzgersdorf, am 1. Juli 1877, hatte keine Einigung zustande gebracht. Noch fehlten der Arbeiterbewegung die Führerpersönlichkeiten. Die bürgerlichen Gruppen wiederum bestanden aus Führern ohne fest organisiertes

Fußvolk. Die Gemeinderäte mußten ihre Wähler für jede Wahl von neuem zusammentrommeln. Anfang der achtziger Jahre machte Lueger da keine Ausnahme, auch wenn er auf der Landstraße wohl schon damals einen größeren und verläßlicheren Anhang besaß als die anderen Mandatare in ihren Sprengeln.

Eine beliebte Methode war die Vereinsgründung in den Bezirken, als Basis der politischen Arbeit, um wenigstens eine kleine Stammwählerschaft beisammenzuhalten. Eine Fülle von Wochenblättern mit kleiner und kleinster Auflage verschaffte den Druckereien Arbeit. Die Gastwirte, die ihre Extrazimmer als Vereinslokale zur Verfügung stellten, waren ebenfalls Nutznießer dieses Parteiensystems.

Die Gruppierungen wechselten häufig; der Personenkreis blieb gleich. Es war keine Schande, das politische Lager zu wechseln. Die Liberalen vom alten Schlag, die Überlebenden des stolzen Bürgersinns von 1848, hatten abgewirtschaftet. Die politische Landschaft war in Bewegung, die neue Frontenbildung erst am Anfang. Die Jungen waren noch auf der Suche nach dem richtigen Weg in die Zukunft.

Während im Wiener Gemeinderat die Linke zusehends an Einfluß gewann, gegen die Liberalen, rückte im Reichsrat die Mehrheit deutlich nach rechts; ebenfalls gegen die Liberalen. Links und rechts waren damals eben Klassifizierungen, die nichts mit den Ideologien späterer Zeiten zu tun hatten. »Links« bedeutete oppositionell. Im Wiener Rathaus bedeutete links zweifellos die fortschrittliche Bewegung zu mehr Demokratie hin, gegen die Liberalen der Radikalen und der Mittelpartei auf der Rechten. Im Reichsrat wiederum bezeichneten sich die Liberalen als die »Linke«; ihre so heftig beschworene Verfassungstreue bedeutete ein stur erzkonservatives Festhalten an der totalen Wirtschaftsfreiheit und am Besitzstand der staatstragenden Nation. Die »rechte« Regierungsmehrheit, auf die Graf Taaffe sich stützte, die Koalition aus Slawen, Klerikalen und Deutschkonservativen – »Eiserner Ring« genannt –, diese »Rechte« hätte eigentlich die Bezeichnung »links« verdient. Taaffe hatte nicht nur soziale Reformen und eine Änderung des undemokratischen Wahlrechts im Sinn, sein Ministerium war hauptsächlich um eine föderalistische Erweiterung der Nationalitätenrechte bemüht: Die Versöhnung mit den Slawen, die Graf Taaffe versprochen hatte, als er von Franz Joseph den Auftrag zur Regierungsbildung übernahm. Seinen provisorischen Vorgänger Karl von Stremayr behielt er als Justizminister, und so blieben auch die Versöhnungsversuche mit Stremayrs Namen verknüpft.

Am 19. April 1880 erschien die erste »Sprachenverordnung für Böhmen und Mähren«. Ihr entscheidender Passus: Eingaben an die Behörden mußten in der Sprache des Antragstellers, also bedarfsfalls tschechisch, erledigt werden. Das war die Wunde, die das Deutschtum in Böhmen und Mähren am stärksten schmerzte: Entweder mußte ein deutscher Beamter also Tschechisch lernen, um seinen Beruf ausüben zu können, oder er mußte einem Tschechen Platz machen! Gleichzeitig wurde die Prager Universität, das Carolinum, die älteste deutsche Universität überhaupt, in eine deutsche und eine tschechische Sektion geteilt.

Am 20. April 1882 folgte eine ähnliche Sprachenverordnung für die slowenischen Gebiete in Cisleithanien, am 20. Oktober schließlich die Sprachenregelung für Schlesien.

Die Versöhnung mißlang. Den Tschechen brachte die Regelung zu wenig; sie blieben bei ihrer alten Forderung nach totaler Zweisprachigkeit des Staatsapparats.[4] Auch die Slowenen zeigten sich unbefriedigt; ihnen ging es hauptsächlich um die Möglichkeit höherer Schulbildung in ihrer Muttersprache. Immerhin honorierten die beiden slawischen Nationen den guten Willen des Grafen Taaffe und bewahrten ihm durch ihr Verbleiben im »Eisernen Ring« die Parlamentsmehrheit.

Die Deutschen tobten, in Böhmen ebenso wie in der Steiermark und in Kärnten. Auf der Seite der Deutschliberalen endete der Versöhnungsversuch mit Todfeindschaft. Ähnlich wie Graf Hohenwart ging auch sein Standesgenosse Taaffe, vom Justizminister Stremayr begleitet, als verabscheuenswerter Bösewicht in die deutschnationale Geschichtsschreibung ein, und die deutschsprachige Geschichtsschreibung war nun einmal bis in die Erste Republik hinein vorwiegend national. Auch für die Vulgärhistoriker der Arbeiterbewegung jedoch hatte Graf Taaffe die Rolle des »Schwarzen Mannes« zu spielen, des klerikalen Reaktionärs, was sicherlich auch mit der deutschliberalen Jugenderinnerung manches später so aufrechten Sozialdemokraten zusammenhing. Dabei war der in Böhmen begüterte Graf aus irischem Geschlecht jener österreichische Ministerpräsident, mit dem die staatliche Sozialpolitik begann. Natürlich war er kein Vorkämpfer des Acht-Stunden-Tags, der gewerkschaftlichen Lohnabschlüsse und des Allgemeinen Wahlrechts, aber da hätte man von einem Kaiserminister dieser Zeit auch zuviel verlangt.

Mit Taaffes Versöhnungsversuch schlug jedenfalls die Stunde des Georg Ritter von Schönerer. Schon im Juni 1879, im Wahlkampf für das Abgeordnetenhaus, hatte Schönerer ein Programm mit folgenden Kernsätzen veröffentlicht: »Österreich muß, seines Ursprungs und seiner Geschichte eingedenk, den Deutschen die Gewähr bieten, daß deren Nationalität nicht gefährdet werde, und soll an der Solidarität der Deutschen in Österreich entschieden festgehalten werden . . . Überhaupt sind den bisher bevorzugt gewesenen Interessen des beweglichen Kapitals – und der bisherigen Herrschaft des Geldes und der Phrase –, die Interessen des Grundbesitzes und der produktiven Arbeit sowie die Kräfte und Rechte der ehrlichen Arbeit in Hinkunft mit Entschiedenheit entgegenzustellen und zu fördern . . .«[5]

Allgemeines Wahlrecht, Nationalismus und Antisemitismus waren die politischen Parolen dieses ersten Schönerer-Programms; gegen das Großkapital und den Vorrang der Industrie, für die Landwirtschaft und das Gewerbe, das waren die ökonomischen Grundsätze. Der Gutsbesitzer aus dem Waldviertel behielt zwar den eigenen Sitz im Abgeordnetenhaus des Reichsrats, doch die deutschliberale Mehrheit ging bei den Wahlen des Jahres 1879 für immer verloren. Im neuen Parlament standen Schönerer und sein einziger Gefolgsmann, Heinrich Fürnkranz, dann zunächst einmal allein auf weiter Flur. Beide gehörten zwar nominell noch zum »linken« Sammelbecken, doch mit den altgedienten »Verfassungstreuen« hatte Schönerer nur noch wenig gemein; sie waren zumeist gerade von jener liberalen Couleur, die die von Schönerer bekämpften »Interessen des beweglichen Kapitals« verfocht. Schon bald aber werteten Taaffes Sprachverordnungen den Außenseiter aus Rosenau auf.

Das deutschnationale Gründungsfieber begann. Am 2. Juli 1880 wurde der »Österreichische Schulverein« ins Leben gerufen; er wollte deutsche Schulen in den gemischtsprachigen Regionen stiften. Als am 15. August 1881 in Berlin ein »Allgemeiner Deutscher Schulverein« das Licht der nationalen Welt erblickte, schloß sich der Österreichische Schulverein sofort an. Schon 1878 hatte Schönerer im Reichsrat den Stoßseufzer von sich gegeben: »Wenn wir nur schon zum Deutschen Reich gehören würden!« Der Schulverein war, was man heute eine Vorfeldorganisation nennen könnte. Nur die Partei dahinter fehlte damals noch. Erster Versuch, sie ins Leben zu rufen, alle die vielen kleinen Bezirksvereinchen und Stammtischrunden zu sammeln, war dann der im Jänner 1881 gegründete »Österreichische Reformverein«. Und hier sammelte sich nun tatsächlich alles, was damals in irgendeiner Form oppositionell war; im »Reformverein« tauchten die Namen auf, die in den kommenden Jahrzehnten das Personenregister der politischen Szene lieferten.[6]

Vom radikalnationalen Schönerer über den christlichsozialen Lueger bis zum sozialdemokratischen Viktor Adler.

Schönerer war die Zentralfigur, der erste »Führer«. Ein zweiter wichtiger Mann war Engelbert Pernerstorfer, Herausgeber der Zeitschrift »Deutsche Worte«. Pernerstorfer brachte seinen Schulfreund aus dem Schottengymnasium und Bundesbruder aus der Studentenvereinigung »Arminia«, den jungen Arzt Dr. Viktor Adler, mit. Ein interessantes Mitglied war auch der junge Historiker Dr. Heinrich Friedjung; der schon sehr bald seine Stellung als Geschichtsprofessor verlor, weil er sich allzu oppositionell gebärdet hatte. Er arbeitete daraufhin als Journalist, gab die »Deutsche Wochenschrift« heraus und übernahm dann 1886 die Redaktion der »Deutschen Zeitung«. In Friedjungs Gefolge tauchte ein junger Musiker auf, Gustav Mahler, der damals zeitweise Theaterkapellmeister in Bad Hall, Laibach, Olmütz, Kassel, Prag und Leipzig war und nebenher komponierte; zunächst noch ohne großen Erfolg.

Adler, Friedjung und Mahler waren Juden. Der offenkundige Antisemitismus ihrer Vereinskollegen störte sie sonderbarerweise zunächst noch nicht. Sie fühlten sich nicht betroffen. Der Antisemitismus schien sich nicht gegen die Juden als Religionsgemeinschaft, Volk oder Rasse zu richten, sondern nur gegen das jüdische Großkapital. Robert Pattai nannte die Judenfeindschaft eine »Sozialreform für die Massen«. Ferdinand Kronawetter dagegen tat den Antisemitismus verächtlich als »Sozialismus des dummen Kerls« ab.[7]

Pattai und Kronawetter gehörten ebenfalls zur jungen Garde der Antiliberalen. Pattai, ein aus Graz stammender Advokat, war seit 1876 in Wien tätig. Dr. Ferdinand Kronawetter, Sohn eines Wiener Schlossermeisters, Jurist und Magistratsbeamter, hatte seine Wählerschaft im Bezirk Josefstadt. Hier gründete er 1873 einen »Demokratischen Verein«, als Wiener Demokrat zog er auch in den Reichsrat ein. Anfang der achtziger Jahre konnte man beide, Pattai und Kronawetter, als Vorläufer der christlichsozialen Bewegung bezeichnen. Während Pattai diesen Weg dann konsequent weiterging – von 1909 bis 1911 war er als Christlichsozialer der Präsident des Reichsrats –, näherte sich Kronawetter der Sozialdemokratie; seit 1885 galt er als Repräsentant der Arbeiterbewegung im Abgeordnetenhaus.

Und Karl Lueger – Lueger war natürlich auch dabei, als der Reformverein den Zusammenschluß der antiliberalen Kräfte versuchte. Die politische Welt im damaligen Wien war klein; man kannte einander, und es trafen auch stets wieder dieselben Leute zusammen. Nur zeigte sich schon sehr bald, daß die gemeinsame Feindschaft gegen das jüdische Großkapital zur Parteigründung nicht ausreichte. Lueger sprach schon 1880 von der Notwendigkeit, eine »christliche Partei« zu bilden; das war drei Jahre vor der Fixierung des christlichsozialen Programms auf Schloß Haid in Böhmen. Mit Schönerer verbanden ihn Antisemitismus und Sympathien für die Gewerbetreibenden, doch ein Deutschnationaler war Lueger nie. Schönerer, und mit ihm zunächst auch Pernerstorfer, Adler, Friedjung und Mahler zielten auf die Gründung einer deutschnationalen Partei; an einem Programm wurde schon 1881 gebastelt.

Die Bildung der reformfreudigen neuen Front wurde von zahlreichen Versammlungen in den Wiener Vorstadtbezirken begleitet; Antisemitismus war stets die zugkräftigste Parole; damit kam man bei den Kleingewerbetreibenden, aber auch bei der Fabriksarbeiterschaft am besten an. Biedere deutsch-christliche Geschäftemacher witterten ihre Chance. Ein Silberschmied fabrizierte Amulette, die vor den Hexenkunststücken der bösen Juden schützen sollten. Ein Cafetier auf der Landstraße richtete den »ersten antisemitischen Leseraum« ein. Klebekolonnen tapezierten die Hausmauern mit primitiven Hetzplakaten.[8] Die Polizei griff zwar immer wieder zu, doch am Beginn der Ära Taaffe schien der Antisemitismus zu einer Volksbewegung anzuwachsen. Mit dem Anfang dieser Ära begann die neue Frontenbildung auch auf dem Schlachtfeld des Großkapitals.

Dr. Julian Ritter von Dunajewski, aus Stanislau in Galizien, war Professor für politische Wissenschaften und Statistik an der Universität Krakau und seit 1873 Abgeordneter zum Reichsrat. Ein prominenter Name: Albin Ritter von Dunajewski, der Bruder, war Bischof von Krakau; später, seit 1890, Kardinal. Die Dunajewski-Brüder waren immer schon Nationalisten gewesen, als Studenten Parteigänger polnischer Unabhängigkeitsbewegungen; der nachmalige Kardinal mußte im Vormärz mehrere Jahre als politischer Häftling auf der Festung Kufstein zubringen. In dem von feudalen Großgrundbesitzern beherrschten »Polenklub« des Reichsrats spielte Julian Dunajewski als studierter Verfassungsrechtler dann eine führende Rolle. Als aufrechter Pole von Rang und Ansehen verabscheute er zwei Sorten von Mitmenschen: deutsche Liberale und reiche Juden. Als Graf Taaffe den Ritter von Dunajewski in sein Ministerium holte und mit der Leitung des Finanzressorts betraute, zeigten sich die Standesgenossen im Polenklub äußerst zufrieden. Das wiederum war für Taaffe wichtig, denn der Polenklub war mit seinen 58 Abgeordneten hinter den 63 Tschechen die zweitstärkste Fraktion des »Eisernen Rings«.

Der neue Finanzminister brachte auch eine ansehnliche Morgengabe mit. Französisches Kapital. Der Repräsentant dieser Geldgeber war der Eisenbahningenieur Paul-Eugène Bontoux, ein 1857 nach Österreich zugewanderter Franzose, seit 1860 Generaldirektor der Südbahn-Gesellschaft.

Die Südbahn war das Synonym für das Haus Rothschild und die Creditanstalt. Bontoux lernte beide genau kennen, und er erlernte schnell das Bankgeschäft; er gehörte zu den Gründern des Wiener Bankvereins, mit dem er 1873 auch prompt in die größten Kalamitäten geriet, während das Haus Rothschild die Börsenkatastrophe relativ heil überstand. Vielleicht stammte daher Bontoux' Ressentiment gegen die in der Monarchie allmächtig scheinende Finanzdynastie. Der Ingenieur und Bankier verließ jedenfalls Wien und die Südbahn, ging nach Paris zurück und gründete dort mit 25 Millionen Franc die »Société de l'Union Générale«. Das war 1878, im selben Jahr, als Graf Andrássy auf dem Berliner Kongreß den Grundstein für das Bündnis der Monarchie mit dem Deutschen Reich legte. 1879, als in Österreich die Liberalen stürzten und das Ministerium Taaffe antrat, betrug das Kapital der Pariser Bontoux-Bank schon 50 Millionen Franc; 1882 sollte es auf 150 Millionen erhöht werden.

Bontoux wollte Geld verdienen, seine Aktionäre natürlich auch, doch neben dem Erwerbsstreben braver Großkapitalisten waren es auch patriotische Motive, die die Hintermänner der »Union Générale« bewegten. Frankreich hatte den Krieg gegen das Bismarck-Preußen verloren, es hatte dem neuen Deutschen Reich Elsaß und Lothringen ausliefern müssen. Dieser Stachel eiterte im französischen Fleisch; Revanche blieb die niemals verstummende Parole des französischen Nationalismus. Wer in Paris Politik machte, der konnte die Vorgänge östlich des Rheins nur mit wachsendem Unbehagen verfolgen. Die fortschreitende Annäherung zwischen Wien und Berlin war nicht zu übersehen.

Am 7. Oktober 1879 unterzeichnete der k.u.k. Außenminister Julius Graf Andrássy den Zweibund-Vertrag der Monarchie mit dem Deutschen Reich. Das nachmalige Schutz- und Trutzbündnis der Mittelmächte gegen Frankreichs Revanchegelüste im Westen und Rußlands Expansionsstreben im Osten und Südosten. Damit hatte Andrássy sein Lebenswerk abgeschlossen; am 8. Oktober bewilligte Franz Joseph seinem ungeliebten Außenminister den längst fälligen Rücktritt. Der Nachfolger, Heinrich Karl Freiherr von Haymerle, versuchte zwar auch mit Paris und London in ein besseres Gespräch zu kommen, doch nach Haymerles plötzlichem Tod trat im Oktober 1881 der bisherige Botschafter in St. Petersburg, Gustav Sigmund Graf Kálnoky, auf dem Ballhausplatz wieder Andrássys direkte Erbfolge an. Der Zweibund wurde zur Grundlage der gesamten kaiserlichen Außenpolitik. So unumstößlich, daß sich die dritte zentraleuropäische Großmacht, Italien, diesem Bündnis anzubiedern begann. Daß der italienische Nationalismus weiterhin von der Befreiung der Welschtiroler und Triestiner Untertanen des Kaisers träumte, schien den Machtpolitikern in Rom kein Hindernis, am 20. Mai 1882 den Zweibund durch ihren Beitritt zum Dreibund zu erweitern.

Die Vertragsbestimmungen blieben geheim, aber nicht so geheim, daß man in Paris von der sich anbahnenden neuen Frontbildung nichts bemerkt hätte. Großkapitalistisch, ganz im Stil der Zeit, mit der Macht des Geldes, wurden Gegenmaßnahmen eingeleitet. Die neue Bontoux-Bank sollte als vorgeschobene Operationsbasis dienen. In Rom wurde die erste Filiale errichtet. Als nächster Stützpunkt war die Metropole der Donaumonarchie vorgesehen.

Paris wollte einen Fuß in die österreichische Türe stellen, bevor diese gegen den Westen hin endgültig zugeschlagen wurde.

Schon Anfang der fünfziger Jahre hatte Napoleon III. versucht, mit dem Geld des Pariser »Crédit Mobilier« auf dem Wiener Platz Stellung zu beziehen, um mit der Macht des Großkapitals Einfluß auf die österreichische Wirtschaft und damit auf die Politik zu gewinnen. Am damaligen liberalen Finanzminister Baron Bruck war das Unternehmen gescheitert. Bruck wollte den ausländischen Einfluß fernhalten; mit seiner Förderung gründete das Haus Rothschild die Creditanstalt als erste Investitionsbank der Metropole. Jetzt gab es den Kaiser Napoleon längst nicht mehr, der »Crédit Mobilier« hatte durch die überdimensionierte Finanzierung der Pariser Stadterweiterung abgewirtschaftet, Frankreich war eine Republik, doch an der Machtpolitik mit Hilfe von Geld und Nationalismus hatte dieser vordergründige Systemwechsel nichts geändert.

Der neue Exponent des französischen Kapitals, Paul-Eugène Bontoux, traf im Sommer 1880 auf den neuen österreichischen Finanzminister Ritter von Dunajewski. Zum Unterschied vom deutschliberalen Rothschildfreund Bruck war der konservative polnische Judenhasser Dunajewski gesprächsbereit, als der Franzose die Gründung einer Bank vorschlug, die das Monopol der Creditanstalt brechen sollte: »Seine Opposition zur liberalen Strömung mag in ihm den Wunsch erweckt haben, sich von den finanziellen Mächten loszusagen, die von weiten Kreisen der Bevölkerung mit der Partei des Liberalismus identifiziert wurden.«[9]

Franz Joseph, der den Liberalen auch nicht gerade wohlgesinnt war, gab seine Zustimmung zur Bankengründung unter dem Protektorat des Finanzministers, und er zeigte sich auch mit Dunajewskis Absicht einverstanden, »der neuen Bank manche staatsfinanziellen Geschäfte zuzuwenden, um einerseits das Wiederhinausströmen des kaum erlangten Kapitals ins Ausland zu verhindern und anderseits das neue Institut auf der Bahn der soliden Entwicklung festzuhalten«.[10]

Außenpolitische Bedenken wurden nicht laut; es war noch Haymerles Zeit auf dem Ballhausplatz. Am 15. Oktober 1880 genehmigte das Innenministerium die Statuten, am 1. Jänner 1881 nahm das neue Unternehmen den Geschäftsbetrieb provisorisch im Hause Löwelstraße 18, hinter der Burgtheaterbaustelle, auf. Nach der Creditanstalt und der Bodencreditanstalt besaß Wien nunmehr eine dritte internationale Großbank. Sie trug den Namen »Österreichische Länderbank«.[11]

Franz Joseph ernannte den Grafen Ludwig Wodzicki zum ersten Gouverneur des neuen Geldinstituts. Wodzicki war Pole wie Dunajewski, doch der notorische polnische Antisemitismus nahm keinen Anstoß daran, daß der bisherige kommerzielle Direktor der Südbahn, Samuel Hahn, dem Hause Rothschild abspenstig gemacht und als Generaldirektor in die »Länderbank« geholt wurde. Die Pariser »Union Générale« des Monsieurs Paul-Eugène Bontoux übernahm das in 200.000 Aktien gestückelte Gründungskapital von 40 Millionen Gulden; die Zielsetzung der Transaktion war eindeutig.

Das Haus Rothschild wiederum nahm die Herausforderung an, und die Nachkommen des Frankfurter Geldwechslers schlugen Bontoux dort, wo er sich am stärksten fühlte. An der Pariser Börse. Am 19. und 20. Jänner 1882 erlebte die französische Hauptstadt ihren »Schwarzen Freitag«, am 28. Jänner mußte die »Union Générale« ihre Schalter schließen, am 1. Februar wurde Bontoux unter Betrugsverdacht verhaftet, und am Tag darauf erfolgte die Eröffnung des Konkursverfahrens.

Rothschild hatte wieder einmal gesiegt.

Nicht ohne daß neben Bontoux wieder einmal zahlreiche größere Spekulanten und noch mehr kleine Sparer ihr Geld verloren hatten, und nicht nur in Paris, sondern auch in Wien, denn der Börsenkrach an der Seine hatte an der Donau seine Auswirkungen.

Und die funkelnagelneue Länderbank, Dunajewskis Lieblingsgründung?

Schon im Gründungsjahr 1881 hatte sie mit Dunajewskis Unterstützung einen finanziellen Geniestreich gelandet: Die bedeutendsten Betriebe der steirischen Schwerindustrie waren aufgekauft und zur »Österreichischen Alpine Montan« zusammengefaßt worden. Am 20. Juli 1881 erfolgte die Gründung der neuen Gesellschaft, im September konnte Generaldirektor Samuel Hahn für die ersten neun Geschäftsmonate der Länderbank schon 2,8 Millionen Gulden Reingewinn nachweisen. Im Reichsrat tobte die Opposition gegen die offensichtliche Bevorzugung der neuen Bank durch das Ministerium Taaffe; die Liberalen mit dem Fraktionsführer Dr. Herbst an der Spitze zogen die Seriosität des ganzen Unternehmens in Zweifel, und der Entrüstungssturm im Abgeordnetenhaus, hinter dem man das Haus Rothschild vermuten durfte, bekam schließlich sogar außenpolitische Dimensionen. Die Länderbank hatte dem Ministerium nämlich bei der Aufnahme einer Anleihe für das Königreich Serbien Hilfestellung geleistet. Diese »Serbenlose« wurden mit 3 Prozent verzinst, alles andere also als ein gutes Geschäft, doch so wie die Franzosen in Wien, so wollten die Österreicher in Belgrad den Fuß in der Türe haben, und die Länderbank hatte sich ihrem Förderer, dem Ritter von Dunajewski, gefällig erwiesen. Was die in Zweifel gezogene Seriosität betraf, so stellten die Bankrevisoren fest, daß die 40 Millionen Gründungskapital auch tatsächlich eingezahlt worden seien.

Das war Ende 1881, wenige Wochen vor dem Zusammenbruch der »Union Générale« in Paris. Dort an der Seine siegte, wie berichtet, das Haus Rothschild. In Wien jedoch, wo die liberale Opposition nun den Zusammenbruch der Länderbank erwartete, in der Hoffnung, daß sie den Finanzminister und vielleicht das ganze Kabinett Taaffe mit sich reißen könnte, geschah das Unerwartete. Die Länderbank überstand zur allgemeinen Überraschung Bontoux' Untergang. Ihr stärkster Aktivposten, die Alpine-Montan, war schließlich keine Seifenblase der Spekulation, sondern ein Konzern zukunftsträchtiger Industriebetriebe. Ihre Qualitätsprodukte waren international gefragt; Deutschland, England und Italien zählten zu den wichtigsten Abnehmern. Dazu kam, nach der Stagnation im Gefolge des Wiener Börsenkrachs, seit 1880 wieder eine deutlich ansteigende Eisenbahn-Konjunktur. Im Jahresdurchschnitt wurden jetzt wieder 736 neue Bahnkilometer gebaut, im Vergleich zu den jährlichen 473 Streckenkilometern zwischen 1874 und 1879.

Julian Ritter von Dunajewski konnte jedenfalls auf seinen Einstand als Minister stolz sein. Das Haus Rothschild mußte sich damit abfinden, daß es zwar in Paris, nicht aber in Wien die lästige Konkurrenz ausgeschaltet hatte.

Am Rande dieses Kriegsberichts vom Wiener Schlachtfeld des Großkapitals ist noch ein Ereignis zu vermerken, das damals den Ritter von Dunajewski im Finanzministerium wohl ebensowenig interessiert haben dürfte wie die Brüder Albert und Nathaniel Rothschild oder den Dr. Lueger. Im Bankenviertel zwischen Schottenring, Börseplatz und Hohenstaufengasse erwarb die neue Großbank ein Grundstück. Man konnte schließlich nicht auf Dauer als Untermieter hinter dem Burgtheater logieren. Den 1882 ausgeschriebenen Wettbewerb für den Neubau unter der Adresse Hohenstaufengasse 3 gewann der damals 41jährige Architekt Otto Wagner.

Wer heute an dem Gebäude vorbeigeht, dem fällt die Vorderfront auf den ersten Blick sicherlich nicht auf. Sie paßt sich der Umgebung an. Ringstraßenstil zweiter Güte, wie so viele Wohn- und Geschäftshäuser in dieser Gegend, und wie auch der junge Otto Wagner sie errichtet hat. Mit etwas weniger überflüssigem Fassadendekor vielleicht, als ihn der Historismus liebte, mit schöner, klarer Gliederung der oberen Stockwerke. Die Sensation überrascht den Besucher im Inneren des Bauwerks. Damals, gleich nach der Fertigstellung, 1884, war der große Kassensaal jedenfalls die architektonische Sensation des Jahres. Die Glasdecke hing sichtbar an einer Gitterkonstruktion, darüber ein zwei Stockwerke hoher, ebenfalls von einem Glasdach überdeckter Lichthof, auch hier mit sichtbaren Eisenträgern. So bekamen die kreisförmig um den Hof angeordneten Korridore mit den Büroräumen ihre natürliche Beleuchtung.

1883, im Jahr des Baubeginns, starb Heinrich von Ferstel, Schöpfer der Votivkirche, der Universität und der Kunstgewerbeschule. 1884, im Jahr der Fertigstellung, starb Hans Makart. Vom Stil, den die beiden für ihre Zeit, die Ringstraßenzeit, mitgeprägt hatten, war im Inneren dieses neuen Bankgebäudes nichts mehr zu finden. Keine verschämt neogotische oder sonstwie neostilisierte Stuckverzierung und Verbrämung der Konstruktion, kein Renaissancepathos mehr, das an die Geldgeschäfte der Mediceer erinnern sollte; kein Plüsch und kein Gips, um dem neuen Reichtum das Flair alten Adels zu verschaffen. Das Material, Glas, Eisen, Holz, war erkennbar wie die technische Konstruktion. Hier wurde damals nichts mehr vorgetäuscht und nichts mehr verheimlicht.

Während rundum im Ringstraßenbereich noch eifrig historisiert wurde, machte Otto Wagner im Gebäude der neuen Länderbank, Hohenstaufengasse 3, den ersten Schritt auf dem Weg zu einem neuen Stil, der dann das Wien der Jahrhundertwende prägen sollte. Dieser neue Stil funktionalistischer Klarheit kam aus England, wohl als Reaktion auf den viktorianischen Plüsch, der dort noch üppiger wucherte als der Makartstil in der Wiener Ringstraßenwelt. William Morris (1834–1896) praktizierte seine Lehre an Büchern, Möbel und Hausgerät: »Kunst muß vom Volk gemacht werden, als Beglückung für den Hersteller und den Nutznießer.« Die neue Formgebung erhob dann um 1890 der belgische Architekt Henry van de Velde zur kunstpolitischen Ideologie. Otto Wagner beschritt diesen neuen Weg schon vor van de Velde eigenständig und unabhängig. Auch ein Aufruf zur Frontbildung.

Gegen den allenthalben noch herrschenden Ringstraßengeist.

Gegen den Ringstraßengeist des Großbürgertums, gegen das Großkapital, dessen Lebensstil er war, hatte der Gemeinderat Dr. Karl Lueger gerade in dem Augenblick zum Angriff geblasen, als die Gründung der neuen österreichischen Großbank die Liberalen so deutlich verärgerte.

Mit der »Länderbank« als Instrument einer antiliberalen Finanzpolitik war der Staat offenbar im Begriff, in die geheiligten Freiheitsrechte des privaten Unternehmertums einzugreifen. Im Wiener Gemeinderat wiederum wollte Lueger eine gleichfalls antiliberale Kommunalpolitik durchsetzen. Antiliberal, das hieß: Ausschaltung des privaten Verdienertums an lebensnotwendigen Versorgungseinrichtungen. Die ersten derartigen Ideen gingen auf Dr. Mandl zurück. Lueger erhob sie zum Aktionsprogramm der Linken. Was der Ritter von Dunajewski dem Hause Rothschild mit der Gründung der »Länderbank« antun wollte, nämlich ein Monopol zu brechen, das beabsichtigte Lueger zunächst einmal der »Imperial-Gas-Association« anzutun, die Wien stellenweise recht mangelhaft, dafür aber teuer mit Leuchtgas versorgte. Er forderte die Kündigung des Vertrags mit dieser britischen Gesellschaft und den Bau städtischer Gaswerke. Wiens zweites kommunales Sorgenkind war der innerstädtische Verkehr. Zwei private Tramwaygesellschaften; Streckenführung ohne ausreichende Koordination; skandalöse Bezahlung der Tramwaykutscher. Die Lösung des Verkehrsproblems hing mit der Auflassung des Linienwalls und der Eingemeindung der Vordörfer außerhalb der Linie zusammen. Ebenfalls eine Lueger-Forderung. Im Sommer 1881 legte ein britisches Konsortium, hinter dem auch Rothschild-Geld steckte, den Plan einer Gürtel-Eisenbahn entlang der Linie vor. Lueger mobilisierte die Linke im Gemeinderat; nicht gegen die Idee, aber gegen das britische Projekt. Zunächst einmal sollte grundsätzlich kein Monopolbetrieb an eine ausländische Gesellschaft vergeben werden. Sodann aber schien die ganze Planung unzureichend. Eine solche »Stadtbahn« – das wurde sie letztlich – mußte Stückwerk bleiben, wenn sie den Franz-Josephs-Kai nicht einbezog, wenn es keine Verlängerung durch das Wiental mit seinen zahlreichen kleinen Fabriken und Gewerbebetrieben gab und, hauptsächlich, wenn die Radiallinien zum Stadtzentrum hinein und zu den Vororten hinaus nicht systematisch ausgebaut wurden. Außerdem sollte eine »Stadtbahngesellschaft« auch die Kosten für die längst fällige Wienfluß-Regulierung übernehmen.

Die beiden englischen Planer der Gürtel-Eisenbahn, Bunton und Fogerthy, und die hinter ihnen stehenden Finanziers waren an einem solchen Gesamtkonzept nicht interessiert. Es versprach zu hohe Kosten und zu geringen Gewinn. Als am 1. September 1881 im Wiener Gemeinderat die Debatte über das Stadtbahnprojekt begann, stand die liberale Rechte mit ihrer knappen Mehrheit einer keineswegs so geschlossenen linken Opposition gegenüber.

Julius Newald war sicherlich ein Bürgermeister, dem Wiens kommunale Ausgestaltung zur modernen Millionenstadt am Herzen lag. Die liberalen

Gemeinderäte waren keine kleinkarierten Provinzler, die sich dem großstädtischen Fortschritt in den Weg stellen wollten. Gegen das kommunale Engagement sprach aber die für ein liberales Wirtschaftsdenken entscheidende Finanzfrage. Für die beiden Stadtanleihen mußte Wien 1881 schon 4,5 Millionen Gulden Tilgungsdienst leisten, ein Viertel des Gesamtbudgets. Da schien es besser, sich mit einem Teilprojekt zu begnügen, als noch mehr Schulden zu machen. Innerhalb der »Bürgermeisterpartei« wuchs der Widerstand gegen einen Bürgermeister wie Newald, der sich der Opposition gegenüber offensichtlich zu nachgiebig zeigte. Ein neuer Mann war im Anmarsch: Dr. Johann Prix, damals 45 Jahre alt; seit 1869 saß er im Gemeinderat. Er kam wie Lueger aus dem Landstraßer Bürgerklub, und wie Lueger war er Advokat. Natürlich Advokat, möchte man sagen; die Anwaltspraxis schien stärker denn je die Voraussetzung für eine politische Karriere; nicht nur wegen der juristischen Fachkenntnisse, sondern wohl auch, weil ein Anwalt eben sehr viele Leute kannte, weil sich die Klientel hauptsächlich aus wahlberechtigten Bürgern zusammensetzte und weil er angesichts der Konzipienten in seiner Kanzlei auch Zeit für die Politik hatte. Die Advokaten beherrschten die politische Szenerie der Haupt- und Residenzstadt über ein halbes Jahrhundert lang; von Seiller bis Lueger, fast nur Advokaten auf dem Bürgermeisterstuhl.[12]

Dr. Johann Prix war ein zukunftsorientierter Fortschrittler, durchaus mit großstädtischem Weitblick. Am Beginn seiner politischen Laufbahn fand er sich wie Lueger in der »Bürgermeisterpartei«, wie Lueger rückte er dann nach links, doch bald zeigte sich, daß Luegers kleinbürgerlich-demokratische Tendenzen nicht in sein liberales Weltbild passen wollten. Das Vorbild des Dr. Prix war viel eher Cajetan Felder, der ehemals starke Mann der Mittelpartei. Für Lueger, den seine Freunde schon als Nachfolger Newalds sahen, wuchs hier ein nicht zu unterschätzender Gegner heran. Der Widerstand in den eigenen Reihen blieb nicht auf den Dr. Prix beschränkt. Leute wie der Favoritner Gastwirt Johann Steudel waren auf die Dauer nicht bereit, sich diszipliniert einem Fraktionszwang zu unterwerfen, und sie wollten auch nicht Luegers Steigbügelhalter sein. Dazu kam noch, daß die Schulden, die mit Lueger auf die Steuerzahler zukommen würden, nicht dem kleinbürgerlichen Geschmack entsprachen.

Das Gürtel-Eisenbahn-Konsortium wurde nun ebenfalls aktiv. Ganz im Stil der Zeit sollte der unbequeme Widersacher gekauft werden. Lueger, der Advokat ohne eigenes Vermögen, mit der bescheidenen Vorstadtpraxis und der Kleinwohnung in der Marokkanergasse, erhielt das großzügige Angebot, Rechtsberater der Gesellschaft zu werden, oder auch Direktor, ganz nach Wunsch. 20.000 Gulden Jahresgage. Hätte Lueger angenommen, wäre er aller materiellen Zukunftssorgen ledig gewesen. Der Trafikantensohn hätte damit den Aufstieg in den exklusiven Klub der Wirtschaftsadvokaten und Verwaltungsräte geschafft, die das liberale Lager immer noch beherrschten.

Es war ein kaum verhüllter Bestechungsversuch, um den Mann auszuschalten, der im Gemeinderat den Vertrag der Stadt Wien mit dem Gürtel-Eisenbahn-Konsortium blockierte. Lueger lehnte das Angebot der britischen Eisenbahnplaner ab. Er kämpfte weiter gegen das Projekt.

So war die Lage im Wiener Rathaus, als sich das Jahr 1881 seinem Ende näherte. Es war immer noch das Alte Rathaus in der Wipplingerstraße. Den Neubau am Ring hoffte man 1883 beziehen zu können. Es war die Zeit, in der Schönerers Anhang an der Gründung einer deutschnationalen Partei und Otto Wagner am ersten Entwurf für ein Bankgebäude bastelten.[13] Im Theater an der Wien hatte eine neue Operette von Johann Strauß Premiere, »Der lustige Krieg«. Dann kam der 8. Dezember 1881.

Ringtheater-Brand.

Im April erst hatte die Stadt ein neues Theaterregulativ erhalten. Wären alle Vorschriften befolgt worden, hätte ein Feuer erst gar nicht ausbrechen können, und wenn es trotzdem ausbrach, hätte es zu keiner Katastrophe dieses Ausmaßes kommen dürfen. Wenige Wochen vor dem Unglück begann der Gemeinderat mit der Behandlung einer neuen Feuerpolizei-Ordnung, doch die Stadtväter verbissen sich so leidenschaftlich in den Streit um die Gürtel-Eisenbahn, daß ihnen für eine rasche Erledigung verbesserter Brandbekämpfungsvorschriften keine Zeit blieb.

Am 8. Dezember 1881 versagte die Brandverhütung, es versagte die Brandbekämpfung, es versagte die Sanität. 386 Todesopfer. Zog man die Bilanz, so hatte der Magistrat der Stadt Wien versagt. Die Zeitungen zogen diese Bilanz. Der Magistrat, das war der Bürgermeister, jener Dr. Julius Ritter von Newald, und es schien, als hätte die liberale Presse nur auf ein solches Unglück gewartet, um zum Sturmangriff auf Newald zu blasen. Der Opportunist auf dem Bürgermeisterstuhl mit seiner fatalen Hinneigung zur Linken sollte weg! Im Gemeinderat brachte Franz von Sommaruga eine Anfrage ein, die einer Anklage gleichkam; offensichtlich hatten die zuständigen Magistratsbeamten sich um die Einhaltung des Theaterregulativs nicht gekümmert, ebenso offensichtlich hatte das für die Feuerwehr verantwortliche städtische Bauamt total versagt. Während Männer wie Graf Wilczek, Graf Lamezan und Dr. Mundy die Katstrophe zum Anstoß für ein humanitäres Werk nahmen, nützten die Liberalen die allgemeine Erregung, Empörung und Erschütterung in der Stadt, um Newald zum Hauptschuldigen zu stempeln. Sogar die niederösterreichische Landesstatthalterei griff ein; dort fühlte man sich als übergeordnete Verwaltungsbehörde zuständig für Lob und Tadel. Im gegenständlichen Fall für Tadel – eine günstige Gelegenheit, aufmüpfigen Bürgern die Grenzen ihrer Freiheit in Erinnerung zu rufen. Der alte Streit zwischen dem gewählten Bürgermeister und dem Statthalter als einem vom Kaiser ernannten Beamten flammte wieder auf; so heftig wie schon lange nicht. In seiner Antwort auf Sommarugas Anfrage schob Newald die Schuld für manches Versäumnis auf die Statthalterei. Daraufhin schickte der Landesstatthalter, Ludwig Freiherr von Possinger, einen Beamten in den Gemeinderat, und der zwang dort die Gemeinderäte, sich die Verlesung einer Erklärung anzuhören, in der Possinger der Stadtverwaltung die gesamte Verantwortung anlastete.

Formal war der Statthalter zu einem solchen Schritt berechtigt, wenn davon auch höchst selten Gebrauch gemacht wurde. Gerade darum aber ging es ja, um das so heftig bekämpfte alte Feudalrecht der Obrigkeit, die freigewählte Bürgervertretung zu kujonieren. Und so ging es ein paar Wochen nach dem Ringtheaterbrand gar nicht mehr um die Tragödie des 8. Dezember 1881, um die Suche nach den Schuldigen; es ging um die Rechte des Wiener Gemeinderats und um die Person des Dr. Newald. Die Linke stellte sich vor ihn. Die Rechte ließ ihn im Stich; diesen Mann loszuwerden schien wichtiger, als dem Statthalter gegenüber Geschlossenheit und Bürgerstolz zu demonstrieren.

Dem Baron Possinger gegenüber hatte der Bürgermeister noch Selbstbewußtsein gezeigt, doch auf die Dauer war sein Standvermögen zu gering; die wochenlangen Attacken in der Öffentlichkeit zermürbten ihn. Newald war ein sensibler Mensch. Er fühlte sich mitschuldig an der Nachlässigkeit und den Versäumnissen seiner Beamten, doch als Chef des Magistrats versuchte er, sie zu decken. Die Last der politischen Verantwortung drohte ihn zu erdrücken, auch wenn dieser Begriff damals noch nicht zum Vokabular der parlamentarischen Auseinandersetzung gehörte.

In dieser Situation entschloß sich Lueger zu einem folgenschweren Schritt. Er bat den Ministerpräsidenten Graf Taaffe um Intervention für den schwer angeschlagenen Bürgermeister. Politische und emotionelle Gründe trieben Lueger auf den Weg in die Herrengasse, wo der Regierungschef im Palais Modena seinen Amtssitz hatte. Newald mußte einem als Mensch leid tun; über ein Jahrzehnt lang hatte er unermüdlich gearbeitet, um sein Ziel zu erreichen, nun sollte er über ein Unglück stürzen, an dem er persönlich wirklich nicht schuld war. Politisch schien Newald im Moment für die Linke unentbehrlich; mit ihm hatte sie ein leichtes Spiel. Auf der Rechten wurde nach einem Bürgermeister gerufen, der »ein Entschlossener, kein Weichherziger« war, »der faule Magistratsräte schont und für deren Unterlassungen seine Haut zu Markte trägt«.[14]

Luegers Vorsprache bei Taaffe war unüberlegt; ein unglückseliges, zum Scheitern verurteiltes Unternehmen. Der Ministerpräsident konnte bestenfalls den Statthalter Baron Possinger zurückpfeifen; gegen die Attacken der Liberalen war er machtlos. Der Besuch im Palais Modena blieb natürlich nicht geheim; jetzt schossen sich die Liberalen auch auf Lueger selbst ein. Wer sich mit dem verhaßten Grafen Taaffe einließ, durfte nicht mit Schonung rechnen. Nun sah Lueger sich auch auf der Linken zunehmend vereinsamt. Dr. Prix hatte inzwischen seine eigene Fraktion, den »Wiener Club«, gegründet; er rückte deutlich nach rechts. Aus der »Vereinigten Linken« scherten bald darauf auch Steudel und sein Anhang aus; man hatte Luegers starke Hand satt.

Seit dem Sommer 1881 war Wien nicht mehr zur Ruhe gekommen. An der Börse, in den Kontoren der Aktiengesellschaften und in den Palästen der Ringstraßenbarone: Aufregung rund um die Neugründung der Länderbank. Draußen in den Vorstadtbezirken, an den Stammtischen und bei den Bürgerklubs in den Extrazimmern der Gasthäuser: hektische Betriebsamkeit zwischen den durcheinandergeratenden politischen Fronten. Die Kleinbürger verfolgten das Schauspiel, wie die Großkapitalisten um die fetten Brocken von Staatspapieren und »Serbenlosen« rauften, mit wachsendem Haß auf die Reichen. Dazu kam das Korruptionsgeschrei aus dem Rathaus, wo sich Links und Rechts in den Krieg für und wider die Gürtel-Eisenbahn verbissen. Schließlich das Entsetzen über die Brandkatastrophe im Ringtheater; die Wut auf Taaffe wegen dessen Telegramms »Alles gerettet«; die Empörung darüber, daß der Kaiser die Hofjagd in Gödöllö fortsetzte, statt in seine so schwer heimgesuchte Hauptstadt zurückzukehren. Zuletzt die liberale Kopfjagd auf den Wiener Bürgermeister. Das alles begleitet von einer Welle des Antisemitismus in einer Lautstärke und haßerfüllt, wie man ihn noch nicht erlebt hatte. Keine Rede von Weihnachtsfrieden. Dann der dramatische Jänner 1882 mit den ersten Katastrophenmeldungen von der Pariser Börse. Mitten hinein in die postwendenden Wiener Kursstürze platzte Newalds Entschluß zurückzutreten. Am 24. Jänner legte er sein Bürgermeisteramt nieder. Wenige Tage später folgte der Pariser Bankrott der »Union Générale«. Man kann sich die böse Stimmung vorstellen, als Lueger am 1. März in einem Saal des Straflandesgerichts erschien; als Beklagter. Und man vermag sich die explosive Atmosphäre in ganz Wien auszumalen, als im selben Straflandesgericht am 24. April der Prozeß um den Ringtheaterbrand begann.

Nach dem Versuch des Gürtel-Eisenbahn-Konsortiums, ihn mit einem fetten Direktorengehalt zu ködern, hatte Lueger die schmutzige Verquickung von Politik und Geschäft aufgezeigt. Die »Beleidigten«, die ihn daraufhin geklagt hatten, konnten die Tatsachen nicht in Abrede stellen, nur handelte es sich bei ihren Praktiken eben nicht um strafbare Tatbestände. Dennoch plädierte der Verteidiger auf Freispruch, denn »der einzige Mann, welcher die Kraft und den Mut hatte, der Versuchung zu widerstehen von allen jenen, an welche sie herangetreten ist, war Dr. Lueger«. Der Verteidiger bezeichnete es als »Zeichen unserer sozialen Verhältnisse, daß gerade dieser einzige sich heute auf der Anklagebank befindet«, und verlangte, »daß er diesen Saal frei verlassen und nicht Leuten zum Opfer fallen wird, die nur deshalb nicht zur Verantwortung gezogen werden können, weil es an einem Paragraphen des Strafgesetzes dafür fehlt, die aber von der öffentlichen Moral bereits gerichtet sind . . .«[15]

Als Verteidiger hatte sich ein Berufs- und Bezirkskollege angeboten, von dem Lueger diesen Freundschaftsdienst nicht erwartet hätte: Dr. Josef Porzer, Obmann des klerikal-konservativen Landstraßer »Katholisch-Politischen Casinos«. Eine bemerkenswerte erste Zusammenarbeit: Ein Vierteljahrhundert später wurde der Halbjude Porzer Vizebürgermeister unter dem Regime des Dr. Lueger. Für den schönen Karl galt eben die Regel: Wer ein Jud war, bestimmte er!

Der Prozeß endete mit dem Freispruch des Beklagten. Am 2. März verließ Lueger den Verhandlungssaal als Sieger auf ganzer Linie. Zwei Tage später versammelte er seinen Anhang beim »Dreher«.

Beim »Dreher« auf der Landstraße pflegte sich die bessere Gesellschaft zu amüsieren; in der großen Katharinenhalle gab es im Fasching die Maskenbälle für die feine Welt; an Sommertagen war der Gastgarten gerammelt voll; hier musizierten Militärkapellen und gelegentlich Eduard Strauß; der Volkssänger Edmund Guschelbauer brachte in manchen Jahren wöchentlich sein Schlagerprogramm. Luegers Versammlung war ein politischer Schlager, das Publikum allerdings war zum größeren Teil nicht so vornehm, wie der Gründer des Unternehmens, Anton Dreher, sich's 1859 bei der prunkvollen Ausgestaltung seines Etablissements vorgestellt hatte. Luegers Anhang war ziffernmäßig stark; er war der Liebling der Arme-Leute-Viertel bis nach Erdberg hinunter, dem Dorf mitten im Bürgerbezirk. Dort standen auf den Rabenhofgründen ländlich anmutende, ebenerdige Häuser, schindelgedeckt; dorthin führte noch keine Pferdestraßenbahn, es gab auch kein Straßenpflaster; nach jedem Regen versanken die Bewohner bis über die Knöchel im aufgeweichten Lehm. Solche Viertel waren Luegers Reviere, doch seine Gefolgschaft besaß nur zum geringen Teil auch das Wahlrecht. Als die Versammlung beim »Dreher« unter stürmischem Jubel »dem Gemeinderat Dr. Karl Lueger das vollste, durch die jüngsten Ereignisse nur bestärkte Vertrauen aussprach«, konnte die liberale Presse höhnen, daß Lueger sich zum »offenkundigen Vorkämpfer der besitzlosen Klassen aufspiele«.[16]

Im Gemeinderat hatte der schöne Karl die meisten seiner Anhänger verloren. Sogar Dr. Ignaz Mandl rückte von ihm ab, als er Luegers opportunistische Hinneigung zum Antisemitismus zu spüren bekam. Ein paar Monate vorher mochte Lueger noch gehofft haben, nach Newald der nächste Wiener Bürgermeister zu werden. Es schien nur noch eine Frage der Zeit, bis die »Vereinigte Linke« im Gemeinderat die Mehrheit besaß. Der Ringstraßenbrand, das zufällige Ereignis, warf alle Kalkulationen über den Haufen. Daß die antiliberale Linke dieser ersten Belastungsprobe nicht standhielt, zeigte allerdings das tatsächliche Kräfteverhältnis. Die Zeit war für einen Machtwechsel noch nicht reif; Lueger war noch nicht die überragende Persönlichkeit, um eine große Partei zusammenzuhalten. Nach Newalds Rücktritt bekamen die Liberalen wieder das Übergewicht. Schon am 9. Februar 1882 war einer aus ihren Reihen, der bereits 68jährige frühere Magistratsbeamte Eduard Uhl, zum neuen Bürgermeister gewählt worden; als Kompromißkandidat, auf den rechts und links sich einigten.

Für Uhl sprachen seine in den neoabsolutistischen Jahren unerschütterlich gebliebene liberale Gesinnung, sein Fortschrittsgeist, mit dem er sich für die Hochquellenwasserleitung und die Donauregulierung eingesetzt hatte, sein Taktgefühl im Umgang mit der Opposition und seine Volkstümlichkeit. Ein gutmütiger, hilfsbereiter Mensch; Mitglied der Neudörfler Freimaurerloge, Obmann eines von dieser Loge in Wien gegründeten Wohltätigkeitsvereins »Humanitas«. Uhl stammte aus einer wohlhabenden Josefstädter Großbürgerfamilie, doch jetzt war er nahezu mittellos. Es hieß, er habe beim Börsenkrach von 1873 sein Vermögen nur deshalb verloren, weil sein Freund und Anwalt Julius Newald ihn so schlecht beraten habe.[17] Ein starker Mann war Uhl nicht.

Der schöne Karl dagegen schien nach einem glänzenden Aufstieg am Ende seiner politischen Karriere angelangt. Er war jetzt 38 Jahre alt; seine antiliberale Linke war ein Trümmerfeld, als am 24. April 1882 der Prozeß um den Ringtheaterbrand begann.

Zusammen mit dem Theaterdirektor Franz Jauner saß der frühere Bürgermeister Dr. Julius Ritter von Newald auf der Anklagebank. Ein Fressen für die Schnellzeichner der Wiener Zeitungen, ein erfreulicher Anblick für Newalds frühere liberale Parteifreunde, weil sie den Sturz des ehrgeizigen Mannes als Besiegelung der linken Niederlage empfanden. »Ich kann nicht umhin, zu bemerken«, schrieb Sigmund Mayer, der kritisch beobachtende Zeitgenosse, »daß ich, so wenig Sympathien ich auch für Newald empfunden, die Haltung der Majorität ihm gegenüber entschieden mißbilligt habe. Es wäre unzweifelhaft Pflicht des gesamten Gemeinderats gewesen, sich um seinen Bürgermeister, den man ganz mit Unrecht vor die Schranken des Gerichtes schleppte, zu scharen. Sein Freispruch war eine Genugtuung für die Linke, aber heilte nicht den Schlag, den ihm die Anklage und seine Resignation versetzt hatten . . .«[18]

Daß Newald überhaupt vor Gericht landete, war wohl auf die wochenlange Kampagne der liberalen Presse gegen seine Person zurückzuführen. Offenbar konnte sich auch die Staatsanwaltschaft von der allgemeinen Stimmung nicht freimachen. Newalds eigenes Verhalten, Luegers Intervention beim Grafen Taaffe, der Rücktritt des Bürgermeisters, das alles wirkte wie ein Geständnis: »Es dürfte ihm selbst an Energie gefehlt haben, sich entsprechend zur Wehr zu setzen. Im Zuge der Verhandlung erwies sich jedoch, daß Newald durch die Übernahme der Verantwortung lediglich den Magistrat decken wollte, worauf der Staatsanwalt die Anklage zurückzog und die Affäre mit dem Freispruch Newalds endete.«[19]

Die Affäre endete außerdem – neben der privaten Gründung einer Rettungsgesellschaft – mit einem neuen, verbesserten Regulativ für die Feuerwehr und mit der Bestimmung, daß jedes Theater einen eisernen Vorhang bekommen müsse, damit ein im Bühnenhaus ausbrechender Brand nicht auf den Zuschauerraum übergreifen könne.

Lueger hatte einige Wochen zuvor, nach seinem Freispruch im Ehrenbeleidigungsprozeß, den Gerichtssaal zwar politisch vereinsamt, aber als persönlicher Sieger verlassen. Newald kam trotz Freispruch als gebrochener Mann aus dem Straflandesgericht. Er kehrte nicht mehr in die Politik zurück. Er war 58 Jahre alt; er vergrub sich mit seinen Büchern in seiner Wohnung in der Währinger Straße. Als er 1897 starb, wollte ihn die Stadt in einem Ehrengrab bestatten. Die Familie lehnte im Sinne des Verstorbenen ab; auch im Tode wollte Newald mit Wien nichts mehr zu tun haben. Der Leichnam wurde nach Klosterneuburg übergeführt.

Der Wiener Bürgermeister, der 1897 ein städtisches Ehrengrab für den unglücklichen Julius Ritter von Newald stiften wollte, war jener Dr. Karl Lueger, auf dessen neuerlichen Aufstieg nach dem Tief von 1882 wohl kaum jemand einen Gulden verwettet hätte.

Kapitel 12 Die Anarchisten

Wer im Wien des Jahres 1882 politisch auf Hausse spekulieren wollte, der mußte auf Georg Ritter von Schönerer setzen. Wenn es auf die Lautstärke ankam, mit der er von sich reden machte, dann war er der Mann, dem die Zukunft gehörte.

Der Gutsherr von Rosenau, bis dahin Mitglied des Fortschrittsklubs im linken, dem liberalen Lager des Reichsrats, nahm damals einen spektakulären Platzwechsel vor. Er übersiedelte im Abgeordnetenhaus noch weiter nach links, zu einem Pult ganz außen an der Wand des Sitzungssaals, um damit auch räumlich sein politisches Programm zu demonstrieren. Schärfste Opposition gegen die klerikal-konservativ-slawische Mehrheit des »Eisernen Rings« auf der rechten Seite des Plenums, und nur noch losen Zusammenhang mit den Deutschliberalen alten Schlags. Links außen pflegten die »Wilden« zu sitzen, wie man Abgeordnete ohne Partei und Fraktionsbindung nannte, und wie ein Wilder fegte Schönerer auch über die Wiener politische Bühne. Wo er auftrat, gab es Lärm, nachdem er erst einmal den Antisemitismus zum »gesunden Volksempfinden« erhoben und »die Wut der Handwerker auf das Privateigentum des Kapitalismus und das Staatseigentum des Marxismus« entsprechend angeheizt hatte, mit der »Fehlspekulation, daß die Austreibung der Juden die Ausbeutung beendigen würde.«[1]

Ritter Georg, dem Waldviertler Drachentöter, entging man nicht. Sein Porträt zierte Pfeifenköpfe aus Porzellan, die Deckel von Bierkrügeln und Tabaksdosen. Der brave Antisemit klimperte an seiner Uhrkette mit dem Anhänger, der Schönerers bärtiges Profil zeigte. Gruß aus Wien; Souvenir an die Judenhetze. Zwanzig Jahre später sollte dem Dr. Lueger mit Kaffeehäferln und Bierkrügeln gleiches widerfahren, doch im Moment schien Lueger noch unten durch und Schönerer obenauf.

Im Juni 1882 erfolgte die Gründung des längst vorbereiteten »Deutschnationalen Vereins«. Als Viktor Adler seinen Freund Pernerstorfer dorthin begleiten wollte, wurde ihm bedeutet, daß Juden unerwünscht seien. Die bis dahin sehr eifrige Mitarbeit eines Adler und eines Friedjung am deutschnationalen Programmentwurf hatte Schönerer allerdings noch akzeptiert.

Das Elaborat wurde Anfang September bei einer Versammlung in der oberösterreichischen Hauptstadt vorgestellt; Schönerer samt Anhang waren ins deutsch-arische Linz gekommen, um von dort aus stromabwärts die Judenmetropole Wien zu erobern und zu säubern. Die erste Veröffentlichung des »Linzer Programms« erfolgte am 16. September 1882 in Pernerstorfers »Deutschen

65 Entscheidungsjahr für das Proletariat: Beim Neudörfler Parteitag 1874 begann die politische Organisation der österreichischen Arbeiterschaft

66, 67 »Aus den Geheimnissen von Wien«: gezeichnete Titelseiten des »Illustrierten Wiener Extrablatts«, die das Proletarierelend der achtziger Jahre darstellten

68, 69 Die Anarchisten: Eine Serie von Attentaten radikaler Sozialisten bot Anlaß für die Verhängung des Ausnahmezustands über mehrere Industriebezirke Österreichs von 1881 bis 1889

›SO LEBEN DIE ZIEGELARBEITER AM WIENERBERG‹

›DER ANGEKLAGTE DR. V. ADLER KLAGT VOR DEM WIENER SCHWURGERICHT AN‹

DAS ESSEN

Monatelang bekommen diese armen Teufel nicht einmal diesen elenden Hungerlohn in gutem Geld (Ausdruck für Bargeld). Die Auszahlung erfolgt in "Blech", d.h. in Blechmarken, für die der Arbeiter in der ihm zugewiesenen Kantine zu höheren Preisen als draußen seine Waren bezieht und so ein Bewucherungsobjekt des Kantinenwirtes wird. Die Nichtannahme der Blechmarken anstelle der Bezahlung bedeutet Entlassung genau so wie die Nichtannahme der Nahrungsmittel minderer Qualität in den Kantinen. Im Gefühl seiner Macht sagte ein Wirt einem Arbeiter, der sich beklagte: "und wenn ich in die Schüssel sch......, müsst Ihr's auch fressen."

DAS WOHNEN

Da liegen sie denn diese armen Menschen, ohne Bettuch, ohne Decken, alte Fetzen als Unterlage, die schmutzigen Kleider dienen zum Zudecken. Wanzen und Läuse sind stete Bettbegleiter. Von Waschen und Reinigen der Kleider kann keine Rede sein. In einem dieser Schlafsäle mit 50 Menschen liegt in einer Ecke ein Ehepaar, die Frau hat in demselben Raum in Gegenwart der 50 halbnackten, schmutzigen Männer, in diesem stinkenden Dunst entbunden.

In seinem Bericht über das Jahr 1888 erwähnte der Gewerbeinspektor ausdrücklich, daß die Wohnungszustände in den Wienerberger-Ziegeleien durch ein "Wochenblatt" den maßgebenden Behörden zur Kenntnis gebracht wurden. Dieses Wochenblatt war unsere « Gleichheit », die dann als "anarchistisch" unterdrückt wurde. Die Aktion der Behörden ist aber erfolglos geblieben. Der Gewerbeinspektor hat Vorschriften gemacht, die Gesellschaft hat aber nichts ausgeführt.

Im Jahre 1894 haben die Ziegelarbeiter, eine Klasse von Arbeitern, die viel tiefer stehen als die Arbeiter in Wien oder sonstwo, eine Klasse, die viel widerstandsloser ist als andere Arbeiter, eine Klasse, die der Ausbeutung unterliegt wie keine andere hier in Wien, im Jahre 1894 also haben diese Arbeiter versucht einen Schritt nach vorwärts zu machen, und sie haben erlangt, daß ihnen eine Lohnerhöhung in Aussicht gestellt wurde, und daß eine spezielle Manier, sie zu bewuchern, abgeschafft wurde.

HUNGERLOHN

Die Wienerberger Ziegelfabriksgesellschaft zahlt ihre Arbeiter im Akkord. Nun hat sie für jedes Maß Ziegel, das fertiggestellt wurde, vom Akkordlohn Abzüge gemacht und diese erst im Herbst, wenn die Arbeit beendet war, als Prämie ausgezahlt. Dieses System hat zur Folge, daß ein solcher Arbeiter nicht fort kann, auch wenn er eine andere Arbeit erhält, bis die Saison abgelaufen ist. Sonst verliert er die Abzüge. Die Gewerbeinspektion hat diese Abzüge zwar als gesetzlich unanfechtbar erklärt, aber zugleich erklärt, daß durch dieses System die Arbeiter auf Gnade und Ungnade der Wienerberger Ziegelfabriksgesellschaft ausgeliefert sind.

RECHTLOS

Die Ziegelarbeiter der Wienerberger Gesellschaft werden doppelt ausgebeutet. Als Produzenten durch die erbärmliche Niedrigkeit des Lohnes; als Konsumenten durch die Wohnungsbeistellung und das Blechwesen. Die erste Art der Ausbeutung ist ganz gesetzlich. Unsere Gesetze sind eben so. Die zweite Art der Ausbeutung aber ist nicht nur unmenschlich, sondern vom Gesetz verboten. Es ist ein Verbrechen, nicht nur vom Standpunkt des Menschen, sondern auch vom Standpunkt des Gesetzes, daß sich der Fabrikant von dem sauer erworbenen Hungerlohn des Arbeiters einen Teil durch Truck- oder Blechsystem zurückstiehlt. Und dieses Verbrechen wird begangen vor den Toren Wiens, unter den Augen der Gewerbebehörden und der Gewerbeinspektoren.

Erinnerung an Viktor Adlers Anfänge: Der Kampf gegen das Elend der Ziegelarbeiter auf dem Wienerberg

71 Gutbürgerlicher Aufmarsch mit steifem Kragen und Krawatte: Gruppenbild des Gumpendorfer Arbeiterbildungsvereins

72 Der Einiger: Dr. Viktor Adler, Arzt, Publizist, Parteiführer und Hausbesitzer

73 Neudörfl 1874: Im Leitha-Gasthaus tagte der Gründungskongreß der österreichischen Sozialdemokratie

74 Hainfeld 1888/89: In diesem Gasthaus trat der Einigungsparteitag der Arbeiterbewegung zusammen

75 Der gescheiterte Parteiführer: Dr. Hippolyt Tauschinsky vor Gericht

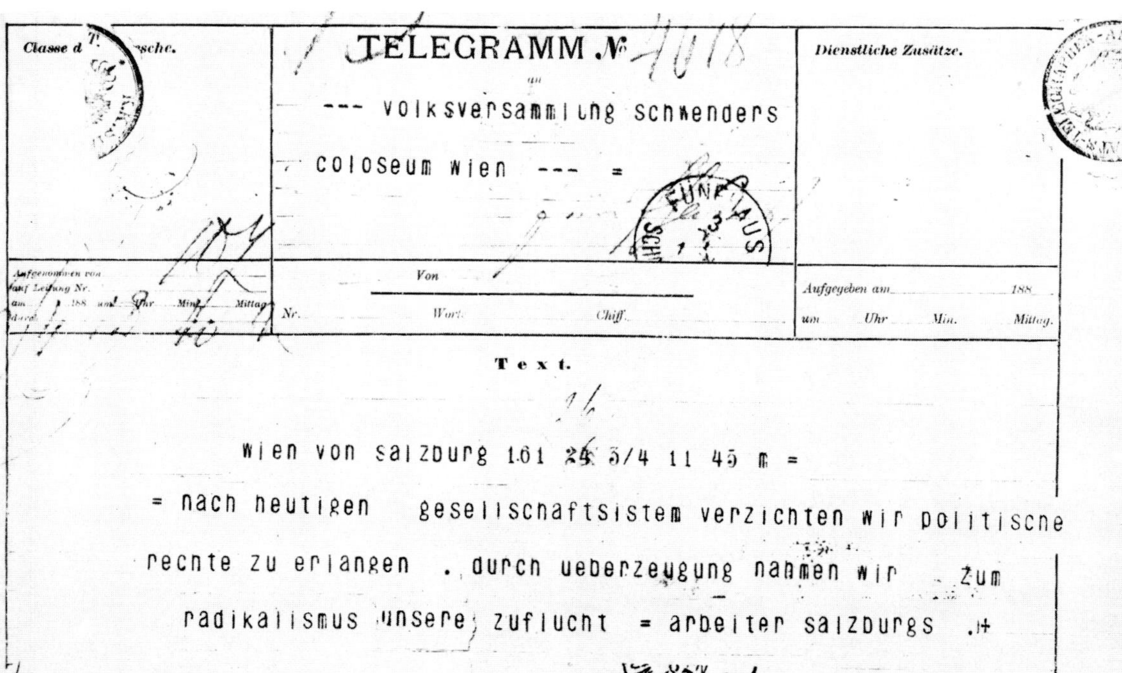

TELEGRAMM №

--- volksversammlung schwenders

coloseum wien --- =

Von

Nr. Wort. Chiff.

Aufgegeben am 188

um Uhr Min. Mittag.

Dienstliche Zusätze.

Text.

wien von salzburg 161 24 3/4 11 45 m =

= nach heutigen gesellschaftsistem verzichten wir politische rechte zu erlangen . durch ueberzeugung nahmen wir zum radikalismus unsere zuflucht = arbeiter salzburgs .+

76 Der gescheiterte Radikalismus: Die Fürsprecher des gewaltsamen Klassenkampfs unterlagen den Gemäßigten

Redaktion, Administration
und
Expedition:
VI. Gumpendorferstraße 79
Wien
wohin sämmtliche Sendungen zu richten sind.

Offene Reklamationen sind portofrei.

Sprechstunden:
An Wochentagen: 6—8 Uhr Abends. — An Sonn- und Feiertagen: 10—12 Uhr Vormittags.

Gleichheit.

Sozial-demokratisches Wochenblatt.

Erscheint jeden Samstag morgens.

Pränumerations-Preis
(mit Franko-Zusendung):

Für Oesterreich-Ungarn:

Ganzjährig	fl. 3.—
Halbjährig	„ 1.50
Vierteljährig	„ —.75
Monatlich	„ —.25

Einzelne Nummern 6 kr.

Für Deutschland:

Ganzjährig	M. 6.—
Halbjährig	„ 3.—
Vierteljährig	„ 1.50

Für die Länder des Weltpostvereines:

Ganzjährig	Frcs. 8.—
Halbjährig	„ 4.—
Vierteljährig	„ 2.—

Nr. 1. Wien, den 5. Jänner 1889. III. Jahrgang.

Prinzipien-Erklärung der sozialdemokratischen Partei Oesterreichs

beschlossen am Parteitage zu Hainfeld (N.-Oe.) am 30. Dezember 1888.

„Die sozialdemokratische Arbeiterpartei in Oesterreich erstrebt für das gesammte Volk ohne Unterschied der Nation, der Rasse und des Geschlechtes die Befreiung aus den Fesseln der ökonomischen Abhängigkeit, die Beseitigung der politischen Rechtlosigkeit und die Erhebung aus der geistigen Verkümmerung. Die Ursache dieses unwürdigen Zustandes ist nicht in einzelnen politischen Einrichtungen zu suchen, sondern in der das Wesen des ganzen Gesellschaftszustandes bedingenden und beherrschenden Thatsache, daß die Arbeitsmittel in den Händen einzelner Besitzender monopolisirt sind. Die Besitzer der Arbeitskraft, die Arbeiterklasse, wird dadurch zum Sklaven der Besitzer der Arbeitsmittel, der Kapitalistenklasse, deren politische und ökonomische Herrschaft im heutigen Staate Ausdruck findet. Der Einzelbesitz an Produktionsmitteln, wie er also politisch den Klassenstaat bedeutet, bedeutet ökonomisch steigende Massenarmuth und wachsende Verelendung immer breiterer Volksschichten.

Durch die technische Entwicklung, das kolossale Anwachsen der Produktivkräfte erweist sich diese Form des Besitzes nicht nur als überflüssig, sondern es wird auch thatsächlich diese Form für die überwiegende Mehrheit des Volkes beseitigt, während gleichzeitig für die Form des gemeinsamen Besitzes die nothwendigen geistigen und materiellen Vorbedingungen geschaffen werden. Der Uebergang der Arbeitsmittel in den gemeinschaftlichen Besitz der Gesammtheit des arbeitenden Volkes bedeutet also nicht nur die Befreiung der Arbeiterklasse, sondern auch die Erfüllung einer geschichtlich nothwendigen Entwicklung. Der Träger dieser Entwicklung kann nur das klassenbewußte und als politische Partei organisirte Proletariat sein. Das Proletariat politisch zu organisiren, es mit dem Bewußtsein seiner Lage und seiner Aufgabe zu erfüllen, es geistig und physisch kampffähig zu machen und zu erhalten, ist daher das eigentliche Programm der sozialdemokratischen Arbeiterpartei in Oesterreich, zu dessen Durchführung sie sich aller zweckdienlichen und dem natürlichen Rechtsbewußtsein des Volkes entsprechenden Mitteln bedienen wird. Uebrigens wird und muß sich die Partei in ihrer Taktik auch jeweilig nach den Verhältnissen, insbesonders nach dem Verhalten der Gegner zu richten haben. Es werden jedoch folgende allgemeine Grundsätze aufgestellt:

1. Die sozialdemokratische Arbeiterpartei in Oesterreich ist eine internationale Partei, sie verurtheilt die Vorrechte der Nationen ebenso wie die der Geburt, des Besitzes und der Abstammung und erklärt, daß der Kampf gegen die Ausbeutung international sein muß wie die Ausbeutunz selbst.

2. Zur Verbreitung der sozialistischen Ideen wird sie alle Mittel der Oeffentlichkeit, Presse, Vereine, Versammlungen, voll ausnützen und für die Beseitigung aller Fesseln der freien Meinungsäußerung (Ausnahmsgesetze, Preß-, Vereins- und Versammlungsgesetze) eintreten.

3. Ohne sich über den Wert des Parlamentarismus, einer Form der modernen Klassenherrschaft, irgendwie zu täuschen, wird sie das allgemeine, gleiche und direkte Wahlrecht für alle Vertretungskörper mit Diätenbezug anstreben, als eines der wichtigsten Mittel der Agitation und Organisation.

4. Soll noch innerhalb des Rahmens der heutigen Wirtschaftsordnung das Sinken der Lebenshaltung der Arbeiterklasse, ihre wachsende Verelendung einigermaßen gehemmt werden, so muß eine lückenlose und ehrliche Arbeiterschutzgesetzgebung (weitestgehende Beschränkung der Arbeitszeit, Aufhebung der Kinderarbeit u. s. f.), deren Durchführung unter der Mitkontrole der Arbeiterschaft, sowie die unbehinderte Organisation der Arbeiter in Fachvereinen, somit volle Koalitionsfreiheit angestrebt werden.

5. Im Interesse der Zukunft der Arbeiterklasse ist der obligatorische, unentgeltliche und konfessionslose Unterricht in den Volks- und Fortbildungsschulen, sowie unentgeltliche Zugänglichkeit sämmtlicher höheren Lehranstalten unbedingt erforderlich; die nothwendige Vorbedingung dazu ist die Trennung der Kirche vom Staate und die Erklärung der Religion als Privatsache.

6. Die Ursache der beständigen Kriegsgefahr ist das stehende Heer, dessen stets wachsende Last das Volk seinen Kulturaufgaben entfremdet. Es ist daher für den Ersatz des stehenden Heeres durch die allgemeine Volksbewaffnung einzutreten.

7. Die sozialdemokratische Arbeiterpartei wird gegenüber allen wichtigen politischen und ökonomischen Fragen Stellung nehmen, das Klasseninteresse des Broletariats jederzeit vertreten und aller Verdunkelung und Verhüllung der Klassengegensätze, sowie der Ausnützung der Arbeiter zu Gunsten von herrschenden Parteien energisch entgegenwirken."

Abonnements-Einladung.

Mit dieser Nummer tritt die „Gleichheit" in den 3. Jahrgang. Wir haben gesucht, nach Kräften unsere Pflicht zu thun, und werden diesem Streben unerschütterlich treu bleiben.

Den Inhalt des Blattes möglichst reichhaltig zu gestalten, wird auch weiterhin unsere Aufgabe sein. — Um dem politischen Theile mehr Raum gönnen zu können, wird die Form der Unterhaltungs-Beilage geändert werden. In derselben werden auch weiterhin wirklich gute Romane, Novellen und Erzählungen erscheinen. Zunächst werden wir veröffentlichen:

Die Mutter.

Erzählung aus dem Proletarierleben von Genossen **E. Tomar.**

Die „Gleichheit", ein nach jeder Richtung hin **unabhängiges** Blatt, ist ein Organ der **sozialdemokratischen Arbeiterpartei** und vertritt daher mit aller Energie die Interessen des arbeitenden Volkes; sie wird auch fernerhin alle sozialen, wirtschaftlichen und politischen Tagesfragen in klarer und belehrender Weise behandeln.

Die „Gleichheit" erscheint jeden Samstag in der Stärke von 8—10 Seiten mit einer achtseitigen Beilage und kostet für Oesterreich-Ungarn ganzjährig 3 fl., halbjährig 1 fl. 50 kr., vierteljährig 75 kr., monatlich 25 kr. Einzelne Exemplare kosten 6 kr.

In Deutschland ist die „Gleichheit" verboten; dem Bezuge unter Kouvert steht jedoch kein Hindernis im Wege.

Für die Länder des Weltpostvereins beträgt der Abonnementspreis ganzjährig 8 Frks., halbjährig 4 Frks., vierteljährig 2 Frks.

Die Redaktion und Administration
Wien, VI. Gumpendorferstraße 79.

77 Der Sieg der Demokratie: Die Beschlüsse des Hainfelder Parteitags an der Jahreswende 1888/89

Worten«. Es war ein Programm voll Widersprüchen, zusammengetragen in dem Bemühen, jedem etwas zu geben – allerdings nur, soweit es die Deutschen in Österreich betraf. Den Nichtdeutschen sollte möglichst viel genommen werden.

Der nationale Teil der 33 Programmpunkte konzentrierte sich auf »jene Länder der Monarchie, welche ehemals dem Deutschen Bunde angehörten . . . und für sich ein möglichst unabhängiges und streng einheitlich organisiertes Ganzes bilden« sollten. Galizien und die Bukowina mit ihrer polnischen, ruthenischen und rumänischen Bevölkerung sollten unter einem Sonderstatus ausgegliedert werden. Mit dem Königreich Ungarn wünschten die Linzer Programmacher sich lediglich durch eine dynastische Personalunion verbunden.

Das Linzer Programm steuerte also auf die Zerlegung der Monarchie in Teilstaaten zu, ohne das Nationalitätenproblem durch Föderalismus zu lösen. Im Gegenteil: Für das deutsch-österreichische Kernland von Aussig und Reichenberg bis Triest und Trient war die nationale Unterdrückung von rund acht Millionen Tschechen, Slowenen und Italienern vorgesehen.

Der nächste Schritt mußte wohl die Absage an die Donaumonarchie überhaupt sein und der Anschluß von Restösterreich an das Hohenzollerndeutschland. So ähnlich sah dann auch tatsächlich schon bald Schönerers »alldeutsches« Ziel aus.[2]

Die sozialen Linzer Programmpunkte von 1882 klangen durchaus fortschrittlich: Verstaatlichung der Eisenbahnen und der Versicherungen, progressive Einkommensteuer, starke Gewerkschaften und Genossenschaften, Arbeitszeitbeschränkung und gesetzliche Mindestlöhne, Frauen- und Jugendschutz, Kranken- und Unfallversicherung, Altersversorgung, Subventionierung der Landwirtschaft. Und natürlich allgemeines Wahlrecht.

Späteren Christlichsozialen, wie dem Dr. Pattai, späteren Sozialdemokraten, wie Adler und Pernerstorfer, mußte ein solches Sozialprogramm gefallen. Was die Verwirklichung betraf, so zeigte ein 1885 verfaßter Zusatzartikel die Marschrichtung an: »Zur Durchführung der angestrebten Reformen ist die Beseitigung des jüdischen Einflusses auf allen Gebieten des öffentlichen Lebens unerläßlich.« Mit dem »Sozialismus des dummen Kerls«, der antisemitischen Judenaustreibung, sollte die Welt verbessert werden!

Den Deutschliberalen gefiel Schönerers slawenfeindlicher Nationalismus, dem Mittelstand sagte der kapitalfeindliche Antisemitismus zu, beide jedoch erschreckte die Anbiederung an die Arbeiterschaft, die Forderung nach dem allgemeinen Wahlrecht. Als Kader für seine öffentlichen Aktionen organisierte der neue Parteiführer die deutschnationale Studentenschaft. Durch diesen Anhang wurden die Versammlungen zunehmend lärmender und militanter. Man kam in voller Wichs und mit den Schlägern bewaffnet, wenn Schönerer rief. Aus bierdurstigen Kehlen erklang die »Wacht am Rhein«.

Studentisches Treiben wurde dem Publikum zum Jahresausklang 1882 auch auf der Bühne des Theaters an der Wien geboten. Am 6. Dezember hatte Karl Millöckers »Bettelstudent« Premiere. Der erste durchschlagende Erfolg des Kapellmeisters und Hauskomponisten, der schon ein gutes Dutzend mehr oder weniger freundlich aufgenommene Gelegenheitsarbeiten abgeliefert hatte. Mit dem »Bettelstudent« rückte Millöcker an den von den Wienern vergötterten Johann Strauß heran.

Die Operettenlibretti von anno dazumal sollte man viel intensiver, als es der Fall ist, nach ihrer Entstehungsperiode bewerten. Dann entpuppt sich nämlich der vermeintliche Kitsch der leichten Muse mitunter als Zeitgemälde von beträchtlichem Gewicht. Wer sich heute über den polternden Baß des Oberst Ollendorf amüsiert, der die angebetete Laura ja nur auf die Schulter geküßt und dafür einen Schlag mit dem Fächer kassiert hatte, der denkt wohl kaum an die politischen Verhältnisse von 1882. Da war nämlich die jetzt so harmlos-vergnügliche Operettenverschwörung der Krakauer Studenten das musikalische Abbild der gar nicht harmlosen und ebensowenig vergnüglichen Wirklichkeit. Auf der Bühne: Polnischer Aufstand gegen das sächsische Militärregime, studentischer Freiheitskampf gegen bösartige Tyrannei. Krakau 1704.

Der Bezug zur Wiener Gegenwart des Jahres 1882 war leicht herzustellen. Wer wollte, der konnte vielleicht hinter dem Oberst Ollendorf den Grafen Taaffe erkennen. Vielleicht . . .

Wer entgegengesetzt dachte, dem fiel bei der Aufführung des »Bettelstudent« möglicherweise jener Guglielmo Oberdank ein, der im September 1882 an der österreichisch-italienischen Grenze gefaßt worden war. Er hatte ein Attentat auf den Kaiser Franz Joseph geplant, der damals nach Triest kam, zur Fünfhundertjahrfeier der Zugehörigkeit der Stadt zur Donaumonarchie. »Pereat Francesco Giuseppe« stand auf den Sockel eines Triestiner Denkmals gepinselt, und nach Oberdanks Festnahme: »Evviva Oberdank.«

Der Hochverratsprozeß und die anschließende Hinrichtung des Guglielmo Oberdank[3] schürte den nationalen Haß der Italiener auf das Haus Österreich. Die Wiener hatten 1882 ihren eigenen Prozeß, der für genug Aufregung sorgte: Arbeiter hatten den Schuhfabrikanten Josef Merstallinger überfallen und getötet, um ihn auszurauben. Die Beute sollte die Parteikasse füllen. Der große Hasser war in diesem Falle kein Nationalist, sondern ein Anarchist, der Anstreichergehilfe Josef Peukert aus Böhmen, der Anfang der achtziger Jahre in einem Wiener Elendsviertel aufgetaucht war. Er brachte die anarchistische Lehre von der politischen Gewalt mit; die von ihm herausgegebene Zeitschrift »Zukunft« mobilisierte die Radikalsten unter den Arbeitern, sein politischer Proletarierklub wurde zur Wiener Keimzelle des Anarchismus. Nach dem Überall auf den Schuhfabrikanten wurden Peukert und die an der Tat beteiligten Arbeiter verhaftet. Die Verteidigung übernahm der k.k. Hof- und Gerichtsadvokat

Dr. Karl Lueger. Das machte ihn bei den Liberalen noch unbeliebter, als er ohnehin schon war, bei den Proletariern gewann er dadurch viele Sympathien. Bei Gericht stießen Lueger und seine Klienten auf den Senatspräsidenten Graf Lamezan, den Mitbegründer der Rettungsgesellschaft. Lamezan war ein tätiger Menschenfreund, das hatte er in der Schreckensnacht des Ringtheaterbrands bewiesen. Als Richter in Hochverrats- und in Mordprozessen war seine Strenge gefürchtet. Beim Merstallinger-Prozeß zeigte er sich milde, aber nur, weil er die Angeklagten und ihre Motive offenbar nicht ernst nahm. Er spottete über ihren »Wassersuppensozialismus« und nannte sie »Revolutionäre im Schlafrock«. So gab es keines der allgemein erwarteten Todesurteile. Die Räuber kamen mit längeren Kerkerstrafen davon, Josef Peukert, der Anstiftung bezichtigt, ging überhaupt frei. Er sollte in den nächsten Jahren noch eine bemerkenswerte Karriere als Experte für soziale Fragen machen.

Der Raubüberfall auf Merstallinger war nur der Beginn einer Welle des Anarchismus im Wien der achtziger Jahre. Kronprinz Rudolf, der Thronerbe der Dynastie, zeigte sich erschüttert: »Mord, Raub, Sozialisten, Anarchisten, Dynamit, Styt-Glyzerin, daneben klerikale, bei uns feudal-korrupte Wirtschaft, das sind die Merkmale der Zeit; böse Tage! Die Verrohung nimmt überhand; die Zivilisation und ihre Träger werden angekämpft von oben und unten. Schon lange ist es in Europa nicht so schlecht gegangen als in diesem Augenblikke . . .«[4]

Der »Bettelstudent« wurde in diesen bösen Tagen der angeblich so guten alten Zeit vom Wiener Publikum begeistert aufgenommen. 56 Aufführungen en suite. Im März 1883 stand der Millöcker-Erfolg immer noch auf dem Programm.

Was die Wiener von Schönerer und seiner studentischen Leibgarde zu erwarten hatten, erlebte die Stadt zum ersten Male am 5. März 1883, als die Burschenschaften zum Gedächtniskommers für den am 13. Februar in Venedig verstorbenen Richard Wagner einluden.

Wagner, das Idol. Germanentum und Judenhaß. 4000 Festgäste. Das deutsche Wappen, die deutsche Flagge, das Deutschland-Lied. Ein Zufallsbesucher mußte glauben, sich nach Berlin verirrt zu haben. Schönerer als Held des Abends. Auch Pernerstorfer war noch dabei, ereiferte sich für die deutsche Einheit. Am wildesten von allen gebärdete sich ein Mitglied der Verbindung »Albia«, ein Student namens Hermann Bahr.

Bahrs Loblied auf den »politischen Führer Wagner« rief die Polizei auf den Plan. Sie kam gerade zurecht, als Schönerer den deutschen Kaiser als »wahres Staatsoberhaupt« feierte – oder auch nicht; er bestritt es später, doch im allgemeinen Tumult, den der Aufmarsch der Staatsgewalt auslöste, wußte keiner mehr so genau, wer nun eigentlich was gesagt hatte. Die Polizei wollte den Saal räumen, die Studenten setzten sich zur Wehr: »Plötzlich wurde ich zur Seite gestoßen, es war Schönerer mit einem Schläger in der Hand, der zum Widerstand gegen die ›Polypen‹ aufrief, vor Wut schäumend und ganz in seinem Element. Das blieb mir bis heute unauslöschlich im Gedächtnis . . . so taucht unwillkürlich Ritter Georg in einen Feuerball gehüllt vor meinen Augen auf.« So schilderte Hermann Bahr die Szene.[5] Allerdings erst viel später, zu einer Zeit, als Arthur Schnitzler und Hugo von Hofmannsthal zu seinen Freunden gehörten. Damals, 1883, wurde er mit Hunderten anderen Studenten von der Wiener Universität relegiert; an den Universitäten von Graz und Czernowitz erging es ihm ebenso, und sein Vater, ein ehrenwerter Linzer Notar, klagte verzweifelt: »Hermanns politische Ideen sind wahnsinnig, seine Einstellung ist nicht mehr normal, sein ganzes Verhalten hat sich verhärtet . . . Neben den unmöglichsten politischen Demonstrationen haben sie slawische Beamte und Polizisten angegriffen, sie feiern Trink-Orgien . . .«[6]

Die Radikalisierung ihres Nachwuchses mochte damals vielen Vätern, konservativ-kaisertreuen Staatsdienern ebenso wie gutbürgerlichen Liberalen, ähnliche Sorgen bereitet haben. Ein solcher bekümmerter Vater war in den achtziger Jahren auch der Kaiser Franz Joseph.

Hermann Bahr, um den sich ein Jahrzehnt später die Jung-Wiener Literatengeneration im Café Griensteidel auf dem Michaelerplatz sammelte, war noch nicht zwanzig Jahre alt, als er auf Schönerer stieß. Der österreichisch-ungarische Thronfolger, Kronprinz Rudolf, war 24, als er Moritz Szeps, den Herausgeber des »Neuen Wiener Tagblatts« kennenlernte. Bahr sang sich in Studentenkneipen an der »Wacht am Rhein« die nationale Kehle heiser und schlug sich bei antisemitischen Demonstrationen mit der Polizei. Der Kronprinz fiel zwar nicht durch öffentliche Exzesse unangenehm auf, doch dem Kaiser und dem Hof konnte es nicht entgehen, wie weit Rudolfs politische Vorstellungen von der Marschroute des Vaters und des Ministeriums Taaffe abwichen. Schon als junger Mann verabscheute Rudolf die Klerikalen; die feudalen Standesgenossen verachtete er als die »blaublütigste sogenannte erste, aber weiß Gott, nicht beste Gesellschaft«.[7] Das schien ein Erbteil seiner extravaganten bayrischen Mutter zu sein. Der Kronprinz war seit 1881 mit der belgischen Prinzessin Stephanie verheiratet; er war damals zeitweise als Offizier in Prag stationiert; der kaiserliche Vater hielt den Sohn von den Staatsgeschäften fern und beschränkte Rudolfs Tätigkeit auf den militärischen Dienst und gelegentliche, unwichtige Repräsentation. Er durfte besuchen und eröffnen. Daß er bei solchen Anläßen mitunter freizügige Gedanken äußerte, gehörte zu Franz Josephs Kümmernissen.

Den Moritz Szeps hatte der Kronprinz 1882 durch Vermittlung eines seiner früheren Lehrer, des Nationalökonomen Dr. Karl Menger, kennengelernt. Szeps stammte aus Galizien; seit 1867 war er Chef des „Neuen Wiener Tagblatts". Er war Jude wie der andere große Zeitungsmann des Jahrhunderts, Moritz Benedikt aus Kwassitz in Mähren, der seit 1881 als Mitherausgeber der »Neuen Freien Presse« fungierte. Der Begründer dieses Blattes, August Zang, hatte sein journalistisches und kommerzielles Programm in der gar nicht so scherzhaften Bemerkung zusammengefaßt, eigentlich müsse die Königin von England ihre Thronrede inserieren, wenn sie sie in der »Presse« veröffentlicht haben wollte.[8] In den letzten Jahrzehnten der Donaumonarchie war die »Neue Freie Presse« ein Blatt mit Weltgeltung, und Moritz Benedikt galt als journalistischer Paladin des Kaisers. Was immer man Franz Joseph vorwerfen mochte, Antisemit war er keiner; er ernannte Benedikt zum lebenslänglichen Mitglied des Herrenhauses.

Rudolf war ein deklarierter Philosemit. Er bewunderte die Juden wegen ihres stets wachen Verstandes und ihres intellektuellen Muts zu neuen Denkmodellen. Die zweite Hälfe des 19. Jahrhunderts war die Periode intellektueller jüdischer Zuwanderung nach Wien; aus allen Kronländern und über deren Grenzen hinaus aus den neuen Balkanstaaten. Seit 1848 produzierte der Nationalismus in den nichtdeutschen Ländern seine eigene Geisteswelt, vorzugsweise in der Literatur, weil die Sprache nun einmal das wichtigste Element völkischer Selbstverwirklichung war. Für die Juden war Deutsch immer schon die geistige Muttersprache; sie zogen dorthin, wo sie sich in dieser Sprache entfalten konnten, nach Wien. Der weltweit ausstrahlende intellektuelle Glanz der Wiener Jahrhundertwende kam zu einem wesentlichen Teil von diesen Juden. Sigmund Freud und Karl Kraus, Gustav Mahler und Theodor Herzl, später Joseph Roth, Elias Canetti.

Moritz Szeps erfand den »Kleinen Anzeiger« im Inseratenteil als Basis zur Zeitungsfinanzierung. Von der »Neuen Freien Presse« unterschied sich das »Neue Wiener Tagblatt« durch journalistische Betonung der politischen und kulturellen Bedeutung der Metropole; natürlich liberal, aber deutlich fortschrittlicher als Benedikts Blatt. Szeps organisierte einen regelrechten privaten »Geheimdienst«, um sich Informationen zu beschaffen. 1866, als er noch Chefredakteur der Wiener »Morgenpost« war, erhielt er als erster Wiener Zivilist durch einen solchen anonymen Vertrauensmann die Nachricht von der österreichischen Niederlage bei Königgrätz. Er war ein leidenschaftlicher Journalist; er wohnte mit seiner Familie am Beginn seiner Laufbahn in der Redaktion. »Unser Kinderzimmer stieß tatsächlich an das Redaktionszimmer an«, erzählte seine Tochter Bertha später, »heute noch, wenn ich Druckerschwärze rieche, ist mir das so heimisch wie dem Bauern Stallgeruch.«[9] Die Leidenschaft vererbte sich. Bertha Szeps, die den Anatomen Zuckerkandl heiratete, war der erste bedeutende weibliche Reporter im Wiener Journalismus und wohl auch die erste Journalistin, die den größten Teil ihrer Interviews per Telefon zusammentrug. Es war Arthur Schnitzler, der sie dazu drängte, ein »Telefon-Tagebuch« zu führen; so blieb der Nachwelt ein bedeutendes Kulturdokument der Jahrhundertwende erhalten. Der Sohn, Dr. Julius Szeps, war später Chefredakteur der Wiener »Allgemeinen Zeitung«; während des Weltkriegs galt er als journalistischer Vertrauensmann von Kaiser Karls Außenminister Ottokar Graf Czernin. Das dritte Kind, die Tochter Sophie, heiratete nach Paris, einen Monsieur Paul Clemenceau, den Bruder des Journalisten Georges Clemenceau, der auf dem Höhepunkt der Dreyfus-Affäre in seinem Blatt »L'Aurore« Emile Zolas berühmten Artikel »Ich klage an« veröffentlichte. Georges Clemenceau – später französischer Ministerpräsident, der »Tiger« und Deutschenhasser, dem bei den Friedensverhandlungen von St. Germain anläßlich der Aufteilung der Donaumonarchie der Satz zugeschrieben wurde: »Der Rest ist Österreich.«

Über Dr. Julius Szeps und seinen Schwager Paul Clemenceau lief 1917 eine bemerkenswerte, wenn auch erfolglos gebliebene Friedensinitiative des Grafen Czernin nach Paris.[10] Nach dem Ersten Weltkrieg soll dann Bertha Szeps-Zuckerkandl über ihre Schwester Sophie den ersten Kontakt des österreichischen Bundeskanzlers Dr. Ignaz Seipel in Paris hergestellt haben, Ausgangspunkt der Völkerbundanleihe und der Seipel-Sanierung von 1922.[11]

Das war die Zeitungswelt des Moritz Szeps, in die der Kronprinz 1882 Zutritt fand. Mit dem Zeitungsmann verband den Thronerben die Hinneigung zu Frankreich, ganz gegen die Dreibund-Politik der Monarchie in Bismarcks Kielwasser. Die frankophile Einstellung des Kronprinzen bekam Mitte der achtziger Jahre zunehmende Bedeutung, als die Gefahr eines neuen deutsch-französischen Krieges und zugleich eines gemeinsamen deutsch-österreichischen Krieges gegen Rußland förmlich von Monat zu Monat wuchs. Schon 1882, in einem seiner ersten Briefe an Moritz Szeps, begeisterte sich Rudolf für die »glückliche, reiche, sich lebensfähig erweisende, mächtige französische Republik, die nun nach kaum 12 Jahren nach dem Tage von Sedan als unleugbar deutliches Beispiel dasteht, daß Republiken in Europa Großes leisten können . . .«[12]

Der Kronprinz fühlte sich kontrolliert: »Man ist sehr aufmerksam und mißtrauisch mir gegenüber und ich sehe von Tag zu Tag mehr, mit welch engem Kreis von Spionage, Denunziation und Überwachung ich umgeben bin.«[12] Ende 1883 wurde Rudolf als Kommandant der 3. Infanteriedivision nach Wien versetzt. Die stundenlangen Visiten des »Tagblatt«-Chefs Moritz Szeps im Kronprinzenappartement der Hofburg und die Besuche des innenpolitischen »Tagblatt«-Redakteurs Dr. Berthold Frischauer konnten auf die Dauer kein Geheimnis bleiben. Der regelmäßige Umgang mit solchen Leuten mußte den Kaiser beunruhigen, das »Neue Wiener Tagblatt« nannte sich schließlich ein »Demokratisches Organ«. Franz Joseph machte sich jene Sorgen, die Väter nun einmal haben, wenn sie daran denken, daß die Söhne bald, vielleicht schon sehr bald ihre so mühevoll aufgebaute kleinere oder größere Welt zerstören könnten. Dem Kaiser ging es in den achtziger Jahren wohl nicht anders als so manchem Gründer, wenn er an die Zukunft seines Aktienpakets, seines Bankhauses, seiner Fabrik dachte, nur daß Franz Joseph eben in den Dimensionen eines ganzen Kaiserreichs und dessen europäischer Großmachtstellung zu denken hatte.

Der Generationswechsel war im Gange. 1880 starb der Ziegelbaron Heinrich Drasche unter Hinterlassenschaft eines Vermögens, das auf 25 bis 30 Millionen Gulden geschätzt wurde.[13] Sein älterer Sohn war bei einem Bergwerksunglück ums Leben gekommen; den jüngeren Drasche interessierten weder Ziegelöfen noch Kohlengruben, er lebte als Privatgelehrter und Maler. So hinterließ der als »reichster Mann von Wien« beneidete Bauherr des Heinrichshofs keinen Nachfolger, nur einen Erben. 1883 starb Franz Wertheim, Symbolfigur für den Neureichtum der Ringstraßenwelt; der vazierende Handwerksbursche aus Krems, der keine Ruhe gegeben hatte, bis er endlich Baron, kaiserlicher Rat und Truchseß Seiner Majestät geworden war, mit der dazugehörigen Hofkleidung und sämtlichen erreichbaren Orden. Doch es gab keinen zweiten Freiherrn von Wertheim, der mit dem Vermögen auch den Titel hätte erben können; die Hinterlassenschaft des Geldschrankfabrikanten, für den Joseph Strauß einst die Polka »Feuerfest« komponiert hatte, ging an Wertheims außerehelichen Sohn Franz Gunst. Im selben Jahr 1883 starb Heinrich Ferstel, zuletzt auch ein Baron, der Wertheims Stadtpalais auf dem Schwarzenbergplatz errichtet hatte. Die Fertigstellung seiner Votivkirche konnte Ferstel noch erleben, die Universität wurde erst im Jahr nach dem Tode des großen Ringstraßenarchitekten vollendet. Das war 1884, und so konnten die Wiener sich gleichzeitig über Ferstels Renaissance-Traum begeistern und Otto Wagners sichtbare Eisenträger im neuen Länderbank-Gebäude mit Befremden besichtigen.

1883 wurde der Schlußstein für das Neue Rathaus gelegt, und im neuen Reichsratsgebäude hielt das Abgeordnetenhaus seine erste Sitzung ab. Der Däne Theophil Hansen wurde 1884 in den Freiherrnstand erhoben, der Württemberger Friedrich Schmidt 1886. Dem Otto Wagner widerfuhr keine solche Ehrung; im fortschreitenden Alter wurde Franz Joseph mit Nobilitierungen zunehmend sparsamer. Wagners Postsparkassengebäude (1906) gefiel dem Kaiser zwar ausnehmend gut, doch seine Welt blieb das 19. Jahrhundert.

1883: Neugotische Verwaltungskathedrale, neugriechischer Parlamentstempel, zwei Höhepunkte des historisierenden Romantizismus, doch das neue Wien kündigte sich zugleich schon an. Eine internationale Elektrizitätsausstellung versprach der Kaisermetropole für die Zukunft mehr Licht. Seit dem Vorjahr gab es auf dem Stephansplatz, dem Stock-im-Eisen-Platz und dem Graben schon elektrische Straßenbeleuchtung, jetzt nahm die Hofoper eine elektrische Bühnenbeleuchtung in Betrieb. Die Wiener Gemeinderäte waren von der strahlenden Helle so begeistert, daß sie für den Sitzungssaal im Neuen Rathaus auch gleich eine elektrische Illumination in Auftrag gaben. Fortschritt allenthalben:

Am 19. Oktober 1883 fuhr die erste Wiener Dampftramway von Penzing über Mauer und Rodaun bis Perchtoldsdorf.

Bei der Eröffnung der Elektrizitätsausstellung sagte Kronprinz Rudolf in der Festrede: »Die Zukunft ist eine große – und eine weitreichende, kaum zu berechnende Umwälzung, tief eindringend in das gesamte Leben der menschlichen Gesellschaft, steht bevor . . . ein Meer von Licht strahle aus dieser Stadt und neuer Fortschritt gehe aus ihr hervor.« In einem anschließenden Brief an Moritz Szeps konstatierte Rudolf: »Graf Taaffe . . . wollte nicht bei der Eröffnung sein; vom Adel war niemand da . . . Erzherzog Albrecht verzog das Gesicht auf das entsetzlichste . . .«[14]

Das Entsetzen hatte seinen Grund: Rudolf, der kommende Kaiser, unterhielt sich vor aller Augen ungeniert mit dem verdächtigen Demokraten Moritz Szeps und überreichte ihm eine Abschrift der Eröffnungsrede zur Publikation im »Neuen Wiener Tagblatt«! Damals konnte man schließlich nicht voraussehen, daß der allerhöchste Generationswechsel in diesem Jahrhundert nicht mehr stattfinden würde. Franz Joseph war 53 Jahre alt, doch er hatte noch drei Regierungsjahrzehnte vor sich. Der ob seiner demokratischen, frankophilen Neigungen suspekte Kronprinz dagegen hatte nur noch sechs Jahre zu leben. Fortschrittsbegeisterte Zukunftsaussichten auf eine Umwälzung der Gesellschaft, wie Rudolf sie anklingen ließ, mußten den alten Feldmarschall Erzherzog Albrecht mit Sorge erfüllen. 1883: Die Metropole hatte eben erst das randalierende Auftreten des Georg Ritter von Schönerer erlebt. Die Universität wuchs sich erkennbar zu einem Herd permanenter Unruhe aus. In den Proletariervierteln rumorte der anarchistische Untergrund. Die Polizei hatte Hochbetrieb.

Seit die Zweiteilung der Monarchie 1867 auch dem Polizeiministerium für den Gesamtstaat ein Ende bereitet hatte, besaß Wien einen Polizeidirektor als oberste Instanz; ab 1873 führte er den Titel Polizeipräsident. Die neue Organisation der Polizei zog einen Schlußstrich unter den jahrhundertelangen Streit zwischen Bürgerschaft und Obrigkeit um die Ordnungsgewalt über die Stadt, in dem sich bis dahin stets die niederösterreichische Statthalterei gegen die Gemeinde durchgesetzt hatte. Die neue Wiener Polizeidirektion war auch für die damals noch nicht eingemeindeten Vordörfer außerhalb der Linie zuständig. In den achtziger Jahren war diese Zentralstelle mit 289 Konzeptsbeamten besetzt; erst 1892 wuchs der Stand auf 393 Beamte an. Ganze 122 Mann bildeten den Grundstock der uniformierten »Sicherheitswache«. In den Wiener Straßen hielt der Herr Wachmann Einzug. Egal, welchen Dienstrangs er auch war, von den Wienern wurde er und wird er bis heute mit »Herr Inspektor« tituliert. Wer sich über die Ordnungshüter ärgerte, verspottete sie als »Mistelbacher«, weil nämlich dem Vernehmen nach die Wiener Sicherheitswache ihren personellen

Nachschub hauptsächlich aus dieser schönen niederösterreichischen Stadt bezogen haben soll. Seit 1870 gab es auch den Herrn Wachmann hoch zu Roß. Die berittene Polizei war bei den Proletariern in den Vorstädten besonders verhaßt, weil sie vorzugsweise gegen Straßendemonstranten eingesetzt wurde. Noch 1927, beim Brand des Justizpalastes, ritten Polizisten ihre Kavallerieattakken gegen Arbeiter; mit gezogenem Säbel.

Anton Ritter von Le Monier, seit 1870 Wiener Polizeidirektor, organisierte 1872 das zivile Kriminalbeamtenkorps unter der Bezeichnung »Polizeiagenten-Institut«. Natürlich gab es auch eine Staatspolizei; die Sektion III der Polizeidirektion, für verdächtige Ausländer ebenso zuständig wie für die unerwünschte politische Tätigkeit von Inländern ... Auch im konstitutionellen Staat wurde auf die Spitzeldienste nicht verzichtet. Le Moniers Vorgänger, Josef Freiherr von Strohbach, hatte ganz im Geist seines Vorbilds aus der Metternichzeit, des Grafen Sedlnitzky, diesem Bereich seine besondere Liebe zugewendet. Wenn der Staat schon liberalisiert wurde, die Polizei sollte ein Hort der repressiven Gewalt bleiben. Auch der ansonsten fortschrittliche Le Monier pflegte seine »Naderer«, wie sie in Wien immer noch hießen. 1885 beispielsweise flossen 20.000 Gulden aus einem Geheimfonds in die Taschen von Konfidenten. Freimaurer und Anarchisten waren die bevorzugten Objekte solcher Observierung.[15]

Wäre nicht Wien, hätte die Polizei nicht auch mit den Lustbarkeiten der fröhlichen Stadt ihre Sorgen gehabt. Bemerkenswerterweise gehörte auch das »Spektakelreferat« damals zur Sektion III. Das beliebteste Spektakel der Wiener war der Auftritt von Volkssängern, und die Polizei hielt an die fünfzig solcher Kompanien unter Kontrolle. Die »Volkssängerführer«, wie die Prinzipale hießen, durften lediglich drei Partner haben, mit Ausnahmegenehmigung höchstens fünf. Die Darbietungen sollten nicht zu unkontrollierten Theatervorstellungen ausarten. Das war auch so eine Spezialität der österreichischen Liberalisierung: Die Dezemberverfassung garantierte zwar Pressefreiheit; die Theaterzensur blieb aufrecht, die Stücke mußten vor der Aufführung zur Bewilligung eingereicht werden. Dieser sonderbare Zustand überlebte sogar noch den Zusammenbruch von 1918; erst Mitte der zwanziger Jahre wurde die Theaterzensur abgeschafft.

Für die Volkssänger war in den achtziger Jahren um 23 Uhr Sperrstunde. Erst ab 1893 durften die ambulanten Singspielhallen-Konzessionäre bis Mitternacht agieren. Uniformen und Nationaltrachten waren als Bühnengarderobe auf der Pawlatschen verboten; auch ein Zeitsymptom. Im Staat des permanenten Nationalitätenkriegs sollte jeder mögliche Anlaß für Unruhe im Publikum ausgeschaltet werden.

Auch ohne Nationaltrachten und Uniformen waren die Darbietungen oft genug aufregend aktuell, wie Gustav Schöpls schon erwähnter Text »Der Mensch is kein Krowot« beispielsweise, der Dauererfolg des Interpreten Franz

Kriebaum. Die letzte Strophe hatte ihren Zeitbezug zur militärischen Balkanaktion von 1878:

»In Bosnien da drunten, da gibt's a Gaude,
da fressen sie Zwiebel, Knofel und Kafe,
doch unsere Truppen, die sind nicht so dumm,
und schaun sich sogleich nach was Fleisch'gem um.
Drum fangen s' zu speanzeln mit Türkinnen an
und zum Haremswärter sag'n s': Ja, lieber Mann:
Der Mensch, der Mensch, der Mensch is kein Krowot . . .«[16]

Stätte dieses Kriebaum-Erfolges war »Danzers Orpheum« auf dem Alsergrund, auch deshalb erwähnenswert, weil das Haus eines der ersten Wiener Bauwerke von Otto Wagner war. Er hatte es 1864–1865 in der Wasagasse als Privattheater für die Baronin Amalia Pasqualatti errichtet. Die Dame, eine frühere Schauspielerin, brachte ihren vermögenden Ehemann mit ihrer Bühnenleidenschaft an den Rand des finanziellen Ruins. 1869 wurde das »Harmonietheater« der theaterspielwütigen Baronin in ein Varieté umgewandelt; 1873 übernahm der Gastwirt Eduard Danzer das Etablissement; seit 1875 trat dort Franz Kriebaum auf.

So hatte das Spektakelreferat also seine Sorgen. 1883 machte die Volkssängerin Louise Montag der Behörde zu schaffen; sie wollte als Tirolerbub kostümiert auftreten. Louise Montag, mit bürgerlichem Namen Aloisia Pintzker, verehelichte Plechaczek, soll eine Stimme gehabt haben wie die weltberühmte Adelina Patti, über vier Oktaven, und wenn sie ihren »Triller« losließ, dann hörten sogar die Kellner mit dem Austragen der Bierkrügel auf. Mit ihrer Stimme und mit ihrem Witz verdiente sie so viel Geld, daß sie zwei Villen in Dornbach ihr eigen nennen konnte.[17] 1883 tat sie sich mit dem ebenso berühmten Edmund Guschlbauer zusammen. Eine Frau in Männerkleidung auf der Pawlatschen war verboten; so streng waren damals die Sitten. Die Montag gab nicht nach, bis sie eine Sondergenehmigung zur Benützung einer Lederhose und eines Tirolerhuts als Bühnengarderobe erhielt. Ihr erfolgreichster Schlager war das Couplet: »Gut is' gangen, nix is' g'scheh'n!«

Trotz der Schönerer-Krawalle schien das Jahr 1883 tatsächlich noch einigermaßen gut zu Ende zu gehen; die Studentenrevolution blieb auf die Millöcker-Operette im Theater an der Wien beschränkt. Bis dann am 15. Dezember 1883 doch etwas geschah, das Schönerer und seinen deutschnationalen Lärm verhältnismäßig harmlos erscheinen ließ und den Wienern die Freude an den gepfefferten Darbietungen der Volkssänger-Kompanien in den diversen Etablissements für eine ganze Weile verdarb.

Am 15. Dezember 1883 wurde ein Konzeptsbeamter des Polizeikommissariats Floridsdorf, Franz Hlubek, ermordet. Der Täter war Anton Kammerer, ein aus Deutschland zugewanderter Anarchist, der schon in Straßburg einen Soldaten getötet und einen Raubmordversuch unternommen hatte.

Das Schreckgespenst anarchistischen Terrors stand plötzlich am Wiener Horizont. Keine vier Wochen nach dem ersten Anschlag, am 10. Jänner 1884, tötete der Anarchist Hermann Stellmacher den Kriminalbeamten Ferdinand Blöch. Einen zweiten Mord verübte Stellmacher an dem Geldwechsler Heinrich Eisert.

Hatte man nach dem Überfall auf den Schuhfabrikanten Merstallinger noch gehofft, die Tat könnte ein Einzelfall sein, so merkte man nun, daß auch das vermeintlich so gemütliche Wien gegen den Anarchismus nicht gefeit war. Die bösen Lieder mancher Volkssänger genügten nicht, die sozialen Aggressionen abzureagieren. Der Mensch war wirklich kein Krowot, der vom Salat allein leben konnte und wollte. Die Ringstraßenpracht in ihrem Glanz ließ den Betroffenen ihr proletarisches Elend nur noch deutlicher im trostlosen Grau erscheinen. Auch in Wien wurde zur Gewalt aufgerufen und zum Terror gegriffen.

Wer heute im Lexikon nachschlägt, findet den Anarchismus als »Sammelbegriff für jede konsequente Auflehnung gegen bestehende Gesetze, Normen und Ordnungen« klassifiziert.[18] Als die anarchistische Terrorwelle um die Jahrhundertwende ihren Höhepunkt erreichte, bezeichnete das Lexikon von damals »die Beseitigung jeder Herrschaft eines Menschen über einen anderen, also einen Zustand ohne Rechtsordnung, ohne Über- und Unterordnungsverhältnis« als anarchistisches Ziel.[19] In dieser Periode fielen die Kaiserin Elisabeth, König Umberto von Italien und der amerikanische Präsident William McKinley als anarchistische Opfer. An die hundert Zeitschriften in Dutzenden von Ländern, von Ägypten bis Uruguay, predigten den Anarchismus als den Weg zur Befreiung der Menschheit. Verschwörungen, Sabotageakte, Attentate, politische Morde galten als »Propaganda der Tat«, wie sie der Russe Sergei Gennadewitsch Netschajew (1847–1882) gefordert hatte.

Der Franzose Pierre-Joseph Proudhon (1809–1865) brachte den Anarchismus in ein erstes System. Ihm ging es um die Freiheit und Ungebundenheit des Individuums. Der berühmt gewordene Satz »Eigentum ist Diebstahl« wurde von Proudhon propagiert; er entwickelte ein Wirtschaftssystem gegenseitiger Dienstleistungen über eine Tauschbank mit Tauschgutscheinen. Proudhon inspirierte russische Revolutionäre im westeuropäischen Exil. Michail Aleksandrowitsch Bakunin war der prominenteste. Von der Abschaffung des Privateigentums versprach sich Bakunins Schule eine kollektive Gesellschaftsordnung ohne Zwang, mit freiwilliger Einordnung des Einzelmenschen. An Bakunins Seite im Schweizer Exil tauchte dann die Abenteurergestalt des 22jährigen aus

Rußland geflüchteten Sergei Netschajew auf; er wies dem Anarchismus den Weg zum propagandistischen Terror. Bakunin (1814–1876) trennte sich bald von Netschajew, doch da war die Saat schon ausgestreut. 1872 schloß die Sozialistische Internationale die anarchistischen Gruppen aus. 1883 gründete Georgij Walentinowitsch Plechanow in Genf die Partei »Befreiung der Arbeit«, die Vorgängerin der Kommunistischen Partei. Weder Sozialismus noch Kommunismus wurden mit dem Anarchismus fertig.

Die Terrorwelle am Beginn der achtziger Jahre wurde durch das Bombenattentat ausgelöst, dem 1881 Zar Alexander II. von Rußland zum Opfer fiel. Der Nachfolger, Alexander III., kündigte zwar die Begnadigung von Verschwörern und Emigranten an; von Reformen aber war im Reich des finsteren Despotismus keine Rede. Die Krönung des neuen Zaren wurde von dem in der Schweiz erscheinenden Emigrantenblatt »Obscheze jelo« – »Allgemeine Sache« – mit der Ankündigung quittiert, »das Exekutivkomitee werde gegebenenfalls seines Amtes walten«.[20]

Auch in Wien hatte sich ein solches Exekutivkomitee gebildet. Es nahm ein allerhöchstes freudiges Ereignis, die Niederkunft der Kronprinzessin Stephanie, zum Anlaß eines »Mahnrufs an alle Arbeiter und Männer des Volkes«, gegen das »Schmarotzergeschlecht« aufzubegehren: »Wie viele Tausende fleißige und nützliche Frauen sehen mit Kummer und Sorge der Stunde ihrer Entbindung entgegen, nehmen sich das Leben oder werden zu Mörderinnen ihrer eigenen Kinder aus Hunger und Nahrungssorge, und da sollte das Volk in freudiger Stimmung sein . . .?« Das Flugblatt, im September 1883 in Wien verbreitet, verriet Netschajews Schule: »Wacht auf und erhebt Euch zur Tat! Unsere Blutsauger und Unterdrücker sind eine Handvoll, während wir Legionen sind. Man unterdrückt uns mit Gewalt, setzen wir der Gewalt die Gewalt gegenüber! Man ermordet unsere Brüder in den Gefängnissen, man preßt uns das Mark aus den Knochen und wirft uns in den Kerker . . . Jeder, der sich entschlossen hat zu handeln, der handle selbst und verlasse sich auf niemanden . . . Also vorwärts, Brüder! Auf zum Kampf! Eröffnen wir das Feuer im Einzelgefecht. Da ist jede Militär- oder Polizeimacht ohnmächtig, dann wird auch der allgemeine Sturm nicht mehr lange ausbleiben. Nieder mit allen Tyrannen und ihren Schergen!«[21]

Das Exekutiv-Komitee, das im September 1883 dieses Flugblatt verbreitete, konnte zunächst nicht ausgeforscht werden. Das für die Polizeispitzel ausgegebene Geld machte sich nicht bezahlt. Am 15. Dezember 1883 bewies der Mord an dem Kriminalbeamten Franz Hlubek, wie ernst gemeint die so primitiv theatralisch klingenden Drohungen waren. »Die sozialistischen Unruhen waren vorauszusehen«, schrieb der Kronprinz an Moritz Szeps, »doch daß sie diesen nihilistischen Anstrich annehmen sollten und selbst zu großen Dynamit-

Explosionen führen würden, das habe ich hier in Wien niemals für möglich gehalten ...«[22] In den Arbeitervierteln kochte es, wie man zu sagen pflegte. Jetzt ging Josef Peukerts anarchistische Saat erst richtig auf. Die Konfidenten hatten plötzlich Hochbetrieb. Eifrig notierten sie die Texte revolutionärer Lieder, die in den Vorstadtwirtshäusern erklangen:

»Brüder, haltet fest zusammen,
laßt die Freiheit nicht verdammen
von der schwarzen Höllenschar ...«

Hausdurchsuchungen, Razzien, Verhaftungen, Jagd auf Geheimdruckereien. Unruhige Weihnachten 1883; die braven Bürger konnten sich der brennenden Christbaumkerzen nicht so recht erfreuen. Der drohende Chorgesang aus Proletarierkehlen klang durch die stille, die heilige Nacht:

»Es tönt ein Ruf von Land zu Land,
Ihr Armen reichet euch die Hand.
Und ruft ein Halt der Tyrannei
und brecht das Sklavenjoch entzwei!
Es wirbelt dumpf das Aufgebot,
es flattert hoch die Fahne rot!«[23]

Der Ministerpräsident Graf Taaffe mußte verstört zur Kenntnis nehmen, daß die Revolutionsstimmung gerade in dem Moment aufflammte, als er und sein Ministerium sich größte Mühe gaben, die soziale Lage des Proletariats zu verbessern. Am 17. Juni 1883 war die Verordnung über die Tätigkeit der Gewerbeinspektorate zum Schutz der Arbeiterschaft erlassen worden, gegen den massiven Widerstand der Unternehmer. Der Tag wurde von der Geschichtsschreibung später als »Beginn der vorbildlichen Sozialgesetzgebung der Regierung Taaffe, die in anderen Ländern wesentlich später einsetzt«, markiert.[24] Taaffe selbst mochte überzeugt sein, einen geradezu revolutionären Prozeß einzuleiten; die Radikalen unter den Arbeiterführern empfanden die Fabriksgesetze des Ministeriums nur als Hohn auf die eigenen Forderungen; als Versuch, die Arbeiterbewegung zu spalten, die große Masse mit dem berüchtigten »Wassersuppensozialismus« abzuspeisen und die Bildung einer durchschlagskräftigen sozialdemokratischen Partei zu verhindern.

Das Attentat des Anton Kammerer am 15. Dezember 1883 demonstrierte die Situation. Das Ministerium rechnete mit dem Ausbruch von Unruhen. Anfang Jänner 1884 erging an die in Wien stationierte 3. Infanteriedivision unter dem Kommando des Kronprinzen Alarmbefehl. Auf Ersuchen des Polizeipräsidiums wurde die Umgebung des Westbahnhofs von einem Bataillon besetzt; dort schien ein Herd künftigen Aufruhrs zu sein. Ein zweites Bataillon wurde in Bereitschaft gehalten. Zwei Kavallerieschwadronen schwärmten ebenfalls aus; offenbar sollte ihr Anblick einschüchtern.

Am 10. Jänner antwortete der Anarchismus mit dem nächsten Anschlag. Hermann Stellmacher, ein Mann aus dem Elsaß, tötete den Polizisten Blöch. Der Mord an dem Geldwechsler Eisert ging gleichfalls auf sein Konto.

Jetzt antwortete die Regierung mit dem Ausnahmezustand. Teile von Wien, Floridsdorf, Korneuburg und Wiener Neustadt wurden unter Militärkontrolle gestellt. Die Anarchisten reagierten mit neuen Drohungen. Bevor im Sommer 1884 der Prozeß gegen Kammerer und Stellmacher begann, wußten Konfidenten von Vorbereitungen zu berichten, die Budapester Zitadelle in die Luft zu sprengen. Eine anonyme Anzeige bezeichnete den Wiener Polizeikommissär Bernhard Frankl als »obersten Verschwörungsarrangeur«.[25] Eine Flut von Flugblättern aus England, Frankreich und der Schweiz überschwemmte Wien. In Reichenberg wurde eine illegale Druckerei entdeckt. Für die Anarchisten kam Geld sogar aus Amerika, wo Chicago mit seinen vielen osteuropäischen Einwanderern das Zentrum der Bewegung war.

Die befürchtete neue große Terrorwelle kam nicht. Stellmacher wurde am 8. August 1884 hingerichtet, ohne daß die Budapester Zitadelle in die Luft flog. Die Polizei leistete schon im ersten Jahr des Ausnahmezustands ganze Arbeit. Über 400 Verdächtige wurden aus Wien deportiert, darunter 34 Ausländer. Jetzt machte sich das viele Geld bezahlt, das aus dem Geheimfonds den Konfidenten zugeflossen war. Wie viele schuldlose Familien durch die Ausweisungen aus Wien ihre Arbeit, ihre Unterkunft, ihre Existenz verloren, auf bloßen Verdacht hin, wurde nicht registriert. Regierung und Polizei konnten, für den Moment zumindest, den radikalen Kern des Proletariats ausschalten und die Ansätze einer organisierten Arbeiterbewegung zerschlagen. Tot war der Sozialismus nicht. Die Polizei sammelte Krawattennadeln ein, die ihr eine Faust auf rotem Untergrund entgegenballten.

Die wiederhergestellte Ruhe und Ordnung war nur scheinbar. Das bürgerliche Wien wendete sich zunächst einmal wieder seinem Alltag zu. Im September 1884 erlebte Karl Millöcker die 150. Vorstellung des »Bettelstudent«. Schon im Jänner 1884 hatte seine neue Operette, »Gasparone«, ihre Premiere gehabt. Sie brachte es allerdings nur auf 34 Vorstellungen en suite. Auch begeisterte Theaterbesucher zeigten in den Monaten der Anarchistenpanik offenbar nicht die rechte Operettenfreude.

Johann Strauß hatte schon 1883 sein neues Werk herausgebracht, »Eine Nacht in Venedig«. Nach einer mißglückten Premiere in Berlin ein voller Erfolg in Wien. Daran änderte auch nichts, daß der Musikkritiker der »Neuen Freien Presse«, Dr. Eduard Hanslick, den Komponisten und seine Arbeit wieder einmal bösartig heruntermachte. Ein Walzerkönig konnte Hanslicks Gehässigkeiten aushalten. Im übrigen war Johann Strauß wieder einmal damit beschäftigt, der Wiener Gesellschaft einen Skandal zu servieren. Seine zweite Frau – Angelika, geborene Dittrich – war ihm davongelaufen. Strauß kränkte sich nicht; er fand sehr bald eine dritte Ehepartnerin, Adele Deutsch.[26] Um Scheidung und neue Ehe zu ermöglichen, wurde er vorübergehend Staatsbürger von Coburg-Gotha und Protestant. Die Wiener Gesellschaft verzieh dem Walzerkönig seine Abenteuer lange nicht, und die Stadt verweigerte dem zeitweise Abtrünnigen sogar das Ehrenbürgerrecht.

Das Theater an der Wien war damals Eigentum des unglückseligen Ringtheater-Direktors Franz Jauner. Seine Gefängnisstrafe hatte er inzwischen abgesessen; eine neue Konzession bekam er allerdings nicht. Da er das Theater an der Wien also nicht selbst führen konnte, verkaufte er es um 664.000 Gulden an die Schauspielerin Alexandrine von Schönerer und blieb als anonymer Direktor und künstlerischer Inspirator des Operettenglanzes im Haus.

Das politische Wien begann sich wieder für und gegen den Ritter von Schönerer zu ereifern. Die Polizei jagte immer noch wirkliche oder vermeintliche Anarchisten und beschäftigte sich neuerdings auch recht intensiv mit dem nationalistischen tschechischen Untergrund in der Metropole. Es erschien sogar ein panslawistisches Blatt in deutscher Sprache, der »Parlamentär«. Tschechische Studenten erhielten zeitweise Stipendien aus undurchsichtigen Quellen, die man in Rußland vermutete. Der Nationalitätenstreit bekam jetzt sogar eine religiöse Färbung. Der »Parlamentär« propagierte den Übertritt zum russisch-orthodoxen Glauben.

Im neuen Parlamentsgebäude tobte hinter der griechischen Fassade der Kampf für und wider Taaffes Reformprogramm. Die christlichen Sozialpolitiker meist hocharistokratischen Standes mit den beiden Prinzen Aloys und Alfred Liechtenstein an der Spitze hatten ihr Haider Programm als Operationsbasis. Und sie hatten zeitweise einen sonderbaren Sachberater, von dem sie sich bei ihrer Enquete über die wahren Lebensverhältnisse des Proletariats informieren ließen: den freigesprochenen Anarchisten Josef Peukert. Das war die Periode, in der dem jüdischen Wiener Gemeinderat Sigmund Mayer die Ehre widerfuhr, vom Grafen Belcredi im Herrenhaus als Kronzeuge zitiert zu werden. Kronprinz Rudolf riet damals seinem journalistischen Freund Moritz Szeps, »mit Nachdruck den Staatssozialismus und den Kampf gegen die Sozial-Aristokraten zu predigen, die nutzlosen Bestrebungen der letzteren lächerlich machend . . .«[27]

Szeps hatte damals allerdings wahrhaftig andere Sorgen. Sein »Tagblatt« führte eben eine heftige Kampagne gegen Schönerer und dessen Antisemitismus; wegen Ehrenbeleidigung wurde er sogar zu vier Wochen Arrest verurteilt. Die Prinzen Liechtenstein waren auch alles andere als lächerlich. Seit dem Katholikentag von 1877 galt Aloys Liechtenstein als »roter« Prinz, denn bei der

Abschlußkundgebung hatte er zum ersten Male seine christlichsozialen Vorstellungen in der Öffentlichkeit entwickelt. Die von den Liberalen so hochgelobte Gewerbefreiheit verdammte er als einen »beschönigenden Sprachgebrauch, um ... die Herrschaft des Stärkeren zu verhüllen«. 1884 wetterte er im Reichsrat gegen den »Begriff des Arbeitsvertrages ... als einen wöchentlichen oder täglichen Kauf der Arbeitskraft«.[28] Den christlichen Sozialpolitikern von damals ging es nicht nur um höhere Löhne und kürzere Arbeitszeiten, Gesundheitsfürsorge und Versicherungsschutz. Es ging um die veränderte moralische Einstellung zur menschlichen Arbeit, zur Würde des Menschen überhaupt. Arbeitsleistung sollte mehr sein als nur ein Produktionsfaktor. So standen die Liechtenstein-Brüder dem Anarchisten Josef Peukert zweifellos näher als dem Grafen Taaffe und seinem Ministerium. Daß der Prinz nicht wirklich »rot« war, im landläufigen Sinne der Bezeichnung, wußte Aloys Liechtenstein selbst aber genausogut wie die wirklichen, die klassenkämpferischen »Roten«. Der Liechtenstein-Kreis wollte auch gar nicht rot sein. Die Einstellung zum Eigentumsbegriff zog einen unüberwindlichen Trennungsstrich. Solange es einen Kapitalismus gab, privates Eigentum an Produktionsmitteln und Grundbesitz, schien den Sozialisten die Befreiung der Menschen aus der Abhängigkeit von anderen Menschen undenkbar, auch nicht durch noch so fortschrittliche Sozialgesetze. So konnte die Bindung zwischen dem vom jungen Kronprinzen verhöhnten Sozial-Aristokraten und dem Anarchisten Peukert auch nicht von langer Dauer sein.

Im übrigen gab es immer noch keine Christlichsoziale Partei; es gab nur den Kern der späteren Bewegung rund um die Prinzen Liechtenstein, den Baron Vogelsang und die Tageszeitung »Vaterland«, und es gab die Masse der Kleingewerbetreibenden, der kleinen Angestellten, der kleinen Bauern. Ideologie und Anhang mußten erst zueinanderfinden. Lueger mußte erst kommen, doch Lueger hatte sein politisches Tief noch nicht überwunden. Er war populär, er besaß seine treue Gefolgschaft in den Landstraßer Vierteln und darüber hinaus in den angrenzenden Kleinbürgerbezirken, doch im Gemeinderat blieb er mit wenigen Getreuen isoliert. Stimmgewaltig, unbequem, doch ohne reale Machtstellung.

Auch die Sozialdemokratie repräsentierte noch keine geschlossene Arbeiterbewegung. Seit Neudörfl ideologisch zerstritten, jetzt auch noch durch den Anarchismus in Radikale und Gemäßigte aufgesplittert, durch den Belagerungszustand niedergehalten, durch Deportationen dezimiert, von der Polizei verfolgt, von Konfidenten bespitzelt, das war ihre Situation Mitte der achtziger Jahre. Auch dem Proletariat fehlte noch die Führerpersönlichkeit. Tauschinsky, deprimiert durch das Mißtrauen der Genossen gegen ihn, den »Studierten«, enerviert durch das Mißlingen aller Einigungsversuche, erschöpft nach mehreren Gefängnisaufenthalten, hatte aufgegeben.[29] Peukert verließ 1884 Wien; er flüchtete ins Ausland, bevor er wieder verhaftet werden konnte. Viktor Adler war noch nicht auf den Plan getreten. Er praktizierte als junger Arzt im Hause seines reichen Vaters auf dem Alsergrund.

Für die große Masse der Fabrikarbeiter, für die Proletarierfamilien in den erbärmlichen Quartieren am Rande der Bürgerbezirke ging es um das Überleben, und so wurde die Sozialpolitik des Ministeriums Taaffe als momentane Erleichterung der tristen eigenen Lage empfunden. Nach dem Statut für die Gewerbeinspektoren von 1883 erschien am 11. März 1885 die Novellierung der Gewerbeordnung von 1859. Ihr Kernstück war die Maximalarbeitszeit von 11 Stunden täglich. Dazu kamen die Verbote von Nachtarbeit für Frauen und der Kinderarbeit bis zum 14. Lebensjahr. Die Regelungen wurden als »Fabriksgesetze« klassifiziert; Verbote und Kontrollen blieben auf Fabriken beschränkt, das Gewerbe mit seinen Handwerksbetrieben wurde ausgenommen. Erst 1888 folgten Arbeiterunfallgesetz und Krankenversicherung mit Beiträgen der Unternehmer, schließlich 1906 und 1910 die Angestelltengesetze mit Bestimmungen über Urlaub, Krankengeld, Kündigungsschutz, Abfertigung und Altersversorgung.

Trotzdem, die Gewerbereform vom März 1885 war ein unleugbarer Fortschritt. Das Großbürgertum mit seinen Aktienpaketen und Fabriken sah die Unternehmerfreiheit eingeschränkt, und darunter war die Freiheit des Arbeitsvertrages nach Angebot und Nachfrage zu verstehen. Letztlich die Freiheit auf Ausbeutung: Das Angebot an Arbeitskräften war größer als die Nachfrage. Die Gewerbereform wurde als einseitige Bevorzugung des Handwerks verdammt; das war sie auch, das war eine ihrer politischen Absichten. Es wäre sicherlich ungerecht, dem Grafen Taaffe zu unterstellen, er hätte das ganze soziale Reformprogramm nur begonnen, um die Stimmen der Kleinbürger für die Regierungsmehrheit des »Eisernen Rings« zu mobilisieren, da war schon eher die Hoffnung vorherrschend, den sozialistischen Radikalismus einzudämmen.

Der Dank der Kleinbürger blieb dennoch nicht aus. Im Frühsommer 1885 wurde das Abgeordnetenhaus des Reichsrats neu gewählt. Zum ersten Male nach dem schon 1882 verabschiedeten, geänderten Wahlsystem. Es blieb ein Zensuswahlrecht, doch der Zensus wurde von bisher zehn auf fünf Gulden direkte Steuerleistung jährlich herabgesetzt.

Fünf Gulden Jahressteuer; das gab zwar keinem Arbeiter, keinem Kleinbauern das Wahlrecht, aber Zehntausenden kleinen Gewerbetreibenden.

Eine neue Wählerschicht; nicht nur in Wien, sondern in den vielen bisher vom deutschen Großbürgertum beherrschten Städten Böhmens, Mährens und Sloweniens. Jetzt konnten auch die slawischen Kleinbürger zur Wahl gehen.

Die Rechnung ging auf. Die deutschliberale Linke verlor ein Viertel ihrer Mandate; dazu wurde sie noch durch die Deutschnationalen geschwächt, die unter Schönerer ihren eigenen parlamentarischen Weg gehen wollten. Tschechen, Slowenen, Ruthenen und Italiener zogen verstärkt in Theophil Hansens Neubau ein. Graf Taaffe gab sich der Hoffnung hin, jetzt leichter mit dem Nationalitätenstreit fertig zu werden.

»Fünf-Gulden-Männer« – so wurden die neuen, mit den Stimmen der kleinen Leute gewählten Abgeordneten genannt.

Einer dieser Fünf-Gulden-Männer war der k.k. Hof- und Gerichtsadvokat Dr. Karl Lueger aus der Wiener Marokkanergasse.

Kapitel 13 „Der Zweifronten-Krieg“

Seit der Eröffnung der Ringstraße mit der berühmten Praterfahrt des Kaiserpaares am 1. Mai 1865 waren nun schon zwanzig Jahre vergangen. Jetzt stritt man in Wien nicht mehr darüber, ob die Alleen nicht doch besser nur mit Roßkastanien bepflanzt worden wären. Die Platanen und die Ailanthusbäume aus Ungarn hatten den düsteren Prognosen mancher Botaniker getrotzt; im Frühsommer standen die drei Baumreihen zu beiden Seiten der Fahrbahn in voller Blüte, die schöne Jahreszeit über eine grüne Landschaft vor den hellen Fassaden der Paläste. Noch keine schmutziggraue Patina von Abgasen, kein Motorenlärm, kein Hupkonzert. Durch die schattigen Alleen trabten die Reiter, rund um die Innenstadt bimmelten die Pferdetramway-Züge, rot-weiß lackiert, mit eigenem Raucherabteil. Auf dem Stephansplatz, dem Stock-im-Eisen-Platz und dem Graben ein Gewirr von Menschen, Pferden und Kutschen; die Pferdeomnibusse, »Stellwagen« genannt, mit Zahnpasta- und Mundwasserreklamen auf den Dächern und an den hinteren Plattformen. Die »Wasserer«, die ihre bunten Halstücher gleich Zunftsymbolen trugen, schleppten von den Hydranten volle Kübel für die Gäule heran und kehrten emsig die Roßknödel weg, die Dienstmänner mit ihren roten Kappen drängten sich mit Paketen, Blumensträußen, eiligen Briefen durch die Menge. Die Damen stöckelten auf hohen Schnürschuhen dahin; die Schleppen waren verschwunden, man durfte den Fuß zeigen und gelegentlich sogar ein paar Zentimeter gestreiften Strumpf. Oben zeigte man sich hochgeschlossen, Knöpfe waren sehr beliebt; die Taille wurde betont, die Turnüre, wie der »Cul de Paris« in Wien hieß, mit dem Pölsterchen auf dem allerwertesten weiblichen Hinterteil, nahm dafür an Volumen zu. Überhaupt, die Wiener Haute Couture war international, die Modekünstler von der Donau präsentierten ihre Kreationen erfolgreich an der Seine, der Themse und der Spree; damals bekam die Wiener Bluse Weltruf. Man flanierte mit bestickten und perlenbesetzten Beuteln, Zierkämme und Haarnadeln waren kleine Kunstwerke; Fächer sogar zur Straßenkleidung, Hutgebilde mit Tüll und ganzen Kunstblumenbeeten. Die Federn wehten, grün auch auf den Generalshüten. Den Zauber der Montur präsentierten die Offiziere mit ihren blauen Uniformröcken; man sah ihnen die schlechte Bezahlung nicht an. »Schulden wie ein Stabsoffizier« war ein geflügeltes Wort; gar mancher berufsmäßige Vaterlandsverteidiger war auf der permanenten Suche nach der Mitgift; bei Heirat mußte Kaution erlegt werden, so um die 30.000 Gulden herum; oft genug kam das Geld vom gutbürgerlichen Herrn Schwiegerpapa. Auch in der Armee war der Adel auf dem Rückzug; sogar die Hälfte aller Generale war bürgerlicher Herkunft. Die Zivilisten im Straßenbild verzichteten zunehmend auf die Buntheit der Herrengarderobe; Kragen und Manschetten – die »Röllchen« – waren abnehm- und abwaschbar.

1880 hatte Fritz Henkel in Düsseldorf mit der Erzeugung von »Bleichsoda« begonnen, dem ersten billigen, fabrikmäßig abgepackten Waschmittel; 200 Gramm um 10 Pfennig. Der erste Markenartikel, Vorläufer von Fritz Henkels Verkaufsschlager »Persil«. Apotheker und Drogisten machten mit Schönheitsmitteln so gute Geschäfte, daß sich schon Anfang der sechziger Jahre der Budapester Chemiker J. Beyse gedrängt gesehen hatte, in einem Büchlein »Kosmetikon« auf die »neueste Charlatanerie mit Schönheitsmitteln, die im großartigsten Maßstab betrieben wird, den geneigten Leser aufmerksam zu machen«. Schönheit war schon damals teuer; die sehr beliebte »Aurora-Pomade« etwa, als »unfehlbares Mittel, die Transpiration der Haut zu befördern, eine schöne Wangenröte zu erzeugen« angepriesen, bestand aus Kakaobutter und Veilchenwurzelpulver und kostete einen Gulden. Gegen Sommersprossen wurde gesundheitsschädliche Quecksilbersalbe angepriesen; eine angeblich aromatische Zahnpaste im Wert von fünf Kreuzern wurde um 40 Kreuzer verkauft. Herr Beyse aus Budapest wetterte gegen »Täuschung und Prellung des Publikums« – ein Vorläufer des Konsumentenschutzes – und empfahl ein Bad als »Hauptmittel zur Gesundheit und Erhaltung des Körpers, zur Verschönerung der Haut. Das Baden ist für jedermann unentbehrlich . . . Es ist sehr zuträglich, sich im Bade selbst mit einer guten Toiletteseife leicht einzureiben.« Sein Buch nannte nicht weniger als zwanzig verschiedene Arten von nützlichen Bädern und kam zu dem Schluß: »Die frühe Morgenstunde ist die beste zum warmen Bade; nach demselben lege man sich zu Bette und man wird noch eine Stunde im höchsten Wohlbehagen schlafen.«[1]

Der Budapester Chemiker hatte sicherlich recht mit seinen Ratschlägen, sein »Kosmetikon« war in Budapest und Wien ein Verkaufsschlager. Die Nutzanwendung blieb zwangsläufig sehr beschränkt. Auch nach 1885, nach Beschränkung der täglichen Arbeitszeit auf elf Stunden, dürften nicht allzu viele Bewohner der k. k. Haupt- und Residenzstadt Zeit gefunden haben, sich nach dem morgendlichen warmen Bade noch einmal für eine Stunde ins Bett zu legen. Wo hätten die meisten Wiener auch ihr Bad nehmen sollen? Eine neue Bauordnung aus dem Jahr 1883 schrieb zwar für jedes Wohnhaus Wasserklosette vor; von Badezimmern war keine Rede. Ende der achtziger Jahre begann eine neue Baukonjunktur; 1890, mit der Eingemeindung der Vordörfer, dehnte sie sich über die nunmehr aufgelassene Linie hinaus ins Grüne aus. 1899, auf dem Höhepunkt des Baubooms, wurden in Wien 603 Wohnhäuser errichtet, mit Umbauten, Zubauten und Aufbauten entstanden insgesamt 15.152 neue Wohnungen in diesem einen Jahr. Wie die meisten dieser Wohnungen aussahen, das zeigen die von der städtischen Statistik registrierten »Wohnungsbestandteile«: 18.517 Zimmer und 9247 Kabinette; in der Hauptsache also die berüchtigten Zimmer-Küche- oder Zimmer-Küche-Kabinett-Wohnungen in den Massenquartieren der Außenbezirke. Nur ein Viertel dieser Wohnungen besaß überhaupt ein Vorzimmer. Die Bauherrschaft wurde der Bauordnung gerecht, indem sie die meisten dieser Neubauten mit einem Klosett pro Stockwerk versah, oft für sechs Wohnungen gemeinsam. Bäder waren nicht vorgeschrieben; wer unbedingt baden wollte, der mußte das Wasser eben von der Bassena auf dem Gang in die Küche tragen und auf dem Herd erhitzen. Sitzbadewannen aus Zink waren der Luxus der armen Leute. In diesem Jahr 1899 gab es in Wien zwölf städtische Volksbäder, »Tröpferlbad« genannt. Insgesamt wurden 1,2 Millionen Besucher gezählt; so nahm im Durchschnitt jeder Wiener einmal pro Jahr sein Tröpferlbad unter der Brause. Wer die Körperpflege so weit trieb, daß er ein Wannenbad oder ein Dampfbad konsumieren wollte, mußte in das Theresienbad gehen; seit 1892 stand es unter städtischer Verwaltung, 1899 wurde es von 66.777 Personen besucht. Das Theresienbad war übrigens der einzige Aktivposten in der kommunalen Bäderbilanz; für den Betrieb der Volksbäder mußten jährlich 30.000 bis 40.000 Gulden zugeschossen werden. 1899: Da war Karl Lueger schon Bürgermeister von Wien, und in einer rundum noch liberalen Wirtschaftswelt hatte sich im Rathaus der Gedanke der Sozialtarife durchgesetzt.

Aus den Schulden war die Gemeinde seit Beginn der Stadterweiterung nicht mehr herausgekommen. Mit der Ausdehnung Wiens, mit den vielen Neubauten wuchsen die Ausgaben für Straßenbau und Kanalisation, für Schulen und Markthallen. Mitte der achtziger Jahre begab sich der mehrheitlich immer noch liberale Gemeinderat auf die Suche nach neuen Geldquellen, ohne die Brieftaschen der Wähler anzutasten. Der Gemeinderat tagte nun schon im Neuen Rathaus. Bei festlichen Anlässen trug der alte Bürgermeister Uhl die neue wunderschöne Bürgermeisterkette; der Gemeinderat hatte dem persönlich mittellosen Mann 17.000 Gulden Jahresgehalt und eine Dienstwohnung zugestanden. Wohltätig waren auch die ganz auf Selbsthilfe eingestellten Liberalen; da Kinder sich nicht selbst helfen können, wurden unter Uhl mehrere Waisenhäuser eingerichtet. Bei der Umschau nach Geld für die Stadtkasse fielen die begehrlichen Blicke der Gemeinderäte auf den Stadterweiterungsfonds.

Der Stadterweiterungsfonds war die für den Ringstraßenbau zuständige Behörde im Innenministerium. Noch unter dem Absolutismus hatte der damals mächtige Innenminister Dr. Alexander Freiherr von Bach sie installiert, um die Gelder aus den Grundverkäufen nicht in die Klauen stets hungriger Finanzminister geraten zu lassen, und Franz Joseph hatte allen Anfeindungen zum Trotz an dem gesunden Prinzip festgehalten: Die Millionen, die private Bauherren für die Ringstraßengründe zahlten, wurden ausschließlich für öffentliche Bauten verwendet. Geschäftsführer des Stadterweiterungsfonds war der Ministerialrat Franz Freiherr von Matzinger; Bach selbst hatte ihn noch eingesetzt, Matzinger hatte den Neoabsolutismus und auch alle nachfolgenden politischen Wechselfälle der Donaumonarchie überdauert; jetzt war er schon ein Vierteljahrhundert lang der Ringstraßen-Chef, bald 70 Jahre alt, und er dachte nicht daran abzutreten. Im Kunsthistorischen Museum war seine Marmorbüste aufgestellt, mit buschigem Schnauzbart und Koteletten; ein Gesicht, das Kraft und Energie verrät; ein Mann, »der die Millionen des Fonds wie eine Löwin ihre Jungen verteidigt«.[2] Matzinger wurde gehaßt und beschimpft; nur Korruption konnte man ihm nicht vorwerfen, im Gegenteil: »Immer wußte er seinen Fonds gegenüber dem Partner in Vorteil zu setzen.«[3] Sein schärfster Widersacher war Moritz Szeps im »Tagblatt«; als Matzinger 1890, nun 73jährig, in Pension ging, wurde er zwar als »begeisterter Kunstenthusiast« gelobt, dem keine Summe zu hoch war, wenn es galt, »die Bauwerke, welche der Stadterweiterungsfonds ins Leben rief, mit Pracht und nach den Anforderungen geläutertsten Kunstgeschmacks auszustatten« – dessen ganzes Bestreben aber darauf gerichtet war, »den ihm anvertrauten Fonds zu mehren, nach Möglichkeit Million auf Million zu häufen, und jeden Versuch, in diese Millionen von Außen her Bresche zu legen, mit Schärfe, ja mit Rücksichtslosigkeit« zurückzuweisen.[4]

Matzinger saß tatsächlich von Amts wegen auf einem Vermögen. 1885 betrug der Wert der noch nicht abgesetzten Ringstraßengründe fast fünf Millionen Gulden, über 1,6 Millionen waren diverse Bauherren noch schuldig, an Aktiven besaß der Fonds Wertpapiere für 16,4 Millionen.[5]

23 Millionen Gulden, über die der Ministerialrat wachte.

Kein Wunder, daß dieses viele schöne Geld die Stadtväter reizte, wenn sie an die Gemeindeschulden dachten. Jetzt erinnerte man sich im Rathaus daran, daß die ehemaligen Befestigungsanlagen auf städtischem Grund erbaut worden waren, daß der Staat das ganze große Areal für militärische Zwecke widerrechtlich an sich gezogen hatte. Jetzt gruben die Gemeindejuristen die alten Akten aus, mit denen die Stadt schon einmal vor Gericht gezogen war, 1811, als sie ihr Besitzrecht auf die Basteien und das Glacis durchfechten wollte. Damals hatte der gute Kaiser Franz die Durchführung des Prozesses einfach verboten. »Justitia regnorum fundamentum« stand zwar weithin lesbar auf dem Äußeren Burgtor, doch dieser Grundsatz des Rechtsstaats hatte eben nur gegolten, solange die absolutistische Obrigkeit nicht selbst zur Kasse gebeten wurde. Nun gab es keinen Absolutismus mehr, und im Wiener Gemeinderat saßen genug gewiegte Advokaten, denen es nach einem neuen Prozeß gelüstete. Es war spät, aber noch nicht zu spät. Seit 1850 existierte ein autonomes Gemeindestatut; die vierzigjährige Verjährungsfrist, um Forderungen geltend zu machen, lief also erst 1890 ab. Nur munter geklagt, wegen »unrechtmäßiger Bereicherung«!

Fragte sich nur, wen man klagen sollte. Den Staat? Den Stadterweiterungsfonds des Baron Matzinger? Die neuen Grundherren vielleicht, wegen »bedenklichen Ankaufs« der Parzellen für ihre Paläste? Der Stadterweiterungsfonds, rechneten einige Optimisten aus, hatte in dem Vierteljahrhundert seit Abbruch der Basteien an die 80 Millionen Gulden eingenommen. Den Prozeß tatsächlich zu gewinnen, das ganze Geld zu bekommen, damit rechneten allerdings auch diese Optimisten nicht. Vielleicht aber konnte man dem Baron Matzinger wenigstens ein paar Millionen für den Straßenbau herausreißen. Und überhaupt wäre ein solcher Prozeß eine gute Gelegenheit, die erzkonservative Obrigkeit, repräsentiert durch das Ministerium des Grafen Taaffe, endlich einmal Bürgerstolz und städtische Freiheit spüren zu lassen. Die arg mitgenommenen Liberalen hatten eine solche Demonstration dringend nötig.

Im Reichsrat, wo der Wiener Gemeinderat Professor Dr. Eduard Sueß, der berühmte Geologe, als liberaler Abgeordneter saß, wurde indessen schon gegen den Schandfleck der Ringstraße zu Felde gezogen: Sueß beantragte den Abbruch der Franz-Joseph-Kaserne. Die Militärs hatten in den fünfziger Jahren auf den Bau bestanden, zusammen mit dem Arsenal und der Rudolfs-Kaserne in der Roßau sollte sie ein Festungsdreieck rund um Wien bilden, falls es aufsässigen Untertanen nach einer Wiederholung des Revolutionsjahres 1848 zu Mute sein sollte. Militärs hatten daraufhin ohne jedwede architektonische Ambition auf das Areal der Dominikanerbastei, an den Zusammenfluß von Donaukanal und Wienfluß, einen düsteren Koloß hingemauert, ein Monstrum an Häßlichkeit, schon durch den Anblick dazu angetan, seinen Zweck zu erfüllen: Angst einzujagen!

So empfanden denn auch die Wiener diese Franz-Joseph-Kaserne nicht nur als einen Schandfleck inmitten des Ringstraßenglanzes, sondern auch inmitten der Bürgerfreiheit. Drohende Erinnerung an böse Zeiten, die nicht wiederkehren durften. Der Bau sollte weg! Auch Matzinger drängte auf die Schleifung der Anlage. Solange die Kaserne dort stand, konnte das ganze Stubenviertel nicht saniert, die Ringstraße nicht fertiggestellt werden.

Alles schön und gut, doch die Militärs hatten sich erst 1880 mit dem Abbruch der Heumarkt-Kaserne zugunsten ziviler Wohnbauten abfinden müssen, nun wollten sie nicht auch noch auf die Franz-Joseph-Kaserne verzichten. Zumindest nicht ohne Ersatz. Also tauchte die Kostenfrage für Grundstück und Bau auf, und damit waren Beteiligte und Betroffene wieder beim alten Streit angelangt: Wem gehörte nun wirklich der Ringstraßenboden, wer durfte kassieren und wer mußte zahlen?

So bildeten zwar Mitte der achtziger Jahre das Rathaus und der Stadterweiterungsfonds eine gemeinsame Front gegen die Militärs, zugleich aber führten sie untereinander den Kampf um das Eigentumsrecht und damit um die vielen Millionen. Über ein Vierteljahrhundert, nachdem Matzinger das allerhöchste

Handschreiben von 1857 entworfen hatte, die Auflassung der Befestigungen betreffend, stand das Wiener Ringstraßenschicksal wieder einmal vor einer Wende. Die Zukunft war ungewiß. Sollte die imperiale Pracht der Donaumetropole ein Torso bleiben, für Generationen unvollendet und durch das Monstrum am Zusammenfluß von Donaukanal und Wienfluß verunstaltet?

Dort, wo die Ringstraße fertig war, in den neuen Stadtvierteln zu beiden Seiten der jungen Alleen, lag über der architektonischen Pracht das Wohlbehagen der bürgerlichen Welt. Zusammenklang von Kaiserlied und Donauwalzer. Was heute der Operettentraum der Hofratswitwen von der guten alten Zeit ist, war damals Wirklichkeit.

Allerdings nur eine von den Wirklichkeiten, die im Wien der achtziger oder neunziger Jahre nebeneinander existierten.

Zwischen der Kleinbürgerwohnung des neugewählten Reichsratsabgeordneten Dr. Karl Lueger in der Marokkanergasse und der ärztlichen Praxis des Dr. Viktor Adler im Großbürgerhaus seines Vaters Ecke Liechtensteinstraße-Berggasse lagen die Hofburg und die barocken Adelspaläste und rund um sie, gleich einem neuen Festungsring, lag die Ringstraße der Geldbarone. Wo einst die Basteien die feudale Welt gegen die Bürger verteidigen sollten, verschanzten sich nun Adel und Bürgertum gegen die vorstädtischen Massen der Besitzlosen.

Mitte der achtziger Jahre begann der Angriff von zwei Seiten, nur daß die Aufmarschierer keine Verbündeten waren.

Der Arzt Dr. Viktor Adler hatte als Spezialgebiet die Psychiatrie gewählt; während er die Vorlesungen des Gehirnchirurgen Theodor Meynert besuchte, war ein gewisser Sigmund Freud sein Studienkollege. Adler war vier Jahre älter als der 1856 geborene Kommilitone; er hatte einige Semester Chemie absolviert, bevor er zur Medizin hinüberwechselte. Sigmund Freud kam aus Freiberg in Mähren. Der Vater Jakob war ein armer jüdischer Wanderhändler; in Freiberg lebte er mit Frau und drei Kindern in einem einzigen Zimmer. Viktors Vater, Salomon Marcus Adler, war ein reicher jüdischer Großkaufmann aus Prag. In Wien kaufte er das Haus Ecke Liechtensteinstraße-Berggasse, in dem Sigmund Freud später seine Praxis hatte. Viktor Adler trat in Wien zum Christentum über. Aus opportunistischen Motiven, wie er selbst bekannte, ließ er auch seinen Sohn Friedrich taufen; Taufpate war Engelbert Pernerstorfer. Der Religionswechsel hat Adler bei dem Antisemiten Schönerer nichts genützt.

Der Antisemit Karl Lueger fand 1882, auf dem Tiefpunkt seines bisherigen politischen Werdegangs, engeren Kontakt zu dem eben in den Wiener Gemeinderat gewählten Dr. Albert Geßmann, Universitätsbibliothekar und Obmann des Demokratischen Wählervereins im Bezirk Neubau. Geßmann seinerseits hatte durch den Feinmechanikermeister Ernest Schneider, den Gründer eines »Gewerblichen Reformvereins« und wilden Antisemiten, Eingang in den

Vogelsang-Kreis gefunden. Durch Geßmann lernte Lueger die Grundzüge der katholischen Soziallehre kennen. Sie scheint den Landstraßer Advokaten anfänglich nicht sehr beeindruckt zu haben. Lueger war ein Praktiker der Tagespolitik, kein Mann der Ideologien. Mit seinem neuen Freund Geßmann bildete der nach Newalds Sturz Vereinsamte eine demokratische Zwei-Mann-Fraktion. Drei Jahre später, 1885, als neugewählter Fünf-Gulden-Mann des Reichsrats, suchte sich Lueger im Abgeordnetenhaus einen Sitz unter den »Wilden«. Dort saß immer noch Schönerer, dort hatte auch der neugewählte Engelbert Pernerstorfer Platz genommen. Aus Schönerers Deutschnationalem Verein allerdings war Pernerstorfer schon ausgeschieden; seine »Deutschen Worte« hatte er mitgenommen. Jetzt gab Schönerer eine eigene Wochenschrift mit dem beziehungsvollen Titel »Unverfälschte Deutsche Worte« heraus. Auch Lueger besaß, trotz der Nachbarschaft im Sitzungssaal, mit Schönerer nur noch die Gemeinsamkeit des lautstark propagierten Antisemitismus. Zur Lueger-Gruppe auf der äußersten Linken gehörten noch Dr. Pattai aus Mariahilf, Dr. Konawetter aus der Josefstadt und der Demokrat Kreuzig vom Neubau. Kronawetter und Kreuzig rückten bald von Lueger ab und an Pernerstorfer heran und bildeten eine Art sozialliberale Gruppe. Die Fraktionsbildung war noch lange nicht abgeschlossen, auch wenn die Akteure rund um die späteren Gegenpole Lueger und Adler schon die politische Bühne betreten hatten. Lueger war auch noch kein Christlichsozialer.

Adler war, als er sich gezwungenermaßen von Schönerer und den Deutschnationalen trennte, ebensowenig schon ein Sozialdemokrat. Während Sigmund Freud bei der Psychiatrie blieb, ging Adler in die allgemeine Praxis. Er wollte Gewerbeinspektor werden. Er unternahm Studienreisen nach Westeuropa, um dort die Handhabung der Fabriksgesetze zu studieren. In Wien konnte er sich's als Sohn eines reichen Mannes leisten, arme Leute gratis zu behandeln. Er hatte zwar im Karl Marx geblättert, doch die proletarischen Existenzprobleme lernte er durch die Patienten kennen, die in seine Ordination kamen. In seinem persönlichen Lebensstil blieb er ein wohlhabender Großbürger. Dr. Hippolyt Tauschinski, Dozent an der Wiener Kunstakademie, war ein Jahrzehnt zuvor an seiner Herkunft und an seiner akademischen Bildung als Führer der österreichischen Arbeiterbewegung gescheitert. Adler, der trotz gleicher Vorbedingungen nicht scheiterte, nannte sich selbst später einen »Überläufer aus der Monopolistenklasse«.[6] Die Sozialdemokratie war längst da, als er zu ihr fand. Auch wenn sie aufgesplittert war, so gab es doch schon eine Partei, und es gab ein Programm.

Über die andere Wiener Massenbewegung sagte 1926 Bundeskanzler Dr. Ignaz Seipel: »Die Geschichte der Christlichsozialen Partei beginnt nicht mit einem Programm, nicht mit einem Manifest, nicht mit dem Beschluß einiger Unzufriedener oder Reformer, sondern mit einem Mann, mit Dr. Karl

Lueger.«[7] Dieser Karl Lueger hätte seiner Haltung nach auch den Weg zur Sozialdemokratie einschlagen können. Im Anarchistenprozeß hatte er mit leidenschaftlicher Anteilnahme für die Angeklagten plädiert, die Ausnahmegesetze der Regierung Taaffe hatte er vehement bekämpft: »Man löst die soziale Frage niemals durch Polizeimaßnahmen, sondern nur durch die Anbahnung von Reformen, welche die gerechten Forderungen der Arbeiter erfüllen.«[8] Als er 1885 für den Reichsrat kandidierte, betätigten sich sozialdemokratische Arbeiter für ihn als Wahlwerber. Das mochte ihn vielleicht sogar manche Kleinbürgersympathien gekostet haben; sein Mandat eroberte er schließlich nur mit 85 Stimmen Mehrheit. Er blieb auch weiterhin Wiener Gemeinderat. Als für das Stadtparlament 1886 zum ersten Male ebenfalls Fünf-Gulden-Männer gewählt wurden, wuchs die ursprüngliche Zwei-Mann-Fraktion Lueger-Geßmann auf 18 Gemeinderäte an, doch diese neue antiliberale »Demokratische Linke« war in ihrer Bedeutung noch meilenweit von einer Machtstellung entfernt, wie sie die »Wirtschaftspartei der Äußersten Linken« bis zum Ringtheaterbrand besessen hatte. Damals fehlten Lueger nur noch wenige Parteigänger zur Mehrheit und damit zum Bürgermeisterstuhl; Newalds Sturz hatte alle Hoffnungen zerstört. Nun ging es zwar wieder bergauf mit dem schönen Karl, ob er es aber im zweiten Anlauf doch noch zum Wiener Bürgermeister bringen würde, ließ sich nicht voraussagen.

Sein Programm allerdings hatte Lueger nicht geändert: Kommunalisierung. Nun, da sich neben den privaten Gaswerken und den privaten Tramway-Linien auch noch private Elektrizitätsgesellschaften in Wien breitzumachen begannen, bekämpfte er das Privatkapital vehementer denn je. Auch im Reichsrat blieb er seiner Linie treu, die Großbanken, die Aktiengesellschaften, die Verfilzung von Geschäft und Politik überhaupt zu attackieren. Die Juden und ihr Geld!

Das meiste Geld steckte in den Eisenbahnen. Dort, wo sie in Schwierigkeiten waren, mußte der Staat das Defizit übernehmen, um den Betrieb aufrechtzuerhalten. Wo sie florierten, streiften die Aktionäre die Gewinne ein.[9] Als 1886 die Konzession für die private Nordbahn bis zum Jahre 1904 verlängert wurde, griff Lueger den Handelsminister Olivier Marquis de Bacquehem scharf an: Die Westbahn und die Franz-Joseph-Bahn seien verstaatlicht worden, wobei »die Aktionäre und Prioritäre und auch die Finanzgruppgo sehr gute Geschäfte« gemacht hätten, während die Nordbahn nicht verstaatlicht worden sei, »weil dort Mächte am Werk sind, mit denen das Ministerium den Kampf aufzunehmen nicht gewagt« habe.

Bacquehem jammerte daraufhin über die »krankhafte Erscheinung ... die Sucht, zu verdächtigen, die Jagd nach Skandalen, die Verleumdung um jeden Preis«; und der Handelsminister zitierte das lateinische Sprichwort: »Ut aliquid haereat.« Damit etwas hängenbleibt – irgendwas wird schon hängenbleiben!

Latein verstand der Advokat Lueger auch, und an Schlagfertigkeit war er seinem Widerpart überlegen. »Ich kenne auch eine krankhafte Erscheinung«, antwortete er dem Minister im Plenum des Reichsrats, »es ist die Sucht, Geschäfte zu machen, die Jagd nach mühelosem Gewinn, es ist das Geldverdienen um jeden Preis. Ut aliquid haereat – damit etwas hängenbleibt!«[10]

Lueger war jedenfalls schon sehr bald wieder der Mann, der für Aufregung sorgte; wie einst im Gemeinderat, so nun im Parlament. Ein Schrecken für seine oft recht vornehmen Gegner, die dieser Mensch aus der Vorstadt mit seiner Direktheit schockierte. Man konnte Lueger zum Teufel wünschen, aber man konnte ihn nicht ignorieren. Auch gelangweilte Parlamentsredakteure wurden munter, sobald Luegers Name auf der Rednerliste stand; er war immer für einen Artikel gut, ein verläßlicher Stofflieferant für die Berichterstatter der Wiener Zeitungen. Er war eben ein blendender Redner; intelligent, aber nicht intellektuell. Parlamentarischen Schöngeistern mochte er primitiv vorkommen, doch die einfachen Leute verstanden ihn. Daß er ihre Sprache sprach, war seine politische Stärke. Damit überflügelte er nach 1885 auch im zweiten Anlauf seiner Karriere alle noch so klugen, gebildeten Fraktionsgenossen. Chancen hatten sie auf die Dauer nur als seine Mitstreiter, nicht als Konkurrenten.

Die katholischen Sozialtheoretiker brauchten einen Mann, um ihre Ideologie in die Praxis umzusetzen. Ein norddeutscher Literat wie Vogelsang, ein Hocharistokrat wie der »rote Prinz« Aloys Liechtenstein konnten die Massen nicht mobilisieren. Lueger war der Mann!

Doch Lueger war noch nicht soweit. Als Geßmann versuchte, ihn bei Vogelsang einzuführen, wich der schöne Karl aus. Intellektuelle Diskussionsabende, ideologische Gedankenexperimente schienen ihm wirklich nicht ganz geheuer gewesen zu sein. Wohl fühlte er sich an den Rednerpulten des Reichsrats und des Gemeinderats, zu Hause war er in den Extrazimmern der Vorstadtwirtshäuser, in den Versammlungssälen; beim Dreher und in ähnlichen Etablissements. Er brauchte die Masse, um zur Hochform anzulaufen.

Auf der politischen Bühne Wiens wurde immer noch gegründet, umgruppiert und neu gegründet. Lueger hatte schon 1883 die Formulierung benützt: »Wir sind Menschen, Christen, Österreicher.« Das bedeutete Frontstellung gegen das ausbeuterische Großkapital, gegen die Nichtchristen, die Juden also, gegen ausländischen Einfluß in der Wirtschaft. Frontstellung gegen den permanenten Nationalitätenkrieg – schon damals trat diese Überzeugung bei Lueger zutage: nicht deutsch, nicht tschechisch, slowenisch, polnisch oder italienisch, sondern gesamtösterreichisch!

Ohne Ideologie. Christlich bedeutete immer noch nicht christlich-sozial. Als der von dem Südtiroler Dr. Ludwig Psenner herausgegebene »Österreichische Volksfreund« am 7. März 1887 die Gründung eines »Christlich-sozialen Vereins« bekanntgab, war Lueger nicht dabei. An der ersten Versammlung im Lerchenfelder Gasthaus »Zum goldenen Luchsen« nahm er nicht teil.

Viktor Adler war dabei, als am 9. Mai 1886 in Schwenders Kolosseum eine Volksversammlung gegen die Ausnahmegesetze des Ministeriums Taaffe protestierte. Adler gehörte zu den Veranstaltern, gemeinsam mit den Reichsratsabgeordneten Pernerstorfer und Kronawetter und dem Fabrikanten Rafael Pacher. Daß der Riesenraum, der sonst der eleganten Welt als Tanzsaal diente, vornehmlich von Arbeitern besetzt war, fiel der Polizei erst auf, als ein Verbot nichts mehr nützte. Die bürgerliche Tarnung durch zwei Parlamentarier, einen Kapitalisten und einen wohlhabenden Arzt, hatte ihren Zweck erfüllt. Auch die Veranstalter erreichten ihr Ziel: Radikale und Gemäßigte, bis dahin zerstritten, zeigten sich bei der gemeinsamen Kundgebung zum ersten Male seit Jahren Seite an Seite und sogar versöhnlich. Zumindest für den Moment.[11]

Während Lueger schon ein »Führer« war, bevor sich die später Geführten noch vereinigt hatten – Vogelsang benützte den Begriff »Vereinigte Christen« zum ersten Male 1887 im »Vaterland« als Titel eines Leitartikels[12] –, wußten die Sozialdemokraten beider Richtungen ihren späteren Einiger Viktor Adler im Frühsommer 1886 noch nicht einzuordnen. Die meisten Teilnehmer an der Protestversammlung im Kolosseum kannten ihn gar nicht.

Die Behörden kannten ihn längst, als er knapp vor Jahresende 1886 vorschriftsmäßig die Herausgabe einer neuen Wochenzeitschrift mit dem Titel »Die Gleichheit« anmeldete, doch die Polizei ordnete Adler falsch ein. Aus amtlicher Sicht hatte der Arzt vom Alsergrund schon einige Flecke auf der politischen Ehr'. Schließlich war er Anfang der achtziger Jahre in Schönerers engster Umgebung zu finden gewesen. Dann hatte er das Handelsministerium durch eine ausführliche Denkschrift über seine Studienreisen nach Westeuropa in Verlegenheit gebracht. Sein Bericht über die Erfahrungen mit den dortigen Fabriksgesetzen sollte als Befähigungsnachweis für seine Bewerbung um einen Posten als Gewerbeinspektor dienen. Das Ansuchen wurde abgelehnt; der Antragsteller schien noch zu jung für eine solche verantwortungsvolle Tätigkeit!

Der Antragsteller Dr. Viktor Adler war immerhin schon über vierzig und seit einem Jahrzehnt praktizierender Arzt. Er konnte sich leicht ausrechnen, daß seine Denkschrift der wahre Grund für die Ablehnung war. Ihrem Inhalt ließ sich entnehmen, daß er ein recht unbequemer Fabrikskontrollor geworden wäre.[13]

Trotzdem erfolgte kein Einspruch gegen die Anmeldung der neuen Zeitschrift, und so konnte »Die Gleichheit« im Dezember 1886 zum ersten Male erscheinen. Der Herausgeber hatte bei der Behörde »Hausbesitzer« als Beruf angegeben. Kapitalistischer ging es wohl nicht mehr. Die sozialdemokratische Tendenz des neuen Organs war dennoch unverkennbar. Die früheren Beziehungen zu Schönerer sowie die nunmehrigen Kontakte zu den Reichsratsdemokraten Pernerstorfer und Kronawetter ließen die Polizei jedoch vermuten, hier werde so etwas wie eine Arbeiter-Sektion der Deutschnationalen gegründet.

Marxismus traute man dem Arzt und Hausbesitzer vom Alsergrund jedenfalls amtlicherseits nicht zu, als er »Die Gleichheit« anmeldete, als Nachfolgerin der Ende 1885 eingegangenen »Wahrheit«, dem letzten unter dem Ausnahmezustand noch erschienenen Blatt der Arbeiterbewegung. So manchem Leser der neuen »Gleichheit« ging es übrigens wie der Polizei: Voll Mißtrauen beobachtete er die Tätigkeit des ehemaligen Schönerianers, voll Sorge, dessen Zeitung könnte das Proletariat in ein falsches Fahrwasser locken.

Bei der Mitarbeit am »Linzer Programm« hatte Viktor Adler seine antikapitalistischen Vorstellungen zum ersten Male formuliert. Geschult an den Erfahrungen in seiner ärztlichen Praxis, ging er ohne viel theoretisches Rüstzeug an die soziale Frage heran. Wie Lueger holte auch Adler die Ideologie erst später nach. Auf seiner Deutschlandreise hatte er die sozialdemokratischen Parteiführer persönlich kennengelernt. In Wien traf er dann auf Victor Bretschneider, den »Stimmführer der Wiener Sozialdemokraten«, wie die Polizei diesen Mann nannte. Bretschneider war allerdings nur der »Stimmführer« der Gemäßigten.

Die Radikalen bildeten im Wien der achtziger Jahre keine geschlossene Front. Ihr Kopf war lange Zeit Andreas Scheu gewesen; einst Hauptangeklagter im Hochverratsprozeß von 1870. Er war einer der drei politisierenden Brüder Scheu, Söhne eines aus dem Rheinland nach Wien zugewanderten Drechslermeisters. Gutbürgerliche Herkunft also. Andreas war wie sein Bruder Heinrich ein begabter Schriftsteller und Journalist, der dritte Bruder Josef war ein begabter Musiker und Komponist. Das »Lied der Arbeit«, die Hymne der österreichischen Sozialdemokratie, stammt von ihm.[14] Josef Scheu spielte im Orchester des Theaters an der Wien, später im Burgtheater-Orchester. So war er gewissermaßen Hofbediensteter, deshalb blieb er politisch im Hintergrund; was nicht bedeutete, daß er kein überzeugter Sozialdemokrat gewesen wäre. Später wurde er deshalb auch zwangspensioniert. Er erteilte Musikunterricht bei vornehmen Leuten, auch im Hause des Ministers Karl von Stremayr. Die politischen Töne, die er dort mitbekam, lieferten seinen Brüdern wertvolle Informationen. Er wiederum schlug politische neben den musikalischen Tönen im Hause der aus Prag stammenden Großbürgerfamilie Kautsky an. Dort gab er dem Sohn Karl Klavierunterricht, und während dieser musikalischen Beschäftigung hatte der spätere Parteiideologe Karl Kautsky seine erste Begegnung mit dem Sozialismus.[15]

Beide kamen sie also aus dem deutschen Großbürgertum Prags, Karl Kautsky und Viktor Adler. Kautsky ging nach Abschluß seiner Studien an der Wiener Universität nach Deutschland. Adler nahm auf seiner Fabriksreise mit dem Prager Landsmann und Wiener Kommilitonen Kautsky und dem sächsischen Arbeiterführer August Bebel engen Kontakt auf und brachte die Erfahrung dieser beiden Männer wieder nach Wien. Ein bemerkenswerter Kreislauf, den das Lied von der sozialdemokratischen Parteiarbeit nahm!

Die Wiener Szene bot in den siebziger und achtziger Jahren ein faszinierendes Schauspiel. Der demokratische Urknall am Beginn der konstitutionellen Ära hatte eine Handvoll politischer Talente freigesetzt. Es waren nur wenige Männer, oft durch den Zufall zusammengeführt, dann mannigfaltig miteinander verbunden, schließlich wieder auseinanderstrebend, deren Ausstrahlung die Massenbewegungen in Richtung auf die Jahrhundertwende in Marsch setzte. Nach Schönerer und Lueger schob sich der jüngste der drei, Viktor Adler, als Leitfigur in das Rampenlicht. Er hatte länger gebraucht, um sich freizuspielen. Der Gutsbesitzer Schönerer und der Trafikantensohn Lueger gingen gerade Wege; Adler mußte erst die Barriere seiner Herkunft überwinden. Auch persönliche Bindungen bedurften der Lösung. Der Tod des Vaters verschaffte Adler die materielle Unabhängigkeit des Hausbesitzers; nun mußte er auch keine menschliche Rücksicht mehr auf einen alten Herrn am Ende eines deutschliberalen, großbürgerlichen Lebenswegs nehmen. Mit der Gründung der »Gleichheit« begann er Ende 1886 den Kampf um die Einigung der österreichischen Arbeiterbewegung.

»Die marxistische Theorie«, analysierte ein Jahrhundert später der aus Wien stammende große Philosoph Sir Charles Popper, »verlangt die Zuspitzung und Verschärfung des Klassenkampfes. Sie behauptet, daß wir umso schneller zum Sozialismus kommen, je mehr sich der Klassenkampf verschärft, daß die Revolution zwar Opfer fordert, aber daß der Kapitalismus täglich mehr Opfer fordert als die ganze sozialistische Revolution.«[16]

Anfang der siebziger Jahre, nach dem großen Hochverratsprozeß, hatten die Gemäßigten rund um Heinrich Oberwinder gehofft, statt einen aussichtslos scheinenden Klassenkampf zu führen, im Verein mit fortschrittlichen Liberalen die sozialen Zustände zu verbessern. Die tatsächliche Verbesserung kam durch den konservativen Grafen Taaffe. Die meisten Proletarier waren ideologisch kaum geschult und an Theorien auch wenig interessiert; Taaffes Sozialgesetze schienen nur die sprichwörtlichen Tropfen auf den heißen Stein, und so fanden radikale Parolen bei den ungeduldigen Proletariern weit mehr Anklang als die Mahnungen der Gemäßigten. Die Radikalen waren nur eine Minderheit, doch der höhere Bildungsgrad, der sie zum Radikalismus getrieben hatte, und die Einsatzbereitschaft befähigten sie zur Führung der Massen. Der individuelle Terror der Anarchisten hatte gezeigt, daß die Staatsgewalt mit ihrem Ausnahmezustand vorläufig noch stärker war; so rückten auch die meisten Radikalen von der Gewaltanwendung ab. Für den Moment. Sie klammerten sich an die Lehre von der »marxistischen Grundsituation«, die der Ideologe der Neuen Linken, Herbert Marcuse, ein Jahrhundert später als »die geschichtliche Möglichkeit der radikalen Tat« formulierte.[17] Diese geschichtliche Möglichkeit schien gegeben, sobald der verstärkte Klassenkampf den Kapitalismus so angeschlagen hatte, daß er durch die radikale Tat einer Revolution hinweggefegt werden konnte. Die marxistischen »Historizisten« rechneten damit, daß dieser Augenblick schon sehr bald kommen müsse. Das war das »Elend des Historizismus«, wie Sir Charles Popper es nannte. »Der Historizismus kritisiert unaufhörlich jene kleinen Geister, die sich einen Wandel ihrer Welt nicht vorstellen können, in Wirklichkeit scheint aber dem Historizisten selbst die Phantasie abzugehen, denn er kann sich keinen Wandel in den Bedingungen des Wandels vorstellen.«[18]

Viktor Adler stand zwischen Gemäßigten und Radikalen. Von einem Bündnis mit bürgerlich-demokratischen Kräften versprach er sich nichts.[19] Vom revolutionären Radikalismus allerdings ebensowenig. Der Boden des Klassenkampfs schien ihm das Parlament zu sein; das Instrument, dort mit der Waffe der Mehrheit zu siegen, das allgemeine, gleiche und direkte Wahlrecht. Viele Radikale hielten diese Zielsetzung für eine Utopie. Die parlamentarischen Vorgänge des Jahres 1886 schienen ihnen recht zu geben. Damals gab es im Reichsrat mehrere Vorstöße in Richtung Wahlreform. Eine Gruppe unter der Führung des deutschböhmischen Liberalen Ernst von Plener beantragte die Schaffung von Arbeiterkammern, deren Mitglieder analog den Angehörigen der Handelskammern stimmberechtigt sein sollten. Für diese Arbeiter-Kurie sah der Plener-Vorschlag ganze neun Abgeordnete vor. Ein anderer deutschböhmischer Liberaler, Dr. Josef Maria Bärnreither, beantragte mit Unterstützung einiger konservativer Großgrundbesitzer die Errichtung einer Wählerkurie mit 20 Abgeordneten; stimmberechtigt sollten alle krankenversicherten Arbeiter sein.

Wohlgemeint, gewiß, aus der Überlegung heraus, daß man die überwältigende Mehrheit der Bevölkerung auf die Dauer nicht von jeder politischen Entscheidung fernhalten könne; trotzdem unzulänglich, vom Proletariat als Hohn empfunden und von der Mehrheit des Reichsrats ohnehin abgelehnt. Den Radikalen schien jedenfalls ein neuer Beweis geliefert, daß von der parlamentarischen Demokratie keine Befreiung der Arbeiterklasse zu erhoffen sei.

Der Reiz für den historischen Betrachter liegt in der Gegenüberstellung des damaligen Konflikts mit der Situation ein Jahrhundert später. Der »Wandel in den Bedingungen des Wandels«, um es mit Sir Charles Popper auszudrücken, ist in Österreich am Ausgang des 20. Jahrhunderts ebenso feststellbar wie in vielen anderen europäischen Ländern. Zwei Weltkriege und zwei Weltwirtschaftskrisen – die zweite eben erst im Gefolge des Ölschocks von 1973 – haben den Kapitalismus nicht umbringen können. Die russische Revolution, die gewaltsame Installierung der Diktatur des Proletariats in der einen Hälfte der Welt hat die kapitalistische Wirtschaftsordnung in der anderen Hälfte nicht besiegt, sozialistische Parteien aber haben auf parlamentarischem Weg Mehrheiten errungen, sie über Jahrzehnte gehalten und sozialistische Reformen eingeleitet, die auch nachfolgende konservative Regierungen nicht rückgängig machen konnten.

Bei seinem Antritt als sozialdemokratischer Politiker dachte Viktor Adler nicht ideologisch-theoretisch, sondern pragmatisch. Sein persönlicher Humanismus schloß ziffernmäßige Kalkulationen aus, ob der Kapitalismus nun mehr oder weniger Opfer fordern würde als eine Revolution. Er hatte die Menschen gern, er wollte überhaupt keine Opfer. Auch ohne tiefschürfendes Studium der einschlägigen Literatur begriff er, daß die »marxistische Grundsituation« nicht gegeben war und auf absehbare Zeit auch nicht gegeben sein würde. Als er die »Gleichheit« gründete, war sein Programm einfach und klar. Die Sozialdemokratie sollte in die Legalität, dazu mußte sie weg vom anarchistischen Radikalismus, der ohnehin nichts brachte. Um auf dem Boden der Legalität zu bestehen, um sich den Weg ins Parlament zu erkämpfen, dazu war die Arbeiterbewegung nur stark genug, wenn sie einig war.

Anfang 1887 begann Viktor Adler mit der Propagierung von »Fundamentalartikeln« als programmatische Grundlage für die Einigung des Proletariats.[20] Organisation und Agitation der Partei hätten öffentlich zu sein, »soweit dies möglich ist«. Individuelle Gewalt wurde abgelehnt, die »Umwandlung des heutigen Klassenstaates in die sozialistisch-(kommunistisch-)organisierte Gesellschaft« sollte jedoch »mit allen Mitteln« angestrebt werden. Die Zugeständnisse waren also hauptsächlich verbal; der Hang zu Geheimbündelei und revolutionären Sandkastenspielen wurde als Eventuallösung für den Notfall eingebunden.

Mit seinen »Fundamentalartikeln« ging Viktor Adler den gleichen Weg wie ein Jahrzehnt zuvor Karl Lueger: hinaus in die Vorstädte, in die Arme-Leute-Viertel. Lueger allerdings bewegte sich unter seinesgleichen, wenn er sich in den Kleinbürgerwirtshäusern an die Stammtische setzte. Adler kam in die für ihn fremde Welt der Arbeiterkneipen, und er fuhr über Wien hinaus in die Industriestädte Niederösterreichs, der Steiermark und Böhmens. Dieser sonderbare Mann, in der Metropole Stammgast des Literatencafés Griensteidl, Tarockpartner von Bankdirektoren und Fabrikanten[21], stellte sich in den armseligen Proletarierbeiseln an die Schank, setzte sich mit seinem unvyrkennbaren großbürgerlichen und großstädtischen Habitus zu den Arbeitern an die rohgezimmerten Tische, trank wie sie aus angeschlagenen Gläsern, wetterte zugleich gegen den Alkohol als den Klassenfeind; – immer wieder ankämpfend gegen das Mißtrauen, das ihm, dem Juden, dem Akademiker, zuerst entgegenschlug. Doch er war schließlich Arzt, Psychiater; der Umgang mit Armen, mit seelisch Kranken war seine erlernte Profession.

Adler lehnte die Gewalt ab, aber auch den Kompromiß mit den bürgerlichen Parteien, das unterschied ihn von den meisten Gemäßigten. Neue »ökonomische und politische Zugeständnisse (Sozialreformen und politische Rechte)« wollte er jedoch »für die Emanzipation der Arbeiterklasse nach Möglichkeit« ausgenützt wissen.[22] Also keine sture Abstinenz vom parlamentarischen Fortschritt, wie sie die Radikalen propagierten; das war der entscheidende Punkt

78 Schlachtfeld des Nationalitätenkriegs: Das Parlament in Wien, Tagungsort des österreichischen Reichsrats

79 Antisemit in der Soutane: Pfarrer Josef Deckert

80 Antisemitische Giftküche: Schönerer und Anhang

Bittere Wahrheiten

für die

Juden und ihre Vertheidiger.

Eine Aufzählung actenmäßig constatirter Thatsachen zur Begründung und Rechtfertigung der Juden-Vertreibungen in neuerer Zeit, zugleich auch als Abfertigung für alle gemietheten Juden-Vertheidiger.

Motto: Wollt Ihr großes Unglück verhüthen, so emancipirt die Juden nicht! —
Dreimalhundert Tausend Wiener.

Emancipation! Vollkommene bürgerliche Gleichstellung! So lautet das Feldgeschrei der Juden, und so peroriren ihre gemietheten Vertheidiger. Man verschwendet die zierlichsten Redensarten, man bestürmt unser Mitleid, man bettelt, man schmeichelt, man droht, schimpft und flucht — aber man ändert hierdurch die Gesinnung des Volkes nicht, dessen gesunder Sinn, dessen richtiger Takt nie für einen Unfug stimmen, nie eine seit Jahrhunderten als gefährlich anerkannte Secte mit Rechten und Privilegien ausstatten wird, die in kürzester Zeit schon dazu dienen würden, die Christen vollkommen zu unterdrücken, und mit dem schmachvollsten Sclavenjoche zu belasten.

Stadt Strobelgasse, Nr. 864.

Die Juden

werden immer zudringlicher!

Hüthet, und aber und abermals hüthet

Euch vor der Juden-Herrschaft!!!

Nicht der Unterschied des Glaubens,
sondern die Handlungsweise charakterisirt den Menschen.

81, 82 Antisemitische Flugblätter 1885

83 Georg Ritter von Schönerer

84 Schönerer als Anschluß-Propagandist

85 Schweighofer und Girardi im »Bettelstudent«

86 Moritz Szeps, Chef des »Wiener Tagblatts«

87 Max Friedländer, Chef der »Neuen Freien Presse«

TELEPHON.

Verzeichniss der bisher angemeldeten Abonnenten.

I. Für das Centralnetz.

Abeles Leopold, Adler & Cohn, Anglobank, Ascher Anton, Aub David, Auspitzer Julius, Bäcker-Dampfmühl-Gesellschaft Roman Uhl & Comp., Bauer Moriz, Bauer Sigmund R. v., Baumgartner F., Biedermann & Comp., Böhmische Westbahn, Boden-Creditanstalt, Breitner & Jonienz, Brückner Wilhelm, Brunn & Hauser, Bucovics Carl v., Bunzl Julius, Carl Ludwig-Bahn, Cohn Martin, Cohn Salo, Creditanstalt (3 Verbind.), „Donau," Dreyfuss Theodor Baron, Ebenstein E. (2 Verbind.), Egger B., Ehrenzweig Jacques, Elissen & Schloss, Epstein Felix, Farchy & Comp., Figdor Ferdinand, Fremdenblatt, Freund Jacob, Friedländer Regine, Geiringer Sigmund & Comp., Gerstbauer & Preysing, Giro- und Cassenverein (2 Verbind.), Göbl & Söhne, Grand Hôtel, Grünebaum Michael, Hertzka Dr. Theodor, Hoffmann Louis, Hôtel Imperial, Hüttenberger Eisenwerks-Gesellschaft, Innerberger Hauptgewerkschaft, Jauner Franz, Jutespinnerei-Direction, Karpeles & Hirsch, Karpeles Moriz, Katzau Carl, Kaufmännischer Verein (Weihburggasse 4), Klinger Heinr., Klinkosch J. C. (2 Verbind.), Knapp Bernhard, Kohn Bernhard, Kohn Brüder, Kuffler Heinrich, Länderbank, Landau Albert, Landauer Moriz, Lemberg-Czernowitzer Bahn, Leon Gustav R. v., Leon Julius (2 Verbind.), Lieben & Comp., Libarzik Dr. Franz, Lindheim & Comp., Lombard- und Escomptebank, Lukschanderl & Chwalla, Marisson & Comp., Mauch Richard (2 Verbind.), Mautner Dr. August R. v. Markhof, Mautner Dr. Ludwig R. v. Markhof, Mayer Albert, Mayer Alexander, Mayer v. Also-Russbach Raphael, Mayer & Comp. Alexander, Mayer & Modern, Mayer & Söhne, „Mercur," Meyersberg Hermann, Mitscha Dr. J. R. v., Mosse Rudolf, Nassau Adolf, Nathan Gustav, Neuber Wilhelm, Neue freie Presse, N.-österr. Escomptegesellschaft, Oppolzer Dr. Theodor R. v., Pfab Dr. Zahnarzt, „Phönix," Pollak Heinr., Pollak's Sohn, Portois & Fix (2 Verbind.), Presse (2 Verbind.), Rappaport Dr. Jacob, Reisser & Werthner, „Ressource," Reitzes Gebrüder, Ringtheater, Riunione Adriatica di Sicurtà, Rothschild Nathaniel Freiherr v., Sacher Eduard, Salcher & Söhne, Schenk Adolf R. v., Schenker Gottfried, Schenker & Comp., Schey Anton, Schilling Julius, Schmidt Dr. Alfred, Advocat, Schneider & Comp., Schwarz Albert, Schwarz Med.-Dr. J., Schwitzer & Söhne, Sedlaczek F., Springer Alfred Freiherr v., Staatsbahn, Stadttheater, Südbahn, Szeps Moriz, Tagblatt, Tauber Rudolf, Technologisches Gewerbe-Museum (2 Verbind.), Theimer Eduard, Thorsch Söhne, Thüren-, Fenster- und Fussboden-Fabriksgesellschaft, Transportgesellschaft (3 Verbind.), Allgemeine Triester Assecuranz, Unionbank (2 Verbind.), Wechselstube der Unionbank, Wechselstube der niederösterr. Escomptegesellschaft, Weiss & Fischhof, Weiss Ignaz, Weiss Moriz, Weiss Sigmund, Wertheim & Comp., Westbahn, Wiener Allgem. Zeitung, Wiener Bankgesellschaft, Wiener Bankverein, Willner Dr. Anton, Advocat, Wodianer Moriz, Wölfler S., Zeppezauer August, Zierer Wilhelm.

II. Für directe Verbindungen von je 2 Etablissements.

(Hievon 30 bereits im Betrieb.)

Backhausen & Söhne, Damböck Ludwig, Deckert & Homolka, Ditmar Rudolf, Drächsler Carl, Norddeutsche Eiswerk-Gesellschaft, Falk & Comp., Fischer F., Gerhardus Flesch & Comp., Gebrüder Gutmann, Haas & Söhne, Hess, Wolff & Comp., Jutespinnerei (2 Verbind.), Kanitz & Comp., Klein August, Klinger Heinrich, Korbely Jos. Theod., Küfferle & Comp., Lukschanderl & Chwalla, Mautner & Sohn in St. Marx (2 Verbind.), „Mercur," Portois & Fix, Sacher Eduard, Salzer's Söhne, Schlesinger Max, Schmeidler J. N., Schnek, Kohnberger & Mandl, Tausky Max, Theyer & Hardtmuth, Thüren-, Fenster- und Fussboden-Fabriks-Gesellschaft, Unionbank (2 Verbind.), Voigt & Comp., Wagenmann Gustav, Zamarski L. C.

Wien, im October 1881.

4378 **Wiener Privat-Telegrafen-Gesellschaft.**

88 Das erste Wiener »Telefonbuch« erschien 1881 als Zeitungsinserat in sämtlichen Wiener Blättern

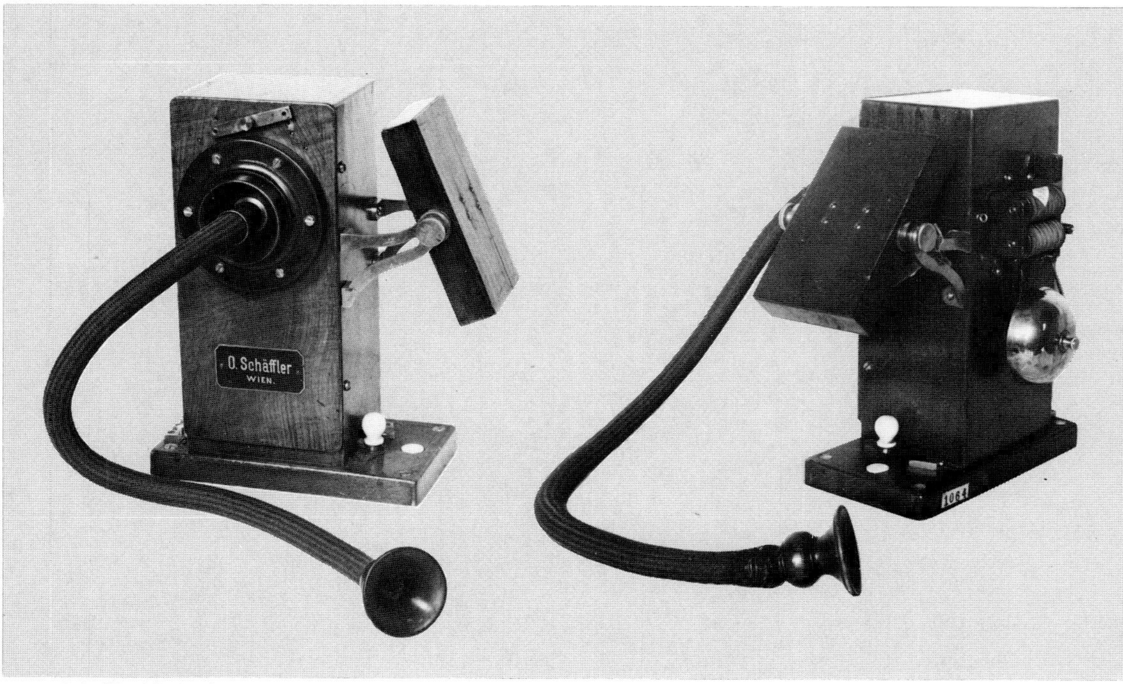

89 Schäffler-Tischtelephon um 1884

90 Standtelephon, von Siemens und Halske, um 1878

91 Wandtelephon, um 1890

92 Der Stephansplatz vor der Erweiterung durch Abbruch umliegender Häuser zur Kärntner Straße und zum Graben hin

93 Großstadtverkehr auf dem Stephansplatz um die Jahrhundertwende

94 Unvollendeter Ringstraßentraum: Das »Kaiserforum« nach Gottfried Sempers Entwurf

95 Verschwundenes Prunkstück der Ringstraßenzeit: Die von Ludwig Förster 1854 erbaute Elisabethbrücke über den damals noch unverbauten Wienfluß zwischen Kärntner Straße und Wiedner Hauptstraße. Nach Überdachung der Wien wurde die Brücke 1897 abgerissen. Die acht Statuen berühmter Gestalten aus der Wiener Stadtgeschichte fanden auf dem Rathausplatz ihre neue Heimstätte. Die Wiener nannten die Figuren die »acht Rauchfangkehrer«, weil die unter dem Karlsplatz verkehrende Stadtbahn damals noch mit Dampf betrieben wurde.

96 Die Schrammeln spielen auf!

seiner Fundamentalartikel. Adler kam es auf die legale Tätigkeit einer starken Arbeiterpartei an, auf den »friedlichen Übergang der kapitalistischen in eine sozialistisch orientierte Wirtschaft«.[23] Im Frühjahr 1887 schien ein solches Ziel zwar nicht viel weniger utopisch als die radikalen Hoffnungen auf eine Revolution, doch der Doktor vom Wiener Alsergrund setzte sich damit durch, weil die Masse der Arbeiter zwar wilde Parolen gerne hörte, letztlich aber jede reale Verbesserung der tristen Situation begrüßte.

Die Behörden verfolgten die Agitation des Wiener Arztes mit dem Unbehagen des Unverständnisses. Sie begriffen nicht, daß hier ein Mann unterwegs war, der die so gefürchtete, unkontrollierbare Masse in eine legale Organisation überführen wollte. Jener Typ von Polizeiräten, Kommissären und Inspektoren, die sich stets als Büttel der jeweiligen Obrigkeit verstanden, reagierten auch auf Viktor Adler mit der notorischen polizeilichen Dummheit letztem Schluß: verbieten, einsperren, dunsten lassen! Mit dieser Methode, Entwicklungen aufzuhalten, machten Adler und sein Begleiter Rudolf Pokorny in Reichenberg zum ersten Male Bekanntschaft. Sie wurden auf der Straße der nordböhmischen Stadt festgenommen, zum Bahnhof transportiert und in den nächsten Zug gesetzt. Weg mit den Unruhestiftern!

Bei einer Massenversammlung in Wien, am 3. April 1887, wurde neben den Fundamentalartikeln die Forderung nach dem allgemeinen Wahlrecht propagiert. Ende 1887 entschlossen sich Deutsche und Tschechen, Radikale und Gemäßigte zu einem gemeinsamen Programm für eine gemeinsame Partei. Die Fundamentalartikel dienten als Basis. Bei diesem Kongreß in Brünn war Viktor Adler zwar noch kein allgemein anerkannter Parteiführer, doch schon die tonangebende Gestalt.

1887, das war das Jahr der Einiger. Drei Wochen nach Viktor Adlers großer Wiener Versammlung fand das erste christlichsoziale Vereinstreffen statt. Die Kundgebung im »Goldenen Luchsen« ließ sich zwar umfangmäßig mit dem sozialdemokratischen Aufgebot nicht vergleichen, doch schon sehr bald hatte der neue Verein in allen Wiener Bürgerbezirken seine Sektionen. Die Gleichzeitigkeit der Mobilmachung in den beiden antiliberal-demokratischen Lagern Wiens war sicher kein Zufall. Die Zeit schien eben reif für den Aufmarsch der künftigen Großparteien. Gegen den Kapitalismus.

Der Kapitalismus machte allerdings keinerlei Anstalten zusammenzubrechen. Im Gegenteil: Die Wirtschaftslage entwickelte sich in der zweiten Hälfte der achtziger Jahre ausgesprochen günstig. Gute Ernten führten zu großen Getreide-Exporten und damit zu verstärkter Kaufkraft der Landwirtschaft. Die permanente Kriegsgefahr brachte der Rüstungsindustrie neue Aufträge. Die Handelsbilanz war aktiv. 1887 wurden 100 Millionen Gulden Exportüberschüsse erzielt, 1888 sogar fast 200 Millionen. Der Finanzminister, Ritter von

Dunajewski, kündigte den Abgeordneten ein demnächst ausgeglichenes Budget an. Sein Lieblingskind, die Länderbank, hatte sich aus der Pleite ihrer Pariser Gründer geschickt herausgearbeitet und verbuchte 1887 schon 3,2 Millionen Gulden Gewinn. Bei der Creditanstalt stiegen die Dividenden nach einer Flaute Mitte der achtziger Jahre wieder an, zwischen 1886 und 1895 von 8 1/8 auf 11 7/8 Prozent. Ein Bankenkonsortium bereitete den Übergang von der Silberwährung auf den Goldstandard vor. Graf Taaffe hatte seine Fabriksgesetze unter Dach und Fach; die letzte Etappe der Gewerbereform, die Arbeiter-Unfall- und Krankenversicherung, stand für 1888 bevor. Der Ministerpräsident konstatierte in Österreich einen Zustand »erträglicher Unzufriedenheit«, und das schien ihm schon ein Fortschritt gegenüber den Verhältnissen, die er 1879 bei seinem Amtsantritt vorgefunden hatte.

Taaffe irrte. Mit den wachsenden Profiten der Banken und der Aktiengesellschaften wuchs die Unzufriedenheit jener, die von der Konjunktur nur wenig oder gar nichts abbekamen. In der Haupt- und Residenzstadt sahen sich, der vom Gewerbe beherrschten Wiener Wirtschaftsstruktur entsprechend, hauptsächlich die Kleinkaufleute und die Handwerkermeister vernachlässigt und benachteiligt. Für Viktor Adler stellte sich die Einigung der Arbeiterklasse zum parlamentarischen Machtfaktor als gesamtösterreichische Frage; die Masse des Industrieproletariats lebte außerhalb des Wiener Bereichs. Für Lueger blieben die Bürgerbezirke rund um die Ringstraße die politische Operationsbasis. Hier sah er sich zum Einiger aufgerufen.

Seine Fraktion betonte zwar ihr Christentum, doch das bedeutete für Lueger nur wirtschaftlichen Antiliberalismus und antisemitische Tagespolitik. Die christlichsozialen Anfangserfolge des Jahres 1887 mußten ihn aufhorchen lassen. Hier wurde offensichtlich sein Wählerreservoir angezapft. Lueger wollte zwar seiner Klasse das tägliche Brot sichern und darüber hinaus eine höhere tägliche Brotration verschaffen, doch auch der Kleinbürger lebte offensichtlich nicht vom Brot allein. Die christlichsoziale Lehre gab mehr Zukunftshoffnung als ein reines Wirtschaftsprogramm, weil sie sich auf eine höhere, gottgewollte ökonomische Gerechtigkeit berief, auch für den Produktionsvorgang das Gebot der Nächstenliebe aufstellte. In seinem Kampf gegen das Großkapital und die Fabriksindustrie hatte der Kleingewerbetreibende also den Himmel auf seiner Seite. Zu den Politikern kamen die Pfarrer als Propagandisten und Wahlredner. Wenn in Österreich bis dahin, wie Anton Springer meinte, zwar nicht überall der katholische Glaube, wohl aber katholische Sitte geherrscht hatte[24], so verband sich nun die materielle Existenzfrage einer ganzen Gesellschaftsklasse mit der Religion. Wechselwirkend gewannen beide dadurch an Gewicht.

Der politisch-ökonomische Katholizismus trat auf den Plan.

Ein Mann mit dem Fingerspitzengefühl des Dr. Lueger begriff die Anziehungskraft einer solchen Bewegung. Jetzt machte er seinem Gemeinderatskollegen Dr. Geßmann endlich die Freude, ihn zum Baron Vogelsang zu begleiten. Am 3. September 1887 kam er zum ersten Male in dessen Margaretner Wohnung, Laurenzgasse 2. Margareten war der Wahlbezirk, dem Lueger sein Reichsratsmandat verdankte. Hier wohnte Carl Freiherr von Vogelsang seit 1880, hier versammelte er fast allabendlich seine Freunde, hier wurde die christliche Soziallehre zum politischen Programm entwickelt. Am 3. September feierte Vogelsang seinen 69. Geburtstag; Geßmann brachte Lueger sozusagen als Geburtstagsgeschenk in die Laurenzgasse mit. In die theoretisch-akademische, bibel- und katechismusfeste, sicherlich ein wenig an ein Pfarrhaus erinnernde Atmosphäre rund um den vornehm-zurückhaltenden norddeutschen Konvertiten Vogelsang muß der hemdsärmelige schöne Karl mit dem scharfen Rauch seiner billigen Zigarren damals wohl wie ein Naturereignis hineingeplatzt sein. Nach einer mehrstündigen ersten Diskussion rief Vogelsang aus: »Jetzt haben wir den Führer für die Vereinigten Christen gefunden!«[25]

Lueger hätte eigentlich ausrufen müssen: »Jetzt habe ich eine Partei gefunden!« Während Viktor Adler, eben auf seinem Werbefeldzug durch die Industriegebiete, sich selbst oft genug erst bekannt machen mußte, etablierte sich der längst allseits bekannte Karl Lueger als Bindeglied führerloser christlicher, antiliberaler und antisemitischer Gruppen. Vogelsang und sein Kreis hatten längst gemerkt, daß ihnen zu ihrer Ideologie der Volksmann fehlte. Lueger begriff, wie nützlich eine Ideologie war. Ob nun die Christlichsozialen den Dr. Lueger als ihren Führer okkupiert hatten, oder ob sie selbst von Lueger, dem schon vorhandenen Führer, okkupiert worden waren, im Herbst 1887 war der Geburtstag des Baron Vogelsang jedenfalls auch der Geburtstag der neuen Massenbewegung. Am 23. September trat Lueger schon als Redner bei einer christlichsozialen Kundgebung auf. Mit der ihm eigenen Wendigkeit verband er bei dieser Gelegenheit auch sofort eine Herzensangelegenheit seiner neuen frommen Umwelt mit dem eigenen Lieblingsthema, dem Großkapital. Damals wetterte die liberale Wiener Presse eben wieder einmal gegen die Reichtümer der Kirche, die sogenannten »Güter der toten Hand«. Einer Enteignung wie unter Kaiser Josephs Zeiten zeigte man sich nicht abgeneigt. Lueger antwortete mit der Parole von der Konfiskation der Güter der »bewußten lebendigen Hand«, des großkapitalistischen Eigentums also. Welche »bewußte« lebendige Hand er im speziellen meinte, war dieser »Hand« bewußt: Die lebenswichtigen Versorgungsbetriebe für die Bevölkerung, Eisenbahnen, Straßenbahnen, Gaswerke, Elektrizitätswerke sollten dem privaten Kapital entzogen, dem freien Unternehmertum sollten weitere, noch über Taaffes Gewerbereform hinausgehende Beschränkungen aufgezwungen werden. Das waren Luegers notorische Anliegen, und provokant sprach er vom Risiko, das er auf sich nehme, »sofort als ein Verletzer der Heiligkeit des Eigentums hingestellt zu werden, als Anarchist, Kommunist, der die Gesellschaftsordnung umkehren und alles Bestehende zerstören möchte«. Er stellte die rhetorische Frage: »Ist etwa der Titel des Eigentums der bewußten lebendigen Hand stärker und heiliger als der Titel des Eigentums der Kirchengüter?«[26]

So bekam Wien mit der Vereinigung der Christen unter Lueger sofort den neuen, scharfen Wind zu spüren. Der schöne Karl hatte sein Tief endgültig überwunden. Zum zweiten Male blies er zum Sturmangriff auf den Wiener Bürgermeisterstuhl. Diesmal wurde die Offensive nicht mit einer bunt zusammengewürfelten Truppe querköpfiger Bezirksgrößen und deren unsicherem Anhang geführt, sondern mit den »Vereinigten Christen«, einer zukünftigen politischen Massenbewegung.

Das Großbürgertum hatte das kulturelle Gesamtkunstwerk seiner Epoche, die Wiener Ringstraßenwelt, vollendet. Mit Otto Wagner kündigte sich der neue Lebensstil schon architektonisch an. Zwangsläufig mußte sich das kommunale Augenmerk auf die Vororte jenseits des Linienwalls richten. An der Peripherie des geschlossenen Siedlungsgebietes drängte der Aufbruch der Kleinbürger und der Proletarier zur nächsten Stadterweiterung, wollte die Donaumetropole die Herausforderung des kommenden 20. Jahrhunderts bestehen.

Bei der Planung der modernen Weltstadt zeigten sich die Wiener Liberalen in ihrem letzten Glanz. Dann wurde die Zeit reif für Dr. Karl Lueger, den Kleinbürgeradvokaten aus der Vorstadt.

Nach »Gründerzeit« und »Ringstraßenwelt« wird ein dritter Band, »Luegerzeit«, der Ära Karl Luegers gewidmet sein.

Anhang

Anmerkungen und Quellenhinweise

Für biographische und topographische Angaben zur Geschichte Wiens sind »Das große Groner Wien Lexikon«, herausgegeben von Felix Czeike, Wien 1974, und die vom selben Autor verfaßten sieben Jahrhunderte Stadtgeschichte, »Wien und seine Bürgermeister«, Wien 1974, unentbehrliche Nachschlagwerke. Wertvolle Übersichten bietet die Datensammlung zur Geschichte und Kultur von Walter Kleindel, »Österreich«, Wien–Heidelberg 1978. Zu verweisen ist ferner auf die von Walter Pollak herausgegebene biographische Chronik, »Tausend Jahre Österreich«, Wien 1973. Für die Wiener Baugeschichte in der Ringstraßenzeit legt das von Renate Wagner-Rieger initiierte und herausgegebene, inzwischen in 17 Bänden vollständig erschienene monumentale Sammelwerk »Die Wiener Ringstraße«, Wien 1969 und Wiesbaden ab 1972, grundlegende Forschungsergebnisse vor.

Kapitel 1 · Vorspiel in der Vorstadt

[1] Aus der umfangreichen Lueger-Literatur einschließlich zahlreicher Volksbücher und populärer Darstellungen sind als wichtigste Publikationen anzuführen: Kurt Skalnik, »Karl Lueger«, Wien 1954, sowie ein Lueger-Beitrag desselben Autors in »Neue Österreichische Biographie«, XII. Band, Zürich–Leipzig–Wien 1957; Richard Kralik, »Karl Lueger und der christliche Sozialismus«, Wien 1923 und 1933; Dr. Rudolf Kuppe, »Dr. Karl Lueger«, Wien 1947; Heinrich Schnee, »Karl Lueger«, Berlin 1960; M. Kunze »Dr. Karl Lueger als Gemeinderat 1875–1896«. (Diss.) Wien 1968.
Wichtige Hinweise auch bei Friedrich Funder, »Vom Gestern ins Heute«, Wien 1952. Dr. Funder war Luegers journalistischer Vertrauensmann in der christlichsozialen »Reichspost«.

[2] Karl Lueger, eines von acht Kindern, besuchte das Theresianum als »Externist«; er nahm am Schulunterricht teil, wohnte aber daheim.

[3] Dr. Felix Olegnik, »Historisch-statistische Übersichten von Wien«, Wien 1956, 1957 und 1958.

[4] »Statistische Mittheilungen über das österreichische Tabakmonopol für das Jahr 1897«, Wien 1898.

[5] Manfred Wehdorn, »Die Bautechnik der Wiener Ringstraße«, Wiesbaden 1979, sowie Hans-Christoph Hoffmann, Walter Krause und Werner Kitlitschka, »Das Wiener Opernhaus«, Wiesbaden 1972. Dr. Karl Böhm, ursprünglich Arzt und Dozent für Chirurgie, spezialisierte sich später auf technische Probleme und konstruierte die Anlagen für Beheizung, Beleuchtung und Ventilation in den meisten Staatsbauten an der Ringstraße.

[6] Hugo Bettauer, »Die freudlose Gasse«, erstmals als Fortsetzungsroman in »Der Tag«, Wien 1923, erschienen. Bettauer, ein sozialkritischer Publizist und Vorkämpfer sexueller Emanzipation, wurde am 10. März 1925 im Redaktionszimmer von »Bettauers Wochenschrift« in der Wiener Langegasse von dem Nationalsozialisten Otto Rothstock erschossen.

7 Gustav Adolf Schimmer, »Die Bevölkerung von Wien und seiner Umgebung nach dem Berufe und der Beschäftigung«, Wien 1874. Schimmers Arbeit war eine Auswertung der Volkszählungsergebnisse von 1870.

8 Schon das Babenberger Markgrafengeschlecht wurde gelegentlich als »Haus Österreich« bezeichnet. Unter den Nachfolgern der Babernberger ging die Gleichsetzung des Stammlandes an der Donau mit der dort herrschenden Dynastie so weit, daß auch die spanischen Habsburger als »Casa d'Austria« figurierten. Der außereheliche Sohn Kaiser Karls V. führte den Namen Don Juan d'Austria. Die spanische Gemahlin des Franzosenkönigs Ludwig XIII. ging als Anne d'Autriche in die Geschichte ein. Als offizieller Familienname für die Dynastie Habsburg-Lothringen wurde »Österreich« durch das Pragmatikalpatent des Kaisers Franz vom 11. August 1804 festgelegt. Für »Uns und Unsere Nachfolger in dem ungetrennten Besitze Unserer unabhängigen Königreiche und Staaten« stiftete Kaiser Franz mit diesem Pragmatikalpatent »den Titel und die Würde eines erblichen Kaisers von Österreich, als den Namen Unseres Erzhauses«. Diese Identifikation der Dynastie mit dem Staat war auch der Grund, warum die Sozialdemokraten nach dem Zusammenbruch der Monarchie von 1918 demonstrativ vom »Lothringer« Karl sprachen, der abdanken müsse. Der Sohn dieses letzten Kaisers beantragte später ebenso demonstrativ für sich den Namen Dr. Otto Österreich. Am 18. Februar 1957 entschied das Innenministerium der 2. Republik, daß die Angehörigen der ehemaligen Dynastie den Familiennamen Habsburg-Lothringen zu führen hätten.

Kapitel 2 · Das neue Vaterland

1 Dem zunächst auf fünf Tage beschränkten Waffenstillstand – während dem es trotzdem zu Gefechten kam, weil die Preußen noch Preßburg besetzen wollten – folgte am 26. Juli ein Präliminarfriede zu Nikolsburg, der schon Österreichs politischen Rückzug aus dem deutschen Raum und 20 Millionen Taler Kriegsentschädigung festlegte. Am 23. August wurde zu Prag der endgültige Friede zwischen Österreich und Preußen geschlossen. Der Friedensschluß zwischen Österreich und Italien erfolgte am 3. Oktober in Wien, nachdem die Monarchie das Königreich Venetien schon am 4. Juli 1866 an den Franzosenkaiser Napoleon III. abgetreten hatte. Im Wiener Frieden wurde dann die Weitergabe an Italien und die Anerkennung des Königreichs Italien durch Österreich fixiert.

2 Otto Gottlieb Billroth, »Billroth und Brahms im Briefwechsel«, Wien 1935.

3 Die Liberalen höhnten damals, auf Grund des Konkordats von 1855 müßten auch die Soldaten der k. k. Armee nach den Fastenregeln der katholischen Kirche verpflegt werden.

4 Daß der slowenische Nationalismus bis heute nicht ausgestorben ist, erlebte der Autor persönlich 1981 bei Drehbucharbeiten für eine Fernseh-Gemeinschaftsproduktion des ORF-Wien mit RTV-Ljubljana: Im slowenischen Manuskript für einen Film über den Triestiner Bergsteiger Dr. Julius Kugy wurde der vor der Jahrhundertwende prominente, sich zum Deutschtum bekennende Naturforscher Karl Deschmann als »Dragotin Dežman« und als »slowenischer Renegat« klassifiziert.

5 Friedrich Funder, »Vom Gestern ins Heute«, Wien 1952.

6 Dr. Erich Prunč in einem Gespräch mit dem Autor, Graz 1982.

7 So bekämpfte der sozialdemokratische Partei-Ideologe der Zwischenkriegszeit, Dr. Otto Bauer, noch im Juni 1938 in der Pariser Emigration die »reaktionäre Parole der Wiederherstellung der

Unabhängigkeit Österreichs« und setzte an deren Stelle die »revolutionäre Parole der gesamtdeutschen Revolution« als politisches Ziel. (Adolf Schärf, »Österreichs Erneuerung 1945–1955«, Wien 1955.)

8 Rudolf Kuppe, »Dr. Karl Lueger«, Wien 1947.

9 Der legendäre Lueger-Ausspruch soll wörtlich gelautet haben: »Wo man mich aufschneidet, wird man mich schwarz-gelb bis in die Knochen finden.« Laut Funder, a. a. O., stammt der Ausspruch aus einer Lueger-Rede beim Katholikentag im Wiener Musikvereinssaal am 29. April 1889.

10 Heinrich Benedikt, »Die wirtschaftliche Entwicklung in der Franz-Joseph-Zeit«, Wien–München 1958.

11 Grete Merk, »Zwei Pioniere der österreichischen Industrie«, Graz-Wien-Köln 1966.

12 Fred Hennings, »Ringstraßensymphonie«, 3 Bde., Wien 1963. Zahlreiche wertvolle Hinweise zur Wiener Musikgeschichte im 19. Jahrhundert verdankt der Autor dem Musikhistoriker Franz Mailer. (»Joseph Strauß – Genie wider Willen«, Wien 1977.)

13 So mancher Ungar betrachtete die Habsburger als Fremdherrscher und ausländische Unterdrükker. Vom Thronfolger Franz Ferdinand stammt der Ausspruch, »die Dynastie müsse Ungarn alle hundert Jahre neu erobern«.

14 Der »Ausgleich« wurde als Artikel XII in die ungarische Verfassung aufgenommen. Er ist staatsrechtlich nicht als Vertrag zwischen Österreich und Ungarn, sondern als Vereinbarung der Dynastie mit der ungarischen Nation zu bewerten. Franz Joseph garantierte als König von Ungarn dieser Nation die Selbständigkeit in inneren Angelegenheiten, dafür anerkannte Ungarn die untrennbare Verbindung mit den übrigen Königreichen und Ländern des Hauses Österreich. So versteht sich der Ausgleich von 1867 als Fortsetzung der Pragmatischen Sanktion, mit der Karl VI. seiner Tochter Maria Theresia die Erbfolge gesichert hatte.

15 Die Zollpolitik gehörte nicht zu den »gemeinsamen Angelegenheiten«. Die Budapester Zustimmung zu gemeinsamen Zolltarifen mußte wiederholt durch Wiener Zugeständnisse in anderen Fragen erkauft werden.

16 Egon Caesar Conte Corti, »Mensch und Herrscher«, Graz–Wien–Altötting 1952.

17 Crenneville-Archiv, zitiert bei Corti, »Mensch und Herrscher«, a. a. O.

18 Benedikt, a. a. O. Der finanzielle »Ausgleich«, die Aufteilung der Kosten für die gemeinsamen Angelegenheiten, wurde alle 10 Jahre neu festgelegt, und der ungarische Beitrag blieb stets unter einem Drittel des Gesamtaufwands. Zur Beratung der »Gemeinsamen Angelegenheiten« wählten der Reichsrat in Wien und der Reichstag in Budapest sogenannte »Delegationen«, die allerdings auch nicht gemeinsam, sondern unabhängig voneinander tagten. Der Außenminister als »Minister des Allerhöchsten Hauses« und die beiden Ministerpräsidenten hatten die schwierige Aufgabe, die Vorstellungen der beiden Delegationen aufeinander abzustimmen. Das ganze System lief auf mehr oder weniger erfolgreiche ungarische Pressionen hinaus, denn die österreichische Seite fühlte sich stets für die Gesamtmonarchie verantwortlich und brachte dem Zusammenhalt immer wieder Opfer.

19 Miklós Komjáthy, »Protokolle des Gemeinsamen Ministerrates der Österreichisch-Ungarischen Monarchie«, Budapest 1966. Dieser »Gemeinsame Ministerrat« war keine Reichsregierung für beide Staatshälften, sondern ein Gremium, das nur fallweise und ohne feste Geschäftsordnung zusammentrat.

20 Corti, »Mensch und Herrscher«, a. a. O.

21 Aurel Popovici, »Die Vereinigten Staaten von Groß-Österreich«, Wien 1906, propagierte die

Gedankengänge des Thronfolgers Franz Ferdinand schon zu dessen Lebzeiten. In einem am 28. März 1928 in der Wiener »Reichspost« erschienenen Artikel, »Die geplante Gründung der Vereinigten Staaten von Großösterreich«, berichtete Johann Andreas Freiherr von Eichhoff erstmals ausführlich über die konkreten Pläne zur föderalistischen Umgestaltung der Donaumonarchie. Eichhoff, hoher Beamter des Innenministeriums, war Mitarbeiter Franz Ferdinands und später des Kaisers Karl in staatsrechtlichen Fragen.

[22] Bei diesem ersten Parlament der neuen Ära handelte es sich um den wiedererstandenen »engeren Reichsrat« von 1861, der sich aus den Abgeordneten der österreichischen Kronländer zusammengesetzt hatte. Gemäß Februarpatent 1861 sollten die Landtage aller Kronländer Vertreter nach Wien schicken. Da die Ungarn fern blieben, ebenso die Italiener Istriens und Venetiens, tagte im »Schmerling-Theater«, wie das provisorische Reichsratsgebäude in Wien genannt wurde, nur ein »engerer« Reichsrat der österreichischen Kronländer. Als das Februarpatent dann 1865 sistiert wurde, büßte auch dieser »engere Reichsrat« seine ohnehin bescheidenen Funktionen ein.

[23] Eduard Graf Taaffe (1833–1895), aus irischem Adelsgeschlecht, in Böhmen begütert, war ein Spielgefährte Franz Josephs aus dessen Kindertagen und zeitlebens einer seiner engsten Vertrauten. Einer der ganz wenigen Männer, die der Kaiser mit einem freundschaftlichen »Du« auszeichnete.

[24] Die »Dezemberverfassung 1867« bestand aus fünf Staatsgrundgesetzen; sie regelten die Volksvertretung durch den Reichsrat, die staatsbürgerlichen Grundrechte, das Reichsgericht, die richterliche Gewalt sowie die Ausübung der Regierungs- und Vollzugsgewalt. So war die Dezemberverfassung eine Erweiterung des Februarpatents. Das Staatsgrundgesetz, das die bürgerlichen Freiheiten garantierte, wurde 1920 als Artikel VII in die republikanische Verfassung Österreichs aufgenommen; es ist auch heute noch Bestandteil der österreichischen Bundesverfassung.

[25] Der Ausdruck »Bedientenvölker« kam durch ein Gedicht von Friedrich Hebbel aus dem Jahr 1848 zu literarischem Ruhm:
»Auch die Bedientenvölker rütteln
am Bau, den jeder totgeglaubt;
die Tschechen und Polacken schütteln
ihr struppig Karyatidenhaupt.«

Kapitel 3 · Die Bürgerfreiheit

[1] Zitate nach der Hanser-Ausgabe von Grillparzers »Sämtliche Werke«. Eine interessante Zusammenstellung »Grillparzer über Papsttum und Kirchenstaat« von Eugen Thurnherr erschien in »Beiträge zur neueren Geschichte Österreichs«, Wien–Köln–Graz 1974.

[2] Taaffe-Interview für das »Neue Wiener Tagblatt«, August 1879. Hinweise für Taaffes Haltung als »Kaiserminister« bei Alfred Ableitinger, »Ernest von Koerber und das Verfassungsproblem im Jahre 1900«, Wien–Köln–Graz 1973.

[3] Der parlamentarische Streit um die Anwendung des Notstandsparagraphen 14 beschäftigte den Reichsrat während seiner ganzen Existenz. Mehrfach konnten Regierungen überhaupt nur gebildet werden, wenn sich der Regierungschef den Parlamentsparteien gegenüber vorher verpflichtete, den Notstandsparagraphen nicht anzuwenden. (Ableitinger, a. a. O.)

[4] Heinrich Benedikt, »Die wirtschaftliche Entwicklung in der Franz-Joseph-Zeit«, Wien–München 1958.

[5] Diskussionsbeitrag von Franz Slawik bei einem Liberalismus-Symposion im sozialdemokratischen Karl-Renner-Institut, Wien, November 1978.

[6] Diskussionsbeitrag von Dr. Heinz Fischer beim Liberismus-Symposion, a. a. O.

[7] Dr. Arthur Skedl, »Der politische Nachlaß des Grafen Eduard Taaffe«, Wien–Berlin–Leipzig–München 1922.

[8] Fred Hennings, »Ringstraßensymphonie«, 3 Bde., Wien 1963.

[9] Anton Springer, »Geschichte Österreichs seit dem Wiener Frieden 1809«, Leipzig 1863.

[10] Friedrich Schlögl, »Wiener Blut«, Wien 1875.

[11] Schlögl, a. a. O.

[12] Zitiert bei Hilde Schmölzer, »A schöne Leich«, Wien 1980.

[13] Schmölzer, a. a. O.

[14] Schmölzer, a. a. O.

[15] Zitiert bei Erika Weinzierl-Fischer, »Die österreichischen Konkordate von 1855 und 1933«, Wien 1960.

[16] Marcel Prawy, »Johann Strauß«, Wien 1975, sowie Kurt Pahlen, »Johann Strauß«, München 1975.

[17] Karl Hugelmann, »Kaiser Franz Joseph und das Bürgerministerium«, Wien 1917.

[18] Weinzierl-Fischer, a. a. O.

[19] So verhinderte Franz Joseph 1903 die Wahl des Kardinalstaatssekretärs Mariano Rampolla zum Papst wegen dessen frankophiler Politik. Im Auftrag des Kaisers legte der Krakauer Kardinal Johann Puzyna ein österreichisches Veto ein, wozu das Haus Habsburg seit altersher berechtigt war. 1904 wurde dieses Einspruchsrecht abgeschafft.

[20] Noch 1874, als im Reichsrat neue Kirchengesetze verhandelt wurden, rief Papst Pius IX. in einer Enzyklika die österreichischen Bischöfe zum Widerstand gegen das »Verderben« auf. 1888 wetterte dann auch Papst Leo XIII. in der Enzyklika »Libertas praestantissimum« gegen die Religionsfreiheit für Nichtkatholiken: »Ein gottloser Staat oder, was schließlich auch auf Gottesleugnung hinausläuft, ein Staat, der, wie man sagt, gegen alle Religionen gleichmäßig wohlwollend gesinnt ist, und allen ohne Unterschied die gleichen Rechte zuerkennt, versündigt sich gegen die Gerechtigkeit wie gegen die Vernunft.«

[21] Egon Caesar Conte Corti, »Mensch und Herrscher«, Graz–Wien–Altötting 1952.

[22] Auch »Doktoren-Ministerium« genannt, weil es außer den Hocharistokraten Auersperg und Taaffe hauptsächlich aus Advokaten bestand. Taaffe, als Landesverteidigungsminister der »Aufpasser« des Kaisers, war der einzige Konservative in diesem prononciert deutsch-liberalen Gremium.

[23] Das »Reichsvolksschulgesetz« vom 14. Mai 1869 führte in beiden Reichshälften die allgemeine Schulpflicht ein. Die Kirchengesetze vom 25. Mai 1868 hatten es schon allen 14jährigen freigestellt, ihr Religionsbekenntnis selbst zu wählen; die Ehegerichtsbarkeit war den staatlichen Gerichten zugewiesen worden. Weitere Kirchengesetze verfügten im Mai 1874 die Staatskontrolle über Klöster und Pfründenvermögen (siehe Anmerkung 20).

[24] Weinzierl-Fischer, a. a. O.

[25] Zitiert bei Weinzierl-Fischer, a. a. O.

[26] Bertha Zuckerkandl, »Österreich intim«, Frankfurt–Berlin–Wien, 1970. Der große Physiker und Naturphilosoph Ludwig Boltzmann hatte schon vor Zuckerkandl in einer Festsitzung der

Wiener Akademie der Wissenschaften am 29. Mai 1886 verkündet: »Wenn Sie nach meiner innersten Überzeugung fragen, ob man es einmal das eiserne Jahrhundert oder das Jahrhundert des Dampfes oder der Elektrizität nennen wird, so antworte ich ohne Bedenken, das Jahrhundert der mechanischen Naturauffassung, das Jahrhundert Darwins wird es heißen.« Da Boltzmann im geschlossenen Kreis von Gelehrten und nicht wie Zuckerkandl vor Studenten sprach, hielt sich der katholische Protest gegen seinen Darwinismus in Grenzen.

Kapitel 4 · Geschichten aus dem Wienerwald

1 Otto Gottlieb Billroth, »Billroth und Brahms im Briefwechsel«, Wien 1935.

2 Friedrich Schlögl, »Wiener Blut«, Wien 1875.

3 Schlögl, a. a. O.

4 Hellmut Andics, »Gründerzeit«, Wien–München 1981.

5 Andics, a. a. O.

6 Ulrike Planner-Steiner/Klaus Eggert, »Friedrich von Schmidt – Gottfried Semper – Carl von Hasenauer«. Wiesbaden 1878.

7 Zelinka hatte sowohl 1864, in den Tagen der Schleswig-Holsteinischen Krise, sowie 1866, nach der Niederlage von Königgrätz, gegen die Außen- und gegen die Personalpolitik des Kaisers opponiert; ein Vorgehen, das den Monarchen vor allem deshalb empörte, weil ihn kaum etwas heftiger ärgern konnte als eine Einmischung vermeintlich »Unzuständiger«. Auch 1867 war der Wiener Bürgermeister Initiator einer Resolution des Gemeinderates gegen das Konkordat.

8 Zitiert bei Alfred Kölbel, »Hochwasserschutz – seit 200 Jahren umstritten«, in »Wien aktuell«, Nr. 5/1975.

9 Cajetan Felder, »Erinnerungen eines Wiener Bürgermeisters«, herausgegeben von Felix Czeike, Wien 1964.

10 Im I. Wahlkörper waren die Reichen vertreten: Hausherren und Grundeigentümer mit mindestens 500 Gulden Grundsteuer, Gewerbetreibende mit mindestens 100 Gulden Erwerbssteuer jährlich. Der II. Wahlkörper setzte sich aus Grundsteuerpflichtigen zwischen 10 und 100 Gulden Jahresleistung und der sogenannten »Intelligenz« zusammen, worunter Lehrer, Pfarrer, Offiziere und höhere Beamte zu verstehen waren. Im III. Wahlkörper wählten Gewerbetreibende mit mindestens 10 Gulden jährlicher Steuerleistung. Ein Antrag der »Linken«, die Wahlkörper abzuschaffen, bekam im März 1872 zwar eine Mehrheit im Gemeinderat, als dann aber ein diesbezüglicher Gesetzentwurf vorgelegt wurde, scheiterte er an Bürgermeister Dr. Felder und dessen Anhang. »Wie immer die Debatten liefen und die Entwürfe aussahen, das Ergebnis spricht eine eindeutige Sprache: Fortschritte in der Entwicklung des Wahlrechts wurden im Zeitraum von 1881 bis 1918 im kommunalen Bereich immer erst einige Jahre nach entsprechenden Errungenschaften im Gesamtstaat erzielt.« (Karl Ucakar/Manfred Welan, »Kommunale Selbstverwaltung und konstitutioneller Rechtsstaat«, in »Wien in der liberalen Ära«, Wien 1978.) Obwohl die österreichische Reichshälfte seit 1907 ein allgemeines, gleiches und direktes Wahlrecht besaß, wurde der Wiener Gemeinderat noch bis 1918 nach Wahlkörpern gewählt.

11 Felix Czeike, »Wien und seine Bürgermeister«, Wien 1974.

Kapitel 5 · Die Hochverräter

[1] Grete Merk, »Zwei Pioniere der österreichischen Industrie«, Graz–Wien–Köln 1966.

[2] Dr. Felix Olegnik, »Historisch-statistische Übersichten von Wien«, Wien 1956, 1957 und 1958.

[3] Merk, a. a. O.

[4] Die Augenzeugenberichte von Dr. Viktor Adler über das Elend der Wienerberger Ziegelarbeiter im sozialdemokratischen Wochenblatt »Die Gleichheit«, 1888, gelten bis heute als exemplarisches Beispiel für sozialpolitisch engagierten Journalismus und für die Lebensverhältnisse des Wiener Proletariats.

[5] Franz Baltzarek/Alfred Hoffmann/Hannes Stekl, »Wirtschaft und Gesellschaft der Wiener Stadterweiterung«, Wiesbaden 1975.

[6] Heinrich Scheu, »Der Wiener Hochverratsprozeß«, Wien 1911.

[7] Scheu, a. a. O.

[8] Zitiert bei Ludwig Brügel, »Geschichte der österreichischen Sozialdemokratie«, Wien 1922.

[9] Das »Hartung-Programm«, abgedruckt bei Brügel, a. a. O. Dieses Programm »enthält bereits die wesentlichen Forderungen, die die Arbeiterbewegung in den kommenden Jahren immer wieder erhob. Es bildete den Anfang der Bemühungen, die Arbeiterschaft politisch zu organisieren und ein Programm auszuarbeiten.« (Klaus Berchtold, »Österreichische Parteiprogramme 1868–1966«, Wien 1967.)

[10] Adolf Fischhof, »Österreich und die Bürgschaften seines Bestandes«, Wien 1869. Fischhof (1816–1893), im März 1848 Revolutionsführer der ersten Stunde, lehnte 1870 ein Ministeramt im Beamtenkabinett des Grafen Potocki ab. Er übersiedelte 1875 nach Kärnten und kämpfte publizistisch für einen Ausgleich zwischen Deutschen und Slawen in Österreich. Er entwarf auch eine föderalistische Verfassung, die innerhalb der historischen Grenzen der Königreiche und Länder das Nationalitätenproblem durch Autonomien für Landtage und Bezirksvertretungen zu lösen versuchte.

[11] Richard Charmatz, »Österreichs innere Geschichte von 1848–1907«, Leipzig 1909. Über Giskra und seine mit kernigen Aussprüchen gewürzte Politik berichtet auch Heinrich Waentig, »Gewerbliche Mittelstandspolitik«, Leipzig 1898.

[12] Fritz Kaufmann, »Sozialdemokratie in Österreich«, Wien–München 1978.

[13] Jacques Hannak, »Im Sturm eines Jahrhunderts«, Wien 1952.

[14] Der Jurist Josef Unger (1828–1913), 1848 ein Barrikadenkamerad des Arztes Dr. Fischhof, trotz dieser revolutionären Vergangenheit vom Unterrichtsminister Graf Thun 1856 als Professor für Zivilrecht an die Wiener Universität geholt, wurde 1871 im Kabinett Auersperg Minister ohne Portefeuille, eine damals als »Sprechminister« bezeichnete Funktion. Unger blieb bis 1879 im Ministerium; der ehemals radikale Liberale wurde zusehends konservativer. 1882 berief ihn der Kaiser zum Präsidenten des Reichsgerichts.

[15] Sigmund Mayer, »Ein jüdischer Kaufmann«, Leipzig 1911.

[16] Sigmund Mayer, »Die soziale Frage in Wien«, Wien 1871. Zum Lohn-Preis-Vergleich dieser Periode liegen folgende wesentliche Arbeiten vor: »Die Preissteigerung der Lebensbedürfnisse«, in »Statistische Tabellen zur Währungsfrage der österreichischen Monarchie«, herausgegeben vom k. k. Finanzministerium, Wien 1851; R. V. Gruenebaum, »Das Ausgabebuch eines jungen Ehemannes 1872/73.« »Das Haushaltungsbuch einer fünfköpfigen Familie des Mittelstandes« im »Wiener Tagblatt«, Wochenausgabe, Nr. 12 und Nr. 24/1924; Anton Tschörner,

»Die materielle Lage des Arbeiterstandes in Österreich«, Wien 1879; Chr. Kristen, »Die Entwicklung der Löhne und Preise in Wien im 19. Jahrhundert«, Manuskript, Wien 1967.

[17] Scheu, a. a. O.

[18] Scheu, a. a. O.

[19] Über Franz Josephs Verhalten im preußisch-französischen Konflikt: Egon Caesar Conte Corti, »Mensch und Herrscher«, Graz–Wien–Altötting 1952.

[20] Hasner wollte die Landtage von Böhmen, Galizien, Krain, der Bukowina und des Küstenlandes von Istrien auflösen, um der slawischen Krise Herr zu werden. Franz Joseph lehnte diese Gewaltmaßnahmen ab, so daß dem Regierungschef nur der Rücktritt blieb.

[21] Scheu, a. a. O. Das Protokoll der Hauptverhandlung gibt zahlreiche Hinweise auf politische und private Konfliktsituationen. So scheinen die Beziehungen zwischen dem glühenden Idealisten Hartung und dem politischen Praktiker Oberwinder gespannt gewesen zu sein. Als wichtige Zeugin der Anklage ließ der Staatsanwalt eine verlassene Freundin Oberwinders auftreten, die Buchhalterin Maria Podany. Das Mädchen sagte aus, Oberwinder habe vom »Arbeiterpöbel« gesprochen, der »einen Leithammel« brauche.

[22] Scheu, a. a. O. Friedrich Scheus Bericht über spätere Vorsprachen beim Ministerpräsidenten Graf Hohenwart und beim Polizeidirektor Le Monier zeigte, daß die Arbeiterführer auch als intellektuell gleichwertige Gesprächspartner akzeptiert wurden.

[23] Der Hochverratsprozeß von 1870 unterschied sich in dieser Hinsicht drastisch vom Anarchistenprozeß des Jahres 1882, in dem der Vorsitzende Graf Lamezan die Angeklagten als »Wassersuppensozialisten« und »Revolutionäre im Schlafrock« verhöhnte. (Siehe Kapitel 12.)

[24] Mayer, »Die soziale Frage in Wien«, a. a. O.

Kapitel 6 · Glücksucher auf allen Wegen

[1] Karl Kraus, »Die demolirte Literatur«, Wien 1896; kommentiert bei Hans Weigel, »Karl Kraus«, Wien 1968. »Die demolirte Literatur«, seinen ersten größeren Essay, schrieb Kraus anläßlich der bevorstehenden Demolierung des berühmten Wiener Literatencafés Griensteidl auf dem Michaelerplatz.

[2] Thomas Mann, Brief an Ludwig Ewers vom 13. Jänner 1909. Mann über Hofmannsthal ausführlich bei Peter de Mendelsohn, »Der Zauberer«, Frankfurt am Main 1975.

[3] J. B. Priestley, »Der Europäer und seine Literatur«, dt., München–Wien–Basel 1960.

[4] Renate Wagner-Rieger/Mara Reissberger, »Theophil von Hansen«, Wiesbaden 1980. Mara Reissberger gibt in dem von ihr verfaßten Teil der Hansen-Biographie eine ausführliche Darstellung des unveröffentlichten Hofmannsthal-Manuskripts.

[5] Wagner-Rieger/Reissberger, a. a. O.

[6] Wagner-Rieger/Reissberger, a. a. O.

[7] »The basic writings of Bertrand Russell«, herausgegeben v. R. E. Egner u. L. E. Denonn, London 1961.

[8] »Neues Wiener Tagblatt«, 10. Juli 1874.

[9] Johann Nestroy, »Eisenbahnheiraten oder Wien/Neustadt/Brünn«, Posse mit Gesang in drei Akten; Erstaufführung am 3. Jänner 1844 im Theater an der Wien. Hier der berühmt gewordene Satz: »Die sechzehn Stationen bis Neustadt fahrt man in drei Viertelstund, 's Anhalten dauert in allem zusamm' höchstens anderthalb Stund' – ah, so eine Reis' is wirklich ein Genuß.«

Seinen Spott mit den Neureichen trieb Nestroy in »Frühere Verhältnisse«, Posse mit Gesang in einem Akt, erstmals im Quai-Theater am 7. Jänner 1862 gespielt. In den zwölf Aufführungen dieser Posse war Nestroy zum letzten Male auf einer Wiener Bühne zu sehen. Hier das Couplet: »So gibt's viel gute Mensch'n, aber grundschlechte Leut.«

[10] Marie von Ebner-Eschenbach, geb. Gräfin Dubsky aus Mähren, (1830–1916), verh. mit dem Pioniergeneral Moritz Frh. v. Ebner-Eschenbach, beschäftigte sich in ihren Erzählungen hauptsächlich mit der dörflichen Bauernwelt aus sozialkritisch-patriarchalischer Sicht. Zu ihren berühmtesten Werken wurde »Das Gemeindekind« und die Hundegeschichte »Krambambuli«.

[11] Friedrich Schlögl, »Wiener Blut«, Wien 1875.

[12] Dr. Emil Horner, »Bauernfeld«, Leipzig, Berlin und Wien 1900. »Aus der Gesellschaft« erlebte 75 Aufführungen.

[13] So konservativ Franz Joseph auch gewesen sein mochte, neuen Richtungen in der Kunst stellte er sich nicht in den Weg. Bertha Zuckerkandl (»Österreich intim« Frankfurt–Berlin–Wien 1970) berichtete, Franz Joseph habe 1912 die Hagenbund-Ausstellung mit der ersten großen Präsentation der Arbeiten von Oskar Kokoschka gerettet, nachdem der Thronfolger Franz Ferdinand die Vorbesichtigung mit dem Ausruf »Schweinerei« demonstrativ verlassen und die Schließung der Veranstaltung verlangt hatte.

[14] Oper und Burgtheater waren damals keine Staatsunternehmungen, sondern dem Obersthofmeisteramt unterstellt. Die Finanzierung erfolgte aus der »Privatschatulle« des Kaisers. Das Problem überhöhter Stargagen gab es offensichtlich damals schon, allerdings existierte keine Gewerkschaft, die die Forderungen des technischen Personals durchgesetzt hätte. Die Hoftheater verzeichneten immer schon ein Jahr für Jahr steigendes Defizit, das weit über die allgemeine Teuerungsrate von 2 Prozent jährlich hinausging. Gustav Mahler beispielsweise bekam bei seiner Ernennung zum Hofoperndirektor 1897 ein Jahresgehalt von 5000 Gulden, davon 2000 Gulden steuerfrei. Sein Nachfolger Felix von Weingartner erhielt 1908 schon 36.000 Kronen jährlich, was 18.000 Gulden entsprochen hätte. Für Mahlers erstes Direktionsjahr 1897/98 war ein Defizit von 90.000 Gulden vorgesehen; in seinem letzten Direktionsjahr 1907 betrug der Abgang rund 450.000 Kronen. In dieser Spielzeit bezog Enrico Caruso ein Gastspielhonorar von 48.000 Kronen. (Franz Willnauer, »Gustav Mahler und die Wiener Oper«, Wien–München 1979.)

[15] Laubes »Stadttheater«, nach einem Brand neu ausgestattet, war später als Varieté »Ronacher« ein Wiener Begriff. Das großstädtische Bürgertum erhielt mit dem »Deutschen Volkstheater« eine auf seine Bedürfnisse ausgerichtete Bühne mit einem fortschrittlichen Spielplan.

[16] Margot Kuhn, »Ibsens ›Nora‹ auf den Wiener Bühnen (1881–1971)« in »Maske und Kothurn«, Heft 1–2/1978.

[17] Kuhn, a. a. O.

[18] Kuhn, a. a. O.

[19] Anton Freiherr von Doblhoff-Dier war Protokollführer der Niederösterreichischen Landstände und damit Besitzer einer Dienstwohnung, die vor dem Ausbruch der Märzrevolution 1848 als Treffpunkt für die liberale Opposition diente.

[20] August Fournier, »Erinnerungen«, München 1923.

[21] Daniel Spitzer, »Wiener Spaziergänge«, Feuilletons aus der »Neuen Freien Presse«, Wien, später Leipzig, ab 1869.

[22] Adolf Dillinger-August von Conraths, »Guide und Souvenir-Album der Wiener Weltausstellung 1873«, Wien 1873.

[23] Wilhelm Angerstein, »Skizzen aus dem socialen Leben Österreichs«, Leipzig 1871.

[24] Eduard Hanslick, »Aus meinem Leben«, Wien 1894.

[25] Heinrich Graf von Lützow, »Im diplomatischen Dienst der k. u. k. Monarchie«, Wien 1971.

[26] Victor von Fritsche, »Bilder aus dem österreichischen Hof- und Gesellschaftsleben«, Wien 1914, sowie Heinrich Friedjung, »Österreich von 1848 bis 1860«, Stuttgart und Berlin 1918.

[27] Zu den hocharistokratischen Familien, die sich mit dem Hause Rothschild zwecks Gründung der Creditanstalt zusammentaten, gehörten die Fürstenberg, Schwarzenberg, Chotek und Zichy.

[28] Das für Albert Frh. v. Rothschild gebaute Palais stand in der Prinz-Eugen-Straße, Nathaniel ließ sich sein Palais in der Theresianumgasse errichten. Beide Gebäudekomplexe wurden im 2. Weltkrieg schwer bombenbeschädigt und nach 1945 abgerissen.

[29] Franz Baltzarek/Alfred Hoffmann/Hannes Stekl, »Wirtschaft und Gesellschaft der Wiener Stadterweiterung«, Wiesbaden 1975. Der von Pauline Metternich protegierte »Wiener Kunstverein« führte später einen erbitterten Kampf gegen Otto Wagner und den Wiener Jugendstil.

[30] Herbert Matis, »Österreichs Wirtschaft 1848–1913«, Berlin 1972.

[31] Matis, a. a. O.

[32] Die Eisenbahnfrage beschäftigte die Öffentlichkeit durch Jahrzehnte. Im Reichsrat kämpfte die »Linke« erbittert gegen die von der Regierung geübte Praxis, nur passive Unternehmen zu verstaatlichen, gewinnbringende Bahnlinien aber im Privatbesitz zu belassen. Die leidenschaftlich geführte Diskussion erreichte 1886 ihren Höhepunkt, als das Privilegium für die einträgliche Nordbahn bis 1904 verlängert wurde. Damals standen 38,5 Prozent des österreichischen Streckennetzes unter Staatsverwaltung. Die Eisenbahnfrage spielte auch für Lueger eine bedeutsame Rolle. (Siehe Kapitel 13 sowie Anmerkung 9 zum 13. Kapitel.)

[33] Dr. Anton Becker/Ferdinand Lettmayer, »Die Donau«, in »Wien um die Mitte des XX. Jahrhunderts«, Wien 1958.

[34] Der Wiener Bürgermeister Felix Slavik trat 1973 zurück, nachdem er im Gefolge einer Volksabstimmung, die seine Verbauungspläne für den Sternwartepark abgelehnt hatte, im Wiener SPÖ-Parteivorstand die von ihm verlangte qualifizierte Mehrheit nicht erhielt.

[35] Karl von Lützow, »Wiener Neubauten«, Wien ab 1874.

[36] R. v. Eitelberger und Heinrich Ferstel, »Das bürgerliche Wohnhaus und das Wiener Zinshaus«, Wien 1860.

[37] Lützow, a. a. O.

[38] Anton Scheiblin, »Der Wienerwald«, in »Wien um die Mitte des XX. Jahrhunderts«, Wien 1958, sowie »Josef Schöffel, der Retter des Wienerwaldes«, anonym, Wien 1952. Schöffel selbst hat »Erinnerungen aus meinem Leben« hinterlassen.

Kapitel 7 · Der große Krach

[1] Ein schmaler, langgezogener Streifen dieser Region wurde 1921 in die Republik Österreich eingegliedert, unter der Bezeichnung »Burgenland«. Das Gebiet sollte ursprünglich »Vierburgenland« heißen, in Anlehnung an die Bezeichnung »Siebenbürgen«, unter Bezug auf die Komitatshauptstädte Preßburg, Eisenburg, Ödenburg und Wieselburg. Keine der vier Städte allerdings kam zu Österreich, nur das agrarische Randgebiet.

[2] Die ersten Kontaktgespräche der Feinde von 1866 hatten schon im August 1871, drei Monate nach dem deutsch-französischen Friedensschluß, in Gastein stattgefunden. Franz Joseph und sein Außenminister Graf Beust sowie Wilhelm I. und sein Reichskanzler Fürst Bismarck kamen zu einem »vorläufigen Einverständnis« über ein späteres Bündnis.

[3] Die panslawistische Expansionspolitik Rußlands fand ihren Niederschlag in einer Artikelserie des Publizisten Nikolaj Jakovlevič Danilevskij, »Rußland und Europa«, die im Winter 1869/70 veröffentlicht wurde. Die später in Buchform erschienenen Vorstellungen des Verfassers galten bis zum 1. Weltkrieg als Leitlinie der zaristischen Außenpolitik; nachher wurden sie von der sowjetischen Außenpolitik übernommen und während sowie nach dem 2. Weltkrieg schrittweise verwirklicht. Die Hegemonie über die slawischen Völker auf dem Balkan stand ebenso auf dem Danilevskij-Programm wie der Einbezug der Nichtslawen in Ungarn und Rumänien in den russischen Machtbereich. Danilevskij bezeichnete es als »historische Schuld« der Ungarn und Rumänen, daß sie sich in den slawischen Siedlungsbereich eingedrängt hätten. Das Buch, auf dessen Bedeutung für die russische politische Praxis erst Hans Uebersberger (»Österreich zwischen Rußland und Serbien«, Köln–Graz 1958) hinwies, blieb vor dem 1. Weltkrieg im Westen nahezu unbekannt; die Zielsetzungen der »Sängerbrücke«, wie das russische Außenministerium in St. Petersburg genannt wurde, lagen allerdings klar sichtbar auf der Hand.

[4] Egon Caesar Conte Corti, »Mensch und Herrscher«, Graz–Wien–Altötting 1952, sowie vom selben Autor »Elisabeth – Die seltsame Frau«, Salzburg 1934.

[5] Dr. Albert Schäffle, »Aus meinem Leben«, Berlin 1905.

[6] Schäffle, »Aus meinem Leben«, a. a. O.

[7] Heinrich Benedikt, »Die wirtschaftliche Entwicklung der Franz-Joseph-Zeit«, Wien–München 1958.

[8] Daniel Spitzer, »Wiener Spaziergänge«, Feuilleton aus der »Neuen Freien Presse«, Wien, später Leipzig ab 1869.

[9] Crenneville-Tagebuch, zitiert bei Corti, »Mensch und Herrscher«, a. a. O.

[10] Spitzer, a. a. O.

[11] Benedikt, a. a. O.

[12] Benedikt, a. a. O., sowie Dr. Friedrich Thausing, »100 Jahre Sparkasse«, Wien 1919. Hinweise auch bei Albert Schäffle, »Der große Börsenkrach des Jahres 1873«, Tübingen 1874.

[13] Spitzer, a. a. O.

[14] »Meyers Großes Konversations-Lexikon«, 6. Auflage, 1904.

[15] Robert Waissenberger, »Wiener Nutzbauten des 19. Jahrhunderts als Beispiele zukunftsweisenden Bauens«, Wien–München 1977.

[16] Erst 1937 wurde die Rotunde durch einen Großbrand vernichtet.

[17] Tagebücher der Gräfin Marie Festetics, zitiert bei Corti, »Mensch und Herrscher«, a. a. O.

[18] Benedikt, a. a. O.

[19] Spitzer, a. a. O.

[20] Schon August Zang, Gründer der »Presse«, war selbst ein erfolgreicher Börsenspekulant. Die Nachfolgerin »Neue Freie Presse« hatte so manchen Börsenbankier unter ihren Eigentümern.

[21] Siehe Anmerkung 12.

[22] Über die zahlreichen antisemitischen Berichte im »Vaterland« berichten durchaus zustimmend Richard Kralik »Karl Lueger und der christliche Sozialismus«, Wien 1923 und Wien 1933, sowie Andrew G. Whiteside, »Georg Ritter von Schönerer«, dt. Ausgabe, Graz–Wien–Köln 1981.

[23] Kralik, a. a. O.

[24] Corti, »Mensch und Herrscher«, a. a. O.

[25] Corti, »Mensch und Herrscher«, a. a. O.

[26] Corti, »Mensch und Herrscher«, a. a. O.

[27] Corti, »Mensch und Herrscher«, a. a. O.

[28] Fred Hennings, »Ringstraßensymphonie«, 3 Bde., Wien 1963.

[29] Über den Ofenheim-Prozeß ausführlich Benedikt, a. a. O. Negativ bewertet Herbert Matis, »Österreichs Wirtschaft 1848–1913«, Berlin 1972, den Freispruch des Eisenbahn-Gründers.

[30] Benedikt, a. a. O.

[31] Benedikt, a. a. O.

[32] Matis, a. a. O.

[33] Benedikt, a. a. O.

Kapitel 8 · Der Aufmarsch

[1] Andrew G. Whiteside, »Georg Ritter von Schönerer«, dt. Ausgabe, Graz–Wien–Köln 1981. Die englische Originalausgabe, »The Socialism of Fools« erschien 1975 in Berkely, USA.

[2] A. Göllerich, »Der deutsche Parteitag vom 26. Februar 1871«, Wien, undatiert.

[3] »Neue Freie Presse«, Abendblatt vom 19. 5. 1873. Eine ausführliche Darstellung gibt Diethild Harrington-Müller, »Der Fortschrittsklub im Abgeordnetenhaus des österreichischen Reichsrats 1873–1910«, Wien–Graz–Köln 1972.

[4] Ludwig Gumplowicz, »Österreichisches Staatsrecht. Verfassungs- und Verwaltungsrecht«, Wien 1891. Gumplowicz (1838–1909) war eine der eigenwilligsten Denkerpersönlichkeiten der Monarchie. Aus einer Krakauer Rabbinerfamilie stammend, war er in seiner Jugend polnischer Nationalist; später, als Professor für Staatsrecht an der Grazer Universität, ein deklarierter Sozialdarwinist. Sein Hauptwerk, »Rasse und Staat« verfocht die Lehre, Staaten entstünden im Kampf zwischen Rassen, die erobern, und Rassen, die unterworfen werden. In den Russen, die er als Pole nationalistisch verabscheute, sah er „asiatische Horden, die sich gegen Europa zusammenrotten«. (William M. Johnston, »Österreichische Kultur- und Geistesgeschichte«, amerikanische Originalausgabe 1972, dt. Ausgabe 1974.) Er bestritt die historische Wirksamkeit des Individuums und sah in gesellschaftlichen Bewegungen die Auswirkungen kollektiven Gedankengutes. Sozialpolitisch bekämpfte er, »daß die besitzenden Klassen glauben, ein ewiges Gesetz verlange von den einen, daß sie immer reicher würden, von den anderen jedoch, daß sie verhungerten«. In der internationalen Welt der Geisteswissenschaften konservativer und liberaler Prägung wurde Gumplowicz »der schreckliche Österreicher« genannt. Er endete durch Selbstmord; postum wurde der galizische Jude Gumplowicz als ein Vorläufer Hitlers bewertet. Es zeugt jedenfalls für die Liberalität der Unterrichtsverwaltung in der Monarchie, daß ein Denker wie Gumplowicz ungehindert lehren konnte. Ein früheres Beispiel dafür bot der Sozialreformer Lorenz von Stein, den der erzkonservative katholische Unterrichtsminister Leo Graf Thun schon in den Jahren des Neo-Absolutismus an die Wiener Universität geholt hatte. Der Grundsatz der Lehrfreiheit wurde in der Franz-Joseph-Zeit kaum jemals durchbrochen.

[5] Whiteside, a. a. O.

[6] Kuéss/Scheichelbauer, »200 Jahre Freimaurerei in Österrreich«, Wien 1959.

[7] Kuéss/Scheichelbauer, a. a. O.

[8] Friedrich Funder, »Vom Gestern ins Heute«, Wien 1952.

[9] Kuéss/Scheichelbauer, a. a. O.

[10] Funder, a. a. O., Kuéss/Scheichelbauer, a. a. O.

[11] Dem Erzherzog wurden Kontakte mit der steirischen Freimaurerloge in Marburg nachgesagt. 1848 stattete Johann, als er nach seiner Wahl zum Reichsverweser in Frankfurt am Main eintraf, der dortigen Loge einen offiziellen Besuch ab.

[12] Kuéss/Scheichelbauer, a. a. O.

[13] Kuéss/Scheichelbauer, a. a. O.

[14] Kuéss/Scheichelbauer, a. a. O.

[15] Kuéss/Scheichelbauer, a. a. O.

[16] Kuéss/Scheichelbauer, a. a. O.

[17] Über die Tätigkeiten der Freimaurerlogen in der österreichisch-ungarischen Monarchie liegt eine Fülle aufgearbeiteten Materials vor. Es wurde von der freimaurerischen Forschungsloge »Quatuor Coronati« in Wien zusammengetragen und in Form unregelmäßg erscheinender Berichte einem kleinen Kreis historisch Interessierter zugänglich gemacht.

[18] Kuéss/Scheichelbauer, a. a. O.

[19] Kuéss/Scheichelbauer, a. a. O.; Fritz Kaufmann, »Sozialdemokratie in Österreich«, Wien–München 1978.

[20] Walter Göhring, »Der Gründungsparteitag der österreichischen Sozialdemokratie Neudörfl 1874«, Wien–München 1974. Zahlreiche Hinweise brachte die Internationale Tagung der Historiker der Arbeiterbewegung: »100 Jahre sozialdemokratischer Parteitag – Neudörfl 1974«, Protokolle der Vorträge und Diskussionsbeiträge, Wien 1976. Hierzu auch Kaufmann, a. a. O. Als Standardwerk gilt immer noch Ludwig Brügel, »Geschichte der österreichischen Sozialdemokratie«, Wien 1922.

[21] Bemerkung des steirischen Kulturpolitikers und langjährigen Landtagspräsidenten Univ.-Prof. Dr. Hanns Koren dem Autor gegenüber, Graz 1972.

[22] Göhring, a. a. O.

[23] Egon Erwin Kisch, »Hetzjagd durch die Zeit«, Berlin 1926.

[24] Marcel Prawy, »Johann Strauß«, Wien 1975, sowie Kurt Pahlen, »Johann Strauß«, München 1975.

[25] Prawy, a. a. O.

[26] Göhring, a. a. O.

[27] Klaus Berchtold, »Österreichische Parteiprogramme 1868–1966«, Wien 1967.

[28] Berchtold, a. a. O.

[29] Zitiert bei Hilde Schmölzer, »A schöne Leich«, Wien 1980.

[30] Schmölzer, a. a. O.

[31] Richard Kralik, »Karl Lueger und der christliche Sozialismus«, Wien 1923 und 1933.

[32] Kralik, a. a. O.

[33] Kralik, a. a. O.

[34] Kralik, a. a. O.

[35] Siehe Kapitel 12, »Die Anarchisten«.

[36] Kralik, a. a. O.

[37] Gordon Shepherd, »Engelbert Dollfuß«, Graz–Wien–Köln 1961.

[38] Whiteside, a. a. O.

[39] Whiteside, a. a. O.

Kapitel 9 · Spaziergang durch die Makartzeit

[1] Daniel Spitzer, »Wiener Spaziergänge«, Feuilletons aus der »Neuen Freien Presse«, Wien, später Leipzig ab 1869.

[2] Spitzer, a. a. O.

[3] Spitzer, a. a. O.

[4] Spitzer, a. a. O.

[5] Spitzer, a. a. O.

[6] Spitzer, a. a. O.

[7] Gerbert Frodl, »Hans Makart«, Salzburg 1974.

[8] Frodl, a. a. O.

[9] Hellmut Andics, »Gründerzeit«, Wien–München 1981.

[10] R. v. Eitelberger und Heinrich Ferstel, »Das bürgerliche Wohnhaus und das Wiener Zinshaus«, Wien 1860.

[11] So lehnte Franz Joseph Josef Geigers Entwürfe für die Foyergemälde im Opernhaus ab. Der Auftrag wurde daraufhin an Moritz von Schwind vergeben.

[12] Willibald Franke, »Anselm Feuerbachs Zeichnungen«, Berlin–Wien, undatiert. Feuerbachs Briefe an seine Mutter wurden 1911 veröffentlicht.

[13] Frodl, a. a. O.

[14] Feuerbach, Briefe, a. a. O.

[15] »Neue Freie Presse«, 11. Mai 1873.

[16] Spitzer, a. a. O.

[17] Feuerbach, Briefe, a. a. O.

[18] Feuerbach, Briefe, a. a. O.

[19] Spitzer, a. a. O.

[20] Einen Vergleich der Bilder, die Rudolf von Alt in den Jahren 1875 und 1876 von den Alleen im Schloßpark Teplitz gemalt hat, mit Gustav Klimts »Allee im Park von Schloß Kammer«, 1912 entstanden, ermöglichen die Abbildungen auf den Seiten 154 und 155.

[21] Egon Friedell, »Kulturgeschichte der Neuzeit«, 3 Bde. München 1927.

[22] Die Bedeutung der Wiener Kunsthistorikerin Renate Wagner-Rieger für die »Wiederentdekkung« der Ringstraße kann gar nicht hoch genug veranschlagt werden. Ihrer Initiative ist die Herausgabe des Monumentalwerks »Die Wiener Ringstraße – Bild einer Epoche« zu danken. Die 17 Bände liefern ein Kulturgemälde, wie es in solcher umfassenden Vielfalt wohl kaum für eine andere Epoche Wiens vorliegt.

[23] Ulrike Planner-Steiner/Klaus Eggert, »Friedrich von Schmidt – Gottfried Semper – Carl von Hasenauer«, Wiesbaden 1978. Viele Einzelheiten auch bei Felix Czeike, »Carl Freiherr von Hasenauer. Der persönliche Nachlaß im Archiv der Stadt Wien«, erschienen im »Jahrbuch des Vereines für Geschichte der Stadt Wien«, Bd. 19/20, Horn 1964.

[24] Heinrich Benedikt, »Der wirtschaftliche Entwicklung in der Franz-Joseph-Zeit«, Wien–München 1958.

[25] Anton Bauer, »150 Jahre Theater an der Wien«, Zürich–Leipzig–Wien 1952.

[26] Den in der Dezemberverfassung von 1867 verankerten Grundrechten zum Trotz blieb die Theaterzensur weiterhin aufrecht. Sie wurde gemäß der Bachschen Zensurverordnung von 1850 gehandhabt, sogar noch in den ersten Jahren der Republik. Die Abschaffung erfolgte erst 1926.

27 Bauer, a. a. O.

28 Josef Koller, »Das Wiener Volkssängertum in alter und neuer Zeit«, Wien 1931, sowie Rudolf Holzer, »Wiener Volkshumor – Harfenisten und Volkssänger«, Wien 1943. Das Lied von G. Schöpl, »Der Mensch ist kein Krawat« liegt in mehreren Textvarianten vor.

29 Friedrich Schlögl, »Wiener Blut«, Wien 1875.

30 Spitzer, a. a. O.

31 Heinrich Waentig, »Gewerbliche Mittelstandspolitik«, Leipzig 1898.

Kapitel 10 · Der schöne Karl

1 Dr. Felix Olegnik, »Historisch-statistische Übersichten von Wien«, Wien 1956, 1957 und 1958.

2 Richard Kralik, »Karl Lueger und der christliche Sozialismus«, Wien 1923 und 1933.

3 Felix Czeike, »Wien und seine Bürgermeister«, Wien 1974.

4 Cajetan Felder, »Erinnerungen eines Wiener Bürgermeisters«, herausgegeben von Felix Czeike, Wien 1964.

5 Czeike, »Wien und seine Bürgermeister«, a. a. O.

6 Arbeiter-Zeitung, 11. März 1910.

7 Karl Renner, »Österreich von der ersten zur zweiten Republik«, Wien 1953.

8 Sigmund Mayer, »Ein jüdischer Kaufmann«, Leipzig 1911.

9 Kurt Skalnik, »Karl Lueger«, Wien 1954.

10 Mayer, a. a. O.

11 Anlaß für die Balkankrise 1878 waren die 1875 ausgebrochenen Aufstände in den türkischen Territorien Herzegowina und Ostrumelien (dem südlichen Teil des heutigen Bulgarien). Serbien und Montenegro, damals ebenfalls noch dem Sultan tributpflichtig, nahmen daraufhin mit russischer Unterstützung ihren alten Freiheitskampf wieder auf. Der türkisch-russische Krieg von 1877 folgte. Als der russische Sieg kräftiger als erwartet ausfiel und der Friede von San Stefano (3. März 1878) nahezu das gesamte ehemals türkische Territorium auf dem Balkan unter russische Vorherrschaft zu bringen drohte, bewertete Wien das Vorgehen des Zarenreichs als Bruch des Geheimabkommens über die österreichisch-ungarische Neutralität und verständigte sich mit London zu gemeinsamen Aktionen. Auf persönliches Ersuchen des Zaren Alexander II. griff nun Bismarck ein, um das europäische Gleichgewicht zu erhalten; für den Reichskanzler eine willkommene Gelegenheit, die Machtstellung des neuen Deutschen Reichs zu dokumentieren und nach Metternichs Vorbild den »Kutscher Europas« zu spielen.

12 Fürst von Bulgarien wurde 1878 der zuvor in russischen Diensten gestandene deutsche Prinz Alexander von Battenberg (1857–1893), Sohn aus einer morganatischen Ehe des Prinzen Alexander von Hessen-Darmstadt. Im schillernden Spektrum der Balkanwirren, in denen die neuen nationalen Kleinstaaten ihre eigene Weltpolitik zwischen den Großmächten machen wollten, war Alexander von Battenberg zweifellos die abenteuerlichste Erscheinung. Seine militärischen ebenso wie seine amourösen Affären beschäftigten ein Jahrzehnt lang Europas Staatskanzleien. Battenberg wollte Viktoria, die Tochter des deutschen Kronprinzen Friedrich Wilhelm, heiraten, doch Bismarck verhinderte diese Verbindung, weil er den Zaren Alexander II. nicht verstimmen wollte. Der einstige Günstling Rußlands hatte sich nämlich als Fürst von Bulgarien schnell zum Widersacher der Zarenpolitik auf dem Balkan entwickelt. Er eroberte

Ostrumelien und begann einen erfolgreichen Feldzug gegen die Serben, Rußlands erklärte Lieblinge, um auch Mazedonien an sein erträumtes bulgarisches Großreich anzuschließen. Daraufhin wurde er durch eine russophile Militärrevolte in Sofia gestürzt. Battenberg ging nach Österreich, trat vorübergehend als Oberst in die k. u. k. Armee ein, nahm den Namen eines Grafen von Hartenau an und heiratete schließlich statt der ursprünglich so heißgeliebten deutschen Prinzessin Viktoria die sächsische Opernsängerin Johanna Loisinger. (Egon Caesar Conte Corti, »Leben und Liebe Alexanders von Battenberg«, Graz–Salzburg–Wien 1949.) Bulgarien lieferte weiterhin europäische Krisen. 1886, nach Battenbergs Sturz, bewarb sich der ehrgeizige und durch seine revolutionären militärpolitischen Ideen schon lange in Opposition zu seinem Kaiser stehende Erzherzog Johann Salvator. Der Erzherzog, jüngster Bruder Ferdinands IV., des letzten habsburg-lothringischen Großherzogs von Toskana, engster politischer Freund des Kronprinzen Rudolf, betrieb seine Kandidatur hinter Franz Josephs Rücken. Damit bereitete er dem Monarchen gerade in dem Augenblick zusätzliche Schwierigkeiten, als das österreichisch-russische Verhältnis ohnehin wieder einmal denkbar gespannt war. Der Streit um den bulgarischen Fürstenthron in dieser Krisenzeit zeigt die vielfältige familiäre Konfliktsituation am Kaiserhof auf; im Hinblick auf Johann Salvators Kontakte zu Rudolf kann hierin ein Vorspiel zum Kronprinzendrama von Mayerling gesehen werden. Fürst von Bulgarien wurde schließlich 1887 der in Wien lebende und der allerhöchsten Verwandtschaft zuzurechnende Prinz Ferdinand von Sachsen-Koburg-Gotha, dessen Bruder Philipp mit der belgischen Prinzessin Louise verheiratet war, einer Schwester der Kronprinzessin Stephanie. Auch Philipp spielte in der Mayerling-Tragödie des Kronprinzen Rudolf eine Rolle. Die Wahl Ferdinands zum Fürsten von Bulgarien fiel nicht von ungefähr auf den jungen Herrn in Wien. Das Haus Sachsen-Koburg-Gotha nahm im Europa des 19. Jahrhunderts eine einzigartige Stellung ein. Es war mit den meisten Dynastien verwandt und verschwägert, denn die politische Bedeutungslosigkeit des kleinen deutschen Herzogtums ließ die Koburger als Lieferanten von Königen für neue Staaten und von Prinzgemahlen für altehrwürdige Geschlechter bestens geeignet erscheinen. Der Aufstieg des Hauses Sachsen-Koburg-Gotha begann, als die Schwester des Herzogs Ernst I. (1784–1844), die Prinzessin Viktoria, 1818 den Herzog Eduard von Kent heiratete, den dritten Sohn des englischen Königs Georg III. Da Eduards Brüder ohne Nachkommenschaft starben, wurde seine Tochter Viktoria 1837 Königin von Großbritannien und Irland; die bis 1901 herrschende große Königin Viktoria. Die enge Verwandtschaft mit dem britischen Königshaus verhalf den Koburgern zur weiteren phänomenalen Ausbreitung über die europäischen Fürstenhöfe. Der Bruder des Herzogs Ernst, Prinz Leopold, wurde 1831 Herrscher des neugegründeten Königreichs Belgien; dort regieren die Koburger bis heute. Der zweite Bruder, Prinz Ferdinand, heiratete die einzige Tochter und Universalerbin des ungarischen Magnaten Franz Joseph Fürst Koháry; so kam zur ersten Königskrone auch noch der sagenhafte Reichtum der Kohárys. Ein Sohn aus dieser Koháry-Ehe, Ferdinand, wurde als Bräutigam der Königin Maria da Gloria von Portugal nach Lissabon geschickt; dort wurde der ursprüngliche Prinzgemahl bald selbst König. August, der zweite Sohn aus der Koburger Koháry-Ehe, mit der französischen Prinzessin Klementine von Orleans verheiratet, war der Vater der beiden in Wien lebenden Prinzen Philipp und Ferdinand von Sachsen-Koburg-Gotha. Als Ferdinand dann 1907 die türkische Oberhoheit über sein Land endgültig abschüttelte und sich zum Zaren des neuen Königreichs Bulgarien proklamieren ließ, stellte die aus dem kleinen Fürstentum Mitteldeutschlands stammende Familie Sachsen-Koburg-Gotha schon in vier europäischen Königreichen die Herrschergeschlechter. Da doppelt bekanntlich noch besser hält, hatte der Stammvater

Ernst I. auch noch die Ehe seines Sohnes Albert mit seiner Nichte, der britischen Königin Viktoria, gestiftet. Im übrigen landete auch ein Zweig der Familie Battenberg in Großbritannien. Ludwig Alexander, Bruder des kurzfristigen Fürsten Alexander von Bulgarien, trat in die britische Marine ein, nahm den Namen Mountbatten an und starb 1921 als Admiral Earl Mountbatten von Milford Haven. Sein Sohn Louis ging als Rückeroberer Burmas während des Zweiten Weltkriegs in die Geschichte ein; er war letzter Vizekönig von Indien, später NATO-Oberbefehlshaber im Mittelmeer. 1979 starb er als Opfer irischer IRA-Terroristen. Seine Schwester Alice, mit einem griechischen Prinzen verheiratet, war die Mutter des Herzogs Philipp von Edinbourgh, des Ehemanns der gegenwärtigen britischen Königin Elisabeth II. So stiegen schließlich auch die Battenbergs zu höchsten dynastischen Ehren auf. Dieser ausführliche Exkurs dokumentiert das aus der vordemokratischen Zeit immer noch weiterwirkende hochfeudale Prinzip verwandtschaftlicher Bindungen innerhalb der europäischen Herrscherhäuser im 19. Jahrhundert und die Bestrebungen, durch dynastische Eheschließungen Weltpolitik zu machen. Der Exkurs über die Häuser Sachsen-Koburg-Gotha und Battenberg zeigt zugleich, mit welcher Wendigkeit der europäische Hochadel Nationalitäten und Vaterländer zu wechseln bereit war, wenn Königskronen winkten.

[13] Rudolf von Eitelberger hatte Makart auf das Caterina-Cornaro-Motiv aufmerksam gemacht, ein in Literatur und bildender Kunst schon zuvor oft behandeltes Thema. Die Geschichte der Caterina Cornaro (1454–1510) zeigt gewisse Parallelen zur dynastischen Familienpolitik, wie sie noch vier Jahrhunderte später an den Beispielen der Battenbergs und der Koburger praktiziert wurde. Caterina, aus einer venezianischen Dogenfamilie stammend, wurde schon als Vierzehnjährige mit König Jakob II. von Cypern verlobt; auf diese Weise wollten sich die Venezianer die Herrschaft über die wichtigste Bastion im östlichen Mittelmeer sichern. Als Caterina nach Jakobs Tod 1472 den Prinzen Alfonso von Neapel heiraten wollte und die Insel dadurch unter neapolitanische Herrschaft geraten wäre, zwang Venedig die Witwe zum Verzicht und zur Heimkehr. In der Lagunenstadt wurde Caterina Cornaro festlich empfangen – das Motiv des Makartbildes –, bis zu ihrem Tode jedoch in Asolo am Fuße der Alpen praktisch als Staatsgefangene gehalten. Die Venezianer behaupteten Cypern bis 1570, dann eroberten die Türken die Insel. Auch der Sieg der vereinigten spanischen und venezianischen Flotten über die Türken bei Lepanto, 1571, führte nicht zur Rückeroberung; Cypern blieb bis 1878 türkisch.

[14] Siehe Anmerkung 3 zum 7. Kapitel.

[15] Edmund von Glaise-Horstenau, »Franz Josephs Weggefährte – Das Leben des Generalstabschefs Grafen Beck«, Zürich–Leipzig–Wien 1930.

[16] Die vier Infanterie-Regimenter und das eine Jägerbataillon der bosnisch-herzegowinischen Truppen wurden 1894 errichtet. Die Angehörigen dieser Einheiten trugen als besonderes Kennzeichen den roten Fez der Mohammedaner. Als Elite-Formationen wurden sie 1907 als erste Infanterie-Truppen mit dem neuen Maschinengewehr »M 7« ausgerüstet. In die Wiener Geschichte ging das in der Reichshauptstadt stationierte Bosniakenregiment am 17. September 1911 ein, als eine Kompanie gegen eine Hungerdemonstration in Ottakring eingesetzt wurde. Drei Menschen fanden an diesem Tag den Tod; nach einem der Opfer, dem Arbeiter Franz Joachimsthaler, ist heute der Joachimsthalerplatz benannt.

[17] Franz Ferdinand (1863–1914) war der älteste der drei Söhne des Erzherzogs Karl Ludwig (1833–1896) aus dessen (zweiter) Ehe mit der Prinzessin Annunziata von Bourbon-Sizilien. 1900 heiratete er morganatisch die Gräfin Sophie Chotek, unter Verzicht auf alle Thronrechte für künftige Kinder aus dieser Verbindung. So ging die Thronfolge zuerst auf seinen Bruder

Otto (1865–1906) und dann auf dessen Sohn Karl (1887–1922) über. Der dritte Bruder, Ferdinand, geb. 1868, schloß ebenfalls eine morganatische Ehe mit einer Bürgerlichen, verzichtete auch und lebte bis zu seinem Tode 1919 als Ferdinand Burg.

18 Wegen Schlechtwetters mußte der Festzug im letzten Moment auf den 27. April 1879 verschoben werden.

19 Daniel Spitzer, »Wiener Spaziergänge«, Feuilletons aus der »Neuen Freien Presse«, Wien, später Leipzig, ab 1869.

20 Gerbert Frodl, »Hans Makart«, Salzburg 1974.

21 Aus einem undatierten Brief Otto Wagners an Louise Stiffel, zitiert bei Heinz Geretsegger – Max Peintner, unter Mitarbeit von Walter Pichler, »Otto Wagner«, Salzburg 1964. Wagner identifizierte schon sehr früh den kulturellen Traditionsverlust als Merkmal der Gründerzeit, wie Friedrich Nietzsche ihn bereits 1873 im zweiten Stück seiner »Unzeitgemäßen Betrachtungen«, dem Aufsatz »Vom Nutzen und Nachtheil der Historie für das Leben« analysiert hatte. Wagner betrachtete den Historismus als Ersatz für die echte Tradition, die durch den rasanten technischen Fortschritt und der damit verbundenen wirtschaftlichen und sozialen Umwälzung verlorengegangen war. Daß die bis zu Klassizismus und Biedermeier gediehene Entwicklung der Baukunst abbrach und die Gründerzeitgesellschaft zur historisierenden Stilkopie zurückgriff, empfand Wagner als Fehlentwicklung, die sich nur durch einen neuen Ansatz reparieren ließ. Zum ersten Male praktizierte Wagner selbst seine Ideen beim Bau des Länderbankgebäudes 1883/84. (Siehe 11. Kapitel.)

22 Egon Caesar Conte Corti, »Mensch und Herrscher«, Graz–Wien–Altötting 1952.

23 Corti, »Mensch und Herrscher«, a. a. O.

24 Friedrich Pecht in »Geschichte der Münchner Kunst im 19. Jahrhundert«, München 1888.

25 Spitzer, a. a. O.

26 Ernst Julius Hähnel, »Litterarische Reliquien«, hg. v. Julius Grosse, Berlin 1893.

27 »100 Jahre Telephonie in Österreich«, hg. im Auftrag der Generaldirektion für die Post- und Telegraphenverwaltung, Wien 1981.

28 »100 Jahre Telephonie in Österreich«, a. a. O.

29 Ludwig Christian Friedrich Förster (1797–1863) entwarf schon vor dem Revolutionsjahr 1848 Pläne für eine Wiener Stadterweiterung, allerdings wollte er das neue Zentrum für die Hauptstadt an den Donaukanal verlegen. Später plante er »Neu-Wien« im Bereich des heutigen Schottenrings. Beim Wettbewerb nach dem Abbruch der Basteien erhielt er einen der drei Hauptpreise; er kam allerdings nicht dazu, auch nur eines der prunkvollen Bauwerke an der neuen Ringstraße selbst zu errichten. Sein Schwiegersohn und kurzfristiger Partner war Theophil Hansen. Sein Sohn Emil von Förster baute ganz im konventionellen Ringstraßenstil.

30 Anton Bauer, »150 Jahre Theater an der Wien«, Zürich–Leipzig–Wien 1952. Franz von Jauners Lebensgeschichte wurde auch für den Willi-Forst-Film »Operette« verwendet. Forst spielte die Rolle des unglücklichen Ringtheater-Direktors.

31 Rudolf Machala, »100 Jahre ärztlicher Rettungsdienst in Wien«, Wien 1981.

32 »Alles gerettet« war auch der Titel eines Fernsehspiels von Karl Merz und Helmut Qualtinger, für das die Protokolle der Zeugeneinvernahmen aus dem Ringtheaterbrand-Prozeß fast wörtlich verarbeitet wurden.

Kapitel 11 · Die neuen Fronten

[1] Daß der Kaufmann Georg Franz Kolschitzky zum Dank für seine mutige Kundschaftertätigkeit während der Türkenbelagerung von 1683 die Bewilligung zur Errichtung des ersten Wiener Kaffeehauses erhielt, ist allerdings Legende. Kolschitzky bekam aus der erbeuteten Hinterlassenschaft nach den abgezogenen Belagerern eine große Menge Kaffee zugesprochen; Kaffeestuben hatte es in Wien schon vorher gegeben.

[2] Sigmund Mayer, »Ein jüdischer Kaufmann«, Leipzig 1911.

[3] Mayer, a. a. O.

[4] Der Sprachenstreit erreichte seinen Höhepunkt dann 1897, während der Amtszeit des Ministerpräsidenten Kasimir Graf Badeni, eines Polen italienischer Herkunft. Badenis Sprachenverordnung kam den tschechischen (und den slowenischen) Forderungen weiter als alle bisherigen Regelungen entgegen und löste damit in Wien und zahlreichen anderen deutschen Städten der österreichischen Reichshälfte Unruhen aus. Es kam zu regelrechten Straßenschlachten, Militär griff ein, im Reichsratsgebäude mußte die Polizei die einander prügelnden Abgeordneten trennen. Ein unlösbares Problem blieb die sogenannte »Innere Dienstsprache«, wie sie von den tschechischen Radikalen gefordert wurde: Nicht nur der Parteienverkehr bei den Behörden sollte zweisprachig sein, sondern auch der Schriftverkehr innerhalb der Verwaltung und der Justiz, also von Amt zu Amt. Das hätte bedeutet, daß sich auch Dienststellen außerhalb Böhmens mit tschechisch abgefaßten Aktenstücken konfrontiert gesehen hätten. Badenis Sprachenverordnung konnte nicht praktiziert werden, sein Ministerium stürzte, und auch ein Versuch des Ministerpräsidenten Ernest von Koerber, den Sprachenstreit zu schlichten, schlug im Jahr 1900 fehl.

[5] Klaus Berchtold, »Österreichische Parteiprogramme 1868–1966«, Wien 1967.

[6] Andrew G. Whiteside, »Georg Ritter von Schönerer«, dt. Ausgabe, Graz–Wien–Köln 1981.

[7] Der Ausspruch wird unterschiedlich zitiert; auch »Sozialismus des blöden Mannes« kommt vor. Der Chefredakteur der »Arbeiterzeitung«, Friedrich Austerlitz, variierte später umgekehrt: »Antisozialismus des dummen Kerls« und meinte damit die bürgerlich-christlichsoziale Parteipropaganda. Andrew G. Whitesides Schönerer-Biographie (siehe Anmerkung 6) trägt in der amerikanischen Originalausgabe den beziehungsvollen Titel »The Socialism of Fools« – der Sozialismus der Dummen.

[8] Whiteside, a. a. O.

[9] Alois Piperger, »100 Jahre Österreichische Länderbank«, Wien 1980.

[10] Piperger, a. a. O.

[11] Um französische Eigentumsrechte an der Österreichischen Länderbank wurde noch bei den Staatsvertragsverhandlungen nach dem Zweiten Weltkrieg debattiert.

[12] Aus der Reihe der Wiener Advokaten-Bürgermeister fielen nur Eduard Uhl (1882–1889) und Josef Strohbach (1896–1897).

[13] Schon vor der Planung der Länderbank hatte sich Otto Wagner mit Entwürfen für ein Gebäude des Wiener Giro- und Kassenvereins in der Rockhgasse beschäftigt. Beim Wettbewerb 1880 erhielt er allerdings nur den 3. Preis. Den Auftrag erhielt Emil v. Förster, Sohn des Ringstraßenplaners. Wer heute die Grundrisse vergleicht, dem erscheint das Urteil der Jury unverständlich; die Gegenüberstellung zeigt auf den ersten Blick, wieviel klarer, einfacher, zweckmäßiger – also »besser« Otto Wagners Entwurf war (vgl. Abbildungen S. 310).

AMTSGEBÄUDE DES WIENER GIRO- UND KASSENVEREINS (ausgeführtes Wettbewerbsprojekt Emil v. Försters, 1880): Erdgeschoßgrundriß.

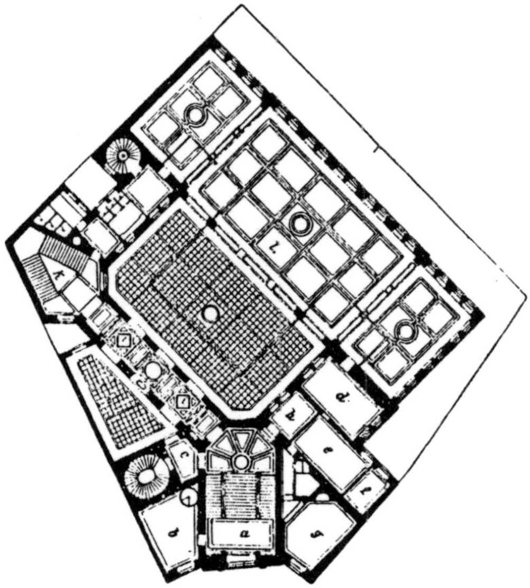

AMTSGEBÄUDE DES WIENER GIRO- UND KASSENVEREINS (Wettbewerbsprojekt Otto Wagners, 1880): Erdgeschoßgrundriß.

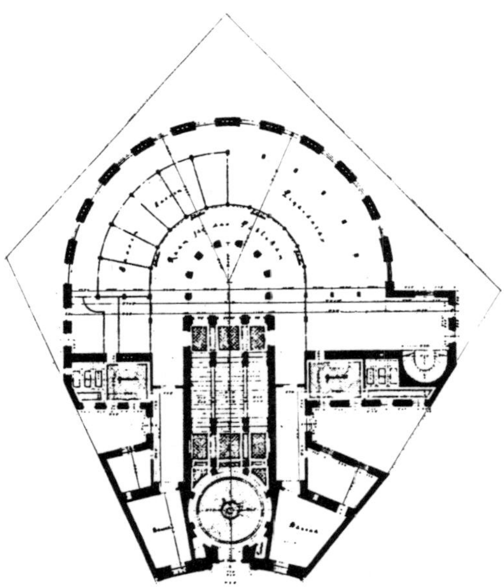

[14] Zitat aus dem »Kikeriki« bei Felix Czeike, »Wien und seine Bürgermeister«, Wien 1974.
[15] Dr. Rudolf Kuppe, »Dr. Karl Lueger«, Wien 1947.
[16] Kuppe, a. a. O.
[17] Czeike, a. a. O.
[18] Mayer, a. a. O.
[19] Czeike, a. a. O.

Kapitel 12 · Die Anarchisten

[1] Andrew G. Whiteside, »Georg Ritter von Schönerer«, dt. Ausgabe, Graz–Wien–Köln 1981.
[2] Als »Alldeutsche« bezeichneten sich die Schönerianer nach 1888, nach der Abspaltung der »Deutschen Nationalpartei« von der »Vereinigten Deutschen Linken« im Reichsrat. Wortführer der Alldeutschen war neben Schönerer noch Otto Steinwender.
[3] Oberdank war österreichischer Staatsbürger; er wurde nach seiner Festnahme als Deserteur behandelt. So sprach das Militärgericht das Todesurteil aus, obwohl das geplante Attentat nicht erfolgt war. Der Strafakt Oberdank verschwand übrigens knapp nach dem Prozeß auf eine bis heute ungeklärte Weise. Oberdank wurde am 20. Dezember 1882 hingerichtet.
[4] Kronprinz Rudolf, »Politische Briefe an einen Freund 1882–1889«, herausgegeben u. eingeleitet von Dr. Julius Szeps, Wien–München–Leipzig 1922. Die vom Sohn des »Tagblatt«-Chefs Moritz Szeps veröffentlichten Briefe des Kronprinzen an den Zeitungsmann sind nicht vollständig. Gelegentliche Auslassungen von einzelnen Passagen, die Dr. Julius Szeps offenbar peinlich erschienen, lassen sich jedoch in den meisten Fällen heute aus anderen Quellen ergänzen. Die Briefsammlung enthält auch eine Reihe von Dokumenten, Zeitungsausschnitte und Flugblätter, die Rudolf seinen Schreiben an Moritz Szeps beigelegt hatte.
[5] Briefe von Alois Bahr an den Historiker Matthäus Much, 1884, zitiert bei Heinz Kindermann, »Hermann Bahr – Ein Leben für das deutsche Theater«, Graz 1954. Hermann Bahr wendete sich schon sehr bald vom deutschnationalen Antisemitismus ab und dem Katholizismus zu. Sein Biograph Heinz Kindermann, Professor für Theaterwissenschaften an der Universität Wien, erwies sich in seinen Publikationen bis 1945 ebenfalls als unverhüllter Antisemit. (Heinz Kindermann, »Das Burgtheater«, Wien–Leipzig 1939.)
[6] Whiteside, a. a. O.
[7] Kronprinz Rudolf, »Briefe«, a. a. O.
[8] Adam Wandruszka, »Geschichte einer Zeitung«, Wien 1958.
[9] Bertha Zuckerkandl, »Österreich intim«, Frankfurt–Berlin–Wien 1970.
[10] Wolfgang Steglich, »Die Friedenspolitik der Mittelmächte 1917/18«, Wiesbaden 1964.
[11] Zuckerkandl, a. a. O.
[12] Kronprinz Rudolf, »Briefe«, a. a. O.
[13] Grete Merk, »Zwei Pioniere der österreichischen Industrie«, Graz–Wien–Köln 1966.
[14] Kronprinz Rudolf, »Briefe«, a. a. O.
[15] Hermann Oberhummer, »Die Wiener Polizei«, 2 Bde., Wien 1938.
[16] Siehe Anmerkung 28 zum 9. Kapitel.
[17] Josef Koller, »Das Wiener Volkssängertum in alter und neuer Zeit«, Wien 1931.
[18] »Der Große Brockhaus«, 18. Auflage, Wiesbaden 1977.
[19] »Meyers Großes Konversations-Lexikon«, 6. Auflage, Leipzig 1903.

20 Kronprinz Rudolf, »Briefe«, a. a. O. Briefbeilage: Originalkorrespondenz des »Neuen Wiener Tagblatts«, Genf, 25. Mai 1883.

21 Kronprinz Rudolf, »Briefe«, a. a. O. Beilage zum Brief vom 7. September 1883.

22 Kronprinz Rudolf, »Briefe«, a. a. O.

23 Oberhummer, a. a. O.

24 Walter Kleindel, »Österreich«, Wien–Heidelberg 1978.

25 Oberhummer, a. a. O.

26 Marcel Prawy, »Johann Strauß«, Wien–München 1975.

27 Kronprinz Rudolf, »Briefe«, a. a. O.

28 Kurt Ebert, »Die Anfänge der modernen Sozialpolitik in Österreich«, Wien 1975.

29 Fritz Kaufmann, »Sozialdemokratie in Österreich«, Wien–München 1978.

Kapitel 13 · Der Zweifrontenkrieg

1 »Kosmetikon oder der erfahrene Rathgeber über die Geheimnisse der körperlichen Schönheit – Eine gründliche Anweisung den ganzen Körper, so wie alle Theile desselben zu pflegen, auf den höchsten Grad der Schönheit zu bringen und bis in's vogerückte Alter darauf zu erhalten.« Pest, Wien und Leipzig 1861 (Neudruck Köln 1979). Der Verfasser, J. Beyse, bezeichnete sich als »Techniker« und fügte seinem Ratgeber 226 kosmetische Rezepte an, »von welchen viele bisher geheim gehalten wurden«. Beyses Büchlein ist deshalb besonders interessant, weil er zahlreiche, damals gängige Schönheitsmittel, Salben und Tinkturen analysierte und nachwies, daß viele von ihnen nur einen Bruchteil dessen wert waren, was sie kosteten. Mit kosmetischen Präparaten, die wahre Wunder versprachen, konnte schon vor über einem Jahrhundert viel Geld verdient werden. Als Beispiel dafür, was alles angepriesen wurde, sei die von Beyse erwähnte »Jungfernpomade« angeführt: »Man nehme in feinst gepulvertem Zustande 1 Loth Galläpfel, 1 Loth Cypernnüsse, 1 Loth Sumach, 1 Loth Granatäpfelschalen, 1 Loth Mastix, und reibe diese Pulver allmälig unter 20 Loth feinster Rosenpomade. Mit der so erhaltenen Pomade reibe man täglich sowohl die äußeren Theile, als auch den Gebärmutterhals ein, worauf sich alle diese Theile in die früheren Dimensionen zurückziehen und die Festigkeit einer Jungfrau erlangen.«

2 »Wiener Tagblatt«, 16. Februar 1890.

3 »Wiener Tagblatt«, 20. Februar 1890.

4 »Wiener Tagblatt«, 20. Februar 1890.

5 Über Matzinger und den Stadterweiterungsfonds berichtet ausführlich Elisabeth Springer, »Geschichte und Kulturleben der Wiener Ringstraße«, Wiesbaden 1979. Detaillierte Abrechnungen über Einnahmen und Ausgaben des Stadterweiterungsfonds, über die Grundstückkäufer und die von ihnen bezahlten Preise publizierten Franz Baltzarek/Alfred Hoffmann/Hannes Stekl, »Wirtschaft und Gesellschaft der Wiener Stadterweiterung«, Wiesbaden 1975.

6 Fritz Kaufmann, »Sozialdemokratie in Österreich«, Wien–München 1978.

7 Zitiert bei Heinz Czeike, »Wien und seine Bürgermeister«, Wien–München 1974.

8 Czeike, a. a. O.

9 Karl Bachinger, »Das Verkehrswesen«, in: »Die Habsburgermonarchie 1848–1918«, Bd. 1, »Die wirtschaftliche Entwicklung«, Wien 1973. Bestgehaßte Symbolfigur des Eisenbahnkapitalismus war das Haus Rothschild, das auch die Aktienmajorität der Südbahngesellschaft besaß.

1876 beispielsweise gab die in Wien erscheinende »Verkehrszeitung« eine Broschüre heraus, »Programm zum Ausbau des österreichisch-ungarischen Eisenbahnnetzes«, das den Bau einer zweiten Südbahntrasse vorschlug, um das Rothschild-Monopol zu brechen. Damals verkehrten schon drei Schnellzugpaare täglich zwischen Wien und Triest. Seit 1873 war auch Fiume (das heutige Rijeka) erreichbar, und damit der Badeort Abbazia. Die Reise ab Wien dauerte 21 Stunden. Die »k. u. k. Riviera«, wie sie genannt wurde (Alfred Niel, »Die k. u. k. Riviera«, Graz–Wien–Köln 1981), verdankte dem Generaldirektor der Südbahngesellschaft, Friedrich Schüler, ihre Erschließung; der große Arzt Billroth hatte Schüler auf den Erholungswert der Adriaküste hingewiesen. Schüler ließ die später so berühmten Südbahnhotels in Toblach (1878), auf dem Semmering (1882) und in Abbazia (1884) errichten. Die Wiener »Verkehrszeitung« beklagte dennoch den »Verfall des Triestiner Handelsverkehrs« und behauptete, »Triest seufzt in den Fesseln des Südbahntarifs«. Trotz forciertem Ausbau der Triestiner Hafenanlagen in den Jahren 1867 bis 1873 zogen nämlich Genua und Venedig wachsende Anteile am Seehandel nach Süddeutschland an sich. An der Geschichte des Hafens Triest zeigte sich die immer schon zu beobachtende Geringschätzung des Wiener Großkapitals für den Seehandel überhaupt. So waren seinerzeit die für die österreichischen Börsen reservierten Aktien der Suezkanal-Gesellschaft größtenteils unverkauft geblieben. Dazu kam noch die Aufsplitterung des Überseegeschäfts, als sich auch die Ungarn als seefahrende Nation etablieren wollten und den Ausbau des in ihrer Reichshälfte gelegenen Hafens Fiume betrieben.

10 Dr. Rudolf Kuppe, »Dr. Karl Lueger«, Wien 1947.

11 Kaufmann, a. a. O.

12 Wiard Klopp, »Leben und Wirken des Sozialpolitikers C. Freiherr von Vogelsang«, Wien 1930.

13 »Viktor Adlers Aufsätze, Reden und Briefe«, herausgegeben vom Parteivorstand der Sozialdemokratischen Arbeiterpartei Deutschösterreichs, 5. Heft, Wien 1925.

14 Herbert Steiner, »Die Gebrüder Scheu«, Wien 1968. Der Text des späteren »Liedes der Arbeit« fand sich anonym im Briefkasten der Gesangssektion des Arbeiterbildungsvereins. Andreas Scheu gab ihn seinem Bruder Josef zur Vertonung. Als Autor bekannte sich später der junge Graveur Josef Zapf.

15 Steiner, a. a. O.

16 »Offene Gesellschaft – offenes Universum«, Franz Kreuzer im Gespräch mit Sir Charles Popper im ORF, Wien, 9. 11. 1979.

17 Herbert Marcuse, »Beiträge zur Phänomenologie des historischen Materialismus«, Leipzig 1929.

18 Popper, a. a. O.

19 Noch in den Zusammenbruchstagen der Monarchie, am 21. Oktober 1918, nahm Adler zum Kompromiß mit den bürgerlichen Parteien eine ablehnende Haltung ein. In der im Landhaus in der Wiener Herrengasse tagenden »Nationalversammlung«, die sich aus den deutschsprachigen Abgeordneten des Reichsrats zusammensetzte, verlas Adler eine Erklärung, in der es u. a. hieß: »Wir deutschen Sozialdemokraten nehmen an den Arbeiten dieser Versammlung teil, weil sie im gegenwärtigen Augenblick das einzige mögliche Parlament Deutsch-Österreichs ist. Wir wollen mit Ihnen, unseren Klassengegnern, keine Parteigemeinschaft bilden, kein Bündnis, keinen Burgfrieden schließen . . . An dem Neubau des deutsch-österreichischen Staates wollen wir mit redlichem Willen und fleißiger Hand mitarbeiten; aber bei dieser Arbeit, die uns mit Ihnen vereint, wollen wir dafür sorgen, daß der deutsch-österreichische Staat ein demokrati-

scher Staat, ein Volksstaat werde . . .« (Ludwig Brügel, »Geschichte der österreichischen Sozialdemokratie«, Wien 1925.)

[20] Abgedruckt bei Kaufmann, a. a. O., nach Brügel, a. a. O. Brügel fand den Text in einem Polizeibericht; ob er wörtlich mit Adlers Konzept übereinstimmt, ließ sich nicht mehr feststellen.

[21] Kaufmann, a. a. O.

[22] »Fundamentalartikel VI«, bei Kaufmann/Brügel, a. a. O.

[23] Kaufmann, a. a. O.

[24] Anton Springer, »Geschichte Österreichs seit dem Wiener Frieden 1809«, Leipzig 1863.

[25] Kuppe, a. a. O.

[26] Kuppe, a. a. O.

Bildnachweis

Abkürzungen:

HM	Historisches Museum der Stadt Wien
NB	Bildarchiv der Österreichischen Nationalbibliothek
ÖG	Österreichische Galerie, Wien
WStLB	Wiener Stadt- und Landesbibliothek
VfGA	Verein für Geschichte der Arbeiterbewegung

I Zwei Modefigurinen, 1875. HM

II »Wiener Mode«, III. Jg., Nr. 3, 1889, Titelblatt. HM

III »Wiener Mode«, XXIV. Jg., Nr. 21, 1911, Titelblatt. HM

IV »Wiener Mode«, XXXI. Jg., 1918. HM

V »Venedig huldigt Caterina Cornaro«, Ölgemälde v. Hans Makart, 1873. ÖG

VI »Oester. ung. Lloyd – oestr. Donau-Dampfschifffahrt«, Makart-Festzug 1879, Chromolithographie. HM

VII »Eisen-bahn-Gruppe«, Makart-Festzug 1879, Chromolithographie. HM

VIII »Ringtheaterbrand, 8. December 1881«, Kolorierte Lithographie, gedruckt bei Heinrich Gerhart & Comp. Wien. HM

IX 1. Zeile: 1858 3-Kreuzer-Freimarke sowie zugehörige 1,05-Kreuzer-Zeitungsmarke; 1860 5-Kreuzer-Freimarke sowie zugehörige 1,05-Kreuzer-Zeitungsmarke; 1867 50-Kreuzer-Freimarke. 2. Zeile: 1890 24-Kreuzer- und 2-Gulden-Freimarke; 1899 4-Kronen- und 20-Heller-Freimarke; 1906 25-Heller-Freimarke. 3. Zeile: 1908 50-, 60-, 72-Heller- sowie 1- und 10-Kronen-Freimarken. 4. Zeile: 1910 10-, 25-, 30-, 35-Heller- sowie 10-Kronen-Gedenkmarken zum 80. Geburtstag. 5. Zeile: 1914 5-Heller-Kriegswohltätigkeitsmarke; 1916 20-Heller-Freimarke; 1910 5-Kronen-Gedenkmarke zum 80. Geburtstag für Bosnien-Herzegowina; 1916 10-Kronen-Freimarke für Bosnien-Herzegowina; 1915 3-Kronen-Feldpostmarke. 6. Zeile: 1858 2-Soldi-Freimarke für Lombardei-Venetien; 1861 5-Soldi-Freimarke für Lombardei-Venetien; 1867 50-Soldi-Freimarke für Levante-Postämter; 1900 20-Piaster-Freimarke für die Levante-Postämter; 1903 1-Franc-Freimarke für die Postämter auf Kreta. Privatarchiv

X »Im Wirtshausgarten«, Aquarell v. Felician Myrbach, 1896. HM

XI »Der Hofball«, Gouache v. Wilhelm Gause, 1900. HM

XII »Rendezvous beim Sirk«, Aquarell v. Karl Feiertag, um 1900. HM

XIII »Eröffnung der Wiener Weltausstellung«, Tempera-Gemälde v. Eugen Enslen, 1873. NB

XIV »Allee im Schloßpark von Teplitz, August 1874«, Aquarell v. Rudolf v. Alt. Albertina

XV »Allee im Schloß Kammer«, Ölgemälde v. Gustav Klimt, 1912. (Verlag Galerie Welz) Residenzgalerie, Salzburg.

XVI »Arbeitszimmer im Palais Dumba«, Aquarell v. Rudolf v. Alt. HM

1 Soiree in der Wiener Hofoper am 2. Dezember 1877, Xylographie v. Ladislaus Eugen Petrovits nach Zeichnung v. Vinzenz Katzler. NB
2 Eröffnungsvorstellung im neuen Opernhaus am 25. Mai 1869, Xylographie nach Zeichnung v. Ladislaus Eugen Petrovits. NB
3 Die Neue Burg wird gebaut, Photographie, 1881. HM
4 Wohltätigkeitsbasar adeliger Damen in der Fünfhauser Bierhalle »Zum Zobel« im März 1870, Xylographie nach Zeichnung v. Johann Nepomuk Schönberg. NB
5 Feierliche Schlußsteinlegung des neuen Musikvereinsgebäudes in Wien am 5. Januar 1870, Festversammlung im großen Saal, Xylographie nach Zeichnung v. Vinzenz Katzler. NB
6 Friedrich Halm (Eligius Frhr. v. Münch-Bellinghausen), Zeichnung v. Josef Danhauser. NB
7 Ludwig Anzengruber, Photographie, um 1880. NB
8 Anton Bruckner, Lithographie v. Rudolf Fenzl, 1896. NB
9 Johannes Brahms, Photographie, um 1890. NB
10 Johann Strauß, Photographie, um 1880. NB
11 Karl Millöcker, Photographie, um 1880. NB
12 Künstlerabend beim »Goldenen Sieb«, Photographie, Sammlung Bodo Kralik.
13 Die feierliche Einweihung der Hochquellenwasserleitung in Wien am 24. Oktober 1873, Zeichnung von Johann Nepomuk Schönberg. NB
14 Die Regulierung der Donau bei Wien, Xylographie v. Johann Nepomuk Schönberg, 1873. NB
15 Die Kaiser-Franz-Josef-Brücke (Floridsdorfer Brücke) vor der Fertigstellung, Photographie, um 1874. HM
16 Die Kronprinz-Rudolf-Brücke (Reichsbrücke), Photographie, 1876. HM
17 Am Naschmarkt, Photographie, 1885. HM
18 Die Großmarkthalle, Photographie, 1911. HM
19 Interieur (Treppenhaus) eines Wiener Ringstraßenpalais, Aquarell. HM
20 Besucher der Weltausstellung auf dem Dach der Rotunde, Xylographie v. Franz Kollarz, 1873. NB
21 Kaiser Franz Joseph und Kaiser Wilhelm auf der Weltausstellung, Xylographie v. Franz Kollarz, 1873. NB
22 Weltausstellungsgelände mit Industriepalast, Bauphoto vom 26. August 1872. HM
23 »Situations-Plan als sicherster Führer im Welt-Ausstellungs-Rayon und Volksprater, Wien, 1873«. Archiv des Autors
24 Kuppelhalle der Rotunde, Xylographie nach Zeichnung v. L. v. Elliot. NB
25 Das provisorische Börsengebäude am Schottenring (gegenüber dem heutigen Standort), anonyme Xylographie, um 1873. NB
26 Szene vor der (alten) Börse am 9. Mai 1873, Xylographie nach Skizze v. Josef Eugen Hörwarter. NB
27 »Hier ruhet Österreichs Wohlstand«, Karikatur v. Ernst Juch auf den wirtschaftlichen Niedergang Österreichs 1874–1877. NB
28 Kleidererzeugung, anonyme Lithographie, um 1885. Bildarchiv des ÖGB
29 »Neues Rathaus – Hauptfaçade. Heliografie des k. k. Milit. geograf. Institutes nach Zeichnung v. Victor Luntz, 1883«. Archiv des Autors
30 Dr. Cajetan Felder, Lithographie v. Leopold Fischer, 1853. NB
31 Dr. Julius Ritter v. Newald, Lithographie v. August Schubert, 1879. NB

32 Eduard Ritter v. Uhl, Photographie, um 1885. NB
33 Dr. Johann Nepomuk Prix, anonyme Lithographie, um 1890. NB
34 Dr. Raimund Grübl, Photographie, 1895. NB
35 Josef Strohbach, Photographie, 1897. NB
36 Dr. Karl Lueger, Photographie, um 1899. NB
37 Dr. Josef Neumayer, Photographie, 1912. NB
38 Dr. Richard Weiskirchner, Photographie, um 1916. NB
39 Wiener Kommunalwache, Xylographie nach Zeichnung v. Vinzenz Katzler, nach 1870. NB
40 Innenansicht der Markthalle Zedlitzgasse 6, Photographie, um 1880. HM
41 Zuschauerraum des Ringtheaters beim Brand am 8. Dezember 1881, Xylographie. HM
42 Der Brand des Stadttheaters am 16. Mai 1884, Xylographie nach Zeichnung v. Ladislaus Eugen Petrovits. NB
43 Der Triumphbogen der Gasgesellschaft auf dem Kärntnerring, veranstaltet aus Anlaß der Vermählung von Kronprinz Rudolf und Stephanie von Belgien. Xylographie nach Zeichnung v. Ladislaus Eugen Petrovits, 1881. NB
44 »Electrische Kraftvermiethung. Kraft zum Betriebe aller Arten Arbeitsmaschinen«, Plakat, 1899. WStLB
45 Dr. Jaromir Frhr. v. Mundy, anonyme Xylographie, um 1880. NB
46 Wagen der Rettungsgesellschaft mit Tragbahre, Photographie. NB
47 Karl Frhr. v. Rokitansky, Photographie, um 1870. NB
48 Johann Graf Wilczek als Präsident der Ersten Freiwilligen Wiener Rettungsgesellschaft, Photographie, 1916. NB
49 Dr. Eduard Suess, Lithographie v. Josef Kriehuber, 1869. NB
50 Dr. Theodor Billroth, Radierung v. Ludwig Michalek. NB
51 Küche, aufgenommen anläßlich der Elektrischen Ausstellung in Wien, 1883, Möbel v. L. Schmitt, Geräte v. K. Emmer, Herd v. L. & C. Hardtmuth. NB
52 Küche mit Kohlenherd, Photographie, Anfang des Jahrhunderts. NB
53 »Zur Erinnerung der Silbernen Hochzeitsfeier des Allerhöchsten Kaiserpaares am 24. April 1879«, Postkarte v. M. Cohen. NB
54 »Einzug Kaiser Karls V. in Antwerpen«, Ölgemälde von Hans Makart, 1878, wiedergegeben nach einer zeitgenössischen Reproduktion v. Angerer & Göschl. NB
55 Hans Makart, Photographie, 1879. NB
56 »Die Amazonenschlacht«, Ölgemälde v. Anselm von Feuerbach, Studie, 1869. NB
57 Anselm von Feuerbach, Selbstbildnis, 1873. NB
58 Lueger als Student, aus: Richard Soukup, Lueger und sein Wien, Wien 1953. Privatarchiv
59 Lueger als Verteidiger in Strafsachen, ebda.
60 »So tanzt man in Wien!« Blatt mit 19 Zeichnungen v. Hans Schließmann, 1887. HM
61 Der Wäschermädlball, Ölgemälde (Grisaille) v. Wilhelm Gause, 1896. HM
62 Volkssänger im Wiener Prater, Aquarell v. Franz v. Persoglia. HM
63 »Der Kleistermeister«, Photographie, 1875. WStLB
64 »Auf dem Eislaufplatz«, Photographie, um 1880. HM
65 Arbeiter-Kalender, Titelblatt, 1874. VfGA
66 »Aus den Geheimnissen von Wien«, Titelseite des Illustrierten Wiener Extrablatts vom 29. Juli 1883. NB

67 »Die Baraken auf der Siebenbrunner Wiese«, Titelseite des Illustrierten Wiener Extrablatts vom 21. Dezember 1883. Archiv des Autors
68 »Der Wechsler Eisert in seinem Blute«, aus dem Illustrierten Wiener Extrablatt. Archiv des Autors
69 »Zum Mord an dem Polizei-Concipisten Hlubek«, aus dem Illustrierten Wiener Extrablatt. Archiv des Autors
70 »So leben die Ziegelarbeiter am Wienerberg. Der Angeklagte Dr. V. Adler klagt vor dem Wiener Schwurgericht an.« Tableau mit Texten von Viktor Adler und anonymen zeitgenössischen Darstellungen. VfGA
71 Der Arbeiterbildungsverein Gumpendorf, Photographie, um 1880. VfGA
72 Dr. Viktor Adler, Aquarell von Karl Feiertag, um 1880. VfGA
73 Leitha-Gasthaus in Neudörfl, Postkarte. VfGA
74 Gasthaus in Hainfeld, Photographie, um 1890. VfGA
75 »Urteilsfällung im Social-Demokratenprozesse zu Wien am 19. Juli«, Zeichnung von Johann Nepomuk Schönberg, 1874. VfGA
76 Telegramm der Arbeiter Salzburgs vom 3. April 1887 an die Volksversammlung in Schwenders Colosseum. VfGA
77 Titelblatt der »Gleichheit« vom 5. Jänner 1889. VfGA
78 »Das Parlamentshaus in Wien«, Xylographie, 1883. HM
79 Dr. Josef Deckert, Photographie, um 1880. NB
80 Karikatur auf Schönerers Antisemitismus. NB
81 Antisemitisches Flugblatt, Wien, um 1885 (Ausschnitt). NB
82 Antisemitisches Flugblatt, Wien, um 1885. NB
83 Georg Ritter von Schönerer, Photographie, um 1885. NB
84 Karikatur auf Schönerers Tendenz zum Anschluß an Deutschland, Farblithographie v. C. Barth. NB
85 »Schweighofer und Girardi, die Stützen der Wiener Bühne«, Titelblatt der Zeitung Der Floh, 4. Mai 1884. HM
86 Moritz Szeps, Photographie. HM
87 Max Friedländer, Photographie. NB
88 »Telephon-Verzeichniss der bisher angemeldeten Abonnenten«, Anzeige aus der Zeitschrift Kikeriki vom 23. Oktober 1881. Post- und Tel.-Direktion Wien
89 OB Tischtelephon mit Kohlenstabmikrophon, besprechbarer Holzplatte und Hörschlauch, Type Otto Schäffler, um 1884. Post- und Tel.-Direktion Wien
90 Großes Standtelephon von Siemens und Halske mit Signal(Ruf)pfeife, 1878. Post- und Tel.-Direktion Wien
91 Wandapparat, die sogenannte »Altreich-Type«, zwischen 1880 und 1890. Post- und Tel.-Direktion Wien
92 Der Stephansplatz vor der Regulierung, Photographie, vor 1874. HM
93 Stellwagenverkehr auf dem Stephansplatz, Photographie um die Jahrhundertwende. Wiener Stadtwerke-Verkehrsbetriebe
94 Das Kaiserforum, Gemälde von Rudolf von Alt. NB
95 Die Elisabethbrücke, Photographie, um 1880. HM
96 Das Schrammelquartett, Photographie, um 1885. NB

Personenregister